马克思主义理论研究
和建设工程重点教材

民事诉讼法学

（第三版）

《民事诉讼法学》编写组

主　编　宋朝武

副主编　汤维建　李　浩

主要成员

（以姓氏笔画为序）

毕玉谦　刘　敏　肖建国

邵　明　廖中洪　谭秋桂

潘剑锋

高等教育出版社·北京

二维码资源访问

使用微信扫描本书内的二维码,输入封底防伪二维码下的 20 位数字,进行微信绑定,即可免费访问相关资源。注意:微信绑定只可操作一次,为避免不必要的损失,请您刮开防伪码后立即进行绑定操作!

教学课件下载

本书有配套教学课件,供教师免费下载使用,请访问 xuanshu.hep.com.cn,经注册认证后,搜索书名进入具体图书页面,即可下载。

图书在版编目(CIP)数据

民事诉讼法学 /《民事诉讼法学》编写组编. -- 3
版. -- 北京:高等教育出版社,2022.8(2024.8 重印)
马克思主义理论研究和建设工程重点教材
ISBN 978-7-04-056609-3

Ⅰ.①民… Ⅱ.①民… Ⅲ.①民事诉讼法-中国-高
等学校-教材 Ⅳ.①D925.1

中国版本图书馆 CIP 数据核字(2021)第 153919 号

民事诉讼法学

MINSHI SUSONG FAXUE

责任编辑	程传省	封面设计 王 鹏	版式设计 于 婕	责任校对	刘娟娟
责任印制	高 峰				

出版发行	高等教育出版社	网　址	http://www.hep.edu.cn
社　址	北京市西城区德外大街 4 号		http://www.hep.com.cn
邮政编码	100120	网上订购	http://www.hepmall.com.cn
印　刷	北京汇林印务有限公司		http://www.hepmall.com
开　本	787mm×1092mm　1/16		http://www.hepmall.cn
印　张	26.25	版　次	2017 年 2 月第 1 版
字　数	480 千字		2022 年 8 月第 3 版
购书热线	010-58581118	印　次	2024 年 8 月第 13 次印刷
咨询电话	400-810-0598	定　价	52.00 元

本书常用规范性文件简称表

1.《民事诉讼法》——《中华人民共和国民事诉讼法》（1991 年 4 月 9 日通过、公布并施行，2007 年 10 月 28 日第一次修正，2012 年 8 月 31 日第二次修正，2017 年 6 月 27 日第三次修正，2021 年 12 月 24 日第四次修正）

2.《仲裁法》——《中华人民共和国仲裁法》（1994 年 8 月 31 日通过并公布，自 1995 年 9 月 1 日起施行，2009 年 8 月 27 日第一次修正，2017 年 9 月 1 日第二次修正）

3.《公证法》——《中华人民共和国公证法》（2005 年 8 月 28 日通过并公布，自 2006 年 3 月 1 日起施行，2015 年 4 月 24 日第一次修正，2017 年 9 月 1 日第二次修正）

4.《人民调解法》——《中华人民共和国人民调解法》（2010 年 8 月 28 日通过并公布，自 2011 年 1 月 1 日起施行）

5.《民法典》——《中华人民共和国民法典》（2020 年 5 月 28 日通过并公布，自 2021 年 1 月 1 日起施行）

6.《民诉法解释》——《最高人民法院关于适用〈中华人民共和国民事诉讼法〉的解释》（2015 年 1 月 30 日公布，自 2015 年 2 月 4 日起施行；2020 年 12 月 23 日修正；2022 年 3 月 22 日第二次修正，2022 年 4 月 10 日起施行，法释〔2022〕11 号）

7.《登记立案规定》——《最高人民法院关于人民法院登记立案若干问题的规定》（2015 年 4 月 15 日公布，自 2015 年 5 月 1 日起施行，法释〔2015〕8 号）

8.《民事诉讼证据规定》——《最高人民法院关于民事诉讼证据的若干规定》（2001 年 12 月 21 日公布，自 2002 年 4 月 1 日起施行，2008 年 12 月 16 日调整；2019 年 10 月 14 日修正，自 2020 年 5 月 1 日起施行，法释〔2019〕19 号）

9.《环境公益诉讼解释》——《最高人民法院关于审理环境民事公益诉讼案件适用法律若干问题的解释》（2015 年 1 月 6 日公布，自 2015 年 1 月 7 日起施行；2020 年 12 月 23 日修正，自 2021 年 1 月 1 日起施行，法释〔2020〕20 号）

10.《消费公益诉讼解释》——《最高人民法院关于审理消费民事公益诉讼案件适用法律若干问题的解释》（2016 年 4 月 24 日公布，自 2016 年 5 月 1 日起施行；2020 年 12 月 23 日修正，自 2021 年 1 月 1 日起施行，法释〔2020〕20 号）

11.《两高检察公益诉讼解释》——《最高人民法院、最高人民检察院关于检察公益诉讼案件适用法律若干问题的解释》（2018 年 3 月 1 日公布，自 2018 年 3 月 2 日起施行；2020 年 12 月 23 日、12 月 28 日修正，自 2021 年 1 月 1 日起施行，法释〔2020〕20 号）

12.《执行程序适用解释》——《最高人民法院关于适用〈中华人民共和国民事诉讼法〉执行程序若干问题的解释》（2008 年 11 月 3 日公布，自 2009 年 1 月 1 日起施行；2020 年 12 月 23 日修正，自 2021 年 1 月 1 日起施行，法释〔2020〕21 号）

13.《执行规定》——《最高人民法院关于人民法院执行工作若干问题的规定（试行）》（1998 年 7 月 8 日公布，自公布之日起试行，2008 年 12 月 16 日调整；2020 年 12 月 23 日修正，自 2021 年 1 月 1 日起施行，法释〔2020〕21 号）

14.《限制高消费及有关消费规定》——《最高人民法院关于限制被执行人高消费及有关消费的若干规定》（2010 年 7 月 1 日公布，自 2010 年 10 月 1 日起施行；2015 年 7 月 20 日公布修正，自 2015 年 7 月 22 日起施行，法释〔2015〕17 号）

15.《查封规定》——《最高人民法院关于人民法院民事执行中查封、扣押、冻结财产的规定》（2004 年 11 月 4 日公布，自 2005 年 1 月 1 日起施行，2008 年 12 月 16 日调整；2020 年 12 月 23 日修正，自 2021 年 1 月 1 日起施行，法释〔2020〕21 号）

16.《拍卖变卖财产规定》——《最高人民法院关于人民法院民事执行中拍卖、变卖财产的规定》（2004 年 11 月 15 日公布，自 2005 年 1 月 1 日起施行；2020 年 12 月 23 日修正，自 2021 年 1 月 1 日起施行，法释〔2020〕21 号）

17.《办理执行异议和复议案件规定》——《最高人民法院关于人民法院办理执行异议和复议案件若干问题的规定》（2015 年 5 月 5 日公布，自公布之日起施行；2020 年 12 月 23 日修正，自 2021 年 1 月 1 日起施行，法释〔2020〕21 号）

18.《变更、追加执行当事人规定》——《最高人民法院关于民事执行中变更、追加当事人若干问题的规定》（2016 年 11 月 7 日公布，自 2016 年 12 月 1 日起施行；2020 年 12 月 23 日修正，自 2021 年 1 月 1 日起施行，法释〔2020〕21 号）

19.《网络司法拍卖规定》——《最高人民法院关于人民法院网络司法拍卖若干问题的规定》（2016 年 8 月 2 日公布，自 2017 年 1 月 1 日起施行，法释〔2016〕18 号）

20.《执行和解规定》——《最高人民法院关于执行和解若干问题的规定》

（2018 年 2 月 22 日公布，自 2018 年 3 月 1 日起施行；2020 年 12 月 23 日修正，自 2021 年 1 月 1 日起施行，法释〔2020〕21 号）

21.《执行担保规定》——《最高人民法院关于执行担保若干问题的规定》（2018 年 2 月 22 日公布，自 2018 年 3 月 1 日起施行；2020 年 12 月 23 日修正，自 2021 年 1 月 1 日起施行，法释〔2020〕21 号）

22.《仲裁执行规定》——《最高人民法院关于人民法院办理仲裁裁决执行案件若干问题的规定》（2018 年 2 月 22 日公布，自 2018 年 3 月 1 日起施行，法释〔2018〕5 号）

23.《确定财产处置参考价规定》——《最高人民法院关于人民法院确定财产处置参考价若干问题的规定》（2018 年 8 月 28 日公布，自 2018 年 9 月 1 日起施行，法释〔2018〕15 号）

24.《公证债权文书执行规定》——《最高人民法院关于公证债权文书执行若干问题的规定》（2018 年 9 月 30 日公布，自 2018 年 10 月 1 日起施行，法释〔2018〕18 号）

25.《在线诉讼规则》——《人民法院在线诉讼规则》（2021 年 6 月 16 日公布，自 2021 年 8 月 1 日起施行，法释〔2021〕12 号）

目　录

第一编　民事诉讼的基本原理与原则

第二编　民事诉讼的基本制度

第四编　执　行　程　序

第五编　涉外民事诉讼程序

绪　论

民事纠纷是常见的社会现象。为妥善解决各类民事纠纷，维护社会秩序，人类社会构建了多种多样的民事纠纷解决机制。作为一种依靠国家强制力解决民事纠纷的方式，民事诉讼不但具有程序性、强制性和权威性等特征，而且是解决民事纠纷的最终途径。专门研究民事诉讼、民事诉讼法及其规律的学科就是民事诉讼法学。

一、民事诉讼法学的研究对象

作为一种解决民事纠纷的活动，民事诉讼是由起诉、受理、审理前准备、开庭审理、作出裁判、强制执行等一系列环节组成的完整过程。其中交织着各种主体的诉讼活动，涉及审判机关、执行机关、法律监督机关等的职权和职责，涉及当事人、其他诉讼参与人甚至案外人的权利和义务，涉及民事诉讼与其他纠纷解决机制的关系，等等。这就是民事诉讼实践，也称民事诉讼现象。同时，为了规范各种主体的民事诉讼行为，充分发挥民事诉讼的功能，确保诉讼公正，提高诉讼效率，彻底解决民事纠纷，国家通过制定或认可规范性文件的方式对民事诉讼活动与过程作出明确规定。这就是民事诉讼立法。

首先，民事诉讼法学要研究民事诉讼实践及其规律。具体来说，就是研究民事诉讼现象的起源、发展及其运行状况，分析各种民事诉讼法律关系主体的诉讼行为，总结民事诉讼的实践经验并将其抽象化为民事诉讼理论，为民事诉讼立法提供依据，从而指导民事诉讼实践。

其次，民事诉讼法学要研究民事诉讼的立法及其规律。具体来说，就是研究民事诉讼立法的历史、过程与现状，分析民事诉讼法的立法精神与制度特色，阐释民事诉讼法律规范的学理含义与意义，为民事诉讼法的适用与修订提供理论指导，同时研究其他各国、各地区民事诉讼立法情况，探寻其中的共同规律，为我国民事诉讼法的完善提供参考意见。

最后，民事诉讼法学要研究民事诉讼与其他民事纠纷解决机制、民事诉讼法与其他相关法律规范的关系。具体来说，就是分析民事诉讼与其他民事纠纷解决机制、民事诉讼法与其他相关法律规范之间的个性与共性，厘清民事诉讼和民事诉讼法的特殊性，为妥当处理民事诉讼与强制执行、公证、仲裁、破产的关系并构建多元化的民事纠纷解决机制提供理论支持，为正确处理民事诉讼与刑事诉讼、行政诉讼以及民事诉讼法与行政诉讼法、刑事诉讼法的关系提供理论依据。

总之，民事诉讼法学是一门研究对象广泛、实践性和理论性兼具的学科。

二、新中国民事诉讼法学的发展历程

中国古代即有民事诉讼实践和规范，但是中国的民事诉讼法学直到 19 世纪 80 年代才萌芽。通过编译外国民事诉讼法典和民事诉讼法学著作并加以消化吸收，到 20 世纪 30 年代，中国民事诉讼法学有了一定的发展。1949 年中华人民共和国成立之后，我国民事诉讼法学重新起步并且不断发展。以研究对象、研究方法的变迁和学科地位的变化为基本标准，结合民事诉讼立法和实践发展等因素，新中国民事诉讼法学的发展历程大体可分为以下几个阶段。

（一）起步与停滞阶段（1949—1978 年）

由于制度和意识形态具有同质性，新中国成立初期的民事诉讼法学深受苏联民事诉讼法学理论的影响，几乎完全割断了与旧中国民事诉讼法学体系的联系。翻译苏联民事诉讼法学著作、学习和介绍苏联民事诉讼法学的实践和理论成为当时民事诉讼法学的主要内容。1956 年 10 月，最高人民法院为了规范民事审判工作，起草并印发了《关于各级人民法院民事案件审判程序总结》。宣传贯彻并对该《总结》进行学理解释，成为刚刚起步的民事诉讼法学的一项重要工作。从 1957 年开始先后进行的"反右派""大跃进""反右倾""文化大革命"等运动，使国家法制建设遭到严重破坏，民事诉讼法学研究基本瘫痪，刚刚起步的新中国民事诉讼法学陷入长达 20 年的停滞期。

（二）重建阶段（1978—1991 年）

从 1978 年开始，随着思想上的拨乱反正和国家法律秩序的恢复，我国民事诉讼法学也开始重建。为满足教学、研究和司法实践工作的需要，民事诉讼法学者整理并出版发行了我国新民主主义革命时期苏区、抗日战争时期根据地、抗日战争胜利后解放区、新中国成立以后最高人民法院制定与颁布的有关民事诉讼的规范性文件以及与民事诉讼有关的国际公约、条约、协定和其他有关国家的民事诉讼法等，同时开始组织编写民事诉讼法学统编教材。与新中国成立初期完全照搬苏联民事诉讼法学理论不同，改革开放后我国民事诉讼法学在总结自身经验和合理借鉴域外制度的基础上，重新建构自己的理论体系。

我国民事诉讼法学的重建，可分为两个时期。

第一个时期是 1978—1982 年，即从党的十一届三中全会召开到《中华人民共和国民事诉讼法（试行）》（以下简称《民事诉讼法（试行）》）的颁布。在这个时期，民事诉讼法学的重要工作是适应国家法制重建的需要，为制定民事诉讼法营造有利的舆论氛围并提供理论支撑，推动《民事诉讼法（试行）》的制定工作。1979 年 9 月，全国人大常委会法制委员会决定由从事民事审判实践工作和民事诉讼法学教学科研工作的人员组成民事诉讼法起草小组，开始起草民事诉讼法。新中国第一代民事诉讼法学者柴发邦、江伟、杨荣新、刘家兴、吴明童、程延陵等参加民事诉讼法起草小组，亲身经历并深度参与了新中国第一部民事诉讼法的制定工作。经过两年六个月的反复讨论、修改并先后三次在全国范围内征求各方面意见，1982 年 3 月 8 日，第五届全国人民代表大会常务委员会第二十二次会议审议通过了新中国第一部民事诉讼法——《中华人民共和国民事诉讼法（试行）》，该法自同年 10 月 1 日起试行。《民事诉讼法（试行）》是新中国第一部民事诉讼法典，无论对于司法实践还是理论研究，它的颁行都具有标志性意义。

第二个时期是从《民事诉讼法（试行）》的颁布到 1991 年《民事诉讼法》的颁行。"二十世纪的中国民事诉讼法学与民事诉讼立法和实施是同步发展的"[1]，"它的每一次整体性飞跃，都是以民事诉讼法典的颁行为契机的"[2]。《民事诉讼法（试行）》颁布后，民事诉讼法学界立即投入对该法的宣传、阐释和论证之中。与此同时，一些民事诉讼法学教材、教学与研究参考资料等相继出版。这一时期编译的外国民事诉讼法参考资料已不限于苏联的法律规范和理论著作，罗马尼亚、蒙古、法国、德国、日本、匈牙利等多国的民事诉讼立法资料以及相关的国际条约与公约等相继被翻译出来。这说明，我国民事诉讼法学研究开始放眼世界，希望汲取人类民事诉讼立法的精华为发展和完善我国的民事诉讼制度所用。随着理论研究的深入和所参考的立法例增多，民事诉讼法学者开始反思《民事诉讼法（试行）》存在的缺陷与不足，探讨我国民事诉讼制度的完善，为民事诉讼法的修订和正式实施进行理论和舆论准备。1991 年，我国开始培养民事诉讼法学研究方向博士研究生，标志着我国民事诉讼法学学科建设取得重大进展，民事诉讼法学重建工作基本完成。

（三）发展阶段（1991—2006 年）

1991 年 4 月 9 日，第七届全国人民代表大会第四次会议审议通过了《民事诉讼法》，并于当日公布并施行。随着该法的正式颁行，我国民事诉讼法学进入了新的发展时期。这一时期，除了阐释《民事诉讼法》，民事诉讼法学的重要贡献是开展了民事审判方式改革的论证和研究，并成为指导与推动民事诉讼实践发展的重要力量。

1992 年 10 月，中国共产党第十四次全国代表大会明确提出经济体制改革的

---

[1]　江伟、傅郁林：《走向二十一世纪的中国民事诉讼法学》，《中国法学》1999 年第 6 期。
[2]　赵钢：《回顾、反思与展望——对二十世纪下半叶我国民事诉讼法学研究状况之检讨》，《法学评论》1998 年第 1 期。

目标是建立社会主义市场经济体制。经济体制转型导致了利益格局的显著变化，民事纠纷的类型和数量急剧增多。1991 年颁行的《民事诉讼法》虽然较《民事诉讼法（试行）》有许多重大的修订，但是无论从解决纠纷的效率还是质量来看，都难以满足市场经济体制的需求。为了提高诉讼效率、解决法院案多人少的矛盾，司法实践部门从一部分基层和中级法院开始，陆续开展了一场从强化当事人举证责任、弱化法院的职权调查到庭审方式改革再到民事审判方式改革的讨论和实践。这场改革在 20 世纪 90 年代中后期达到高潮。民事诉讼法学者适时加入这场改革的讨论，尤其是在实践遇到瓶颈甚至出现偏差时及时提供理论指导，从而确保了民事审判方式改革的正确方向。在此过程中，民事诉讼法学研究不断拓展、深化，形成了一批高质量的理论成果。

从 1996 年下半年开始，民事诉讼法学的发展显著加速，进入一个空前繁荣、成就显著的时期。主要表现为：首先，研究领域和方法发生了显著变化。有关民事诉讼法与实体法、诉权与审判权之关系以及民事诉讼目的、价值、诉讼标的、既判力等基本理论问题研究的高质量论文和专著相继发表或出版，理论与实践深度结合，研究方法从注释法学走向理论法学的步伐明显加快。其次，研究成果的数量显著增加、水平普遍提高，并有大量的专著、译著出版发行。最后，人才培养和学科地位明显提升。在这一阶段后期，学者们再一次聚焦《民事诉讼法》的修订，并向国家立法机关提交了《民事诉讼法》修订的专家建议稿。

（四）成熟阶段（2006 年以后）

2006 年 9 月，中国法学会诉讼法学研究会分设为中国民事诉讼法学研究会和中国刑事诉讼法学研究会，中国民事诉讼法学研究会第一届理事会同时在杭州选举产生，这是我国民事诉讼法学学科发展的里程碑。在此之后，民事诉讼法学界在民事诉讼基础理论的阐释与论证、民事诉讼特有规律的揭示、民事纠纷解决实践问题的应对、民事执行特殊规律的认识等方面的研究，都取得了重大进展，我国民事诉讼法学进入成熟阶段。

随着理论研究的成熟，在实践需要的推动下，我国民事诉讼法的完善也明显加速。2007 年 10 月 28 日，第十届全国人民代表大会常务委员会第三十次会议作出《关于修改〈中华人民共和国民事诉讼法〉的决定》。这是自 1991 年 4 月 9 日《民事诉讼法》实施以来的第一次修正，修正的内容集中在再审和执行两个程序。同时为适应《中华人民共和国企业破产法》（简称《企业破产法》）的施行，删除了原有的"企业法人破产还债程序"。尽管修订前投入了极大热情，但是修订完成后，民事诉讼法学理论研究者并没有投入太多的精力进行法条注释，而是保持理论研究的原有节奏对相关理论问题进行深化和细化研究，并结合立法和司法实践的具体情况继续提出完善建议。2012 年 8 月 31 日，第十一届全国人民代表大会常务委员会第二十八次会议审议通过《关于修改〈中华人民共和国民事诉讼法〉的决定》，再次对《民事诉讼法》进行修正。这次修正增加的诚实信用原则、第三人撤销之诉、公益诉讼、小额诉讼、行为保全、调解协议司法确认程序、实现担保物权案件程序等内容，都是民事诉讼法学理论研究长期关注的问题。在立法修改过程中，立法机关多次召开专家论证会，听取民事诉讼法学者的意见，足以说明我国民事诉讼法学理论研究已经受到国家立法机关和实践部门的高度重视。2017 年 6 月 27 日，第十二届全国人民代表大会常务委员会第二十八次会议通过《关于修改〈中华人民共和国民事诉讼法〉和〈中华人民共和国行政诉讼法〉的决定》，对我国《民事诉讼法》进行第三次修正，增加了检察机关提起民事公益诉讼的内容。由检察机关代表国家提起民事公益诉讼以维护社会公共利益，正是我国民事诉讼法学界坚持呼吁建立的制度。为了适应《民法典》的实施，最高人民法院于 2020 年 12 月分别对 19 件民事诉讼类和 18 件民事执行类司法解释进行了修订。这些修订体现了民事程序法与民事实体法的互动与协调，也将为民事诉讼法理论研究开拓新的领域。2021 年 12 月 24 日，第十三届全国人民代表大会常务委员会第三十二次会议通过《关于修改〈中华人民共和国民事诉讼法〉的决定》，对我国《民事诉讼法》进行第四次修正，将最高人民法院根据全国人大常委会授权进行民事诉讼繁简分流改革试点工作取得的经验上升为法律规定。

我国民事诉讼法学虽已取得巨大的进步，但理论和实践中需要解决的问题仍然很多，尤其是如何建构符合我国国情的、系统完善的民事诉讼法学体系，在一段时期内仍然是摆在民事诉讼法学界面前的重要课题，民事诉讼法学研究仍需进一步努力。

三、马克思主义与我国民事诉讼法学的关系

马克思主义世界观和方法论，是关于自然、社会和人类思维发展的一般规律的学说，是认识世界和改造世界锐利的思想武器，是中国共产党治国理政的基本指导思想。马克思主义不仅指明了人类社会进步发展的方向，也是我国社会主义法治建设、社会主义法治国家建设的思想指南。我国民事诉讼法学同样离不开马克思主义的指导，我国民事诉讼法学的发展要始终坚持马克思主义。

（一）马克思主义哲学为我国民事诉讼法学提供了科学的世界观和方法论

马克思主义经典作家以科学的实践观为基础，正确地解决了思维与存在、主观与客观以及人与自然、社会的关系问题，第一次实现了唯物主义与辩证法的统一、唯物主义自然观与历史观的统一。这两方面统一的结果形成了马克思主义哲

学。马克思主义哲学以辩证唯物主义和历史唯物主义的一系列科学范畴、原理为表达形式，为人们认识世界和改造世界提供了科学的世界观和方法论。我国民事诉讼法学同样以马克思主义哲学为世界观和方法论，用辩证唯物主义和历史唯物主义分析民事诉讼现象、揭示民事诉讼规律、解决民事诉讼问题、设计和评价民事诉讼程序制度、塑造民事诉讼文化。

首先，马克思主义哲学为我国民事诉讼法学提供了科学的世界观。我国民事诉讼法学以辩证唯物主义和历史唯物主义相统一的世界观为思想基础，汲取人类社会民事诉讼法学理论的精华，结合中国传统和实际进行创新，从而形成了具有中国特色的民事诉讼法学。例如，公正与效率的关系、实体公正与程序公正的关系始终处于民事诉讼价值论的核心，客观真实与法律真实的关系则是民事诉讼证明论的基础。各个历史阶段、不同国家或者地区的民事诉讼法学都试图对这些问题作出解释。在辩证唯物主义和历史唯物主义相统一的世界观的指引下，根据一切从实际出发、实事求是的基本原理，中国民事诉讼法学对上述问题作出了基于中国国情、具有自身特色的阐释，形成了具有中国特色的理论体系。

其次，马克思主义哲学为我国民事诉讼法学提供了科学的方法论。正是在辩证唯物主义和历史唯物主义方法论的指引下，我国民事诉讼法学科学地揭示了民事诉讼的基本规律并将其运用到民事诉讼立法和实践之中，我国民事诉讼程序制度因此越来越完善。例如，在民事诉讼法与民事实体法的关系问题上，根据辩证唯物主义关于普遍联系、对立统一等观点，我国民事诉讼既反对程序工具论的程序虚无主义立场，又反对过于强调程序功能的唯程序论，坚持程序和实体相辅相成、相得益彰的均衡程序价值观，从而确保我国民事诉讼理论研究和程序构建始终走在正确的道路上。

（二）马克思主义基本原理奠定了我国民事诉讼法学理论和方法的基石

马克思主义基本原理是马克思主义理论体系的核心内容，是对马克思主义立场、观点和方法的集中概括。马克思主义基本原理对于正确认识人与自然、社会的关系具有普遍的、根本的和长远的指导意义，同样也是我国民事诉讼法学理论和方法的基石。

首先，马克思主义的基本立场是我国民事诉讼法学的根本立足点和出发点。马克思主义的基本立场是始终站在无产阶级和人民大众的立场上，一切为了人民，一切依靠人民，全心全意为人民谋利益。这一基本立场是我国民事诉讼法学的根本立足点和出发点。因此，在我国分析民事诉讼现象、揭示民事诉讼规律、解决民事诉讼问题、设计和评价民事诉讼程序制度、塑造民事诉讼文化，始终坚持最大限度地满足人民群众对于社会公平正义的期待和要求，确保民事诉讼的结果符合"努力让人民群众在每一个司法案件中感受到公平正义"① 的要求。正是因为坚持了这样的基本立场，我国民事诉讼法学在全面推进依法治国、建设社会主义法治国家的历史进程中发挥了重要作用。

其次，马克思主义的基本观点是我国民事诉讼法学的思想基础和理论基础。马克思主义的基本观点是关于自然、社会和人类思维发展一般规律的科学认识，是对人类思维和社会实践经验的科学总结。我国民事诉讼法学始终以这些基本观点为思想基础和理论基础。例如，马克思主义关于世界统一于物质、物质决定意识的观点就是民事诉讼证据论和证明论的思想基础和理论基础。诉讼证明始终是民事诉讼的核心。但是，究竟哪些材料能够作为民事诉讼证据，案件事实应当如何证明，法院应当如何判断案件事实是否得到证明，等等，都是十分复杂的问题。我国民事诉讼法学根据马克思主义关于世界的物质性、物质决定意识的观点，认为民事诉讼证据的本质特征是客观性，即只有客观存在的事实才能作为民事诉讼的证据，当事人用于证明自己主张的证据材料，必须查证属实才能作为认定案件事实的根据。同时，法院审理民事案件必须以事实为根据，而不能以当事人的主张为根据，更不能以法官的主观想象为根据。在此基础上，我国形成了有关证明责任分配、证明标准以及案件事实认定的一系列规则，即民事诉讼证据和证明规则。又如，马克思主义关于事物普遍联系和发展的观点对于我国民事诉讼标的理论的发展具有重大影响。通过民事诉讼解决民事纠纷，必须首先确定法院审理的对象，即明确诉讼标的。我国民事诉讼法学根据事物普遍联系和发展的观点，认为案件涉及的诸多事实总是相互联系和相互作用的，相互作用必然导致当事人的权利义务不断发展和变化。因此，在确定案件的审理对象时，必须以当事人的主张和请求为基础，结合案件的基础事实确定法院的审理对象，而且不同审级的审理对象的重心应当有所不同。

最后，马克思主义的基本方法是我国民事诉讼法学的思想方法和工作方法。马克思主义的基本方法，是建立在辩证唯物主义和历史唯物主义基础上的、指导我们正确认识世界和改造世界的思想方法和工作方法，主要包括实事求是的方法、辩证分析的方法、矛盾分析的方法、历史分析的方法、阶级分析的方法、群众路线的方法等。我国民事诉讼法学同样离不开上述基本方法。例如，运用实事求是的思想方法和工作方法，我国民事诉讼法学坚持一切从实际出发，根据民事纠纷的实际情况和特点，探索有效解决民事纠纷的方法并发现其规律性，在实践中检验和发展民事诉讼理论，在不断提高民事诉讼的效率和效益的基础上，探索

---

① 习近平：《决胜全面建成小康社会　夺取新时代中国特色社会主义伟大胜利——在中国共产党第十九次全国代表大会上的报告》（2017 年 10 月 18 日），人民出版社 2017 年版，第 39 页。

多元化的民事纠纷解决机制。又如，在 20 世纪 90 年代后期司法实践部门的民事审判方式改革中，为了解决当时实践中普遍存在的"先定后审"、庭审功能虚化的问题，个别法院开展了"一步到庭"的试验。民事诉讼法学理论界运用辩证分析的思想方法和工作方法，客观地、发展地、全面地、系统地、普遍联系地分析了"一步到庭"的做法，认为实践中"先定后审"的问题确实存在，原因也比较复杂，但是"一步到庭"的做法过于极端化、片面化，不符合民事诉讼的基本原理和规律。于是，理论界提出了构建以庭前证据交换、争议焦点归纳、促成和解或者达成调解等为核心内容的民事诉讼审前准备程序的建议，将庭前活动公开化、规范化，强化庭审功能，实现庭审实质化，以提高诉讼效率、实现诉讼公正。实践部门采纳了理论界的建议并取得了良好的效果。2012 年修正《民事诉讼法》时，立法机关又将上述内容明确写入了法律。可以说，这一事例是辩证分析方法指导民事诉讼法学研究的成功实践。

（三）马克思主义法学理论为我国民事诉讼法学提供了把握方向的理论指针

在马克思主义经典著作中，有许多关于法律现象、法律方法和法律原理的论述，这些论述构成了马克思主义法学理论。马克思主义法学理论对我国民事诉讼法学理论的发展具有重要指导作用。其中，19 世纪 40 年代以后，马克思和恩格斯曾对诉讼程序问题的历史发展、社会功能、基本特征和阶级本质进行了论述。俄国十月革命胜利以后，特别是在新经济政策实行期间，列宁高度重视民事诉讼法律制度的建设，对社会主义制度下民事诉讼法律制度的制定和完善作了许多理论阐述。马克思主义经典作家的论述形成的法学立场、观点、理念和方法，是我国民事诉讼法学的重要思想渊源，它确立了我国民事诉讼法学的基本立场和根本方法，形成了我国民事诉讼法学的基本理念，对我国民事诉讼法学的发展方向产生了重大影响。

（四）毛泽东思想、中国特色社会主义理论体系和习近平新时代中国特色社会主义思想是我国民事诉讼法学开拓和发展的思想基础

马克思主义在与中国具体实际相结合的过程中，先后产生了毛泽东思想、中国特色社会主义理论体系和习近平新时代中国特色社会主义思想等重大理论成果。马克思主义中国化理论成果为我国民事诉讼法学的开拓和发展奠定了思想路线，提供了基本思想方法和工作方法，指出了基本方向。

毛泽东思想和中国特色社会主义理论体系奠定了我国民事诉讼法学开拓发展的思想路线。作为毛泽东思想的活的灵魂的实事求是、群众路线和独立自主的立场、观点和方法，如主张司法为民、司法便民，提倡马锡五审判方式，既坚持原则又方便群众，重证据、重调查研究、不轻信口供等观点；作为邓小平理论基本内容的关于社会主义根本任务和根本性质、我国基本国情和国家发展道路的论

述，如解决新时期的社会矛盾不能靠群众运动，要学会使用法律武器，搞法制靠得住些，以及以事实为根据、以法律为准绳等；作为"三个代表"重要思想核心的社会主义经济、社会、政治文明建设理论，如在总结经验的基础上，有领导地加快司法改革的步伐，逐步形成有中国特色的司法体制，实行依法治国，建设社会主义法治国家等观点；作为科学发展观核心的科学发展、以人为本、全面协调可持续、统筹兼顾思想，以及改革发展稳定的任务越是繁重，越要增强依法治国、依法执政的自觉性和坚定性，越要注重维护法制的统一和尊严，依法处理和解决各种矛盾和问题，引导和规范各种社会行为，为全面建设小康社会、不断开创中国特色社会主义事业新局面提供有力的法制保证等观点。

习近平新时代中国特色社会主义思想是当代中国马克思主义、21世纪马克思主义，是中华文化和中国精神的时代精华，实现了马克思主义中国化新的飞跃。作为习近平新时代中国特色社会主义思想核心要义的"十个明确""十四个坚持"，特别是习近平法治思想关于新时期坚持全面依法治国基本方略和建设中国特色社会主义法治体系、全面推进依法治国和深化依法治国实践、建设社会主义法治国家的论述，对于我国民事诉讼法学始终立足于中国的现实国情，植根于中华文化土壤，回应当代中国社会的现实需求，展示我们国家的时代风貌，创造出中国特色民事诉讼理论体系、制度体系和文化体系具有重大的指导意义，为新时期民事诉讼法治建设提供了思想指引和有力保证。毛泽东思想和中国特色社会主义理论体系为中国特色民事诉讼法学的研究和实践、开拓和创新奠定了重要的思想基石，是确保我国民事诉讼法学进一步彰显鲜明的实践性、时代性和科学性的重要基础。

毛泽东思想、中国特色社会主义理论体系和习近平新时代中国特色社会主义思想为我国民事诉讼法学的开拓发展提供了思想方法和工作方法。作为马克思主义中国化理论成果的哲学基础和方法论原则，实事求是也是我国民事诉讼法学的基本思想方法和工作方法。在我国分析民事诉讼现象、揭示民事诉讼规律、解决民事诉讼问题、设计和评价民事诉讼程序制度、塑造中国特色民事诉讼文化，应当始终坚持实事求是的思想方法和工作方法。例如，面对司法实践中存在的比较严重的起诉难问题，我国民事诉讼法学坚持解放思想、与时俱进、求真务实，以民事诉讼法学基本原理为指导，在大量实地调研和比较法研究的基础上，根据我国的实际情况，提出了实行登记立案的构想和建议。2014年10月23日中国共产党第十八届中央委员会第四次全体会议通过的《中共中央关于全面推进依法治国若干重大问题的决定》（简称"十八届四中全会《决定》"）明确提出："改革法院案件受理制度，变立案审查制为立案登记制，对人民法院依法应该受理的案件，做到有案必立、有诉必理，保障当事人诉权。"2015年4月15日，最高人民法院发布《登记立案规定》，明确规定自 2015 年 5 月 1 日起全国各级法院实行立案登记制。理论研究成果上升为党的政策并最终发展成具体的法律制度，是民事诉讼法学坚持实事求是的思想方法和工作方法并取得成效的成功范例。2017 年 10 月 18 日习近平在中国共产党第十九次全国代表大会上的报告——《决胜全面建成小康社会　夺取新时代中国特色社会主义伟大胜利》（简称"十九大报告"）明确提出："深化司法体制综合配套改革，全面落实司法责任制，努力让人民群众在每一个司法案件中感受到公平正义。加大全民普法力度，建设社会主义法治文化，树立宪法法律至上、法律面前人人平等的法治理念。"2014 年 10 月 20 日，习近平在《在中共十八届四中全会第一次全体会议上关于中央政治局工作的报告》中指出，依法治国是坚持和发展中国特色社会主义的本质要求和重要保障，是实现国家治理体系和治理能力现代化的必然要求。我们要实现经济发展、政治清明、文化昌盛、社会公正、生态良好，必须更好发挥法治引领和规范作用。2015 年 3 月 24 日，在主持中共中央政治局就深化司法体制改革、保证司法公正进行第 21 次集体学习时，习近平强调，深化司法体制改革，建设公正高效权威的社会主义司法制度，是推进国家治理体系和治理能力现代化的重要举措。公正司法事关人民切身利益，事关社会公平正义，事关全面推进依法治国。要坚持司法体制改革的正确政治方向，坚持以提高司法公信力为根本尺度，坚持符合国情和遵循司法规律相结合，坚持问题导向、勇于攻坚克难，坚定信心，凝聚共识，锐意进取，破解难题，坚定不移深化司法体制改革，不断促进社会公平正义。司法体制改革必须同我国根本政治制度、基本政治制度和经济社会发展水平相适应，保持我们自己的特色和优势。我们要借鉴国外法治有益成果，但不能照搬照抄国外司法制度。完善司法制度、深化司法体制改革，要遵循司法活动的客观规律，体现权责统一、权力制约、公开公正、尊重程序的要求。司法体制改革事关全局，要加强顶层设计，自上而下有序推进。要坚持从实际出发，结合不同地区、不同层级司法机关实际情况积极实践，推动制度创新。2017 年 7 月，习近平对司法体制改革作出重要指示时再次强调：司法体制改革在全面深化改革、全面依法治国中居于重要地位，对推进国家治理体系和治理能力现代化意义重大；要遵循司法规律，把深化司法体制改革和现代科技应用结合起来，不断完善和发展中国特色社会主义司法制度。习近平新时代中国特色社会主义思想关于深化司法体制改革、保证司法公正、全面依法治国等方面的论述，为我国民事诉讼法学研究指明了方向、明确了任务，是推动我国民事诉讼法学研究、开创我国民事诉讼法学新局面的理论指南。

2019 年，习近平在中央政法工作会议上指出："要把非诉讼纠纷解决机制挺在前面，构建起分层递进、衔接配套的纠纷解决体系，从源头上减少诉讼增量。"这是适应新时代我国社会主要矛盾变化，推动社会治理创新的重要论断，是深刻把握矛盾纠纷发展与化解趋势、践行新发展理念作出的重大理论创新，为推动多元化纠纷化解体系建设，促进国家治理体系和治理能力现代化，指明了方向。根据上述指示精神，各地法院坚持创新发展新时代"枫桥经验"，积极探索诉源治理新模式，推进一站式多元解纷机制、一站式诉讼服务中心建设，全面提升人民法院解决纠纷和服务群众的能力水平，完善多元化纠纷解决机制，着力破解案多人少难题。

2020 年 11 月，在中央全面依法治国工作会议上，党中央正式提出"习近平法治思想"，并将其明确为全面依法治国的指导思想。习近平法治思想的核心要义是"十一个坚持"：坚持党对全面依法治国的领导；坚持以人民为中心；坚持中国特色社会主义法治道路；坚持依宪治国、依宪执政；坚持在法治轨道上推进国家治理体系和治理能力现代化；坚持建设中国特色社会主义法治体系；坚持依法治国、依法执政、依法行政共同推进，法治国家、法治政府、法治社会一体建设；坚持全面推进科学立法、严格执法、公正司法、全民守法；坚持统筹推进国内法治和涉外法治；坚持建设德才兼备的高素质法治工作队伍；坚持抓住领导干部这个"关键少数"。习近平法治思想是我国新时期民事诉讼实践与民事诉讼法学研究的重要指导思想。

2021 年 11 月，中国共产党第十九届中央委员会第六次全体会议通过的《中共中央关于党的百年奋斗重大成就和历史经验的决议》指出，全面依法治国最广泛、最深厚的基础是人民，必须把体现人民利益、反映人民愿望、维护人民权益、增进人民福祉落实到全面依法治国各领域全过程，保障和促进社会公平正义，努力让人民群众在每一项法律制度、每一个执法决定、每一宗司法案件中都感受到公平正义。这既是对党的百年奋斗重大成就和历史经验的总结，也是全面依法治国的未来指引。作为中国特色社会主义法治体系的重要组成部分，民事诉讼制度当然离不开也不会离开上述指引。

毛泽东思想、中国特色社会主义理论体系和习近平新时代中国特色社会主义思想指明了我国民事诉讼法学开拓和发展的基本方向。根据实事求是的思想路线和方法论原则，按照一切从实际出发，理论联系实际，在实践中检验真理和发展真理，解放思想、与时俱进、求真务实的要求，我国民事诉讼法学开拓和发展的基本方向应当是构建中国特色民事诉讼法学理论体系、制度体系和文化体系。也就是要汲取中国传统民事诉讼理论、制度和文化的精华，合理借鉴其他法域民事诉讼理论成果的合理内核、民事诉讼实践的成功经验以及民事诉讼文化的有益要素，积极开拓创新，形成符合中国实际、具有中国特色、解决中国问题、满足中国实践需要、契合实现中华民族伟大复兴的中国梦的民事诉讼制度、民事诉讼理论和民事诉讼文化，为全面建成小康社会、全面深化改革、全面提高对外开放水平、全面推进依法治国，建设公正高效权威的民事纠纷解决机制提供理论指导和学理支撑。坚持上述基本方向，我国民事诉讼法学目前正根据我国民事诉讼理论、实践和立法的实际情况，结合十八届四中全会《决定》和十九大报告提出的具体任务，在法官员额制和司法责任制、民事审执分离体制改革、立案登记制以及虚假诉讼的识别与预防、民事审级制度完善和四级法院审级职能定位改革、证据裁判规则的全面贯彻落实、阳光司法和公正司法的推进、电子诉讼证据的完善、多元化民事纠纷解决机制的构建等方面开展深入研究，努力从我国改革和发展的实践中挖掘新材料、发现新问题、提出新观点、构建新理论，争取提炼出有学理性的新理论，概括出有规律性的新实践。

四、学习民事诉讼法学的方法

学习民事诉讼法学，应当在马克思主义世界观和方法论的指导下，根据民事诉讼法学科的特殊性，采取多种具体的方法。一般认为，学习民事诉讼法学的具体方法主要有以下几种。

（一）宏观与微观相结合的方法

学习民事诉讼法学，应当从宏观上把握民事诉讼现象、民事诉讼法律规范和民事诉讼法学理论所处的背景和环境，从政治、经济、文化、思想观念甚至历史原因等不同角度分析相关问题，找到该现象、制度和理论的根基。与此同时，还要从微观上对民事诉讼现象、民事诉讼法律制度和民事诉讼法学理论中的具体问题进行深入、细致的分析，找到具体问题的解决方案。只有宏观与微观相结合，才能既全面理解民事诉讼法律制度和民事诉讼法学理论的内容，又具有一定的解决相关问题的能力，并在理论研究方面有所创新和发展。

（二）理论联系实际的方法

民事诉讼法是应用法学，实践性很强。民事司法实践是民事诉讼法学理论的最重要来源，民事诉讼法学理论又要指导民事司法实践。学习民事诉讼法学，必须坚持理论联系实际的方法。一方面要充分了解民事诉讼理论的具体内容；另一方面要了解该理论在实践中的运行情况，包括民事诉讼立法情况和民事审判实践情况，分析理论与实践的差距以及造成该差距的原因。

（三）程序法与实体法相结合的方法

民事诉讼法是程序法，其任务之一是保证人民法院查明事实、分清是非、正确适用法律、及时审理民事案件、确认民事权利义务关系、制裁民事违法行为、保护当事人的合法权益。确认民事权利义务关系、制裁民事违法行为、保护当事人合法权益，必须以民事实体法的规范为依据。因此，学习民事诉讼法学，必须将程序法与实体法结合起来。只有这样，才能既掌握民事权益保护的程序，又掌握民事权益保护的内容。

（四）比较的方法

用比较的方法学习民事诉讼法学，有助于发现该学科的特性与规律，牢固掌握理论知识。比较的方法包括比较中外民事诉讼的异同，我国民事诉讼法与刑事诉讼法、行政诉讼法的区别，以及现行民事诉讼制度与历史上民事诉讼制度的不同等。通过比较，可以发现我国民事诉讼法律规范和法学理论的源流，发现各国、各地区民事诉讼制度的差异，进而探讨民事诉讼制度和理论的发展趋势。

（五）原则性规定与具体条款规定相结合的方法

原则性规定是通过具体条款规定贯彻实施的。我国《民事诉讼法》就是原则性规定与具体条款规定相结合的一部民事诉讼法典。学习民事诉讼法学，应当将民事诉讼法典的原则性规定与具体条款规定结合起来，领会其中的逻辑联系。只有这样，才能确保将来在实践中能够灵活运用所学知识。

拓 展 阅 读

民事诉讼法学方法论

五、学习民事诉讼法学的意义

民事诉讼法学是一门既有理论性又具实践性的法学学科。学好民事诉讼法学，不仅有利于完善个人的法学知识体系，而且有利于做好法律职业工作和纠纷处理工作，还有利于维护自身的合法权益。

（一）有利于完善个人的法学知识体系

民事诉讼法学研究的民事诉讼、民事诉讼法及其规律，是法学知识体系的重要内容。缺乏民事诉讼法学知识，个人的法学知识体系就不完整，甚至可以说存在重大缺陷。这是因为，一方面，民事诉讼法是国家法律体系中的重要法律部门；另一方面，民事诉讼是司法实践中最常见的诉讼形式。所以，研究民事诉讼、民事诉讼法及其规律而形成的学科知识是法学知识体系的重要内容。学好民事诉讼法学，有利于完善个人的法学知识体系。正因如此，民事诉讼法学成为我国法学专业本科学生必须完成的核心课程之一。

（二）有利于提高从事法律职业工作和民事纠纷处理工作的能力

在实践中，相对于刑事诉讼案件和行政诉讼案件而言，民事诉讼案件更为常见。因此，处理民事诉讼案件是法律职业工作的重要内容。要处理好民事诉讼案件，就必须掌握民事诉讼原理、熟悉民事诉讼实践和立法，形成科学的程序理念。学习民事诉讼法学，是掌握民事诉讼程序原理、熟悉民事诉讼实践和立法规范进而形成科学的程序理念的重要途径。因此，学习民事诉讼法学，有利于提高从事法律职业工作的能力。可以说，在通常情况下，法律职业工作者掌握的民事诉讼法学知识越丰富，对民事诉讼程序原理把握得越准确，对民事诉讼立法规范越熟悉，程序理念越科学，公平、公正处理民事诉讼案件从而全面维护当事人合法权益的可能性就越大。反之，便无法做好法律职业工作。即使作为非法律职业工作者，通过学习民事诉讼法学知识，也有利于提高化解民事纠纷的能力。

（三）有利于维护自身的合法权益

在社会生活中，掌握民事诉讼法学知识的人能够更准确地利用民事诉讼法规定的程序和制度维护自身合法权益。相反，对民事诉讼法律规范、制度及其原理缺乏了解的，就很难充分利用民事诉讼程序维护自身合法权益。因此，非法律职业工作者也应当学习一些民事诉讼法学知识，掌握民事诉讼的基本原理，了解民事诉讼法律规范的基本内容和民事诉讼的基本操作流程。

总之，学习民事诉讼法学，对个人来说既能丰富法学知识，又有利于做好法律职业工作，还有利于维护自身合法权益。在此基础上，对整个国家和社会来说，掌握民事诉讼法学知识的人越多，人们的程序理念越科学，越有利于实现民事纠纷的依法有序解决，越有利于社会的和谐、稳定与发展，也越有利于全面推进依法治国、建设社会主义法治国家。

六、本书编写的指导原则与特色

除了在思想上严格以马克思主义及其中国化创新理论为指导外，在内容上，根据民事诉讼法学的学科特点和本教材使用者的特殊性，结合参编人员的教学经验，本书坚持"准确严谨、深入浅出、开拓视野、注重实用"的编写原则。

作为法学本科的专业核心课教材，本书在编写时首先注重全面、准确地展现民事诉讼理论和立法的现有内容。其中，理论分析尽量采用通说，立法规范既包括《民事诉讼法》的规定，也包括相关司法解释的规定。对理论上有争议的问题，本书编者认为有必要介绍或者澄清进而统一认识的，都进行了一定的分析论证，以便读者理解与接受。

在理论介绍和语言文字使用上，本书尽量做到深入浅出，使用国内民事诉讼法学界通用的概念和理论体系进行分析论证，同时将民事诉讼理论与我国的立法规范、实践情况结合起来，使用平实而不晦涩的语言文字，尽量便于读者理解与学习。

民事诉讼法学理论和实践纷繁复杂，本书尽量全面地介绍相关理论和立法，或者在正文中直接表达，或者通过注释提示读者注意，以期读者能够较为全面地了解民事诉讼法学的完整体系，形成较为开阔的理论与实践的视野。

为了适应民事诉讼法学实用性强的特点，本书在编写过程中特别重视内容的实用性，尽量使读者较为全面地了解民事诉讼法学理论和立法现状并能在实践中灵活运用。因此，本书在介绍理论时注重全面性，分析立法时既说明立法精神，又尽量详尽罗列具体规定。

本书具有以下几个方面的特色：

首先，内容上以马克思主义中国化的最新理论成果为指导。马克思主义是科学的世界观和方法论。坚持以科学的世界观和方法论为指导，就能确保民事诉讼法学的正确立场和正确方向，就能科学地解决民事诉讼理论和实践中存在的问题，就能不断检验和发展真理。坚持马克思主义的基本立场、基本观点和基本方法，运用马克思主义中国化的最新理论成果，分析和解决中国民事诉讼法学理论与实践中存在的问题，揭示民事诉讼法学规律，是本书的重要特征。

其次，在结构安排上强调知识的体系性。民事诉讼法学知识点多、体系复杂。本书将民事诉讼法学的内容分为民事诉讼的基本原理与原则、民事诉讼的基本制度、审判程序、执行程序、涉外民事诉讼程序五部分，每一部分集合成编，然后在编内设章、章内设节，以便读者对纷繁复杂的民事诉讼法学内容既能形成清晰的框架，又有具体的细节。在确保知识点的完整性的基础上，注重知识的体系性，是本书的又一特色。

最后，通过控制总字数留足教与学的余量空间。在结构完整、内容完善的基础上，在知识点完备的前提下，总字数越少，给使用本书的教师留下的自由发挥空间就越大，给使用本书的学生留下的自我填充余地也就越大。这样既有利于增强课堂教学的吸引力，也有利于提高学生自学的积极性。

第一编 | 民事诉讼的基本原理与原则

第一章　民事诉讼法概述

民事纠纷是平等主体之间发生的以民事权利义务为内容的社会纠纷。民事诉讼是解决民事纠纷的重要途径，在民事纠纷解决机制中处于主导地位。民事诉讼法是调整民事诉讼的基本法律规范，是法院、当事人和其他诉讼参与人进行民事诉讼活动的行为准则，具有程序性、强制性、权威性和终局性等特征，与其他相邻部门法有密切的联系，是我国重要的基本法。

第一节　民事纠纷与民事诉讼

一、民事纠纷

（一）民事纠纷的概念

纠纷，是指社会主体之间的一种利益对抗状态。民事纠纷，又称民事冲突、民事争议，是指平等主体之间发生的、以民事权利义务为内容的社会纠纷。

（二）民事纠纷的特征

与其他纠纷相比较而言，民事纠纷具有下列主要特征：

1. 纠纷主体具有平等性。民事纠纷主体即民事权利义务关系的主体，他们在民事活动中法律地位平等，彼此之间不存在管理与被管理、命令与服从的关系，在民事纠纷解决机制中也处于平等的法律地位。

2. 纠纷解决方式具有可选择性。经过长期实践，人类社会形成了多种多样的解决民事纠纷的方式，发生纠纷的主体可以从中自由选择解决其特定纠纷的具体方式。

3. 纠纷内容具有可处分性。民事纠纷的内容是民事权利义务关系争议，其核心是民事权利，属于民事实体法调整的对象。基于民事实体法上私法自治原则，民事纠纷主体对其民事权利有自由处分的权利，即有权在纠纷解决过程中全部或者部分放弃自己的民事权利，向对方作出让步。

（三）民事纠纷的解决机制

一般认为，民事纠纷的解决机制包括诉讼和非诉讼解决机制两种。

1. 诉讼。诉讼是通过国家公权力解决民事纠纷的一种纠纷解决机制，即由国家设置的专门机关代表国家行使审判权，通过法定的程序查明事实、分清是非，对纠纷各方的实体权利义务关系作出终局性的裁判，并在一方当事人不履行生效裁判确定的义务时，经对方当事人申请行使国家公权力强制其履行义务的纠纷解决方式。诉讼具有程序性、强制性、终局性和权威性等特征。在现代社会的民事纠纷解决机制体系中，诉讼处于主导地位，包括民事审判和民事执行两项内容。

2. 非诉讼解决机制。也称为诉讼外民事纠纷解决机制，是指民事纠纷的当事人通过和解、调解、仲裁等诉讼外途径解决纠纷的制度体系。依据是否有纠纷双方主体之外的第三方参与纠纷解决，民事纠纷的非诉讼解决机制又分为自力解决方式和社会解决方式两种。

民事纠纷的自力解决方式就是当事人依靠自身的私人力量解决纠纷的方式。民事纠纷的自力解决无需第三方介入，纠纷解决过程具有非程序性、自由性、经济性等特征，其结果只能依靠当事人自觉履行，而不能通过国家公权力强制实现。现代国家禁止暴力性的自力解决方式，允许甚至鼓励和平式的自力解决方式。和解就是民事纠纷自力解决方式的一种典型形式。

民事纠纷的社会解决方式，就是依靠社会力量解决民事纠纷。与自力解决方式不同，民事纠纷的社会解决方式需要第三方介入，由第三方作为中立者对纠纷的双方进行沟通、协调、说服乃至裁断。民事纠纷的社会解决方式具有程序性、半自主性等特征。通过社会途径解决纠纷，以纠纷各方合意选择这一方式为前提，其结果在一定条件下可通过国家公权力强制实现。诉讼外调解和仲裁是典型的民事纠纷社会解决方式。

在西方国家，近年来形成了一种在法院进行但法院不通过行使审判权解决纠纷的机制，如在法院委托律师或者由法官主导、律师参与调解纠纷，称为法院附设 ADR（替代性争议解决方式）。

总之，民事纠纷的解决机制是多元的，每一种纠纷解决机制都具有各自的特点与优势。

二、民事诉讼

（一）民事诉讼的概念

民事诉讼是指法院①在双方当事人和其他诉讼参与人的参加下，在审理和执行民事案件的过程中所进行的各种诉讼活动以及由这些诉讼活动所产生的各种民事诉讼法律关系的总和。

民事诉讼有广义与狭义之分。广义的民事诉讼除包括民事审判外，还包括民事执行，即通过国家公权力强制实现生效法律文书确定内容的活动；狭义的民事诉讼仅指民事审判，即通过国家公权力确定当事人之间民事实体权利义务关系的

---

① 法院是解决民事纠纷的国家机关。在我国，法院的全称是人民法院。但为了表达简洁，除直接引用法条或文献，或者确有必要用全称之外，本书均将人民法院简称为法院。

活动。我国民事诉讼法所指的民事诉讼是广义的，包括民事审判和民事执行两个方面。

民事诉讼由诉讼活动和诉讼关系构成。诉讼活动是指法院、当事人及其他诉讼参与人围绕案件的解决所进行的能够产生一定法律后果的活动。诉讼关系是指法院、当事人及其他诉讼参与人之间在诉讼过程中所形成的诉讼权利义务关系。诉讼活动能够产生、变更或消灭诉讼关系，而诉讼关系又通过诉讼活动表现出来。

（二）民事诉讼的特征

与其他民事纠纷解决方式相比，民事诉讼具有以下特征：

1. 国家公权性。法院是国家的审判机关，代表国家行使审判权。审判权是国家公权力的一部分，因此，民事诉讼具有国家公权性质。

2. 程序性。通过民事诉讼解决纠纷时，法院、当事人及其他诉讼参与人都必须严格遵守法定的程序和方式，否则其行为不能产生法律上的效力，甚至将导致程序性制裁。

3. 强制性、终局性和权威性。民事诉讼以国家强制力为后盾，其解决纠纷的过程具有强制性，法院作出的生效裁判，具有终局性地确定当事人之间权利义务关系的效力。与其他纠纷解决方式不同，民事诉讼是法院依据国家制定的刚性法律规范解决民事纠纷的过程，其结果具有权威性，无论当事人同意与否，都必须接受法院的裁判结果。一方不履行法院作出的生效裁判，另一方可以申请强制执行。

（三）民事诉讼在民事纠纷解决体系中的地位

民事诉讼在民事纠纷解决体系中处于主导地位。一方面，民事诉讼根据纠纷性质的不同提供了相应的救济程序和各种不同的救济手段。另一方面，民事诉讼作为民事纠纷的司法最终解决机制，具有支撑、维持其他纠纷解决方式的作用。首先，当事人之间的纠纷不能通过自力解决方式解决或者社会解决方式解决时，民事诉讼便成为民事纠纷的最终解决方式。其次，当事人选择通过自力解决方式或者社会解决方式解决纠纷时，民事诉讼在制度上为其提供保障，赋予诉讼外纠纷解决结果相应的法律效力，确保诉讼外纠纷解决方式的活力。最后，民事诉讼是解决民事纠纷最权威的方式，其他民事纠纷解决方式都不得与民事诉讼相冲突。同时，民事诉讼在民事纠纷解决体系中的主导性还体现在它对诉讼外纠纷解决方式的监督上，即通过对调解协议的司法审查以及撤销或不予执行仲裁裁决等方式对人民调解、仲裁等诉讼外纠纷解决方式进行法律监督。

需要特别指出的是，尽管民事诉讼在民事纠纷解决体系中处于主导地位，但民事诉讼并不是解决民事纠纷的唯一方式。如前所述，民事纠纷的解决机制是多元的，不同的纠纷解决机制各有特色。我们应当尽力发挥不同纠纷解决机制的作用，引导纠纷当事人选择适合其纠纷特点的解决方式，而不是动辄提起民事诉讼。

第二节　民事诉讼法

一、民事诉讼法的概念

民事诉讼法，是指国家制定或者认可的，规范民事诉讼活动和调整民事诉讼法律关系的法律规范的总和。民事诉讼法是法院审判民事案件的准则，也是当事人和其他诉讼参与人进行诉讼活动的准则。

二、民事诉讼法的特征

（一）民事诉讼法是基本法律

在我国的法律体系中，依各个法律的地位和作用的不同，可将其分为根本法、基本法律和一般法，其中基本法律的效力低于宪法但高于一般法。民事诉讼法是由国家最高权力机关制定与修订的基本法律，是其他民事程序法制定的依据。

（二）民事诉讼法是公法

民事诉讼法是规范法院行使审判权、解决民事纠纷的程序法。从性质上讲，法院与当事人之间产生的民事诉讼法律关系是公法关系，法院行使的审判权和强制执行权属于公权，法院裁判所具有的确定力、执行力和形成力等效力是公法上的效力。所以，民事诉讼法通常被认为是公法。

（三）民事诉讼法是程序法

程序法是相对于实体法而言的。民事诉讼法是法院和当事人等进行民事诉讼必须遵循的程序性规范，以程序和技术层面的事项为主要内容，追求以理性科学的程序和技术方法公正、经济地审理民事案件，解决民事纠纷。

三、民事诉讼法的法律渊源

民事诉讼法有狭义和广义之分。狭义的民事诉讼法，也可以称为形式意义上的民事诉讼法，是指国家最高权力机关制定颁行的关于民事诉讼的专门的规范性文件，通常称为民事诉讼法典。广义的民事诉讼法，也可以称为实质意义上的民事诉讼法，既包括民事诉讼法典，还包括宪法、其他法律法规、我国参加的国际条约和国际公约中有关民事诉讼的规定，最高人民法院、最高人民检察院以及最高人民法院与其他有关机关联合发布的关于民事诉讼的司法解释。

综合起来看，我国民事诉讼法的法律渊源主要包括以下几种。

（一）宪法

宪法是国家的根本大法，具有最高的法律效力。民事诉讼法作为基本法律，其制定、修订和适用要以宪法为依据，不得与宪法相抵触。宪法关于基本权利、审判制度、审判机关的规定是民事诉讼得以运行的基石，也是民事诉讼立法的基准与保障。民事诉讼法的许多基本原则、基本制度均来源于宪法规定或体现宪法精神，是对宪法规定的具体落实。因此，宪法是我国民事诉讼法的重要渊源。

（二）民事诉讼法

我国现行《民事诉讼法》是 1991 年 4 月 9 日第七届全国人民代表大会第四次会议通过并颁行，经 2007 年 10 月 28 日第十届全国人民代表大会常务委员会第三十次会议、2012 年 8 月 31 日第十一届全国人民代表大会常务委员会第二十八次会议、2017 年 6 月 27 日第十二届全国人民代表大会常务委员会第二十八次会议以及 2021 年 12 月 24 日第十三届全国人民代表大会常务委员会第三十二次会议四次修正的《民事诉讼法》。现行《民事诉讼法》由 4 编 27 章 291 条构成，是我国民事诉讼法最基本的法律渊源。

（三）人民法院组织法

人民法院组织法规定了我国审判权行使的基本规则以及法院的组织和职权、审判人员和其他人员的资格及其产生程序等内容。这些内容对于民事诉讼法的内容具有决定作用。例如，人民法院组织法关于法院任务的规定，是民事诉讼法规定任务的渊源；人民法院组织法规定的法院依照法律规定独立行使审判权，审判案件在适用法律上一律平等，以事实为根据、以法律为准绳等基本原则，同样也是民事诉讼法的基本原则；人民法院组织法规定的公开审判制度、合议制度、陪审制度等，也是民事诉讼法规定的民事审判的基本制度；人民法院组织法有关各级法院职权的规定，是民事诉讼法规定级别管辖的依据。总之，人民法院组织法是民事诉讼法的重要法律渊源。

（四）民事实体法中有关民事诉讼程序的规范

在民法、经济法、劳动法等民事实体法中，存在大量关于民事程序的规范，这些规范是民事诉讼法的重要法律渊源。例如，《民法典》关于女方在怀孕期间、分娩后 1 年内或者终止妊娠后 6 个月内男方不得提出离婚的规定，就是民事诉讼法有关民事案件受理条件的内容之一。又如，民事实体法有关要式法律行为的规定，是民事诉讼法确定相关裁判标准的依据。此外，民事诉讼法中许多证据和证明的规定，尤其是证明责任分配的规范，都来自民事实体法。民事实体法中有关民事诉讼程序的规范也是我国民事诉讼法的重要法律渊源。

（五）司法解释

根据人民法院组织法的规定，对于审判过程中如何具体适用法律、法令的问题，由最高人民法院进行解释。最高人民法院据此作出的解释，称为司法解释。民事诉讼法制定和修订的滞后性决定了最高人民法院发布司法解释是统一司法尺度、规范司法行为、增强法律的可操作性的重要手段。同时，最高人民检察院可以对检察工作中具体应用法律的问题进行解释，这种解释也称为司法解释。如 2021 年 2 月 9 日最高人民检察院第十三届检察委员会第六十二次会议通过、自 2021 年 8 月 1 日起施行的《人民检察院民事诉讼监督规则》，就是人民检察院行使民事审判监督权和执行监督权的重要程序规范。此外，最高人民法院还会根据实践需要与其他机关联合发布关于民事诉讼和执行的司法解释。这些都是我国法院处理民事诉讼和执行案件的重要依据，司法解释已经成为我国民事诉讼法的重要法律渊源。

拓展阅读

最高人民法院有关负责人就民事诉讼法司法解释答记者问

（六）其他规范性文件和指导性案例

除上述渊源之外，包含规范民事诉讼和执行程序内容的其他规范性文件，最高人民法院和最高人民检察院发布的除司法解释之外的规范性文件，以及最高人民法院和最高人民检察院公布的指导性案例，也是我国法院处理民事诉讼和执行案件的重要依据，也可称为我国民事诉讼法的法律渊源。

（七）我国缔结或者参加的国际条约

根据信守国际条约的原则，在涉外民事诉讼中，我国缔结或者参加的国际条约同我国民事诉讼法有不同规定的，适用该国际条约的规定，但我国声明保留的条款除外。因此，我国缔结或者参加的国际条约也是我国民事诉讼法的法律渊源之一，但是附有严格的限制条件。

四、民事诉讼法与相邻部门法的关系

（一）民事诉讼法与其他诉讼法的关系

1. 民事诉讼法与刑事诉讼法的关系。民事诉讼法与刑事诉讼法同属程序法的范畴，二者在基本原则、审判组织、制度和程序等方面有许多相同或相似之处。但是，二者也有很多区别。

（1）目的与任务不同。民事诉讼法的目的与任务是保护当事人行使诉讼权利，保证法院查明事实，分清是非，正确适用法律，及时审理民事案件，确认民事权利义务关系，制裁民事违法行为，保护当事人的合法权益，教育公民自觉遵守法律，维护社会秩序、经济秩序，保障社会主义建设事业顺利进行；刑事诉讼法的目的与任务则是保证准确、及时地查明犯罪事实，正确应用法律，惩罚犯罪分子，保障无罪的人不受刑事追究，教育公民自觉遵守法律，积极同犯罪行为作斗争，维护社会主义法制，尊重和保障人权，保护公民的人身权利、财产权利、民主权利和其他权利，保障社会主义建设事业顺利进行。

（2）起诉主体不同。民事诉讼由与案件有直接利害关系的当事人向法院提起；而刑事诉讼除自诉案件外，由检察院代表国家提起。

（3）原则不完全相同。民事诉讼法规定了诉讼权利平等原则、处分原则、辩论原则、调解原则等特有原则；刑事诉讼法规定了法院、检察院、公安机关分工负责、互相配合、相互制约的原则，被告人有权获得辩护等特有原则。

（4）程序不完全相同。例如，同样是一审程序，民事诉讼法将其分为普通程序、简易程序和小额诉讼程序；而刑事诉讼法将其分为公诉程序、自诉程序和简易程序。

（5）诉讼主体地位不同。在民事诉讼中，双方当事人之间的诉讼地位是完全平等的；而在刑事诉讼中，由于被告人可能成为定罪科刑的对象，与公诉人的诉讼地位是不可能平等的。

（6）裁判执行不同。民事裁判生效后，一般由义务人自动履行或者由法院强制执行；刑事裁判生效后，除法院执行外，交出有关机关强制执行。

2. 民事诉讼法与行政诉讼法的关系。在基本原则、程序和诉讼制度等方面，行政诉讼法与民事诉讼法有许多相同之处，但也存在十分明显的区别。

（1）诉讼主体不同。民事诉讼中的原、被告是地位平等的自然人、法人和非法人组织，在一定条件下，双方的诉讼地位可以转换，不存在隶属关系；行政诉讼中的被告一定是行政机关，双方的诉讼地位不可能转换，被告与原告之间存在管理与被管理的行政隶属关系。

（2）诉讼客体不同。在民事诉讼中，诉讼客体是双方当事人之间争议的民事权利义务关系；在行政诉讼中，诉讼客体是行政机关在行政管理活动中作出的行政行为。

（3）起诉条件不同。发生民事纠纷后，任何一方当事人都可以向法院提起诉讼；行政纠纷发生后，有些需要经过复议程序，当事人对复议决定不服的，才可向法院起诉。

（4）证明责任的分配规则不同。在民事诉讼中，当事人对自己提出的主张有责任提供证据加以证明，在特殊情况下实行证明责任的倒置；在行政诉讼中，均由被告负证明责任，即行政机关必须证明其行政行为的合法性和合理性。

（5）调解范围不同。调解原则贯穿于民事诉讼的整个过程，法院可以采用调解的方式处理所有的民事诉讼案件；行政诉讼实行调解例外原则，除行政赔偿、行政补偿以及行政机关行使法律、法规规定的自由裁量权的案件可以调解外，其他行政案件均不能采用调解的方式处理。

（二）民事诉讼法与民事实体法的关系

1. 民事诉讼法与民事实体法既密切联系又相互交错。正如马克思所言："诉讼和法二者之间的联系如此密切，就像植物外形和植物本身的联系，动物外形和动物血肉的联系一样。使诉讼和法律获得生命的应该是同一种精神，因为诉讼只不过是法律的生命形式，因而也是法律的内部生命的表现。"[1] 二者的联系具体表现为：

（1）民事诉讼法与民事实体法追求的终极价值具有相同之处，都是为了保护民事权利，维护社会公平正义。同时，民事诉讼法与民事实体法的基本原则存在相互交错的现象，如民事诉讼法的处分原则和辩论原则就是建立在民事实体法的意思自治原则基础之上的。

（2）民事诉讼法和民事实体法相互作用。民事诉讼法具有保障民事实体法实现的功能，没有民事诉讼法，民事实体法规定的权利将失去强有力的保障。民事实体法为民事诉讼法的适用提供裁判依据，即法院必须依据民事实体法的规定作出裁判，脱离了民事实体法，民事诉讼法也将失去适用的目的。

（3）民事诉讼法具有补充、丰富、发展民事实体法内容的功能。由于法律的滞后性，大量新型民事纠纷在没有相关的实体规范而法院又不能拒绝裁判的情况下，法院往往会依据法律原则给予当事人司法保护，这些新型的实体权利就能够被法院判决所确认。从这个意义上说，民事诉讼法具有创制和促进民事实体法的功能，纠正实体法的滞后性和不周延性。

2. 民事诉讼法与民事实体法相互独立并呈现出分离态势。

（1）民事诉讼法具有独立的价值。民事诉讼法不仅具有实现民事实体法的工具价值，而且有其自身的内在价值。"民事诉讼法在程序设计与运作上不仅要顾及实体公正价值，同时也要兼顾程序公正、程序效益、程序自由等程序内在价值。"[2]

（2）民事诉讼当事人与民事主体是可以分离的。在现代社会，由于社会关系的复杂化及纠纷的多样性，民事诉讼的当事人并不一定就是民事主体。民事诉讼中的当事人，除了与案件有直接利害关系的实体法律关系主体之外，还包括基于诉讼担当而具有诉讼当事人资格的人。

---

① 《马克思恩格斯全集》第1卷，人民出版社1995年版，第287页。
② 肖建国：《民事诉讼程序价值论》，中国人民大学出版社2000年版，第403页。

（3）诉权与民事实体权利的分离。诉权行使的前提是当事人之间发生了纠纷。至于当事人的实体权利是否受到侵害，在起诉时法院不予审查，诉权的行使不必依赖于实体权利而存在。

（三）民事诉讼法与仲裁法的关系

民事诉讼法和仲裁法都是处理民事纠纷的程序法，在一些原则、制度和程序方面有共同之处。但是，仲裁法不属于公法，其本质属性是民间性和自治性。仲裁的民间性决定了其在程序运作过程和裁决的执行方面需要民事诉讼法强制力的支持，这就使得仲裁天然地带有司法性因素，也决定了民事诉讼法和仲裁法之间必然存在许多密切的联系，主要表现在以下几方面：

（1）在案件受理方面，仲裁是双方当事人共同选择的解决纠纷的一种方式，任何一方当事人向仲裁机构申请仲裁，均须有达成一致的仲裁协议。有效的仲裁协议排除了法院对案件的管辖权。当事人对仲裁协议有异议，一方当事人向仲裁机构请求作出决定，另一方当事人向法院请求作出裁定的，由法院裁定。

（2）在保全、执行方面，仲裁的性质决定了仲裁机构不具有采取强制措施的权力。申请仲裁前的证据保全、财产保全和仲裁活动中的财产保全，均由法院依法作出裁定，并采取相应的保全措施。仲裁裁决作出后，一方当事人不履行的，另一方当事人可依据《民事诉讼法》的规定向法院申请强制执行。

（3）在对仲裁的司法监督方面，仲裁作为一种民间性的纠纷解决方式，要受到法院的司法监督。当事人有证据证明仲裁裁决有《仲裁法》第58条规定的情形之一的，可以向法院申请撤销，也可以依据《民事诉讼法》第244条之规定，向法院申请不予执行。

（四）民事诉讼法与劳动争议调解仲裁法的关系

民事诉讼法与劳动争议调解仲裁法同属程序性规范，是程序基本法与一般法的关系。前者适用于法院主管范围内所有的民事案件，后者专门适用于我国用人单位与劳动者之间的劳动争议。在适用过程中，这两部法律衔接紧密。根据《劳动争议调解仲裁法》第5条规定，劳动争议处理的基本程序是：发生劳动争议，当事人不愿协商、协商不成或者达成和解协议后不履行的，可以向调解组织申请调解；当事人不愿调解、调解不成或者达成调解协议后不履行的，可以向劳动争议仲裁委员会申请仲裁；当事人对仲裁裁决不服的，除本法另有规定外，可以向法院提起诉讼。可见，劳动争议案件仲裁是劳动争议诉讼的必经程序。

（五）民事诉讼法与农村土地承包经营纠纷调解仲裁法的关系

民事诉讼法与农村土地承包经营纠纷调解仲裁法同属程序性规范，是程序基本法与一般法的关系。前者适用于法院主管范围内所有的民事案件，后者专门适用于农村土地承包经营纠纷。

农村土地承包经营纠纷调解仲裁法与民事诉讼法的联系在于农村土地承包经营纠纷实行可裁可审、裁后可诉制度。允许当事人向法院起诉，体现了法院对农村土地承包经营纠纷仲裁活动的监督和保障。当事人就农村土地承包经营纠纷向法院起诉主要有两种方式：一是直接向基层法院起诉。农村土地承包经营纠纷仲裁不是诉讼的必经程序，当事人可以直接向纠纷土地所在地的基层法院提起诉讼。二是仲裁裁决后向法院起诉。仲裁机构对农村土地承包经营纠纷作出裁决后，当事人不服仲裁裁决的，可以自收到裁决书之日起30日内向法院起诉。逾期不起诉的，裁决书即发生法律效力。

（六）民事诉讼法与人民调解法的关系

民事诉讼法与人民调解法之间的关系是程序基本法与一般法的关系。虽然二者在性质、原则、程序以及效力等方面均有所不同，但仍有十分紧密的联系。根据《人民调解法》的规定，经人民调解委员会调解达成的调解协议，具有法律约束力，当事人应当按照约定履行。经人民调解委员会调解达成调解协议后，当事人之间就调解协议的履行或者调解协议的内容发生争议的，一方当事人可以向法院提起诉讼。经人民调解委员会调解达成调解协议后，双方当事人认为有必要的，可以自调解协议生效之日起30日内共同向法院申请司法确认。根据《民事诉讼法》的规定，法院依法确认调解协议有效，一方当事人拒绝履行或者未全部履行的，对方当事人可以向法院申请强制执行。

（七）民事诉讼法与企业破产法的关系

企业破产法是处理企业破产案件的法律。企业破产法既有实体方面的内容，又有程序方面的规定，是实体法与程序法的结合。从程序规范的角度而言，企业破产法与民事诉讼法都是规定法院、当事人和其他诉讼参与人在民事诉讼中诉讼行为的法律，前者是关于企业破产执行的程序规范，后者是一般民事诉讼的程序规范。从这个意义上讲，企业破产法与民事诉讼法的关系是特别法与一般法的关系，企业破产法规定的企业破产程序是特别的民事诉讼程序。法院在审理企业破产案件时，首先应当适用企业破产法的规定，对于企业破产法没有规定的程序事项，可以适用民事诉讼法的有关规定。

（八）民事诉讼法与公证法的关系

公证法与民事诉讼法同属于程序性法律规范，关系密切。公证是在争议发生之前，预防纠纷，减少诉讼的证明制度。在发生争议之后，公证的法律效力要在民事诉讼中得到最终的确认与保障。

依照我国《民事诉讼法》的规定，公证与民事诉讼的联系主要有以下三个方面：一是对案件事实的证明作用。经过法定程序公证证明的法律事实和文书，法院应当作为认定事实的根据，但有相反证据足以推翻公证证明的除外。二是诉讼前的证据保全。一般由公证机构依据当事人的申请采取保全措施，并在当事人起诉后，向受诉法院移送所保全的证据。三是公证机构依法赋予强制执行力的债权文书应当作为法院的执行根据。对公证机关依法赋予强制执行力的债权文书，一方当事人不履行的，对方当事人可以向有管辖权的法院申请强制执行，受申请的法院应当执行。

第三节　我国民事诉讼法的立法根据、任务与效力

一、民事诉讼法的立法根据

（一）以宪法为根据

宪法是国家根本大法，在中国特色社会主义法律体系中具有最高地位和最高法律效力。民事诉讼法作为我国的基本法律之一，应当以宪法为根据，要保障宪法的贯彻实施，不得与宪法规定的国家基本政治、经济、文化制度，公民的基本权利和义务，以及国家机构等内容相抵触。

（二）结合民事审判工作实际、立足中国国情

民事诉讼法的制定和修订应当从我国的实际情况出发，对于外国经验可以借鉴，但不能照搬，需要结合我国民事审判工作中积累的比较成熟的经验，立足我国国情，充分反映现实生活的实际需要，及时对实践中出现的新情况、新问题作出回应，体现中国特色。

二、民事诉讼法的任务

（一）保护民事诉讼权利

诉讼权利是当事人维护实体权益的重要手段。因此，保护诉讼权利是民事诉讼法的首要任务。首先，民事诉讼法规定了当事人及其他诉讼参与人在诉讼过程中享有的诉讼权利。其次，民事诉讼法规定了当事人在民事诉讼中享有平等的诉讼权利。最后，在民事诉讼过程中，法院应当严守中立地位，保障和便利当事人平等地行使诉讼权利，不能为当事人行使诉讼权利设置障碍。

（二）保证正确、及时审理民事案件

民事诉讼的目的在于解决民事纠纷。正确、及时地审理民事案件，是公正、高效、权威地解决民事纠纷的重要内容。因此，保证法院正确、及时审理民事案件是民事诉讼法的又一基本任务。正确、及时审理民事案件，就是要求法院在查明事实、分清是非的基础上，正确适用法律，及时对民事案件作出裁判，确保让人民群众在每一个司法案件中感受到公平正义。

1. 保证法院查明案件事实。查明案件事实是法院作出正确裁判的首要条件。事实不清，则是非难明，裁判就不可能正确。保证法院查明案件事实，是民事诉讼法的重要任务之一。

2. 保证法院正确适用法律。正确适用法律是法院作出正确裁判的重要条件。适用法律不正确，不但会导致裁判结果不公正，还会破坏国家的法制统一。因此，保证法院正确适用法律是民事诉讼法的重要任务之一。

3. 保证法院及时审结民事案件。法院及时审结案件，是及时解决纠纷、减轻当事人诉讼负担、防止矛盾激化扩大、维护社会安定的重要内容。保证法院及时审结民事案件也是民事诉讼法的重要任务。

（三）确认和保护民事实体权利

民事纠纷是当事人之间因民事权利义务关系发生的争议，审理民事案件、解决民事纠纷必然以确认民事权利为基础，确认民事权利的最终目的在于保护民事权利。作为规范民事诉讼行为的基本法律，民事诉讼法的任务之一是确认和保护民事实体权利，进而维护国家法律制度的权威。

（四）教育公民自觉遵守法律

在解决纠纷的同时，民事诉讼还具有教育功能：通过当事人亲自参与民事案件的审理过程并实际承受裁判的结果，使其深刻体会法律的权威与尊严，从而教育当事人自觉遵守法律；通过公开审理过程和裁判结果，使社会公众认识到守法受褒扬与违法受制裁的后果，从而教育社会公众自觉遵守法律。在作为法院和当事人的诉讼行为准则的同时，民事诉讼法也将落实民事诉讼的教育功能作为基本任务。因此，教育公民自觉遵守法律是民事诉讼法的任务之一。

三、民事诉讼法的效力

民事诉讼法的效力，是指民事诉讼法对什么人、什么事，在什么时间和什么空间范围内发生作用。

（一）对人的效力

民事诉讼法对人的效力，是指民事诉讼法适用于哪些人。我国《民事诉讼法》第4条规定："凡在中华人民共和国领域内进行民事诉讼，必须遵守本法。"这一规定表明，我国民事诉讼法对在我国领域内进行民事诉讼活动的一切人都具有约束力。具体包括：（1）中国自然人、法人和非法人组织；（2）居住在我国境内的外国人、无国籍人以及在中国营业的外国企业和外国组织；（3）不在我国境内居住或营业，但申请在我国法院进行民事诉讼的外国人、无国籍人、外国企业和外国组织；（4）依法不享有或者放弃其外交豁免权的外国人。

（二）对事的效力

民事诉讼法对事的效力，是指法院适用民事诉讼法审理案件的范围，即法院主管民事诉讼案件的范围。根据我国《民事诉讼法》第 3 条和其他有关法律法规的规定，《民事诉讼法》对事的效力包括：（1）民事纠纷案件，即平等主体之间因财产关系和人身关系发生的纠纷案件；（2）法律规定适用《民事诉讼法》审理的非民事诉讼案件，即选民资格案件；（3）民事非讼案件，即宣告失踪、死亡案件，认定自然人无民事行为能力、限制民事行为能力案件，认定财产无主案件，确认调解协议案件，实现担保物权案件，督促债务人还债案件，公示催告案件等；（4）商事纠纷案件，如因公司设立、确认股东资格、分配利润、解散等纠纷依据《公司法》的规定提起的诉讼案件；（5）劳动争议案件，即劳动争议的当事人不服劳动争议仲裁裁决向法院提起诉讼的案件；（6）农村土地承包合同纠纷案件；（7）申请撤销或者不予执行仲裁裁决案件。此外，人民法院以及海事法院审理的海事、海商案件，《海事诉讼特别程序法》没有特别规定的，应当适用《民事诉讼法》的规定。

（三）时间效力

民事诉讼法的时间效力，是指民事诉讼法适用的时间范围，包括生效时间、失效时间以及是否具有溯及力。我国现行《民事诉讼法》自 1991 年 4 月 9 日颁布之日起生效；2007 年 10 月 28 日第一次修正的条文自 2008 年 4 月 1 日起生效；2012 年 8 月 31 日第二次修正的条文自 2013 年 1 月 1 日起生效；2017 年 6 月 27 日第三次修正的条文自 2017 年 7 月 1 日起生效；2021 年 12 月 24 日第四次修正的条文自 2022 年 1 月 1 日起生效。现行《民事诉讼法》自全国人民代表大会明令废止之日起失效，4 次修正时被修正的原条文自新条文生效之日起失效。现行民事诉讼法不具有溯及力，对于新民事诉讼法施行前受理的案件，已按照旧民事诉讼法进行的诉讼活动仍然有效，但尚未审结的案件，应适用新民事诉讼法。

（四）空间效力

民事诉讼法的空间效力，是指民事诉讼法适用的空间范围，即在什么空间范围内发生效力。凡在中华人民共和国领域（包括领土、领海、领空、我国驻外使领馆、悬挂我国国旗的船只和舰艇、我国的航空器以及领土的自然延伸部分）内发生的民事诉讼，均应适用我国民事诉讼法进行审理。

四、我国民事诉讼法的特色

我国现行《民事诉讼法》自 1991 年颁布以来，历经 4 次修正，在基本原则、制度和具体程序方面都日益完善，形成了中国特色，主要体现在三个方面。

（一）方便当事人参加诉讼

方便当事人参加诉讼贯穿我国民事诉讼法始终，不仅在基本原则方面，更在具体制度、程序的设计上多有体现。例如，我国《民事诉讼法》第 8 条规定："……人民法院审理民事案件，应当保障和便利当事人行使诉讼权利……"第 16 条规定："经当事人同意，民事诉讼活动可以通过信息网络平台在线进行。民事诉讼活动通过信息网络平台在线进行的，与线下诉讼活动具有同等法律效力。"第 123 条第 2 款规定："书写起诉状确有困难的，可以口头起诉，由人民法院记入笔录，并告知对方当事人。"第 138 条规定："人民法院审理民事案件，根据需要进行巡回审理，就地办案。"

（二）重视调解，调判结合

以调解方式解决民事纠纷在我国具有优良传统，也取得了较为成功的经验，体现了我国民事诉讼法的一大特色。我国民事诉讼法将调解作为一项基本原则，即"人民法院审理民事案件，应当根据自愿和合法的原则进行调解；调解不成的，应当及时判决"（第 9 条）。《民事诉讼法》还在第八章专章规定"调解"，对调解应当遵循的原则、程序、调解的效力作出明确规定，调解贯穿民事诉讼的各主要环节。首先是立案前的先行调解，"当事人起诉到人民法院的民事纠纷，适宜调解的，先行调解，但当事人拒绝调解的除外"（第 125 条）。其次是开庭前的调解，"开庭前可以调解的，采取调解方式及时解决纠纷"（第 136 条第 2 项）。还有开庭审理后的调解，"法庭辩论终结，应当依法作出判决。判决前能够调解的，还可以进行调解，调解不成的，应当及时判决"（第 145 条）。当然，重视调解，也要根据案件的性质和特点而定，对不适宜调解或者调解不成的，应当及时作出判决，不得久调不决，即做到"能调则调、当判则判、调判结合、案结事了"。同时，2012 年修正《民事诉讼法》时增加了调解协议司法确认程序，规定当事人在诉讼外达成的调解协议，可以依《人民调解法》等法律向法院申请司法确认，经司法确认的调解协议可以直接作为执行依据。2021 年修正的《民事诉讼法》扩大了调解协议司法确认程序的适用范围，规定经依法设立的调解组织调解达成调解协议的，当事人都可以向法院申请司法确认。设立调解协议司法确认程序，有利于更充分发挥诉讼外调解的解纷功能，有助于实现诉讼外调解与诉讼调解的协调发展，是"调判结合"的另一种形式。

（三）强化对民事诉讼的监督

2012 年修正之前，我国《民事诉讼法》对民事诉讼的监督主要规定在"审判监督程序"一章，内容包括当事人申请再审、法院依职权启动再审和检察机关抗诉。2012 年、2021 年修正《民事诉讼法》时进一步强化了对民事诉讼的监督：一是法院可以依职权启动对调解书的再审（2021 年《民事诉讼法》第 205

条）；二是强化了检察机关对民事诉讼的法律监督，将 2007 年《民事诉讼法》规定的"人民检察院有权对民事审判活动实行法律监督"修改为"人民检察院有权对民事诉讼实行法律监督"（2021 年《民事诉讼法》第 14 条），并将"检察建议"规定为法定的监督方式（2021 年《民事诉讼法》第 215 条第 2 款、第 3 款），将法院调解书纳入检察监督的范围（2021 年《民事诉讼法》第 215 条），规定检察机关有权对民事执行活动实行法律监督（2021 年《民事诉讼法》第 242 条）。强化对民事诉讼的法律监督，体现了"努力让人民群众在每一个司法案件中都能感受到公平正义"的宗旨。

【复习要点】

（一）基本概念

民事纠纷　民事诉讼　民事诉讼法　民事诉讼法的效力

（二）思考题

1. 与其他解纷机制相比较，民事诉讼的主要特征是什么？

2. 如何理解民事诉讼法与民事实体法之间的关系？

3. 民事诉讼法的任务是如何体现我国民事诉讼特色的？

4. 简述民事诉讼法的效力。

5. 我国民事诉讼法的特色与我国传统文化、执政党的执政理念有何关系？

6. 为什么应当坚持把非讼纠纷解决机制挺在前面？

► 自测习题及参考答案

请扫描二维码，进行随堂测试。

第二章　民事诉讼的基本理论

　　民事诉讼价值、民事诉讼模式、民事诉讼法律关系、诉与诉权、诉讼标的、既判力等都是民事诉讼的基本理论问题。民事诉讼具有程序公正、效益、自由等内在价值，同时具有实体公正、秩序等外在价值。民事诉讼模式关注法院职权和当事人权利在诉讼中的相互关系和权限配置，"强化当事人权利，弱化法院职权"是我国民事诉讼模式的改革方向。民事诉讼法律关系是民事诉讼法学重要的分析工具，包括主体、客体以及内容三项要素。诉是法院行使审判权的基础，包含诉的主体、诉讼标的和诉的理由三要素。诉权是当事人进行诉讼的基本权利，由宪法所赋予。诉讼标的是法院审理和裁判的对象。终局判决生效后对法院和当事人都会产生约束力。

第一节　诉　与　诉　权

一、诉

　　（一）诉的概念

　　诉是当事人向法院提出的针对其权利主张进行裁判的请求。任何自然人、法人和非法人组织认为其合法权益受到侵犯或者与他人发生争议的，都可以按照民事诉讼法的规定，向法院提出保护其权利的请求。诉具有引起民事诉讼法律关系发生的功能，是民事审判活动的基础和前提。

　　（二）诉的要素

　　一个完整的诉，由当事人、诉讼标的和诉的理由构成。

　　1. 当事人。任何一个诉都必须有提出请求的一方当事人，还必须有与其相对的一方当事人，法院才能对案件进行审理。否则，诉讼就无法进行。所以，民事诉讼法明确规定，起诉、反诉、上诉以及再审之诉都必须有相互对应的双方当事人。当事人是诉的不可或缺的要素之一。

　　2. 诉讼标的，又称诉的标的，是指当事人之间争议并由法院裁判的对象。诉讼标的是诉的核心要素，它决定当事人的诉讼请求权是否成立。诉讼标的与案件管辖的确定、重复起诉的构成、适用的诉讼程序、裁判既判力的范围等问题有着十分密切的关系。

　　3. 诉的理由，是指当事人向法院请求保护其权益和进行诉讼的依据。诉的理由包括诉的法律理由和诉的事实理由。诉的法律理由是指当事人向法院请求保护其权益和进行诉讼的法律依据。无论是提起诉讼的一方当事人，还是他的相对方当事人，进行诉讼活动都应有相应的法律依据。诉的事实理由是指当事人向法院请求保护其权益和进行诉讼的事实上的依据。

诉的理由是任何一个诉都必须具备的要素之一。当事人向法院提出保护自己合法权益的请求，若没有理由，请求就不能实现。没有诉讼理由的诉，是不完整的诉，法院不能受理。即使法院受理，当事人的请求也不受保护。

（三）诉的类型

1. 给付之诉，是指原告请求被告履行一定给付义务的诉。原告对被告享有特定的给付请求权，是给付之诉成立的基础。原告享有给付请求权的基础是：原告和被告之间存在具有给付内容的民事法律关系，被告不履行给付义务。

原告所主张的给付包括被告的金钱给付、物之给付及行为给付。给付内容不同的判决在执行方法上存在很大差异。应当注意，行为给付中的行为包括作为和不作为。

给付之诉可分为现在给付之诉和将来给付之诉。从理论上说，前者是指在法庭辩论终结时原告请求履行期已到的给付之诉；后者是指在法庭辩论终结时原告请求履行期未到的给付之诉。现实中，现在给付之诉提起时，常常是履行期已到；对于履行期未到的通常以将来给付之诉对待，如果在法庭辩论终结时履行期已到，此时作出原告胜诉的判决是现在给付之诉判决。履行期已到而未履行义务的，权利人当然可以提起现在给付之诉；但是，对于将来给付之诉的提起，法律上往往作出限制，有的国家和地区以"债务人有到期不履行之虞"为限制条件，有的以"有预先提出请求必要的"为限制条件。

给付之诉的特点在于，法院不仅需要确认当事人之间一定的民事法律关系存在，而且要根据这一民事法律关系判令被告履行一定的义务。

2. 确认之诉，是指原告请求法院确认其主张的法律关系存在或不存在的诉。其中，主张法律关系存在的，是积极确认之诉，比如，原告请求法院确认他与被告之间的合同关系存在；主张法律关系不存在的，是消极确认之诉，比如，原告请求法院确认他与被告之间的合同关系不存在，原告请求法院确认被告对某物不拥有所有权，等等。

一般认为，只能对"现在的法律关系"提起确认之诉。理由是：过去的法律关系可能发生了变动，现在没有必要对过去的法律关系作出确认判决；对将来法律关系作出确认判决，可能阻碍将来法律关系的合法、合理变动。

确认之诉的特点在于，法院仅需确认当事人之间是否存在某一民事法律关系，无需判令当事人履行一定的义务，也无需改变法律关系存在或不存在的现状。

3. 变更之诉，是指原告请求法院变更某法律关系之诉，也称形成之诉。原告提起变更之诉的目的是，利用法院判决将现在的法律关系予以变更。原告胜诉的变更判决，在确定之时，无需强制执行就自动发生法律关系变动的效果，通常是既存的法律关系解除或消失或随之形成新的法律关系，比如解除婚姻关系。而确认判决仅在于确认某法律关系存在或不存在，并不形成新的法律关系。

变更之诉的特点在于，当事人双方对于现存的民事法律关系并无争议，并且在原告胜诉判决生效之前，原来的法律关系不变，但是在判决发生法律效力之后，原来的法律关系就发生了变化。

（四）反诉

1. 反诉的概念和性质。反诉是指法院受理本诉后，本诉的被告以本诉的原告为被告，向受理本诉的法院提起与本诉具有牵连关系的一种独立的反请求。反诉是本诉被告享有的维护自身合法权益的一项诉讼权利。本诉的原告在反诉中称为"反诉被告"，本诉的被告称为"反诉原告"。在本诉为共同诉讼的场合，共同被告中的一人向本诉的原告提起的诉讼，以及本诉被告向共同原告中的一人提起的诉讼也都属于反诉。

反诉制度的目的在于，通过合并审理反诉与本诉，减少当事人的讼累，降低诉讼成本，便于判决的执行。

2. 反诉的要件。构成反诉须具备以下条件：

（1）反诉在法院受理本诉后、法庭辩论终结前提出。如果本诉尚未开始或本诉法庭辩论已经终结，则不能提起反诉。

（2）反诉的当事人限于本诉的当事人的范围。

（3）反诉与本诉存在牵连关系。设立反诉制度的目的在于将两诉合并审理以降低诉讼成本，实现一次性解决纠纷。因此，要求反诉与本诉有一定的牵连关系。这种牵连关系表现为：反诉与本诉的诉讼请求基于相同法律关系、诉讼请求之间具有因果关系，或者反诉与本诉的诉讼请求基于相同事实。

（4）反诉不属于其他法院专属管辖。

（5）反诉能够与本诉适用同一程序。能够与本诉适用同一程序，是提起反诉的要件之一。如果不能与本诉适用同一种程序，就不能实现诉的合并审理，也就不能提起反诉。

（五）诉的变更与追加

诉的变更，通常是指诉讼请求的变更。对于诉的变更，有广义和狭义两种理解。广义的理解是将诉的变更视为诉讼请求的变化，因而增加新的诉讼请求也被视为诉的变更；狭义的理解仅指已经提出的诉讼请求的变动。[①] 我国《民事诉讼法》

---

① 江伟主编：《民事诉讼法专论》，中国人民大学出版社 2005 年版，第 68 页。

和最高人民法院的司法解释明确将诉的变更与追加区分开来，分别作出规定。

诉的变更包括诉讼请求在量上的变更，即诉讼请求数额的增加或减少，以及诉讼请求在质上的变更，即诉讼请求性质的变更。

诉的追加是指在诉讼中，原告在原有诉讼请求的基础上，又提出新的诉讼请求。一方面，原有的诉讼请求继续存在，如果新的诉讼请求替代了原有的诉讼请求，即为诉讼请求的变更；另一方面，新的诉讼请求不同于已经存在的诉讼请求，但诉讼请求的对方仍然是本案被告。诉的追加实质是诉的合并，一般情况下，诉的合并有利于节约司法资源和诉讼成本，通常是允许的。根据《民事诉讼法》第143条规定，原告增加诉讼请求，被告提出反诉，第三人提出与本案有关的诉讼请求，可以合并审理。

二、诉权

（一）诉权的概念

诉权是当事人请求法院对其民事权益进行司法保护的权利。诉权是自然人、法人和非法人组织所享有的一项基本权利，有了诉权，才能向法院提出保护其民事权益的请求，才能有诉。

诉权是我国宪法赋予当事人的请求司法保护的权利。它不是由实体权利决定的，即诉权的存在并不以实体权利的存在为基础。当自己的民事权益受到他人侵害或者与他人发生争议时，就可以要求法院予以司法保护，即便不享有实体上的权利，法院也必须通过诉讼程序作出裁判。因此，诉权是使民事诉讼程序发生的权利。

诉权是一个抽象的概念，与当事人的诉讼请求、诉讼权利有密切关系。当事人只有通过行使诉权向法院提出具体的诉讼请求后，才能引起民事诉讼法律关系的发生，才会享有诉讼权利。可见，诉权是产生民事诉讼法律关系的基础，当事人的诉讼请求和诉讼权利是诉权的表现形式。

诉权是大陆法系国家民事诉讼理论中特有的概念。关于诉权的概念有多种学说，较为流行的有双重诉权说、私法诉权说、公法诉权说和诉权否定说。我国民事诉讼法学许多学者持双重诉权说的观点，认为诉权是指当事人基于民事纠纷的发生，即在其民事权益受到侵犯或者与他人发生争议时，请求法院行使审判权解决民事纠纷或保护民事权益的权利。其完整的内涵包括程序含义和实体含义两个方面：程序含义是指在程序上向法院请求行使审判权的权利；实体含义则是指请求保护民事权益或解决民事纠纷的权利。这种观点把当事人的实体请求也作为诉权的内涵。

（二）诉权的特征

1. 诉权的行使须以民事诉讼法为依据。诉权是当事人请求法院通过审判强制实现其民事实体权益的权利。因此，当事人为保护自己的合法权益启动民事诉讼程序时，必须满足民事诉讼法规定的条件，以民事诉讼法作为依据。

2. 诉权为纠纷当事人平等享有。诉权是一种基本的程序权利，是由我国宪法直接赋予的，是国家赋予当事人维护自己民事权益的一种手段，应当为当事人平等享有。

3. 诉权的行使贯穿诉讼全过程。一方面，诉权存在于诉讼开始之前，纠纷当事人凭借诉权将纠纷诉诸法院，法院受理之后，诉讼程序开始。另一方面，诉权是抽象的，当事人诉权的实现，有赖于当事人实施一定的诉讼行为。当事人在诉讼中的所有诉讼行为都是为了诉权的实现，因此诉权的行使贯穿诉讼全过程。

（三）对诉权的保护

诉权的充分行使主要取决于三个条件：一是现行法律对当事人行使诉权的具体规定；二是法院履行职责，保护当事人行使诉权的程度；三是纠纷当事人对诉权重要性的认识程度。

加强对当事人诉权的保护，要从立法、司法和普法三方面着手：一是从立法上健全和完善诉权保护法律制度。要不断完善民事诉讼立法，为纠纷当事人行使诉权，请求司法保护提供较为全面的法律依据和严密、完备的程序保障。二是要进一步建立和健全对司法活动的监督制约机制，坚持执法必严、违法必究的监督制度，使审判人员尊重当事人的诉权，并为当事人充分行使诉权提供方便，杜绝随意阻碍当事人行使诉权和剥夺当事人诉权的情况。三是大力加强法治宣传教育，提高全民族的法律意识，使更多的自然人、法人和非法人组织重视和知晓如何行使诉权，运用法律手段保护自己的合法权益。

第二节　诉讼标的

一、诉讼标的的概念

诉讼标的是指当事人之间争议并由法院裁判的对象。在我国诉讼实践中，当事人之间争议并由法院裁判的对象是特定的法律关系以及引起该法律关系发生、变动、消灭的法律事实。民事诉讼案由为识别诉讼标的提供了确定争议法律关系的指引。

当事人之间发生的民事纠纷，在法院受理案件之前都不存在诉讼标的。只有在一方当事人将民事纠纷诉诸法院要求裁判时，争议的法律关系及该法律关系产生、变动、消灭的事实才能成为诉讼标的。任何一个民事案件都有诉讼标的，并且多数民事案件只有一个诉讼标的，少数民事案件有两个或者两个以上的诉讼标的。如离婚案件，不仅涉及双方当事人之间的婚姻法律关系，还会涉及共同财产分割和子女抚养等法律关系，往往有多个诉讼标的。具体到某一民事案件，识别诉讼标的时，应当综合考虑原告的诉讼请求、被告的答辩主张及双方当事人的事实主张。

诉讼标的是民事诉讼法学的基本理论问题，在民事诉讼中具有极为重要的作用与意义。通常根据诉讼标的来区分民事案件的种类，即依据当事人起诉所表明的意思而判断为何种民事案件。不论多么复杂的案件，不论有多少人参加诉讼，只要分清当事人的主张，抓住诉讼标的这一关键，就能找到使案件妥善解决的钥匙。

二、诉讼标的的功能

诉讼标的在民事诉讼中具有如下功能：

1. 诉讼标的是双方当事人进行诉讼活动的基础与中心。在整个诉讼过程中，双方当事人之间的攻击和防御都围绕着诉讼标的进行。

2. 诉讼标的是判别诉的客观变更和诉的客观合并的依据。在同一诉讼程序中发生诉的合并、分离、变更和追加情形导致诉讼标的发生质的变化，即变成另一诉的，属于诉的客观变更。如原告起诉要求解除与被告之间房屋租赁合同，在诉讼中又变更为请求解除双方之间的房屋买卖合同。但当事人变更或追加诉讼请求不至于使诉讼标的发生改变的，属于诉的客观合并。在同一个诉讼程序中，可以发生诉的客观合并，但不可以发生诉的客观变更，一旦发生诉的客观变更，法院就要另案处理。

3. 诉讼标的是确定法院审判对象的依据。法院的审理不能超出本案的诉讼标的。法院的判决是对本案诉讼标的的最终处理。根据民事诉讼法规定的处分原则，法院对当事人没有主张的诉讼标的，不得加以审理和作出裁判，否则，法院的审判活动违法。

4. 诉讼标的决定了既判力的客观范围。诉讼标的实际上是原告请求法院判决的具体内容，法院对此作出判决，即构成判决主文部分，亦即既判力的客观范围。①

第三节　民事诉讼法律关系

一、民事诉讼法律关系概述

（一）民事诉讼法律关系的概念

民事诉讼法律关系是指受民事诉讼法调整的法院、当事人及其他诉讼参与人

---

① 江伟主编：《民事诉讼法学》，复旦大学出版社 2002 年版，第 59—60 页。

之间在民事诉讼中产生的权利义务关系。这一概念包含以下几层含义：民事诉讼法律关系在民事诉讼中产生；受民事诉讼法调整；主要存在于法院与当事人之间；内容是诉讼上的权利和义务。

（二）民事诉讼法律关系学说的沿革

民事诉讼法律关系是民事诉讼领域的权利与义务关系。对于这种权利义务关系的形态，学者们基于不同认识，形成了多种不同学说，主要有一面关系说、两面关系说、三面关系说。

1. 一面关系说认为，民事诉讼法律关系是当事人之间在民事诉讼中的权利义务关系。该学说表达了当事人本位的民事诉讼观，凸显了当事人在民事诉讼中的主导性，具有一定积极意义，但未能对法院在民事诉讼中的作用及地位作出界定，有失全面。因一面关系说缺乏合理性，在民事诉讼法学界已不为大多数人赞同。

2. 两面关系说认为，民事诉讼法律关系是产生于法院与当事人之间，即法院与原告、法院与被告之间的权利义务关系。该说认为民事诉讼是一种公力救济，任何诉讼行为必须经法院认可后，方产生法律上的效果。当事人与法院，缺少任何一方参加，都不可能形成民事诉讼。两面关系说现已成为民事诉讼法律关系的主流学说。

3. 三面关系说认为，民事诉讼法律关系是法院与原告、法院与被告、原告与被告之间产生的权利义务关系。该说实际上把一面关系说和两面关系说合在一起加以描述与分析，并从审判权与诉权的关系出发，认为民事诉讼法律关系是由审判法律关系与争讼法律关系构成的特殊社会关系。所谓审判法律关系，是指在法院与当事人及其他诉讼参与人之间形成的由民事诉讼法、法院组织法等法律调整的以审判权利和审判义务为内容的社会关系。所谓争讼法律关系，是指当事人与其他诉讼参与人之间形成的由民事诉讼法、律师法及其他诉讼法规调整的以诉讼权利和诉讼义务为内容的社会关系。审判法律关系与争讼法律关系分别以当事人和法院各自对权利（力）的行使和对义务的承担为核心，体现了审判权与诉权的结合。[①]

（三）民事诉讼法律关系的意义

研究民事诉讼法律关系对民事诉讼司法实践具有十分重要的意义。

1. 指引未来的立法活动。随着社会的发展与各种新类型纠纷案件的不断增多，在民事诉讼活动中产生的民事诉讼法律关系越来越错综复杂。作为调整民事诉讼法律关系的民事诉讼法，包括立法机关、司法部门及行政机关制定的有关诉

---

① 江伟主编：《民事诉讼法学原理》，中国人民大学出版社 1999 年版，第 211—212 页。

讼程序规范，以及最高人民法院制定的司法解释等，在实施和运行时，不仅会存在矛盾与冲突，对某些情形也未作出规定。通过学习与研究民事诉讼法律关系的基本理论，分析与正确认识民事诉讼法律关系的基本特征，可以归纳与总结民事诉讼中产生的新情况、新问题，进一步完善民事诉讼法律规范的立法。

2. 指引当事人依法进行诉讼活动。民事诉讼法律关系是在民事诉讼过程中形成的各个主体之间的权利义务关系，受民事诉讼法调整。虽然民事诉讼法对民事诉讼法律关系没有作出专门规定，但民事诉讼法规定的各项原则、制度和程序都体现了民事诉讼法律关系的内容。当事人在进行诉讼活动时，必须依据已形成的民事诉讼法律关系行使自己的权利、履行自己的义务，否则，要承担一定责任或不利后果。例如，当事人应在提交答辩状期间提出管辖权异议，如在此期间未提出，则视为受诉法院有管辖权，当事人就无权再提出管辖权异议。因此，学习与研究民事诉讼法律关系的基本理论，对正确引导当事人依法进行诉讼活动，具有十分重要的意义。

3. 指引民事审判活动有序进行。法院在审判民事案件过程中，通过研究民事诉讼法律关系、分析在民事诉讼中形成的各项权利义务关系，能够公正地行使审判权，切实依法维护当事人的诉讼权利，制裁滥用诉权的行为，从而在全面理解与把握民事诉讼法律规范基础上，面对日益复杂的诉讼案件，保证民事审判活动有序进行。

二、民事诉讼法律关系的构成要素

民事诉讼法律关系由主体、内容和客体三要素构成。

（一）民事诉讼法律关系的主体

民事诉讼法律关系的主体，是指在民事诉讼中依法享有诉讼权利（力）和承担诉讼义务的法院、检察院、当事人和其他诉讼参与人。

1. 法院。法院是依法行使国家审判权的专门机关，依照法定程序和方式对民事案件作出裁判。法院通过行使审判权，与当事人和其他诉讼参与人形成审判法律关系。法院的诉讼行为对诉讼程序的发生、变更和消灭，在一定程度上起着决定作用，是民事诉讼法律关系的主体。

2. 检察院。检察院作为国家的法律监督机关，有权对民事诉讼活动和法院的审判、执行行为进行监督，有权提起民事公益诉讼。发现生效的判决、裁定、调解书以及法院的审判和执行活动具有法定监督情形的，检察院将依照审判监督程序，通过抗诉、提出检察建议的方式，履行法律监督职责。检察院是特殊的民事诉讼法律关系主体。

3. 当事人。当事人包括原告、被告、共同诉讼人、第三人和诉讼代表人。

当事人与案件都有一定的利害关系，当事人的诉讼行为对诉讼程序的发生、变更和终结具有较大的影响，甚至有决定性作用。因此，当事人是民事诉讼法律关系主体。

4. 其他诉讼参与人。其他诉讼参与人是指证人、鉴定人、专家辅助人员、勘验人员和翻译人员等，与案件没有直接的利害关系。其他诉讼参与人基于不同的原因在诉讼某一阶段参加诉讼，如证人是在开庭审理时出庭作证。其他诉讼参与人参加诉讼的目的是协助法院查明案件事实，与法院之间产生审判法律关系，与当事人之间发生争讼法律关系。虽然其他诉讼参与人也是民事诉讼法律关系的主体，在诉讼中享有一定的权利，承担相应的义务，但他们的诉讼行为对诉讼程序的发生、变更和终结不产生直接的影响。

（二）民事诉讼法律关系的内容

民事诉讼法律关系的内容，是指民事诉讼法律关系主体在民事诉讼中所享有的诉讼权利（力）和承担的诉讼义务。

1. 法院的诉讼权力和义务。法院的诉讼权力和诉讼义务与其审判职责紧密相关，并在对民事案件进行审理和作出裁判过程中得到体现。也就是说，对民事案件进行审理和作出裁判，既是法院的诉讼权利，也是法院应当承担的诉讼义务。

2. 检察院的诉讼权力和义务。检察院的诉讼权力和诉讼义务基于法律监督权和民事公益诉权产生，具有双重属性。从不同角度来说，对民事诉讼活动和法院的审判、执行行为进行监督，提起民事公益诉讼，既是检察院的诉讼权力，也是其作为国家法律监督机关应当履行的义务。

3. 当事人的诉讼权利和义务。当事人在民事诉讼中享有广泛的诉讼权利，同时承担相应的诉讼义务。当事人之间的诉讼权利或者相同，或者相对应，体现为当事人之间诉讼地位平等。同时，当事人必须依法行使诉讼权利，不得滥用，否则，要承担相应的法律责任。为保证民事诉讼程序正常顺利地进行，当事人要依法履行法律规定的诉讼义务。

4. 诉讼代理人的诉讼权利和义务。诉讼代理人以被代理人的名义参加诉讼，并在授权或者法律规定的权限范围内进行诉讼活动。因此，诉讼代理人的诉讼权利和诉讼义务基于诉讼代理权而产生。在民事诉讼中，诉讼代理人分为法定诉讼代理人和委托诉讼代理人，法定诉讼代理人的代理权限基于法律规定，委托诉讼代理人的代理权限基于委托人的授权。

5. 其他诉讼参与人的诉讼权利和义务。其他诉讼参与人参加诉讼是为了协助法院查明案件事实，保证民事诉讼程序正常顺利地进行。由于其他诉讼参与人参加诉讼的身份不同，各自所享有的诉讼权利和承担的诉讼义务也不相同。

（三）民事诉讼法律关系的客体

民事诉讼法律关系的客体，是指民事诉讼法律关系主体之间诉讼权利和诉讼义务所指向的对象。由于各主体之间存在着多种民事诉讼法律关系，各主体之间诉讼权利和诉讼义务也不相同，因而诉讼权利和诉讼义务所指向的对象也存在区别。

法院与当事人之间诉讼权利和诉讼义务所指向的对象，是案件事实、实体权利请求和争议的民事法律关系。法院与检察院之间诉讼权利和诉讼义务所指向的对象，是生效裁判确认的案件事实和适用的法律。法院与其他诉讼参与人之间诉讼权利和诉讼义务所指向的对象，是案件事实。

三、民事诉讼中的法律事实

凡能够引起民事诉讼法律关系发生、变更和消灭的事实，都是民事诉讼中的法律事实，包括诉讼事件和诉讼行为。

（一）诉讼事件

诉讼事件，是不以人的意志为转移的能够引起民事诉讼法律关系发生、变更或者消灭的客观情况。例如，离婚案件一方当事人在诉讼过程中突然死亡，导致双方当事人之间的婚姻关系自然终结，诉讼程序再继续进行下去已毫无意义，这一诉讼事件就会引起民事诉讼法律关系的消灭。

（二）诉讼行为

诉讼行为，是民事诉讼法律关系主体基于一定目的实施的能够产生民事诉讼法律效果的行为。与诉讼事件相比，诉讼行为是引起民事诉讼法律关系发生、变更或者消灭的主要法律事实。在大多数情况下，民事诉讼法律关系的发生、变更或者消灭都是基于诉讼行为的引导，不同的民事诉讼法律关系主体，其诉讼行为也有一定区别。

1. 法院的诉讼行为。法院代表国家对民事案件行使审判权，其诉讼行为主要分为两类：（1）准备行为，即法院在对民事案件作出裁判前所进行的准备活动，如送达起诉状副本、调查收集必要的证据、通知必须共同进行诉讼的当事人参加诉讼等。（2）决定行为，即法院在民事诉讼中作出决定、裁定和判决的行为。法院的诉讼行为具有权威性、强制性和执行性等特点，对民事诉讼法律关系的发生、变更和消灭起决定作用。

2. 检察院的诉讼行为。检察院代表国家对民事诉讼活动和法院的审判、执行行为行使法律监督权，其诉讼行为主要是提出抗诉或者检察建议，并派检察员参加再审案件的审理。检察院的诉讼行为具有权威性、独立性和单一性等特点，能够引起再审程序的发生。

3. 当事人的诉讼行为。由于当事人与案件的处理结果有直接的利害关系，其诉讼行为都具有维护自己合法权益的目的，具有任意性、可撤销性、时限性和效应性等特征。例如，在一审裁判生效之前，当事人可自主决定是否提起上诉，在提起上诉之后还可以撤回其上诉请求，上诉权必须在 10 日或 15 日内行使，在其依法提起上诉之后，就会引起二审程序的发生。可见，当事人的诉讼行为对民事诉讼法律关系的发生、变更和消灭起主要作用，甚至起决定作用。

4. 其他诉讼参与人的诉讼行为。其他诉讼参与人参加诉讼活动的目的是协助法院、当事人查明案件事实，使案件能够得到及时、公正的处理，其诉讼行为具有期限性、不可替代性、特定性等特点。随着民事诉讼的专业性、复杂性的增强，在某种情形下，其他诉讼参与人的诉讼行为也会对民事诉讼法律关系的发展、变更和终结产生重要的影响。

第四节　民事诉讼价值

一、民事诉讼价值概述

（一）民事诉讼价值的概念

民事诉讼价值是哲学上的价值概念在法律领域的引申，是指民事诉讼的客体对诉讼主体主观需求满足的程度，以及民事诉讼程序功能具体实现的程度。在民事诉讼中，因各诉讼主体的主观需求不同，对民事诉讼价值的评价会产生差异，即不同的诉讼主体对民事诉讼价值的大小有不一样的评价标准。除此之外，还有社会公众对民事诉讼价值的外在评价。一般认为，民事诉讼程序的价值体现为公正、效益、效率、程序保障、程序安定等诸方面。[①]

（二）民事诉讼价值的意义

我国正在进行的民事司法体制改革的目标是在充分保障当事人诉权的基础上，建立一套公正、公开、民主、高效、权威的民事审判程序制度，以保证司法公正，提高司法公信力。要实现这一目标，必须以民事诉讼法学的基本理论作为支撑，发挥民事诉讼法学基本理论的指引与推动作用。所以，学习与研究民事诉讼的价值理论，具有十分重要的意义。

1. 民事诉讼价值是研究民事诉讼法学理论的基础。在民事诉讼法学理论体系中，主要有民事诉讼价值、民事诉讼目的、民事诉讼模式、诉权、诉讼标的、

---

① 常怡主编：《比较民事诉讼法》，中国政法大学出版社 2002 年版，第 3 页。

既判力等基本理论。对于这些基本理论的研究，需要以民事诉讼的价值理论为基础，深刻理解与把握其价值取向。

2. 民事诉讼价值在司法实践中具有根本性指导作用。在民事诉讼中，无论是当事人的诉讼行为还是法院的审判活动，追求的都是民事诉讼价值，并且都在民事诉讼价值观的指导下进行。民事诉讼价值在司法实践中居于核心和首要的位置。

3. 民事诉讼价值是民事司法体制改革和审判方式改革的重要理论依据。随着我国民事司法体制改革和审判方式改革的深入进行，司法实践中遇到的诸多问题以及一些具有创造性的改革措施，都离不开对民事诉讼价值的剖析。因此，应当对民事诉讼价值理论进行全方位的研究，指导民事司法体制改革和审判方式改革沿着法治化、现代化、科学化的方向发展。

二、公正价值

公正是法律的基本价值，同样也是民事诉讼的基本价值。民事诉讼的公正价值包含了程序公正和实体公正两个方面的内容。

（一）程序公正

程序公正是民事诉讼的首要价值，主要表现为：

1. 平等性。一是指当事人享有平等的诉讼权利，这是由"法律面前人人平等"这一宪法原则所派生的。诉讼权利平等是公正审判的先决条件。二是指法院要平等地保护当事人诉讼权利的行使。法官在诉讼过程中应当给予各方当事人平等参与的机会，对各方的主张、意见和证据给予同等的尊重和关注。

2. 中立性。这是从民事诉讼居中裁判者的角度制定的标准。作为有权对案件进行审判的法官，不能是本案的当事人或者当事人、诉讼代理人的近亲属，不得与本案的审理结果有利害关系，不得对任何一方当事人存有歧视或偏爱。否则，该法官作出的裁判必然有失公正。

3. 参与性。这是从当事人角度考虑的一个重要的公正价值要素，与当事人诉讼权利平等密切关联。只有从制度上充分地保障当事人享有和行使程序参与权，诉讼程序才能为审判结果带来公正性。参与性包括两项基本要求：一是当事人对诉讼程序的参与必须是自主、自愿的，而非受强制、被迫的。二是当事人必须具有影响诉讼过程和裁判结果的充分参与机会，这是程序参与的核心。

4. 公开性。这是指诉讼的每一阶段和步骤都应当以当事人和社会公众可以知晓的方式进行，其实质是通过审判的公开达成社会的监督以保障程序正义和实体正义的实现。[1] 程序公开长期以来被视为程序公正的基本标准和要求，也是衡

---

[1] 张卫平：《民事诉讼基本模式：转换与选择之根据》，《现代法学》1996 年第 6 期。

量司法民主程度的重要标尺。程序公开在我国有确定的法律依据。首先，程序公开是宪法的要求。我国《宪法》第 130 条明确规定："人民法院审理案件，除法律规定的特别情况外，一律公开进行……"其次，程序公开是我国司法制度的要求。《人民法院组织法》第 7 条规定，法院实行司法公开，法律另有规定的除外。最后，程序公开也是民事诉讼制度的要求。我国《民事诉讼法》第 137 条对此作了规定。程序公开应当包括证据公开、质证认证公开、辩论公开以及判决理由公开。

（二）实体公正

实体公正是指裁判结果的公正，包括以下三个方面：（1）真实地再现争执的事实，即事实认定要符合客观真相。这是实体公正的首要标准。在民事诉讼中，对争执事实的再现必须通过当事人的举证、质证和法官对证据的审查、判断来完成。（2）正确地适用法律。法律的正确适用必然要求限制法官绝对的司法自由裁量权，要让法官严格服从法律，按照合理、公正的法律规则行事。（3）裁判结果符合民事权利义务关系的应然状态，即办案结果符合实体公正，权利的享有者和义务的承担者符合事实本身。

三、诉讼效益价值

从词义上讲，效益和效率在法律上的区别不大。特别是在民事诉讼程序中，二者都属于诉讼投入与诉讼结果的法学研究的范畴。诉讼效益是指以较少的诉讼成本投入获取最大的诉讼收益。可见，诉讼效益包含两个基本要素：一是诉讼成本，即诉讼主体在实施诉讼行为过程中所耗费的人力、物力、财力和时间等资源的总和；二是诉讼收益，即诉讼主体的诉讼目标的实现，包括预期利益的实现和预期不利益的避免。

民事诉讼与人类的生产经营、科学实验等一样，既是一种有目的的活动，也是诉讼主体在节省诉讼成本的前提下，追求诉讼最大利益的社会活动。如果诉讼成本的付出大于诉讼效益或者不产生诉讼效益，就没有价值可言。诉讼效益价值是评价诉讼成本与诉讼收益之间比例关系的标准。不同的诉讼主体对诉讼效益价值追求的侧重点也不同。从当事人角度来看，其希望以最少的诉讼成本获得最大的经济收益。从法院角度来说，其希望以正常诉讼成本的支出，产生最好的诉讼社会效益，包括：通过对民事纠纷的公正裁判，树立司法权威，提高司法公信力；稳定与维护社会关系、法律秩序。二者都是在追求最大限度地降低诉讼成本并获得最大的诉讼效益这一目的。在民事诉讼中，可以通过以下做法提高诉讼效益。

（一）建立科学的诉讼体制

科学的诉讼体制是法院高效处理民事案件的前提，是诉讼成本投入少、产生诉讼效益高的首要因素。一方面，法院系统内应有科学合理的分层、分工，信息畅通，协作关系良好；另一方面，在保证审判权能够由法院独立行使的基础上，构建一套开放、动态、透明、便民的阳光诉讼体制。

（二）设置合理的诉讼程序

诉讼程序的繁简与诉讼效益存在一种比例关系。诉讼程序越复杂、繁琐，投入的诉讼成本就越多，获得的诉讼效益就越少。为减少诉讼成本的投入，提高诉讼效益，应在保证诉讼活动能够正常进行的前提下，根据案件类型设置合理的诉讼程序。

（三）使纠纷得到公正及时的解决

首先，裁判结果是评价当事人之间的纠纷是否得到公正解决的一个主要因素。其次，时间与诉讼效益成反比关系，即在相同情况下，诉讼周期越长，耗费的时间就越多，必然导致诉讼主体投入的诉讼成本越大。纠纷在有效利用时间内得到公正及时的解决，既可避免当事人申请再审从而引起再审程序的发生，又可减少诉讼成本的支出，从而达到提高诉讼效益的目的。

四、民事诉讼价值的协调及其在我国的实现

由于民事诉讼价值的内容具有多元性，且不同的价值追求的侧重点不同，不可避免地会发生矛盾和冲突。这就需要在立法、执法、司法、守法的过程中，对不同的价值追求进行平衡与协调。

（一）协调程序公正与诉讼效益的关系

程序公正与诉讼效益都属于民事诉讼的内在价值，二者之间既有一致性，又存在冲突。诉讼效益作为满足诉讼主体需要的价值之一，其中内含着公正的精神，即诉讼效益所追求的是以最经济的方式来实现公正的目标。而程序公正对诉讼效益也具有重要意义，正所谓"迟来的正义非正义"。程序公正与诉讼效益都是诉讼中应当促成实现的价值，这两种价值可以和谐共存，但又经常出现冲突。当过于注重追求诉讼效益价值时，一定程度上必然会限制程序公正价值的实现；当过于强调程序公正价值时，往往就会降低诉讼效益价值的实现。为协调二者之间的矛盾，需从不同角度对二者的价值作出评价。首先，程序公正的基础地位是就诉讼制度而言的，在诉讼领域始终带有根本性，任何一项诉讼制度都必须遵循最低限度的程序公正。在此基础上考虑提高效益，尽可能在最短的时间内、以较少的司法资源解决较多的纠纷。其次，程序公正的基础地位并不意味着其具有优先于诉讼效益实现的必然性。在现实的具体诉讼中，公正与效益总是同时发挥作用的：或以效益为代价而换取更多的公正，或以公正为代价换取稍多一点的效益。①

（二）协调程序公正与实体公正的关系

程序公正是实体公正的前提，但公正的程序并不必然产生公正的结果。程序公正与实体公正的矛盾由来已久，也是民事诉讼程序最核心的价值冲突。为协调二者之间的冲突，西方学者提出了两种对立的解决方案：一种是"绝对工具主义"，以实体公正吞并程序公正；另一种是"程序至上主义"，以程序公正吞并实体公正。随着现代诉讼制度的发展与完善，许多学者提出，放弃一元价值观，建立统一价值观是协调二者矛盾的关键。依照一元价值观，各种价值发生冲突时的选择，应当是固定不变的，其强调价值取向的单一性。而统一价值观不为程序的内在价值与外在价值确定一种不变的价值等级，也不承认程序保障与保护权利、解决社会冲突与维护法律秩序哪一个方面绝对优越。诉讼价值的相互依赖关系，决定了对某一价值的强调，不仅会贬抑其他的价值，还会抑制所强调的价值的实现。统一价值观并不是将相互作用的不同价值置于绝对的水平面上，而是依据具体条件和个案情况，从最迫切需要的角度，确定不同价值的实现程度。

（三）民事诉讼价值在我国的实现

当前，我国正在进行司法体制改革，其中很重要的一环就是民事诉讼体制的改革。在此过程中，面临着程序公正与实体公正悖论、程序公正与诉讼效益悖论以及诉讼权与审判权悖论等诸多困境，而要解决这些困境，最主要的是从观念上加以转变，对民事诉讼价值进行重新认识。要以习近平法治思想为指导，坚持"司法为民""公正司法"，坚持以事实为根据，以法律为准绳，健全事实认定符合客观真相、办案结果符合实体公正、办案过程符合程序公正的法律制度，尤其要切实摆正程序与实体的关系，坚持程序与实体并重思想。目前尤为迫切的是弘扬程序公正价值观，树立民事诉讼程序的权威，并以之指导我国民事诉讼活动的司法实践，让人民群众在每一个民事案件中感受到公平正义，以体现中国特色社会主义民事诉讼价值的本质特征和内在要求，这也是我国实现司法公正的必由之路。

第五节　民事诉讼模式

一、民事诉讼模式概述

（一）民事诉讼模式的概念

关于民事诉讼模式的概念，学者有各种不同的表述，很难对其作出科学的界

---

① ［美］阿瑟·奥肯：《平等与效率——重大的抉择》，王奔洲等译，华夏出版社 1987 年版，第 1 页。

定。一般认为，民事诉讼模式是当事人与法院在诉讼中的权限范围划分的表现形式。我们可从以下几方面理解民事诉讼模式的概念：

1. 民事诉讼模式是一个宏观概念。民事诉讼模式是对民事诉讼体制及其运行特征的综合性表述，体现一国民事诉讼的宏观样式，是体现国家意志的民事诉讼规范所确立的法院与当事人在民事诉讼中的地位及相互关系的概括。

2. 民事诉讼模式的内容表现为法院与当事人之间的诉讼关系以及权利（力）义务的配置和适用。

3. 民事诉讼模式受民事诉讼目的和民事诉讼价值观的支配。民事诉讼价值观制约民事诉讼目的，民事诉讼目的决定民事诉讼模式的采用，因此，民事诉讼模式也要受民事诉讼价值观的支配。民事诉讼目的与民事诉讼模式之间是目的与手段的关系，民事诉讼模式是实现民事诉讼目的的必要手段。

（二）研究民事诉讼模式的意义

研究民事诉讼模式对于廓清我国民事诉讼基础理论、架构我国民事诉讼体制以及完善我国民事诉讼程序制度、推进我国民事审判方式改革等，均具有重要意义。

1. 研究民事诉讼模式可以为揭示民事诉讼体制提供分析手段。民事诉讼体制是指一国民事诉讼运行的一整套规范化、制度化的系统，是一个相对稳定的系统，包括若干具体的诉讼制度。[①] 用民事诉讼模式可以把各国民事诉讼体制予以分类，有助于认清民事诉讼体制的具体样态。

2. 研究民事诉讼模式可以为民事诉讼程序制度的完善提供指导方向。民事诉讼模式的研究对象是法院与当事人之间的诉讼关系，而诉讼关系又需要通过民事诉讼程序制度予以规定。因此，研究民事诉讼模式，能够帮助我们揭示民事诉讼的运行规律，正确处理好当事人与法院在民事诉讼中的权限配置。

3. 研究民事诉讼模式可以为民事审判方式改革提供理论支撑。我国民事诉讼审判方式改革需要基础理论给予宏观指导，以明确如何改革以及为什么这样改革等问题。

二、民事诉讼模式的类型

关于民事诉讼模式的类型，学者们有不同的意见。有人认为包括当事人主义诉讼模式、职权主义诉讼模式、混合主义诉讼模式、协同主义诉讼模式等。但是，一般认为，根据法院与当事人之间在民事诉讼中权限配置的不同，民事诉讼模式可分为当事人主义诉讼模式和职权主义诉讼模式两种类型。

---

① 张卫平：《诉讼构架与程式——民事诉讼的法理分析》，清华大学出版社 2000 年版，第 3 页。

当事人主义诉讼模式权限配置重心倾向于当事人，当事人在诉讼中起主导作用，对于是否请求权利保护、是否提供诉讼资料、如何进行诉讼等具有支配权；而职权主义诉讼模式权限配置重心倾向于法院，法院在诉讼中起主导作用，法院可以依职权推进诉讼、收集诉讼资料和证据，当事人处于次要、消极地位。

（一）当事人主义诉讼模式

当事人主义诉讼模式主要包括以下两方面的含义：（1）民事诉讼程序的启动和进行依赖于当事人，法院或法官不能主动依职权启动和推进民事诉讼程序；（2）法院或法官裁判所依据的证据资料只能依赖于当事人，作为法院判断对象的主张只能来源于当事人，法院或法官不能在当事人指明的证据范围以外主动收集证据。当事人主义诉讼模式第一个方面的含义具有量的规定性，第二个方面的含义则具有质的规定性。[①]

辩论主义是当事人主义的核心，其内容主要包括：（1）判断权利发生或消灭的法律效果所必需的要件事实（或称主要事实），只要在当事人的辩论中没有出现，法院便不得以它为基础作出判决。（2）法院在判决理由中所需要认定的事实只限于当事人之间争执的事实。至于没有争执的事实（包括自认及拟制自认的事实），不仅没有必要以证据加以确认，也不允许法院作出与此相反的认定。（3）认定争执的事实所需要的证据资料必须从当事人提出的证据方法中获得，不允许法院依职权调查证据。[②] 以上三项内容是当事人主义诉讼模式的基本内容。

英美法系国家没有使用辩论主义的概念，其体现当事人主义原则的是"对抗制"的诉讼机制。基于对抗制，诉讼程序由当事人启动并为当事人所控制。对抗制的典型模式是由当事人承担调查、呈示证据和提出辩论的责任，法官作为中立、无偏私的被动的裁判者倾听当事人双方的陈述，并基于当事人所呈示的内容作出裁断。[③]

对于哪些国家的民事诉讼模式属于当事人主义诉讼模式，学界还存在分歧。多数学者认为，英美法系国家的民事诉讼模式属于当事人主义诉讼模式。

（二）职权主义诉讼模式

职权主义诉讼模式是指法院在诉讼程序中拥有主导权，具体内容包括：

---

① 张卫平：《诉讼构架与程式——民事诉讼的法理分析》，清华大学出版社 2000 年版，第 10—11 页。

② ［日］兼子一、竹下守夫：《民事诉讼法》，白绿铉译，法律出版社 1995 年版，第 72 页。

③ ［美］史蒂文·苏本、玛格瑞特（绮剑）·伍：《美国民事诉讼的真谛——从历史、文化、实务的视角》，蔡彦敏、徐卉译，法律出版社 2002 年版，第 29 页。

（1）程序的进行由法院依职权推进；（2）对于诉讼对象的确定、诉讼主张等，法官不受当事人的约束，可以在当事人主张之外认定案件事实；（3）法院在诉讼资料、证据收集方面拥有主动权。

如前所述，与当事人主义诉讼模式不同，职权主义诉讼模式采取"法官中心制"，主要体现为在诉讼资料和证据收集方面法院拥有主导的分配权。一般认为，大陆法系国家大多采职权主义诉讼模式。随着民事诉讼法理念的演变，各国都在对各自的诉讼制度进行修正：一方面，伴随着当事人程序权的强化而强调其主体性的程序参与；另一方面，要求法院积极地参与诉讼，推进真实发现，提高诉讼效率。所以，研究如何灵活交叉运用当事人主义诉讼模式与职权主义诉讼模式的内容和精神，比强调当事人主义诉讼模式与职权主义诉讼模式的形式和对立更有现实意义。

三、我国民事诉讼模式

（一）我国民事诉讼模式的发展

1982 年颁布实施的《民事诉讼法（试行）》是新中国第一部较全面规范民事诉讼的基本法律。试行的民事诉讼法在基本模式的构架上以苏联的民事诉讼基本模式为参照，在民事诉讼模式上与苏联民事诉讼模式相一致，属于职权主义诉讼模式。职权主义诉讼模式不仅体现在民事诉讼体制中，也同样贯穿于民事诉讼理论体系中。

随着改革开放和社会主义市场经济的建立与发展，1991 年我国对《民事诉讼法（试行）》作出修改并正式颁布施行了《民事诉讼法》。与《民事诉讼法（试行）》相比，《民事诉讼法》弱化了法院职权干预，强化了当事人的处分权，当事人的诉讼地位受到了更多的重视。法院职权的弱化主要表现在以下几个方面：（1）缩小了法院依职权调查取证的范围，加重了当事人的举证责任；（2）强调法院调解应坚持当事人自愿原则；（3）缩小了法院依职权启动诉讼程序的范围，即缩小财产保全裁定范围，取消先予执行职权裁定，缩小职权移送执行案件范围；（4）缩小了上诉审查范围，即由全面的职权审查改为限于上诉请求的有关事实和法律的审查。但是，从总体来说，民事诉讼法对法院职权干预的弱化仅是一种量的变化，并不意味着我国民事诉讼体制已经发生了结构性的转换。最能体现民事诉讼中当事人主导性方面的内容没有发生根本性的改变，即作为法院裁判依据的事实不受当事人主张的限制，法院可以在当事人主张以外依职权主动独立收集和提出证据，并依此对案件作出裁决。2007 年、2012 年、2021 年修正《民事诉讼法》时，尽管每次都只修改部分内容，但是所有的修改都贯彻了尊重当事人处分权、弱化法院职权的指导思想。

（二）我国民事诉讼模式的完善

在民事诉讼法学理论研究和民事审判方式改革中，有关民事诉讼模式的论述较多，对于我国应采用何种民事诉讼模式，学界存在不同观点。从中国的实践出发，尽快明确当事人与法院在民事诉讼中的权能划分，为两种模式的结合寻找有力的黏合剂，形成解决民事纠纷的互动机制，更符合中国现实的需要。并且审判方式改革已经为我国民事诉讼制度乃至司法制度的改革寻找到了突破口，相信会向纵深发展，并实现预定的目标。①

民事诉讼模式并非一成不变的，随着影响其形成的诸多因素的变化，民事诉讼模式也要进行量上或质上的调整。在民事诉讼体制中，过分强调当事人的作用会增加诉讼成本，而过分强调法官的职权则会削弱法官的中立性等。英美法系和大陆法系在保证当事人主义诉讼模式基本构造的基础上，均在不断调整法官与当事人在诉讼中的权限分配，以平衡二者的关系，使之更符合诉讼公正和诉讼效率的要求。

考察我国现行民事诉讼体制，可以看到，随着民事审判方式改革的深入进行，我国民事诉讼中当事人的权利不断得到强化，而法院的职权正在逐步弱化。如根据《民事诉讼证据规定》的规定，当事人没有争议的事实原则上对法院裁判具有拘束力，除另有规定外，法院不得依职权主动调查收集证据。民事诉讼模式受一国政治和经济体制、法律传统和文化传统、诉讼观念、诉讼环境等诸多因素的影响。这些因素发生变化，民事诉讼模式也要作出相应的调整。因此，应当考察民事诉讼模式是否与其影响因素相适应。我国民事诉讼模式的完善方向是"强化当事人权利，弱化法院职权"，这是与其影响因素的变化相适应的。

第六节 既 判 力

一、既判力概述

既判力，又称判决实质上的确定力，是指法院作出的判决发生法律效力后，当事人和法院都受该判决内容的拘束。既判力的这种拘束力表现为：当事人在判决生效后不得就该判决所判定的权利义务或者民事法律关系另行起诉，即对既判的案件不能再提出相异的诉讼主张，法院也不得在后诉中再作出与该判决内容相矛盾的判断。

判决发生法律效力后，判决的确定力分为形式上的确定力和实质上的确定

---

① 刘荣军：《程序保障的理论视角》，法律出版社1999年版，第186—187页。

力。其中，形式上的确定力是指判决在成为确定判决后，通常情况下，不能变更或予以撤销，在形式上具有不可撤销性；实质上的确定力是指既判力。具有既判力的判决须为确定的终局判决。终局判决是指能够终结其审级程序的判决。终局判决一旦作出，即意味着该审级程序结束。比如，一审的终局判决作出并送达后，一审程序就告终结。终局判决又可分为一审终局判决和二审终局判决、全部终局判决和部分终局判决等。

既判力的概念源于罗马法。在我国，通常将具有既判力的判决称为生效判决。从既判力学说的发展来看，最初以罗马法中的一事不再理原则和诉权消耗理论来解释既判力的本质和根据。在罗马法中，实体法与诉讼法合一，诉权中包含着实体请求权。当事人（原告）的诉权一经行使并经审判即告消耗（消灭），该诉权不得再次行使，也无重新审判的余地。因此，判决既判力的依据是原告的诉权消耗，既判力本质上是单纯的一事不再理，禁止重新审理既判事件。随着民事诉讼法学理论的发展，不少学者认为一事不再理原则和诉权消耗理论无法包含既判力的积极功能，因此，又先后产生了实体法说、诉讼法说、权利实在说、新诉讼法说等不同的观点。

既判力的积极效果表现为判决所判定的权利义务或法律关系，成为当事人和法院必须遵从的内容，当事人和法院不得提出相异主张或作出矛盾判决。基于公共利益的考虑，为限制当事人滥用诉讼制度，禁止当事人和法院就既判事项再行起诉和重复审判，这是既判力的消极效果。

二、既判力的客观范围

既判力的客观范围，是指生效判决主文中产生既判力的判定事项。判决主文是民事判决的主要部分，以判定当事人之间的权利义务或民事法律关系为核心内容。可见，判决主文中的判定事项，是针对诉讼标的所作的判定。

按照大陆法系民事诉讼立法与理论，生效判决主文中已经判定的诉讼标的产生既判力，当事人不得就已经判定的诉讼标的再行起诉。因此，既判力的客观范围与诉讼标的紧密相连，诉讼标的不同，既判力的客观范围也不同。虽然既判力的客观范围限于已经判定的诉讼标的，但若该诉讼标的，即当事人主张的权利或者民事法律关系，在诉讼中未经法庭辩论，或者在法庭辩论中当事人没有主张，就不产生既判力，因为该判决的作出违反了辩论原则。另外，对当事人已经起诉，法院尚未作出判决或者判决还没有生效的案件，当事人又以同一诉讼标的另行起诉的，因违反了一事不再理的原则，且

拓展阅读

一事不再理原则的认定与适用

该诉讼标的还未产生既判力，因此也不属于既判力的客观范围。

一般认为，判决理由没有既判力，因为判决理由只是对判决主文进行论证的事实认定和法律适用，不是判决的对象（诉讼标的）。既判力是生效判决对诉讼标的之判定，对法院和当事人产生拘束力。判决理由没有既判力，就意味着当事人仍可以依据判决理由，向法院另行提起诉讼。

三、既判力的主体范围

既判力的主体范围，是指既判力及于哪些主体，即哪些人受到既判力的约束。既判力的主体范围原则上只限于双方当事人，体现了既判力的相对性。但在某些情形下，既判力可以扩张到当事人以外的第三人，主要体现在以下方面：

1. 当事人实体权利义务的承继人。这里的承继人，是指诉讼结束后或判决确定后，基于当事人死亡或消灭等原因，承继当事人实体权利义务的人。虽然承继人不是当事人，但是由于他承继了当事人的实体权利义务，也受到既判力的约束。承继人可分为一般承继人和特定承继人。前者是指在判决确定后，基于当事人死亡、消灭或合并等原因，承担当事人实体权利义务的人；后者是指在判决确定后因特定的法律行为（如债权债务移转）等承担当事人特定权利义务的人。

2. 为维护当事人或其承继人的利益占有诉讼标的物的人。为维护当事人或其承继人的利益而占有诉讼标的物的人，如保管人、受托人等，虽然不是当事人，但因其占有诉讼标的物，他们也应当受既判力的拘束。对于非为维护当事人或其承继人的利益而占有诉讼标的物的人，如房屋的承租人，判决既判力不及于他们。

3. 以自己的名义为他人的利益进行诉讼的人。依法对他人的实体权利义务或者财产拥有管理权或处分权的人，如遗产管理人、遗嘱执行人、破产管理人、享有代位权和撤销权的债权人等，以自己的名义提起诉讼后，法院作出的判决对其本人也有既判力。同样，以诉争的实体权利义务人为当事人（实体诉讼当事人）作出的判决，其既判力也及于上述人员。

4. 形成判决的既判力不仅及于当事人双方，还及于其他第三人，即形成判决具有对世效力。

【复习要点】

（一）基本概念

诉与诉权　诉讼标的　民事诉讼法律关系　民事诉讼价值　民事诉讼模式
既判力

（二）思考题

1. 原告请求法院确认婚姻关系有效，这是何种类型之诉？

2. 如何理解诉权与诉讼权利的关系？

3. 结合诉的类型，谈谈如何识别诉讼标的。

4. 民事诉讼法律关系主体与诉讼主体有什么区别？

5. 为什么说民事诉讼程序公正的价值是实现司法公正的必由之路？

6. 研究民事诉讼模式理论对我国民事审判方式改革有何意义？

7. 怎样理解既判力理论与一事不再理的关系？

▶ 自测习题及参考答案

请扫描二维码，进行随堂测试。

第三章　民事诉讼法的基本原则

民事诉讼法基本原则对民事诉讼法的制定和实施具有指导性作用，是法院、检察院、当事人以及其他诉讼参与人进行民事诉讼活动必须遵循的根本规则，具有概括性、稳定性和导向性等特点。我国民事诉讼法基本原则有共有原则与特有原则之分。

第一节　民事诉讼法基本原则概述

一、民事诉讼法基本原则的概念

民事诉讼法基本原则，是指在民事诉讼的全过程或者在民事诉讼的重要阶段起指导作用的行为准则。它集中体现了我国民事诉讼法的精神实质和立法目的，为法院的审判活动和诉讼参与人的诉讼活动指明了方向。

民事诉讼法的基本原则是以宪法为根据，从我国实际情况出发，按照社会主义法治的要求，结合民事诉讼法的特点而集中加以规定的。它反映了民事诉讼的基本原理和内在规律，是制定、适用、解释民事诉讼法的依据，也是法院、检察院、当事人以及其他诉讼参与人进行民事诉讼活动必须遵循的根本规则。

二、民事诉讼法基本原则的功能

（一）立法准则

立法者在制定和修订民事诉讼法时，必须以民事诉讼法的基本原则为依据，民事诉讼法的具体规定必须与基本原则保持一致。

（二）行为准则

民事诉讼法基本原则指导审判人员、检察人员、当事人和其他诉讼参与人正确地理解、适用民事诉讼法的具体规定，以基本原则作为行为的准则。基本原则是一种强行规范，任何诉讼主体都必须严格遵守。

（三）司法准则

民事案件复杂多样，民事诉讼法的条文不可能对实践中发生的所有现象作出穷尽的规定。民事诉讼法通过规定基本原则，可明确立法精神，指引司法者灵活处理疑难案件，完成司法任务。

三、民事诉讼法基本原则的体系

根据确立我国民事诉讼法基本原则的法律依据和适用范围不同，民事诉讼法规定的基本原则可分为两类。

（一）共有原则

共有原则是指根据宪法，参照法院组织法有关规定制定的基本原则。这类基本原则的特点是不仅适用于民事诉讼，也适用于刑事诉讼和行政诉讼，具体包括：（1）审判权由法院行使的原则；（2）法院独立审判案件的原则；（3）以事实为根据、以法律为准绳的原则；（4）对当事人在适用法律上一律平等的原则；（5）使用本民族语言、文字进行诉讼的原则；（6）民族自治地方制定变通或者补充规定的原则。

（二）特有原则

特有原则是指根据民事诉讼自身特点而规定并只适用于民事诉讼活动的原则。这类基本原则包括：（1）当事人平等原则；（2）处分原则；（3）辩论原则；（4）诚信原则；（5）自愿合法调解原则；（6）民事检察监督原则；（7）支持起诉原则；（8）在线诉讼与线下诉讼效力等同原则；（9）同等原则和对等原则。

第二节　当事人平等原则

一、当事人平等原则的概念

当事人平等原则，也称诉讼权利平等原则，简称平等原则，是指当事人在民事诉讼中享有平等的诉讼权利，具有平等的诉讼地位。法院在审理民事案件时应当保障当事人平等地进行攻击、防御。《民事诉讼法》第 8 条规定："民事诉讼当事人有平等的诉讼权利。人民法院审理民事案件，应当保障和便利当事人行使诉讼权利，对当事人在适用法律上一律平等。"这就是有关平等原则的法律规范。

当事人平等原则是民事诉讼法的基石，是民事实体法平等原则在诉讼领域的内在要求。

二、当事人平等原则的内容

（一）当事人的诉讼地位平等

在民事诉讼中，原告和被告在诉讼地位上无高下之分，原告被告双方处于完全平等的诉讼地位。当事人诉讼地位的平等是通过诉讼权利与诉讼义务的平等分配来体现的，没有平等的诉讼权利义务，诉讼地位的平等则无法实现。

1. 双方当事人享有某些相同的诉讼权利。如双方当事人都有委托诉讼代理人、申请回避、收集和提供证据、进行辩论、自行和解、提起上诉、申请再审、申请执行等诉讼权利。

2. 双方当事人享有对等的诉讼权利。如原告有提起诉讼的权利，被告则有提起反诉、进行答辩的权利；原告有选择管辖法院的权利，被告则有提出管辖异议的权利等。

3. 双方当事人依法平等地承担诉讼义务。如遵守法庭秩序，履行生效法律文书所确定的义务等，任何一方当事人都不享有特权，也不得凌驾于法律之上。

（二）法院应平等地保障当事人行使诉讼权利

立法上的平等要转化成司法的现实，离不开法院审判权的行使，法院在审理民事案件时应平等地保障当事人双方行使诉讼权利。所谓平等保障，即无差别对待，它包括以下基本要求：

1. 法院应当平等地对待双方当事人，不能厚此薄彼，偏袒一方而压制另一方。

2. 法院应当为当事人双方平等地行使诉讼权利创造条件，在诉讼程序中给予双方当事人平等的机会、便利和手段。

3. 法院对当事人双方提出的主张和证据予以平等的关注，并在作出裁判时将双方的观点均考虑在内。

4. 平等保障并不否定符合立法目的的差别对待。由于当事人双方的文化素质、法律素质等存在差异，有时他们不能真正平等地行使诉讼权利，此时法院可以适当予以释明①，对明显处于弱势的一方当事人提供必要的帮助，包括减免诉讼费用、支持起诉等，使之与强势一方形成实质上的平等。

第三节　处分原则

一、处分原则的概念

处分原则是指民事诉讼当事人有权在法律规定的范围内，自由支配和处置自己依法享有的民事权利和诉讼权利的原则。《民事诉讼法》第 13 条第 2

---

① 释明是指在民事诉讼中，当事人主张或陈述的意思不明确、不充分，或有不当的诉讼主张和陈述，或者他所提出的证据材料不够而误认为足够时，法院对当事人进行发问、提醒、启发当事人把不明确的予以澄清，把不充足的予以补充，把不当的予以排除。

款规定："当事人有权在法律规定的范围内处分自己的民事权利和诉讼权利。"

处分原则的确立是由民事权利的私权性质决定的，是民事实体法领域的自由处分权在诉讼中的延伸。

二、处分原则的内容

1. 处分权的享有者限于当事人及其法定代理人。在民事诉讼中，享有处分权的主体是特定的，只限于当事人及其法定代理人，受委托的诉讼代理人只能在当事人及其法定代理人特别授权的情况下才享有完整的处分权。

2. 处分权的对象是民事权利和诉讼权利。当事人可以处分自己的民事权利和诉讼权利，民事权利的处分往往要通过处分诉讼权利来实现。

3. 处分原则贯穿民事诉讼全过程。在一审程序、二审程序、再审程序和执行程序中，当事人都可以行使处分权，具体体现在：

（1）在纠纷发生以后，是否向法院起诉，由当事人自己决定。如果当事人没有向法院提出诉讼请求的意思表示，法院不得依职权启动诉讼程序。

（2）诉讼请求的范围由当事人自己决定。在一审期间，当事人提出哪些诉讼请求，以及每一项请求的具体内容，都由当事人自己决定，法院只能就当事人请求的范围进行审理和裁判；在上诉时，上诉请求的范围也由当事人自己决定，二审法院只能就当事人上诉请求的范围进行审判。

（3）原告可以增加、变更、撤回、放弃自己的诉讼请求；被告可以承认对方的诉讼请求；双方可以自行和解。

（4）是否上诉、是否申请再审以及是否申请执行均由当事人自己决定。

4. 处分权的行使不得违反法律的强制性规定。当事人处分权的行使不得违反法律的强制性和禁止性规定，不得损害国家利益、社会公共利益和他人合法权益。涉及身份关系的诉讼程序和非讼程序，明确限制或者排除处分原则的适用。

第四节　辩　论　原　则

一、辩论原则的概念

辩论原则，是指在民事诉讼中，双方当事人就有争议的事实和法律适用问题，在法院的主持下陈述各自的主张和意见，互相进行辩驳，从而影响法院作出裁判。《民事诉讼法》第12条规定："人民法院审理民事案件时，当事人有权进行辩论。"这是有关辩论原则的法律规范。

二、辩论原则的内容

作为民事诉讼法的一项基本原则，辩论原则主要包括以下内容：

1. 辩论权是当事人一项重要的诉讼权利。

2. 当事人行使辩论权的范围包括三个方面：一是对案件的实体方面进行辩论；二是对适用法律进行辩论；三是对程序法上的争议，如受诉法院有无管辖权、审判人员应否回避、当事人是否适格等，进行辩论。虽然实体问题的辩论通常为当事人所关注，常常成为辩论的核心，但程序问题的重要性也不容忽视。

3. 辩论可以采用口头和书面两种形式。当事人的辩论主要体现在开庭审理阶段，尤其是法庭调查和法庭辩论时，通过言辞辩论的口头方式行使辩论权。而在其他阶段，当事人可以通过书面形式行使辩论权，如原告的起诉状、被告的答辩状等都是书面形式的辩论。

4. 辩论权贯穿程序全过程，除特别程序外，第一审程序、第二审程序和审判监督程序都应当贯彻辩论原则。

5. 法院应当保障当事人的辩论权。当事人的辩论权只能在诉讼过程中实现，因此离不开法院的依法保障。在民事诉讼过程中，法院应当采取合法有效的措施，保障当事人的辩论权。《人民法院第四个五年改革纲要（2014—2018）》明确提出"强化诉讼过程中当事人和其他诉讼参与人的知情权、陈述权、辩护辩论权、申请权、申诉权的制度保障"。

三、辩论原则的功能

辩论原则具有尊重当事人意思自治，防止诉讼中证据突袭的双重功能。当事人之间的辩论是法院作出裁判的基础。换言之，作为判决基础的诉讼请求、事实和证据都必须经过当事人的辩论。

第五节 诚 信 原 则

一、诚信原则的概念

诚信原则，是指在民事诉讼中，法院、检察院、当事人以及其他诉讼参与人必须公正、诚实和善意地行使权利与实施民事诉讼行为。《民事诉讼法》第 13 条第 1 款规定："民事诉讼应当遵循诚信原则。"

诚信原则是道德原则法律化的结果。这一原则最先规定在民事实体法中，它要求人们在市场活动中讲究信用，恪守诺言，诚实不欺，在不损害他人利益和社会利益的前提下追求自己的利益。

为保证民事诉讼活动正常有序进行，鉴于我国民事诉讼实践中恶意诉讼、滥用诉讼权利、伪造证据等情形时有发生，在参考各方面提出的意见后，2012 年在修正《民事诉讼法》时，将诚信原则法定化。这不仅有助于遏制恶意诉讼，维护国家法律的尊严和权威，也有助于提升整个社会的诚信度。在民事诉讼程序中，诚信原则适用于所有的民事诉讼法律关系主体，是维持当事人之间以及当事人、其他诉讼参与人、法院、检察院相互之间利益衡平，实现实质正义的重要保障。

二、诚信原则的内容

（一）诚信原则对当事人的适用

诚信原则要求当事人在实施诉讼行为时应当诚实、守信用和善意，具体表现为：

1. 禁止恶意提起诉讼。当事人一方不得以不正当的手段形成利己的诉讼状态，不得为实现非法目的而恶意诉讼。

2. 禁止提起虚假诉讼。当事人不得虚构事实提起诉讼侵害他人的合法权益。

3. 禁止矛盾行为。当事人的诉讼行为必须前后一致，禁止前后矛盾的行为，禁反言。

4. 禁止滥用诉讼权利。当事人不得违背诉讼权利设置的目的，借行使诉讼权利之名达到拖延诉讼等目的，损害国家和对方当事人利益。例如，为了拖延诉讼而申请回避、提出管辖权异议等。

5. 真实义务。当事人在诉讼中应作真实的陈述，禁止当事人故意陈述其明知虚假的事实，或者故意隐瞒其明知真实的事实。

6. 诉讼促进义务。在诉讼过程中，当事人有义务推进诉讼进程，不得故意拖延诉讼。当事人一方长时间怠于行使诉讼权利，致使对方当事人因确信该权利不再行使而为一定诉讼行为时，怠于行使诉讼权利的一方当事人不得主张权利进而损害对方利益。

（二）诚信原则对其他诉讼参与人的适用

其他诉讼参与人实施民事诉讼行为时应诚实善意。例如，证人不得作虚假证言，鉴定人不得出具与事实不符的鉴定意见，诉讼代理人不得滥用诉讼代理权、不得越权代理，等等。

（三）诚信原则对法院的适用

法院在审理和裁判民事案件时应当公正合理，主要表现为：

1. 禁止滥用自由裁量权。诚信原则要求法官应当本着诚实和善意，根据立法本意行使自由裁量权，不得滥用自由裁量权。

2. 禁止突袭裁判。所谓突袭裁判，是指当事人尚未就事实认定和法律适用展开充分的攻击和防御，法院便匆忙作出裁判。为避免突袭裁判，法院应适时、适当地公开心证，适时履行释明义务。

（四）诚信原则对检察院的适用

诚信原则要求检察院本着诚实和善意，根据立法本意行使检察监督权，不得滥用。例如，明知检察监督的理由不成立而基于某种原因违法向法院抗诉，或者为了拖延诉讼而进行检察监督等。

（五）违反诚信原则的法律后果

违反诚信原则，依法将产生程序上和实体上一系列不利的法律后果，包括：

1. 否定已实施诉讼行为的效力。当事人实施诉讼行为，要符合法律的规定，才能产生所期待的法律后果。但如果当事人不诚实地进行诉讼，法院会对当事人诉讼行为作出否定性评价。

2. 承受相应的法律制裁。当事人或者其他诉讼参与人的诉讼行为违反诚信原则的，法院可以根据情节轻重对其予以罚款、拘留；构成犯罪的，依法追究刑事责任。

3. 承担由此增加的诉讼费用、赔偿给对方当事人造成的损失。当事人、其他诉讼参与人违反诚信原则，造成对方当事人诉讼费用的增加或者实体利益的损失的，法院可以要求行为人承担由此增加的诉讼费用、赔偿给对方当事人造成的损失。

4. 申请国家赔偿。法院违反诚信原则造成当事人合法权益损害的，当事人有权依据《国家赔偿法》的规定，申请国家赔偿。

对于违反该原则的行为，在法无具体规定时，法官可以直接援引该原则对当事人和其他诉讼参与人的诉讼行为作出评价，当事人则可以直接援引该原则对法院的审判行为或检察院的检察监督行为提出不服的救济申请。

第六节　自愿合法调解原则

一、自愿合法调解原则的概念

自愿合法调解原则，是指法院在审理民事案件时，对于能够调解解决的纠纷，在双方当事人自愿的基础上，通过说服劝导的方式，促使双方当事人互谅互让，达成一致的合法调解协议。该原则是我国本土司法经验的总结，彰显了人民司法的鲜明特点。《民事诉讼法》第 9 条规定："人民法院审理民事案件，应当根据自愿和合法的原则进行调解；调解不成的，应当及时判决。"

二、自愿合法调解原则的内容

（一）调解是法院处理民事案件的一个重要方法

在民事诉讼中，对能够调解的案件，应尽量通过调解的方式解决，因为调解能简化诉讼程序，减轻当事人讼累，有效维系当事人之间的感情或合作关系。

（二）调解应当遵循自愿、合法的原则

所谓自愿，包含两层意思：一是双方当事人愿意在法院主持下进行调解，法院不得强迫；二是调解能否达成协议以及调解协议的内容，必须完全出自当事人的意愿。所谓合法，也包含两层意思：一是法院调解须严格依据法定的程序和制度进行；二是调解达成协议的内容，不得违反法律的强制性规定。

（三）调解贯穿民事诉讼全过程

在一审程序（包括普通程序和简易程序）、二审程序和再审程序中，法院都可以调解。

三、调解和判决的关系

要辩证地理解调解和判决的关系。一方面，除法律有明确规定外，调解并非解决所有民事案件的必经程序；另一方面，对于当事人不愿调解，或者经调解不能达成协议，或者调解书送达时一方反悔的，法院应当及时作出判决，不能久拖不决。

第七节　民事检察监督原则

一、民事检察监督原则的概念

民事检察监督原则，是指检察院对于法院行使民事审判权和执行权行为的合法性进行监督的原则，包括合法性原则、居中监督原则以及谦抑性原则等三个具体原则。《民事诉讼法》第 14 条规定："人民检察院有权对民事诉讼实行法律监督。"第 242 条规定："人民检察院有权对民事执行活动实行法律监督。"

检察机关监督民事诉讼，对于维护法制的统一，保障法院正确行使审判权和执行权，维护当事人的合法权益，都具有重要的意义。尽管我国刑事诉讼法和行政诉讼法也规定了检察监督原则，但从检察监督的范围、程序和方式等来看，民事诉讼法规定的检察监督原则与刑事诉讼法、行政诉讼法的规定有明显区别。因此，民事检察监督原则应当是民事诉讼法的特有原则。

二、民事检察监督原则的内容

（一）民事检察监督的目的

民事检察监督的目的在于纯洁司法环境、净化诉讼秩序、维护司法公正。习近平强调，"法官、检察官要有审案判案的权力，也要加强对他们的监督制约，把对司法权的法律监督、社会监督、舆论监督等落实到位"[①]。作为实现目的之手段，民事检察监督应处于补充性、辅助性、第二性的地位，只有在传统民事诉讼程序缺乏自我矫正的能力或者丧失自我修复与自净的能力时才发挥作用。为此，检察监督应当谦抑、克制，只有当法院审判权和执行权的行使严重逾越法律的边界且得不到纠正时，检察院才能行使法律监督权。

基于诉讼合作主义的理念，民事检察监督也包含支持、保障之义，不能将民事检察监督简单理解为"我令你行"的单向制约和纠错。民事检察监督不是为了削弱法院的司法公信力，而是支持和帮助法院做好审判执行工作，排除外界对法院司法的干预，保障法院独立公正行使审判权和执行权。因此，民事检察监督之中有支持和合作，检法两家共同构筑公正、高效、权威的司法共同体。

（二）民事检察监督的范围

《民事诉讼法》全面强化了检察机关对民事诉讼的法律监督，扩大了监督范围，构建了一个从审判到执行、从过程到结果的全方位的检察监督体系。具体而言包括如下几个方面：

1. 民事检察监督的对象包括法院的审判活动和执行活动。检察监督关系应当被理解为权力—权力关系，即检察权与审判权、执行权的关系。因此，检察监督的对象，限于法院审判权和执行权的行使。对于《民事诉讼法》第 14 条中的"民事诉讼"一语，应当作限缩解释，仅指法院的审判权和执行权。而当事人诉讼行为的合法性及程序效果均应接受《民事诉讼法》的调整以及法官的具体判断，不属于检察监督的范围。

当然，对于法院审判权和执行权的监督，要进一步区分法院的一般程序违法行为和严重程序违法行为，将《民事诉讼法》第 177 条第 4 项、第 207 条第 7—11 项等严重程序违法行为作为检察监督的重点。同时，还要区分审判权和执行

---

① 习近平：《论坚持全面依法治国》，中央文献出版社 2020 年版，第 147—148 页。

权的消极行使和积极行使。法院怠于行使审判权和执行权的，比如法院不受理案件也不下裁定书，或者被执行人有财产可供执行而执行法院迟迟不采取相应执行措施等，由于消极司法的证据确凿，侵害的是当事人的起诉权和强制执行请求权等重要程序权利，因此应当作为民事检察监督的重点。对于法院滥用审判权和执行权的积极行为，要视该行为的违法程度、对当事人程序权利和实体权利侵害的程度，来确定民事检察监督的重点。例如，在民事执行行为侵害了被执行人、相关程序参与人的人格权、自由权、生存权等基本人权时，检察机关应当介入执行程序，及时监督，以保障人权。

2. 将法院调解书纳入民事检察监督的范围。检察院发现调解书损害国家利益、社会公共利益的，应当提出抗诉或再审检察建议。

3. 由原来的事后监督扩展为全程监督。除了对生效裁判提起抗诉监督外，检察院还可以提出检察建议，对审判与执行过程中的违法行为进行监督。

（三）民事检察监督的方式

1. 抗诉。检察院对法院已经生效的判决、裁定发现有提起抗诉的法定情形，或者发现调解书损害国家利益、社会公共利益的，有权提请法院对案件进行再审。

2. 检察建议。检察院对一些民事申诉案件，不采取抗诉方式启动再审程序，而是向法院提出检察建议，由法院自行启动再审程序进行再审。

（四）民事检察监督的程序

1. 当事人申请检察监督的前置程序。《民事诉讼法》第216条第1款明确规定了当事人再审申请优先于检察监督原则，规定有下列情形之一的，当事人可以向检察院申请检察建议或者抗诉：（1）法院驳回再审申请的；（2）法院逾期未对再审申请作出裁定的；（3）再审判决、裁定有明显错误的。

2. 检察院对申请的审查和决定。检察院对当事人的申请应当在3个月内进行审查，作出提出或者不予提出检察建议或者抗诉的决定。当事人不得再次向检察院申请检察建议或者抗诉。

3. 检察建议或抗诉的提出。地方各级检察院对同级法院已经发生法律效力的判决、裁定，发现有《民事诉讼法》第207条规定情形之一的，或者发现调解书损害国家利益、社会公共利益，经审查作出提出检察建议决定的，可以向同级法院提出检察建议，并报上级检察院备案，也可以提请上级检察院向同级法院提出抗诉。

最高人民检察院对各级法院已经发生法律效力的判决、裁定、调解书，上级检察院对下级法院已经生效的判决、裁定、调解书，经审查作出提出抗诉决定的，可以提出抗诉；地方各级检察院对同级法院已生效的判决、裁定、调解书，不得直接提出抗诉，只能提请上级检察院提出抗诉。

（五）民事检察监督的保障

检察院履行法律监督职责提出检察建议或者抗诉的，可以向当事人或者案外人调查核实有关情况。

第八节 支持起诉原则

一、支持起诉原则的概念

支持起诉原则，是指对于损害国家、集体或个人民事权益的行为，受损害的单位或个人不敢、无力或不便提起诉讼的，机关、社会团体、企业事业单位可以支持其向法院起诉的一项法律制度。

支持起诉与起诉、诉讼代理、法律援助等概念不同。支持起诉的主体既不是诉讼的原告，也不是受害人的诉讼代理人，[①] 更非专设的法律援助机构。

我国最早规定支持起诉制度的法律条文是 1982 年《民事诉讼法（试行）》第 13 条。现行《民事诉讼法》第 15 条规定："机关、社会团体、企业事业单位对损害国家、集体或者个人民事权益的行为，可以支持受损害的单位或者个人向人民法院起诉。"

支持起诉原则建立在私人权益与社会利益一致的基础上，对于维护国家、集体和他人利益，动员社会力量与民事违法行为作斗争，扶正祛邪，保护弱者，伸张正义，具有重要意义。

二、支持起诉原则的内容

（一）支持起诉的适用条件

1. 支持起诉的前提，是加害人的行为侵犯了国家、集体或个人的民事权益。

2. 支持起诉的主体，只能是机关、团体和企业事业单位，不能是公民个人。支持起诉既是这些单位的权利，也是其职责。如果允许个人支持起诉，容易发生包揽诉讼的流弊，所以排除个人行使支持起诉权。法律不要求支持起诉人与被支持者之间存在组织关系或隶属关系。

支持起诉的主体主要有以下几类：（1）消费者协会。我国《消费者权益保护法》第 37 条规定："消费者协会履行下列公益性职责：……（七）就损害消

---

① 司法实务中也存在着支持起诉的主体（如消费者协会）指派工作人员担任受害人的诉讼代理人的情况。

费者合法权益的行为，支持受损害的消费者提起诉讼……"（2）工会。我国《劳动法》第 30 条规定："……劳动者申请仲裁或者提起诉讼的，工会应当依法给予支持和帮助。"我国《工会法》第 22 条第 3 款规定："职工认为用人单位侵犯其劳动权益而申请劳动争议仲裁或者向人民法院提起诉讼的，工会应当给予支持和帮助。"（3）环境保护主管部门和有关社会团体。我国《水污染防治法》第 99 条第 2 款规定："环境保护主管部门和有关社会团体可以依法支持因水污染受到损害的当事人向人民法院提起诉讼。"（4）妇联。我国《妇女权益保障法》第 54 条第 1 款对此有相关规定。（5）对未成年人和老年人负有保护职责的机构和社会组织。《未成年人保护法》第 5 条、第 6 条、第 9—11 条以及《老年人权益保障法》第 6 条对此有相关规定。（6）检察院。

3. 支持起诉的对象限于受害人。

4. 受害者还没有起诉。受害者处于弱者地位，无力、不敢或不便诉诸法院。如果已经起诉，就没必要再支持起诉。

5. 支持起诉人必须与案件没有利害关系。如果支持起诉人与本案有法律上的利害关系，应当以当事人或无独立请求权的第三人的身份参加诉讼。

拓展阅读

江苏省高级人民法院民事判决书

（二）支持起诉的方式

支持起诉的方式很多，但支持起诉人并不享有任何特权，诉讼过程中仍然应当遵循当事人地位平等原则。

1. 从精神上、道义上、舆论上支持受害人提起诉讼，解除其思想顾虑，鼓励其向法院起诉。

2. 帮助受害人收集提供证据，协助法院发现事实真相。

3. 提供法律、科学知识、技术方面的支持。如在环境污染侵权诉讼中，环保部门和社会团体可以利用自身的优势，为受害人提供科学技术方面的支持。

4. 支持受害人参与法庭辩论。

5. 为受害人提供物质上的支持。

（三）支持起诉人的诉讼地位

在各地法院的判决书中，普遍将支持起诉的主体列为"支持起诉人"。实务界已经认可支持起诉人在民事诉讼中的独立地位，允许其独立实施一定的诉讼行为。具体表现在：支持起诉人可以向法院揭露案件的事实真相，收集和提供有关的证据，表明自己对案件的看法，支持受害者参与法庭辩论，充分尊重当事人的处分权。支持起诉人的诉讼活动同当事人的意志相违背的，其行为应当认定为无效。支持起诉人并非当事人，因而没有独立的起诉权，也没有独立提起上诉、管辖权异议、申请回避等当事人所享有的诉讼权利。

第九节　在线诉讼与线下诉讼效力等同原则

2021 年 12 月 24 日，第十三届全国人大常委会第三十二次会议通过的《关于修改〈中华人民共和国民事诉讼法〉的决定》在《民事诉讼法》中新增了第 16 条："经当事人同意，民事诉讼活动可以通过信息网络平台在线进行。民事诉讼活动通过信息网络平台在线进行的，与线下诉讼活动具有同等法律效力。"该条规定既创新了我国民事诉讼的诉讼方式，又赋予我国民事诉讼法新时代特征。在线诉讼与线下诉讼具有同等的法律效力，成为我国对待在线诉讼和线下诉讼的根本规则，在线诉讼与线下诉讼效力等同也就成为我国民事诉讼法的基本原则。

2021 年 6 月 16 日，最高人民法院公布《在线诉讼规则》。《在线诉讼规则》共 39 条，内容涵盖了在线诉讼活动的法律效力、基本原则、适用条件、适用范围以及从立案到执行等主要诉讼环节的程序规则，首次构建了在线诉讼规则体系。《民事诉讼法》确立在线诉讼与线下诉讼效力等同原则，便是以该司法解释以及依据该司法解释进行的在线诉讼实践为基础的。

一、在线诉讼的概念与意义

在线诉讼是司法与现代技术相结合的产物，也是司法领域顺应第四次工业革命发展潮流的结果。在线诉讼，也称电子诉讼、网上诉讼等，是指依托于互联网技术和信息化、智能化技术，通过信息网络平台进行局部或全部诉讼活动的一种诉讼形态。广义的在线诉讼还包括在线执行。在线诉讼的意义主要表现在：

（一）便民诉讼

大数据、云计算、人工智能、区块链、5G 等现代科技全方位应用于诉讼服务、诉前调解、案件审理、审判管理等各领域。全国法院普遍推行网上立案、在线举证质证、庭审语音识别、电子卷宗应用、文书电子送达等。很多诉讼活动就可以足不出户通过信息网络平台在线实施和完成，节省了当事人的诉讼成本，极大地方便了当事人进行诉讼。近年来，对于"云庭审""微法院"，很多老百姓并不陌生，特别是新冠肺炎疫情防控期间，在线诉讼成为当事人诉讼维权的新常态，实现了"审判执行不停摆，公平正义不止步"。

（二）提高审判效率

文书智能生成、类案识别推送、裁判偏差提示、区块链电子存证、智能合约执行等技术日益成熟，"在线诉讼"越来越多地出现在司法实践中。2020 年 1 月

1 日至 2021 年 5 月 31 日，全国法院在线立案 1219.7 万件，占全部立案数的 28.3%；在线调解总次数 651.3 万次、诉前成功调解 614.29 万件；在线开庭 128.8 万次，在线庭审平均用时 42 分钟；电子送达 3383.3 万次，占总送达次数的 37.97%。全国已有 3500 多家法院接通"中国移动微法院"在线诉讼平台，累计访问量超过 12.65 亿次。[①] 经过全国法院的不懈努力，在线诉讼适用规模和质量不断提升，线上线下双轨并行、有序衔接的诉讼模式已初步形成。

（三）促进司法改革

在广泛推行在线诉讼后，我国民事诉讼制度的现代化水平大大提升，民事诉讼制度体系不断趋于完善和健全，在线诉讼成为互联网时代司法改革的重要方式和途径，成为与司法体制改革相携并行的又一改革轴心，极大地促进了司法改革向纵深推进的步伐。

自 2017 年 8 月以来，杭州、北京、广州相继成立互联网法院。《人民法院信息化建设五年发展规划（2016—2020）》提出，建设智慧法院，必须着力在线诉讼建设。《人民法院信息化建设五年发展规划（2019—2023）》提出，以全国法院的信息化建设为中心，多方面推动在线诉讼的建设工程。2019 年 12 月，经全国人大常委会授权，最高人民法院正式开展民事诉讼程序繁简分流的改革试点工作。最高人民法院于 2020 年 1 月就繁简分流改革正式颁行相应的试点方案和实施办法，在线诉讼是其中的重要内容之一。

从推动裁判文书全面上网，到电子卷宗同步生成、跨域立案全面推广、移动微法院一网通办，再到设立互联网法院、探索区块链存证和智能合约履行，人民法院推动互联网司法在技术应用、程序规则、实体裁判等领域全方位转型升级。在一定意义上说，我国互联网司法在世界范围内已处于领先水平，形成了具有中国特色、世界领先的互联网司法新模式。

二、在线诉讼的适用范围

在线诉讼的适用范围可以从诉讼类型和诉讼环节两个方面进行概括。

（一）在线诉讼的诉讼类型

根据《在线诉讼规则》第 3 条的规定，人民法院综合考虑案件情况、当事人意愿和技术条件等因素，可以对以下案件适用在线诉讼：（1）民事、行政诉讼案件；（2）刑事速裁程序案件，减刑、假释案件，以及因其他特殊原因不宜线下审理的刑事案件；（3）民事特别程序、督促程序、破产程序和非诉执行审查案件；（4）民事、行政执行案件和刑事附带民事诉讼执行案件；（5）其他适

---

① 《网上审案，便民又规范》，《人民日报》2021 年 8 月 9 日，第 13 版。

宜采取在线方式审理的案件。

（二）在线诉讼的诉讼环节

《在线诉讼规则》第1条规定，人民法院、当事人及其他诉讼参与人等可以依托电子诉讼平台，通过互联网或者专用网络在线完成立案、调解、证据交换、询问、庭审、送达等全部或者部分诉讼环节。

三、在线诉讼与线下诉讼效力等同的依据

《民事诉讼法》第16条第2款规定："民事诉讼活动通过信息网络平台在线进行的，与线下诉讼活动具有同等法律效力。"《在线诉讼规则》第1条第2款规定："在线诉讼活动与线下诉讼活动具有同等法律效力。"之所以要确立在线诉讼与线下诉讼具有同等的法律效力，原因主要在于：

（一）程序保障的全面性

《在线诉讼规则》规定："为推进和规范在线诉讼活动，完善在线诉讼规则，依法保障当事人及其他诉讼参与人等诉讼主体的合法权利，确保公正高效审理案件，根据《中华人民共和国刑事诉讼法》《中华人民共和国民事诉讼法》《中华人民共和国行政诉讼法》等相关法律规定，结合人民法院工作实际，制定本规则。"因此，除了诉讼场域和诉讼方式不同外，就民事诉讼活动本身而言，在线诉讼与线下诉讼并无差别。在线诉讼同样要遵守《民事诉讼法》的各项规定，包括要全面遵守平等原则、处分原则、辩论原则、诚信原则、检察监督原则在内的民事诉讼基本原则，要全面实行合议制、回避制、公开审判制和二审终审制等基本诉讼制度，要全面遵守管辖、当事人、证据、诉讼保障等诉讼制度，全面适用一审程序、二审程序、再审程序等基本诉讼程序，等等。由于具有全面的程序保障，在线诉讼活动的法律效力与线下诉讼活动的法律效力应当是实质相同的。

（二）自愿适用的全面性

是否同意通过信息网络平台在线进行诉讼，是当事人程序选择权的内容。只要当事人不同意，法院便不得强制其通过信息网络平台在线进行诉讼。《民事诉讼法》第16条第1款规定："经当事人同意，民事诉讼活动可以通过信息网络平台在线进行。"《在线诉讼规则》第4条第1款规定："人民法院开展在线诉讼，应当征得当事人同意，并告知适用在线诉讼的具体环节、主要形式、权利义务、法律后果和操作方法等。"第10条第1款规定："案件适用在线诉讼的，人民法院应当通知被告、被上诉人或者其他诉讼参与人，询问其是否同意以在线方式参与诉讼。……"可见，自愿性必须贯彻在线诉讼始终。在诉讼进行中，如果当事人改变意愿，不同意继续通过信息网络平台在线进行诉讼，法院应当将在线诉讼改为线下诉讼，在线已经进行的诉讼活动继续有效。如果一方当事人同意通过

信息网络平台在线进行诉讼，而另一方当事人不同意的，则同意的一方可以通过信息网络平台实施诉讼活动，不同意的一方可以在线下实施诉讼活动，二者的诉讼效力相同。

（三）技术保障的全面性

在线诉讼具有一套完整的技术性规范和技术性标准，以保障诉讼活动的便利性、客观性和合法性。如《在线诉讼规则》第 7 条第 1 款规定："参与在线诉讼的诉讼主体应当先行在诉讼平台完成实名注册。……"第 15 条规定："当事人作为证据提交的电子化材料和电子数据，人民法院应当按照法律和司法解释的相关规定，经当事人举证质证后，依法认定其真实性、合法性和关联性。未经人民法院查证属实的证据，不得作为认定案件事实的根据。"可见，无论当事人实施的是事实性、证据性活动，抑或是程序性、法律性活动，技术上、法律上的保障均是可靠的，其产生的法律效力也具有可靠性和保障性。正因为获得了技术上、法律上的全面保障，在线诉讼活动才得以形成与线下诉讼活动等同的法律效力。

基于上述三方面的理由，立法上认可在线诉讼活动与线下诉讼活动具有等同和等值的法律效力，是完全正当的。

四、在线诉讼的基本原则

为了确保在线诉讼与线下诉讼的等效性，《在线诉讼规则》第 2 条规定了在线诉讼的根本性规则，也就是在线诉讼的基本原则。

（一）公正高效原则

严格依法开展在线诉讼活动，完善审判流程，健全工作机制，加强技术保障，提高司法效率，保障司法公正。

（二）合法自愿原则

尊重和保障当事人及其他诉讼参与人对诉讼方式的选择权，未经当事人及其他诉讼参与人同意，法院不得强制或者变相强制适用在线诉讼。

（三）权利保障原则

充分保障当事人各项诉讼权利，强化提示、说明、告知义务，不得随意减少诉讼环节和减损当事人诉讼权益。

（四）便民利民原则

优化在线诉讼服务，完善诉讼平台功能，加强信息技术应用，降低当事人诉讼成本，提升纠纷解决效率。统筹兼顾不同群体司法需求，对未成年人、老年人、残障人士等特殊群体加强诉讼引导，提供相应司法便利。

（五）安全可靠原则

依法维护国家安全，保护国家秘密、商业秘密、个人隐私和其他个人信息，有效保障在线诉讼数据信息安全。规范技术应用，确保技术中立和平台中立。

第十节　同等原则和对等原则

一、同等原则和对等原则的概念

同等原则和对等原则是涉外民事诉讼特有的两个原则，是指外国人、无国籍人、外国企业和组织在我国法院起诉和应诉时，赋予他们同我国公民（自然人）、法人和非法人组织同等的诉讼权利义务；外国法院对我国公民（自然人）、法人和非法人组织的民事诉讼权利加以限制的，我国法院对该国公民、企业和组织的民事诉讼权利加以同样的限制。《民事诉讼法》第5条规定："外国人、无国籍人、外国企业和组织在人民法院起诉、应诉，同中华人民共和国公民、法人和其他组织有同等的诉讼权利义务。外国法院对中华人民共和国公民、法人和其他组织的民事诉讼权利加以限制的，中华人民共和国人民法院对该国公民、企业和组织的民事诉讼权利，实行对等原则。"这就是有关同等原则和对等原则的法律规范。

二、同等原则和对等原则的内容

外国人、无国籍人、外国企业和组织在我国法院起诉和应诉时，与我国公民（自然人）、法人和非法人组织享有同样的待遇，对他们既不优待，也不歧视；既不限制他们的诉讼权利，也不增加他们的诉讼义务。如果外国法院对我国公民（自然人）、法人和非法人组织的民事诉讼权利加以限制的，我国法院对该国公民、企业和组织的民事诉讼权利，采取相应的限制措施，以维护我国的尊严和我国公民（自然人）、法人和非法人组织的合法权益。

同等原则和对等原则是同一问题的两个方面，两者之间的关系紧密相联，不可分割。同等原则只有在对等原则得到保障情形下，才可以适用。

【复习要点】

（一）基本概念

当事人平等原则　处分原则　自愿合法调解原则　辩论原则　诚信原则　民事检察监督原则

（二）思考题

1. 民事诉讼法基本原则有哪些功能？

2. 如何理解当事人诉讼权利平等原则?

3. 诚信原则在民事诉讼中有何作用?

4. 当事人在民事诉讼中可以处分哪些权利?

5. 当事人行使辩论权的方式有哪些?

6. 与线下诉讼相比,在线诉讼有何优势与劣势?

▶ 自测习题及参考答案

请扫描二维码,进行随堂测试。

第二编 ｜ 民事诉讼的基本制度

第四章 民事审判的基本制度

法院、当事人和其他诉讼参与人进行民事诉讼必须遵守的基本操作规程，称为民事诉讼基本制度。民事诉讼基本制度的外延十分广泛。根据其作用不同，可分为民事审判基本制度、当事人制度、管辖制度、证据制度、调解与和解制度、诉讼保障制度等。民事审判基本制度是在民事审判领域处于核心地位并发挥基础功能的民事诉讼基本制度，是民事审判基本规律的要求和体现。我国的民事审判基本制度包括合议制度、陪审制度、回避制度、公开审判制度和两审终审制度。

第一节 民事审判基本制度概述

一、民事审判基本制度的概念

民事审判基本制度，是指法院在审判案件时必须遵循的基本操作规程。它对于案件公开、公正审判，保障法院依法行使审判权，维护当事人的合法权益具有重要的作用。

民事审判基本制度不同于民事诉讼的其他基本制度。民事审判基本制度是从法院审判的角度，要求法院在审判民事案件阶段必须遵循的审判基本规程，体现了民事审判活动的基本精神和特征。民事诉讼的其他基本制度，如管辖制度、当事人制度、证据制度、期间制度、送达制度、保全制度、反诉制度、诉讼代理制度和司法协助制度等，是主要规范民事诉讼某个领域或某个方面的具体制度，在地位、功能和适用范围上，与民事审判的基本制度存在较大区别。

根据《民事诉讼法》的规定，我国民事审判的基本制度包括合议制度、回避制度、公开审判制度和两审终审制度等四项。根据《人民法院组织法》《人民陪审员法》的规定，我国民事审判基本制度还包括陪审制度。

二、民事审判基本制度与民事诉讼法基本原则的区别

民事审判基本制度与民事诉讼法基本原则的主要区别在于：（1）前者从法院的角度出发，规范的内容是法院的审判行为；而后者对法院和当事人均具有规范作用。（2）前者比后者在内容上更具体，即前者是具体的操作规程；而后者是对民事诉讼基本原理的抽象表述，并不规定诉讼程序的具体阶段和步骤。（3）前者的效力仅及于民事审判领域；而后者的效力贯彻始终，即在民事诉讼的全部或

主要程序阶段起着规范和指导作用。

第二节　合议制度

一、合议制度的概念

合议制度，是指由三名以上审判人员组成合议庭，代表法院行使审判权，对案件进行审理并作出裁判的制度。

法院审判案件的组织形式有合议制和独任制两种。合议制的组织形式又称为合议庭，是相对于由一名审判员审判案件的独任制而言的。在我国，合议制是法院审判案件的基本组织形式，除了法律规定适用独任制审判案件的特定情形外，均应组成合议庭对案件进行审判。

合议制旨在从制度和组织上保障对案件正确审判，发挥审判人员的集体智慧，减免因个人"智识"不足所产生的错误判决，以保证案件能够得到正确处理。[①]

二、合议制度的内容

（一）合议庭的组成与适用范围

根据《民事诉讼法》的规定，我国民事诉讼案件的合议庭由三名以上审判人员组成。审判人员包括审判员（含助理审判员）和陪审员。合议庭的组成人数必须是单数。

作为法院审理民事案件的基本审判组织，合议庭在不同的审理程序中组成形式有所不同。

1. 第一审合议庭。根据《民事诉讼法》第40条的规定，第一审合议庭的组成形式有两种：（1）由审判员和陪审员共同组成合议庭，合议庭的人数为单数。陪审员在法院执行职务期间，除不能担任审判长外，与审判员有同等的权利和义务。（2）由审判员组成合议庭，合议庭的人数为单数。

2. 第二审合议庭。根据《民事诉讼法》第41条第1款的规定，第二审合议庭由审判员组成，不吸收陪审员参加。因为第二审是上诉审，不仅要对当事人之间的争议进行审理，上级法院还要对下级法院的审判活动进行监督，第二审的性质和任务决定了第二审不宜由陪审员参加。

3. 重审合议庭。根据《民事诉讼法》第41条第3款的规定，第二审法院发回重审的案件，原审法院应当按照第一审程序另行组成合议庭。

---

① 法官中立和回避制度旨在减免因审判人员个人"偏私"所产生的错误判决或枉法判决。

4. 再审合议庭。根据《民事诉讼法》第 41 条第 4 款的规定，审理再审案件，原来是第一审的，按照第一审程序另行组成合议庭；原来是第二审的或者是上级法院提审的，按照第二审程序另行组成合议庭。

不论是二审发回重审的案件还是再审案件，都涉及另行组成合议庭的问题。另行组成合议庭是指原来审判该案的审判人员，一律不得参加发回重审和再审案件的合议庭。

5. 特别程序中的合议庭。在特别程序中，审理选民资格案件、重大或疑难的非讼案件时，必须由审判员组成合议庭；公示催告程序中作出除权判决的，应当组成合议庭。

合议庭的审判长由院长或者庭长指定审判员一人担任；院长或者庭长参加审判的，由院长或者庭长担任。陪审员不能担任审判长。

审判长的职责主要有：指导和安排审判辅助人员做好庭前调解、庭前准备及其他审判辅助性工作；确定审理方案、庭审提纲、协调合议庭成员的庭审分工，做好其他庭审准备工作；主持庭审；主持对案件的评议；提请院长决定将案件提交审判委员会讨论决定；制作裁判文书，审核合议庭其他成员制作的裁判文书；依照权限签发法律文书；主持对案件的复议；对合议庭遵守审理期限的情况负责。

（二）合议庭的活动规则

合议庭的审判活动由审判长主持，合议庭全体成员平等参与案件的审理、评议、裁判，共同对案件认定事实和适用法律负责。依法不开庭审理的案件，合议庭全体成员均应当阅卷，必要时提交书面阅卷意见。开庭审理时，合议庭全体成员应当共同参加，不得缺席、中途退庭或者从事与该庭审无关的活动；合议庭成员未参加庭审、中途退庭或者从事与该庭审无关的活动，当事人提出异议的，应当纠正；经当事人提出异议合议庭仍不纠正的，当事人可以要求休庭，并将有关情况记入庭审笔录。

合议庭成员对案件进行评议，实行民主集中制。合议庭成员应当充分陈述意见，独立行使表决权，不得拒绝陈述意见或者仅作同意与否的简单表态。合议庭全体成员均应当参加案件评议。合议庭成员评议时发表的意见不受追究。合议庭评议案件时，先由承办法官对认定案件事实，证据是否确实、充分，以及适用法律等发表意见，审判长最后发表意见。审判长应当根据评议情况总结合议庭评议的结论性意见。

合议庭评议案件，实行少数服从多数的原则，按照多数人的意见作出决定。但是，少数人的意见应当如实写入笔录。评议应当制作笔录。笔录由书记员制作，由合议庭组成人员签名。合议庭一般应当在作出评议结论或者审判委员会作出决定后的 5 个工作日内制作裁判文书。对制作的裁判文书，合议庭成员应当共同审核，确认无误后签名。

（三）合议庭与审判委员会和专业法官会议的关系

《人民法院组织法》第 37 条规定，审判委员会履行下列职能：总结审判工作经验；讨论决定重大、疑难、复杂案件的法律适用；讨论决定本院已经发生法律效力的判决、裁定、调解书是否应当再审等。

合议庭认为案件需要提交审判委员会讨论决定的，由审判长提出申请，院长批准。审判委员会讨论案件，合议庭对其汇报的事实负责，审判委员会委员对本人发表的意见和表决负责。对于审判委员会的决定，合议庭应当执行。

《最高人民法院关于完善人民法院司法责任制的若干意见》第 8 条、《最高人民法院关于深化司法责任制综合配套改革的实施意见》第 9 条等规定，各级人民法院应当健全由民事、刑事、行政等审判领域法官组成的专业法官会议，其功能是统一法律适用、为审判组织提供法律咨询。

三、合议制与独任制的关系

独任制是由一名审判员组成的审判庭对案件进行审理的制度。根据我国《民事诉讼法》规定，适用简易程序审理的民事案件实行独任审理；基层法院审理的基本事实清楚、权利义务关系明确的第一审民事案件，可以适用普通程序独任审理；中级法院对第一审适用简易程序审结或者不服裁定提起上诉的第二审民事案件，事实清楚、权利义务关系明确的，经双方当事人同意，可以实行独任审理；依照《民事诉讼法》第十五章"特别程序"审理的案件，除选民资格案件或者重大疑难的案件由审判员组成合议庭审理外，其他案件实行独任审理。

但是，下列案件不得适用独任审理：（1）涉及国家利益、社会公共利益的案件；（2）涉及群体性纠纷，可能影响社会稳定的案件；（3）人民群众广泛关注或者其他社会影响较大的案件；（4）属于新类型或者疑难复杂的案件；（5）法律规定应当组成合议庭审理的案件；（6）选民资格案件或者重大、疑难的非讼案件，以及在公示催告程序中作出除权判决的案件；（7）其他不宜独任审理的案件。

法院在审理过程中，发现案件不宜独任审理的，应当裁定转由合议庭审理。当事人认为案件独任审理违反法律规定的，可以向法院提出异议。法院对当事人提出的异议应当审查，异议成立的，裁定转由合议庭审理；异议不成立的，裁定驳回。

独任制是与合议制相对应的审判制度。尽管 2021 年修正《民事诉讼法》时扩大了独任制的适用范围，但是合议制仍是我国的基本审判制度。因此，只有法律规定可以适用独任制的民事案件，才能实行独任审理；法律没有规定可以适用独任制的，应当组成合议庭进行审理。

第三节　陪审制度

一、陪审制度的含义

陪审制度，是指国家审判机关吸收普通公民参与刑事、民事和行政案件审判的制度。从世界范围来看，陪审制度有两种形式：一种是英美法系的陪审团制，即由普通公民组成的陪审团作为事实的认定者，对案件事实进行裁定，法官只负责法律的适用；另一种是大陆法系的参审制，即由职业法官和陪审员共同组成合议庭，对案件事实进行认定并通过适用法律解决争议。

我国的陪审制度与大陆法系的参审制更为相似。这一制度源于新民主主义革命时期的根据地，新中国成立后作为一项基本的司法制度确定下来。1951 年《人民法院暂行组织条例》、1954 年《宪法》和 1954 年《人民法院组织法》都明确规定了由公民参加审判活动的陪审制度；1979 年《人民法院组织法》、1982 年《民事诉讼法（试行）》均对陪审制度作出规定。1983 年《人民法院组织法》第 10 条规定，法院审判第一审案件，由审判员组成合议庭或者由审判员和人民陪审员组成合议庭进行。现行《民事诉讼法》第 40 条第 1 款规定，法院审理第一审民事案件，由审判员、陪审员共同组成合议庭或者由审判员组成合议庭进行。

2004 年 8 月 28 日，第十届全国人民代表大会常务委员会第十一次会议通过了《全国人民代表大会常务委员会关于完善人民陪审员制度的决定》，这是我国历史上第一个关于陪审制度的专门规定。2014 年 10 月 23 日，党的十八届四中全会《决定》要求完善人民陪审员制度，保障公民陪审权利，逐步实行人民陪审员只参与事实审，不参与法律审。

2018 年 4 月 27 日，第十三届全国人民代表大会常务委员会第二次会议审议通过了《中华人民共和国人民陪审员法》。该法对人民陪审员的权利与义务、参与审判案件的范围，以及人民陪审员的任命程序与任职资格、培训、考核和奖惩等作出了明确规定。《人民陪审员法》的颁行，标志着我国人民陪审制度上升为国家立法层面的制度，是实现我国司法制度的人民性、保障人民群众依法有序参与司法、实现司法专业性与司法人民性相统一的重要制度。

此后，最高人民法院颁行了《关于适用〈中华人民共和国人民陪审员法〉若干问题的解释》，最高人民法院和司法部共同颁行了《人民陪审员培训、考核、奖惩工作办法》和《〈中华人民共和国人民陪审员法〉实施中若干问题的答复》。

二、陪审制度的主要内容

在民事诉讼中，我国陪审制度的具体落实是通过民事诉讼法规定的合议制度实现的，即陪审员通过参加法院组成的合议庭行使审判权。根据《人民陪审员法》第 15 条的规定，法院审判第一审民事案件，有下列情形之一的，由人民陪审员和法官组成合议庭进行：（1）涉及群体利益、公共利益的；（2）人民群众广泛关注或者其他社会影响较大的；（3）案情复杂或者有其他情形，需要由人民陪审员参加审判的。

根据《人民陪审员法》第 16 条的规定，法院审判下列第一审民事案件，由人民陪审员和法官组成 7 人合议庭进行：（1）根据《民事诉讼法》提起的公益诉讼案件；（2）涉及征地拆迁、生态环境保护、食品药品安全，社会影响重大的案件；（3）其他社会影响重大的案件。

除上述规定之外，根据《人民陪审员法》第 17 条的规定，第一审民事案件原告或者被告申请由人民陪审员参加合议庭审判的，法院可以决定由人民陪审员和法官组成合议庭审判。

人民陪审员不参加下列案件的审理：（1）依照《民事诉讼法》适用特别程序、督促程序、公示催告程序审理的案件；（2）申请承认外国法院离婚判决的案件；（3）裁定不予受理或者不需要开庭审理的案件。同时，人民陪审员不得参与审理由其以人民调解员身份先行调解的案件，法院不得安排人民陪审员参加案件执行工作。

确定人民陪审员后，法院应当将参审案件案由、当事人姓名或名称、开庭地点、开庭时间等事项告知参审的人民陪审员。必要时，法院可以将参加审判活动的时间、地点等事项书面通知人民陪审员所在单位。

在开庭前，法院应当将相关权利和义务告知人民陪审员，并为其阅卷提供便利条件。7 人合议庭开庭前，应区分事实认定问题与法律适用问题，制作事实认定问题清单，即根据不同类型纠纷的请求权、支配权或者形成权规范基础，归纳出当事人争议的要件事实并逐项列举，供人民陪审员在庭审时参考。

审判过程中，人民陪审员依法有权参加案件调查和调解。审判长应当履行与案件审判相关的指引、提示义务，但不得妨碍人民陪审员对案件的独立判断。庭审过程中，人民陪审员依法有权向诉讼参加人发问，

拓展阅读

保障人民群众参与司法

审判长应当提示人民陪审员围绕案件争议焦点进行发问。

根据《人民陪审员法》第 14、21、22、23 条的规定，人民陪审员和法官组成合议庭审判案件，由法官担任审判长，既可以组成 3 人合议庭，也可以组成 7 人合议庭。人民陪审员参加 3 人合议庭审判案件，对事实认定、法律适用独立发表意见，行使表决权。人民陪审员参加 7 人合议庭审判案件，对事实认定独立发表意见，并与法官共同表决；对法律适用，可以发表意见，但不参加表决。合议庭评议案件时，实行少数服从多数的原则。人民陪审员同合议庭其他组成人员意见有分歧的，应当将其意见写入笔录。合议庭组成人员意见有重大分歧的，人民陪审员或者法官可以要求合议庭将案件提请院长决定是否提交审判委员会讨论决定。人民陪审员与法官负同等义务。根据《人民陪审员法》第 3 条第 2 款和第 18 条的规定，人民陪审员的回避，适用审判人员回避的法律规定；人民陪审员参加审判活动，应当忠实履行审判职责，保守审判秘密，注重司法礼仪，维护司法形象。

第四节　回避制度

一、回避制度的概念

回避制度，是指在民事诉讼中，审判人员及其他有关人员遇有法律规定的回避情形时，应当退出该案审理活动的制度。

回避制度的确立是法官中立及案件公正审理的基本要求和制度保障。这一制度不仅可以使有应当回避情况的审判人员及其他有关人员退出本案的审理活动，而且可以消除当事人的某些顾虑，使民事诉讼程序能够公正合法地进行。因此在民事诉讼中，实行回避制度具有重要意义。

二、回避制度的内容

（一）回避的情形和人员

《民事诉讼法》第 47 条、《民诉法解释》第 43—45 条规定了回避的具体情形或具体理由。

审判人员有下列情形之一的，应当自行回避，当事人有权申请其回避：（1）是本案当事人或者当事人近亲属的；（2）本人或者其近亲属与本案有利害关系的；（3）担任过本案的证人、鉴定人、辩护人、诉讼代理人、翻译人员的；（4）是本案诉讼代理人近亲属的；（5）本人或者其近亲属持有本案非上市公司当事人的股份或者股权的；（6）与本案当事人或者诉讼代理人有其他利害关系，可能影响公正审理的。

审判人员有下列行为之一的，当事人有权申请其回避：（1）接受本案当事人及其受托人宴请，或者参加由其支付费用的活动的；（2）索取、接受本案当事人及其受托人财物或者其他利益的；（3）违反规定会见本案当事人、诉讼代理人的；（4）为本案当事人推荐、介绍诉讼代理人，或者为律师、其他人员介绍代理本案的；（5）向本案当事人及其受托人借用款物的；（6）有其他不正当行为，可能影响公正审理的。

此外，在一个审判程序中参与过本案审判工作的审判人员，不得再参与该案其他程序的审判。但是，发回重审的案件，在一审法院作出裁判后又进入第二审程序的除外。

回避的人员包括审判人员、书记员、执行员、翻译人员、鉴定人、勘验人、技术调查官等。其中，审判人员包括参与本案审理的法院院长、副院长、审判委员会委员、庭长、副庭长、审判员、助理审判员和人民陪审员。①

（二）回避的方式和程序

1. 回避的方式。根据《民事诉讼法》和《民诉法解释》的规定，回避的方式有：

（1）自行回避，即审判人员等遇有法定回避情形时，主动披露并退出本案的审理活动。

（2）申请回避，即当事人及其诉讼代理人认为审理案件的审判人员等具有应当回避的情形，向法院提出申请，要求他们退出本案的审理活动。

（3）责令回避，即审判人员等具有应当回避的情形，但没有自行回避，当事人也没有申请其回避，由院长或者审判委员会决定其退出本案的审理活动。

2. 回避的程序。根据《民事诉讼法》和《民诉法解释》的规定，在案件受理之后，法院应当通过案件受理通知书、应诉通知书、执行通知书明确告知当事人有申请回避的权利，并在规定的期限内告知当事人对合议庭组成人员、独任审判员和书记员等人员有申请回避的权利。另外，对没有委托律师、基层法律服务工作者代理诉讼的当事人，法院在庭审过程中可以对回避等相关内容向其作必要的解释或者说明。

（1）回避申请的提出。自行回避的，应当由审判人员、其他有关人员在知晓有回避原因后自动提出回避请求；当事人及其诉讼代理人申请回避的，应当在

---

① 回避的人员还包括检察人员。最高人民检察院《检察人员任职回避和公务回避暂行办法》第11条第2款规定："应当回避的检察人员，本人没有自行回避，当事人及其法定代理人也没有要求其回避的，检察长或者检察委员会应当决定其回避。"

案件开始审理时提出；回避事由在案件审理开始后才知道的，也可以在法庭辩论终结前向法院提出回避的申请。当事人提出回避申请，应当说明理由。

（2）审查和决定。法院对当事人提出的回避申请，应当在申请提出的 3 日内进行审查，以口头或者书面形式作出决定。院长担任审判长时的回避，由审判委员会决定；审判人员的回避，由院长决定；其他人员的回避，由审判长（或独任审判员）决定。被申请回避的人员在法院作出是否回避的决定前，应当暂停参与本案的工作，但案件需要采取紧急措施（如诉讼保全、证据保全等）的除外。

（3）复议。申请人对决定不服的，可以在接到决定时申请复议一次。法院对复议申请，应当在 3 日内作出复议决定并通知复议申请人。复议期间，被申请回避的人员不停止参与本案的审理工作。

（三）违反回避制度的后果

违反回避制度构成上诉和再审的法定理由。应当回避的审判人员在第一审程序中未回避的，第二审法院应当裁定撤销原裁判，发回原审法院重新审判。

《人民法院工作人员处分条例》第 30 条第 1 款规定："违反规定应当回避而不回避，造成不良后果的，给予警告、记过或者记大过处分；情节较重的，给予降级或者撤职处分；情节严重的，给予开除处分。"

第五节　公开审判制度

一、公开审判制度的概念

公开审判制度，是指法院审理民事案件的过程和裁判结果应当依法向社会公开的制度。公开审判是我国民事诉讼中一项重要的审判制度。

法院将案件的审判活动置于公众的监督之下，增强了审判活动的透明度，有助于促进和保障司法公正，防止司法腐败。在法庭上公开审理案件，能使旁听者更直观地了解案情全貌及审判的全过程，使大众媒体能对审判过程作全程报道，便于公民监督审判。因此，公开审判不仅能充分地显现审判的公正性，也有助于提升民事审判的公信力。

十八届四中全会《决定》明确提出"构建开放、动态、透明、便民的阳光司法机制"，对司法公开提出了如下更高要求：（1）开放，即司法中依法应当公开的信息都应当公开。（2）动态，即当事人可以通过网上办公平台与法院进行必要的互动交流。（3）透明，即可以公开的裁判结果和执行信息都应当上网公开。（4）便民，即普通民众参与、旁听案件审理，获取法院的公共信息将更加方便、快捷。①

二、公开审判制度的内容

根据《民事诉讼法》的规定，公开审判制度的具体内容包括：

1. 法院应当在案件开庭审理 3 日前公告当事人的姓名或名称、案由和开庭审理的时间、地点。

2. 开庭审理案件的过程向群众公开。在开庭审理期间，除法律规定不得公开的程序外，允许群众旁听案件的全部审理过程。

3. 开庭审理案件的过程对社会公开。允许新闻记者及媒体对案件的审理进行记录、录音、录像、摄影、转播庭审实况，并将案件审理情况向社会披露。

4. 宣判公开。对公开审理或不公开审理的案件一律公开宣告判决，不仅公开判决结果（即判决主文），还应公开作出判决的理由。

5. 公众查阅裁判书。公众可以查阅发生法律效力的判决书、裁定书，但涉及国家秘密、商业秘密②和个人隐私的除外。③

三、公开审判制度的例外

在通常情况下，无论是法院的开庭审理过程还是宣告裁判的过程，都应当公开进行，包括公开审理和公开宣判。但对某些特定类型的案件，《民事诉讼法》规定审理不公开，属于公开审判制度的例外。

（一）绝对不公开审理的案件

1. 涉及国家秘密的案件。此类案件因涉及国家秘密，为防止泄密，避免给国家利益造成损害，不公开审理。

2. 涉及个人隐私的案件。此类案件因涉及当事人的私人生活领域，为尊重和维护当事人的隐私权，避免对社会产生负面影响，不公开审理。

---

① 贺小荣：《依法治国背景下司法改革的路径选择》，《人民法院报》2014 年 10 月 31 日。

② 《民诉法解释》第 220 条规定："民事诉讼法第七十一条、第一百三十七条、第一百五十九条规定的商业秘密，是指生产工艺、配方、贸易联系、购销渠道等当事人不愿公开的技术秘密、商业情报及信息。"

③ 自然人、法人或者非法人组织应当以书面形式，向作出该生效裁判的法院提出申请，并提供具体的案号或者当事人姓名、名称（《民诉法解释》第 254 条）。根据《民诉法解释》第 255 条规定，对于申请，法院根据下列情形分别处理：（1）判决书、裁定书已经通过信息网络向社会公开的，应当引导申请人自行查阅；（2）判决书、裁定书未通过信息网络向社会公开，且申请符合要求的，应当及时提供便捷的查阅服务；（3）判决书、裁定书尚未发生法律效力，或者已失去法律效力的，不提供查阅服务并告知申请人；（4）发生法律效力的判决书、裁定书不是本院作出的，应当告知申请人向作出生效裁判的法院申请查阅；（5）申请查阅的内容涉及国家秘密、商业秘密、个人隐私的，不予准许并告知申请人。

（二）相对不公开审理的案件

法院在审理离婚案件和涉及商业秘密的案件时，当事人申请不公开审理的，可以不公开审理。这是因为，离婚案件往往涉及当事人情感生活的私密空间、伦理道德领域和公序良俗，而涉及商业秘密的案件通常关系到生产工艺、配方、贸易联系、购销渠道等技术秘密、商业情报及信息。

不公开审理的案件，其判决应当公开宣告，宣判时应当注意保护有关国家秘密、商业秘密、个人隐私。

根据《刑法》第308条之一，司法工作人员、辩护人、诉讼代理人或者其他诉讼参与人，泄露依法不公开审理的案件中不应当公开的信息，造成严重后果的，追究刑事责任。

第六节　两审终审制度

一、两审终审制度的概念

所谓"审级制度"，是指法律规定的审判机关在组织体系上的层级划分以及诉讼案件须经几级法院审判才告终结的制度。我国民事诉讼实行两审终审制度，即一个民事案件经过两级法院的审判就告终结的制度。由于我国法院共分四级，故又称四级两审制。

法院上下级关系具有非行政性，虽然上级法院有权依据法定程序改变下级法院的判决，但这只能理解为分工上的差异。设置不同审级的法院是为了给当事人解决纠纷提供一个纠误渠道，使法院判决更加审慎；同时，通过上诉审程序力求司法标准的统一性和对司法进行政策导向上的调整。

我国实行两审终审制度的理由主要是：我国地域辽阔，不少地方交通不便，如果对案件的审判实行三审终审，当事人和证人等势必因为诉讼长途往返，造成人力、财力上的浪费，也使当事人之间的权利义务关系长期处于不稳定状态，不利于民事流转和社会安定。因此，实行两审终审制符合我国的实际情况。

二、两审终审制度的内容

根据两审终审制，一件民事案件经过第一审法院审判后，当事人不服第一审法院裁判的，有权依法向上一级法院提起上诉引起第二审程序。第二审法院作出的裁判是终审裁判，当事人不得再行上诉。地方各级法院第一审判决的上诉期届满的，为生效判决，当事人对此判决不得提起上诉。

因此，我国审级程序包括第一审程序（初审程序）和第二审程序（上诉审程序），属于一件案件诉讼程序前后相继的两个阶段。再审程序不属审级程序。

另外，作为两审终审制的例外，《民事诉讼法》还规定了实行一审终审的案件，主要有：（1）最高人民法院一审的民事案件；（2）小额诉讼案件；（3）适用特别程序审理的案件、督促案件、公示催告案件。

三、完善审级制度

2021 年，中央全面深化改革委员会审议通过了《关于完善四级法院审级职能定位的改革方案》，将我国四级法院的审级职能定位为：基层法院重在准确查明事实、实质化解纠纷，中级法院重在二审有效终审、精准定分止争，高级法院重在再审依法纠错、统一裁判尺度，最高人民法院监督指导全国审判工作、确保法律正确统一适用。为落实四级法院审级职能定位改革目标，完善我国审级制度还应当考虑以下因素。

首先，审级制度的构建应当维护司法统一，保障司法正确性，实行各级法院职能分层。[1] 我国目前实行两审终审制，二审程序担负着实现上诉审程序的私益目的和公益目的的功能。在我国，很多情况下，二审法院是中级法院，级别较低，难以维护法律适用的统一。从这个意义上说，增设第三审作为"法律审"，以高级人民法院和最高人民法院为第三审法院，以统一法律适用，维护法治统一，还是有重大意义的。

其次，根据方便诉讼的宗旨，第一审民事案件多由基层法院管辖。为维护当事人上诉权或者审级利益，最高人民法院不应审判一审案件，而主要审判上诉案件，以充分发挥其统一法律适用和制定政策等功能。

最后，由于我国幅员辽阔，各地的发展水平参差不齐，而一省范围内在风土人情、发展水平等方面具有一定的均质性，所以应当加强高级人民法院在其本辖区内统一法律适用的职责，最高人民法院则应承担维护全国统一法律适用的职责。[2] 为此，最高人民法院颁行了《关于完善统一法律适用标准工作机制的意见》。

【复习要点】

（一）基本概念

合议制度　回避制度　公开审判制度　两审终审制度

---

[1] 参见傅郁林：《审级制度的建构原理——从民事程序视角的比较分析》，《中国社会科学》2002 年第 4 期。

[2] 参见邵明：《现代民事之诉与争讼程序法理——"诉·审·判"关系原理》，中国人民大学出版社 2018 年版，第 299 页。

（二）思考题

1. 分析合议庭活动规则的合理性。

2. 哪些因素决定人民陪审员享有的权利？

3. 有关回避的规定为什么是强行规范？

4. 分析公开审判制度在网络信息社会中的发展趋势。

▶ 自测习题及参考答案

请扫描二维码，进行随堂测试。

第五章　当事人与诉讼代理人

当事人是民事诉讼的主体，其行为对民事诉讼程序的发生、变更、消灭起关键作用。当事人有广义与狭义之分，当事人能力和当事人适格是两个不同的概念。诉讼代理人是依据法律规定或当事人的委托，以被代理人的名义进行诉讼活动的人。

第一节　当　事　人

一、当事人概述

（一）当事人的概念与特征

民事诉讼当事人，简称当事人，是指因民事权利义务发生争议，以自己的名义进行诉讼，要求法院行使民事审判权的人及其相对人。

当事人有狭义和广义之分。狭义的当事人专指原告和被告；广义的当事人包括原告、被告、共同诉讼人、诉讼代表人、第三人。若无特别说明，本书中的当事人均指狭义的当事人。

当事人在不同程序中有不同称谓：在第一审程序中称为原告和被告；在第二审程序中称为上诉人和被上诉人；在再审程序中，适用第一审程序再审的，称为原审原告和原审被告，适用第二审程序再审的，仍称为上诉人和被上诉人。

在通常诉讼程序之外的其他程序中，尽管不存在民事权利义务关系争议，但也有当事人，而且其称谓比较特殊。其中，在特别程序中一般称为申请人；在选民资格案件中称为起诉人；在督促程序、确认调解协议案件、实现担保物权案件中称为申请人和被申请人；在公示催告程序中称为申请人和利害关系人；在执行程序中称为申请执行人和被执行人。

当事人的不同称谓，表明其处于不同程序，以及因程序不同而具有不同的程序地位和诉讼权利义务。

当事人具有以下特征：

1. 以自己的名义进行诉讼，这是确定当事人的一个基本标准。衡量某人是否为当事人，首先要看他是否以自己的名义起诉或应诉，如果某人以他人的名义进行诉讼，则为诉讼代理人而不是当事人。

2. 民事权利义务发生争执是成为民事诉讼当事人的前提。就原告而言，只有与被告发生民事纠纷才会提起诉讼，寻求司法保护。就被告而言，也是基于同样的原因才应诉的。在一般情形下，当事人因自己的民事权益发生纠纷而进行诉讼，但在例外情况下，当事人也会因由其管理的民事权益发生纠纷而进行诉讼。

3. 能够引起民事诉讼程序发生、变更或消灭。这一特征表明了当事人民事诉讼主体的地位。只有当事人的诉讼行为才能够引起民事诉讼程序的发生、变更或消灭，当事人以外的人，虽然也以自己的名义参加诉讼，但其诉讼行为不能引起民事诉讼程序作上述变动。

就大多数情形而言，当事人是发生争执的民事法律关系的主体，其为了保护自身的权益参加诉讼，与案件审理结果有直接的利害关系，法院所作的判决、裁定、调解书对他们产生拘束力。但也有少数情形，当事人起诉或被诉，并非由于他们本身的民事权益发生了纠纷，而是因为其依据法律的规定对他人的民事权益负有照管、保护的职责。这类当事人虽然以自己的名义进行诉讼，目的却在于保护他人的民事权益。

（二）当事人概念的变迁

当事人的概念经历了从实体当事人到程序当事人的转变。

实体当事人是指从实体法的角度界定当事人。把当事人与发生争议的实体法律关系联系起来观察，要求当事人与本案诉讼标的有直接利害关系。

程序当事人是指完全从程序法的角度来界定当事人。按照这一标准，能否成为诉讼当事人，与实体权利义务状态无关，不必联系实体法律关系来确定。对原告来说，只要他向法院提出了权利主张，请求法院给予保护，便成为原告，即便原告并非发生争执的民事权利义务关系的主体，或者原告并不真正享有所主张的民事权利，也不妨碍其成为原告。对被告而言，只要是被提起诉讼，即为被告，即使法院查明应当由另一个人而不是该人向原告履行义务或承担责任，或者与原告发生争执的不是该人而是另一个人，也不妨碍该人作为当事人。

当事人应该是一个程序法上的概念，确定当事人的标准是看其是否以自己的名义提起诉讼或是否为被提起诉讼的一方。

（三）确定当事人的意义

在诉讼实务中，确定当事人十分重要，因为一系列的程序都同当事人有密切关系，如管辖、回避、诉讼费用的减免等。

在实践中，对于具体案件的当事人，通常是沿着下列思路进行分析的：首先，考察起诉者和被诉者是否具有作为当事人的资格，即有无诉讼权利能力；其次，把起诉者和被诉者与本案的争议联系起来，考察他们作为本案的当事人是否合适，即当事人是否适格；最后，如果作为本案当事人是适格的，就考察他们能否有效地实施诉讼行为，即有无诉讼行为能力。

二、民事诉讼权利能力与民事诉讼行为能力

（一）民事诉讼权利能力

民事诉讼权利能力，简称诉讼权利能力，又称当事人能力，是指能够成为民事诉讼当事人，享有民事诉讼权利和承担民事诉讼义务的法律上的资格。

要成为民事诉讼当事人，首先要具有诉讼权利能力。诉讼权利能力是抽象地作为诉讼当事人的资格，如同民事权利能力是指作为民事主体的资格一样，因而在分析是否具有诉讼权利能力时，无需把当事人与具体诉讼联系起来。

诉讼权利能力与民事权利能力有密切的关系。通常情况下，有民事权利能力的人，才具有诉讼权利能力。但是，特殊情况下，二者也可能不一致，没有民事权利能力的人，也可以具有诉讼权利能力，成为民事诉讼当事人。① 具有诉讼权利能力的人包括：

1. 自然人。自然人是主要民事主体之一，自然人在民事活动中与他人发生纠纷，可以作为原告起诉或被告应诉。自然人的民事权利能力始于出生，终于死亡，所以自然人的诉讼权利能力也从出生开始享有，到死亡时终止。除了我国公民外，自然人还包括外国人和无国籍人。

根据最高人民法院的司法解释，自然人作为诉讼当事人的情形还包括：

（1）以经营者身份作为当事人。即自然人为个体工商户时，个体工商户以营业执照上登记的经营者为当事人。

（2）以接受劳务一方作为当事人。提供劳务一方因劳务造成他人损害，受害人提起诉讼的，以接受劳务一方为被告。

（3）以直接责任人员为当事人。法人或其他组织应登记而未登记即以法人或其他组织名义进行民事活动，或者他人冒用法人、其他组织名义进行民事活动，或者法人或其他组织依法终止后仍以其名义进行民事活动的，以直接责任人员为当事人。

自然人作为当事人需要研究的情形主要有：

（1）胎儿。胎儿是否可以成为当事人，这一问题的答案取决于依据民事实体法的规定，胎儿是否具有民事权利能力。一些国家和地区的法律有条件地承认胎儿具有民事权利能力，因而也有条件地承认胎儿具有诉讼权利能力。② 根据我国《民法典》第 16 条规定，涉及遗产继承、接受赠与等胎儿利益保护的，胎儿视为

---

① 参见《中华人民共和国最高人民法院公报》2006 年第 6 期第 24 页中最高人民法院民事裁定书中的"裁判摘要"。

② 如《德国民法典》第 1923 条第 2 款规定，在继承开始时尚未出生但是已经孕育的胎儿，视为在继承开始之前已出生。

具有民事权利能力。但是，胎儿娩出时为死体的，其民事权利能力自始不存在。

（2）死者。自然人死亡后，其民事权利能力虽然消灭，不再具有民事主体资格，但某些具有人身性质的权利仍然有保护的必要，如死者遗体、遗骨，姓名、肖像、名誉、荣誉、隐私，以及著作权中的署名权、修改权、保护作品完整权等。由于自然人的民事权利能力终于死亡，死者不能再作为诉讼当事人，在需要提起诉讼时，实践中由死者的近亲属作为当事人。

2. 法人。法人也是民事诉讼中常见的当事人。我国的法人分为营利法人、非营利法人和特别法人，它们都可以作为诉讼当事人。法人的诉讼权利能力始于依法成立，到法人终止时消灭。

法人作为当事人需要注意以下问题：一是法人解散的，在依法清算并注销前，以该法人为当事人；未依法清算即被注销的，以该法人的股东、发起人或者出资人为当事人。二是法人被吊销营业执照的，不影响其当事人资格。

3. 非法人组织。非法人组织是民事诉讼中的第三类当事人，也是最为复杂的一类当事人，是指合法成立、有一定的组织机构和财产，但又不具备法人资格的组织。非法人组织的诉讼权利能力的开始和终止，与法人相同。非法人组织一般包括个人独资企业、合伙企业、不具有法人资格的专业服务机构等。

（二）民事诉讼行为能力

民事诉讼行为能力，简称诉讼行为能力，又称诉讼能力，是指当事人亲自进行诉讼活动，以自己的行为行使诉讼权利和承担诉讼义务的法律上的资格。

诉讼权利能力是成为诉讼当事人的资格，无此能力者，不得成为诉讼当事人。诉讼权利能力仅是实施诉讼行为的资格，因而有诉讼权利能力而无诉讼行为能力的人，可以成为当事人，但不能亲自进行诉讼，而要由法定代理人或者法定代理人委托的诉讼代理人代为诉讼。

自然人作为诉讼当事人时，才可能发生无诉讼行为能力问题，法人和非法人组织不存在无诉讼行为能力的问题。法人为当事人时，由其法定代表人进行诉讼。非法人组织为当事人时，由其主要负责人进行诉讼。

自然人的诉讼行为能力与民事行为能力有密切的联系，但二者的分类不尽相同。诉讼行为能力只存在有诉讼行为能力和无诉讼行为能力之分；民事行为能力则可分为完全民事行为能力、限制民事行为能力和无民事行为能力。在民事诉讼中，只有具有完全民事行为能力的自然人才具有诉讼行为能力，无民事行为能力和限制民事行为能力的自然人均无诉讼行为能力。

当事人具有诉讼行为能力是诉讼行为有效的必要条件。因此，无诉讼行为能力人实施的诉讼行为和针对无诉讼行为能力人实施的诉讼行为应属无效。

无诉讼行为能力人实施的诉讼行为可以因法定代理人的追认而补正，也可以因本人取得诉讼行为能力后的追认而补正。

三、当事人适格

(一) 当事人适格的概念

当事人适格，是指在具体的诉讼中，作为本案当事人起诉或应诉的资格。适格的当事人，又称为正当当事人。[1]

当事人适格与诉讼权利能力不同。诉讼权利能力是抽象的作为诉讼当事人的资格，它与具体的诉讼无关；当事人适格则不同，它是针对具体诉讼而言的，所要解决的是有诉讼权利能力的人在特定的诉讼中能否作为本案的当事人。

判断当事人适格与否，需将起诉人与所提起的诉讼联系起来分析，需看当事人与特定诉讼的诉讼标的之间的关系。民事主体欲成为适格当事人，必须与诉讼标的有直接联系。例如甲与乙是夫妻，甲经常对乙实施家庭暴力，乙的朋友丙向法院提起诉讼，请求法院解除甲与乙的婚姻关系。在本例中，丙尽管具有诉讼权利能力，但作为本案的当事人就不适格。

当事人适格是诉讼合法进行的必要条件，是重要的程序事项。为了保证诉讼合法地、有意义地进行，法院在程序进行中应当始终关注这一问题，如对此有疑问，法院应依职权查明。法院在审查起诉时发现当事人不适格的，应裁定不予受理；受理后才发现原告并非适格当事人的，则裁定驳回起诉。

(二) 衡量当事人是否适格的标准

国家设置民事诉讼的目的，是通过法院的裁判解决当事人之间民事权益的纠纷，当事人也是因为民事实体法上的权利义务关系发生了争议，才通过诉讼方式寻求解决。所以，在通常情况下，应当以当事人是否发生争议的民事法律关系（本案的诉讼标的）的主体，作为判断当事人适格与否的标准。根据这一标准，凡民事权利或民事法律关系的主体，以该权利或法律关系为诉讼标的进行诉讼的，都是适格的当事人。

但是在以下情形下，非民事权利主体或非民事法律关系主体也可以成为适格的当事人：（1）对他人的权利或法律关系依法享有管理权的人，如遗产管理人、遗嘱执行人、破产管理人。（2）为保护死者权益而提起诉讼的死者的近亲属。（3）确认之诉中对诉讼标的有确认利益的人。在消极的确认之诉中，原告要求法院确认他与被告之间不存在某种法律关系，因此，要求原告和被告是发生争执的

---

[1] 以往我国民事诉讼理论虽未使用当事人适格的概念，未区分诉讼权利能力与具体诉讼中当事人的资格，但各民事诉讼法教科书关于当事人概念与特征的阐述，实际上指的是适格的当事人。最高人民法院司法解释中对原告和被告作出规定时，所指的实际上也是适格的当事人。

法律关系的主体是与这种诉讼的性质相悖的。原告只需就诉讼标的有确认的利益，就可以成为适格的当事人；而被告只要与原告对作为诉讼标的的法律关系有争执，就能够成为适格的被告。（4）公益诉讼中的原告。（5）证券纠纷代表人诉讼中的投资者保护机构。

四、公益诉讼当事人适格的特别规定

公益诉讼，是指为了维护社会公共利益而提起的民事诉讼。与涉及私人利益的诉讼不同，在公益诉讼中，被告实施的违法行为并未直接造成原告财产权或人身权的损害，而是对不特定多数人的利益造成了损害。按照一般民事诉讼中当事人适格的标准，原告需要同案件有直接利害关系。但公益诉讼中的原告恰恰是自身的权益并未受到侵害，提起诉讼的目的也不是维护自身的利益。因而在公益诉讼中，需要突破原有的当事人适格的标准，允许并无直接利害关系的原告作为当事人。

2012 年修正《民事诉讼法》后，立法机关对公益诉讼作出了规定："对污染环境、侵害众多消费者合法权益等损害社会公共利益的行为，法律规定的机关和有关组织可以向人民法院提起诉讼。"该条文一方面界定了公益诉讼的范围，另一方面对有权提起公益诉讼的主体作出了规定。"法律规定的机关"意味着国家机关须经法律授权才能够提起公益诉讼。《民事诉讼法》修正之时，得到法律授权的只有海洋环境监管部门。2013 年 10 月 25 日，全国人大常委会通过了《关于修改〈中华人民共和国消费者权益保护法〉的决定》，授权中国消费者协会以及在省、自治区、直辖市设立的消费者协会，对侵害众多消费者合法权益的行为，向法院提起诉讼。我国 2014 年修订的《环境保护法》规定，对污染环境、破坏生态，损害公共利益的行为，符合下列条件的组织可以向法院提起诉讼：（1）依法在设区的市级以上人民政府民政部门登记；（2）专门从事环境保护公益活动连续 5 年以上且无违法记录。《民事诉讼法》修正后，已有国家机关和社会组织提起环境公益诉讼的案例。[①] 2017 年 6 月 27 日，十二届全国人大常委会第二十八次会议通过《关于修改〈中华人民共和国民事诉讼法〉和〈中华人民共和国行政诉讼法〉的决定》，明确检察院也可以提起公益诉讼。

五、当事人的诉讼权利和诉讼义务

我国民事诉讼法赋予了当事人广泛的诉讼权利，同时也为当事人设定了一定

[①] 参见《上海市松江区叶榭镇人民政府诉蒋荣祥等水污染责任纠纷案》，《中华人民共和国最高人民法院公报》2014 年第 4 期，第 44 页以下；《泰州市环保联合会诉江苏常隆农化有限公司等环境污染责任纠纷案》，参见《2014 年度 10 大民事案件》，《人民法院报》2015 年 1 月 7 日。

的诉讼义务。当事人应当依法行使诉讼权利并履行相应的诉讼义务,法院应当保障双方当事人充分行使其诉讼权利,督促双方当事人履行诉讼义务。当事人行使诉讼权利和履行诉讼义务,还应当遵循诚信原则。

当事人享有的诉讼权利主要有:(1)提起诉讼与抗辩、反诉;(2)委托诉讼代理人;(3)申请回避;(4)申请财产保全、行为保全、证据保全;(5)申请先予执行;(6)收集(包括请求法院调查收集证据)和提供证据;(7)进行陈述、质证和辩论;(8)查阅、复制本案有关材料;(9)请求裁判和选择调解;(10)自行和解与撤回诉讼;(11)提起上诉;(12)申请再审;(13)申请强制执行。

当事人应当履行的诉讼义务主要是:(1)遵循诚信原则,不得滥用诉讼权利;(2)遵守诉讼秩序;(3)履行生效的法律文书。

第二节   共 同 诉 讼

一、共同诉讼概述

(一)共同诉讼的概念与特征

共同诉讼是指当事人一方或双方为二人以上(包括二人)的诉讼。与原、被告均为一人的诉讼相比,共同诉讼具有下列特征:

1. 当事人一方或双方为二人以上。这一特征给共同诉讼带来了一系列独特的问题,如共同诉讼人中一人未参加诉讼,当事人是否适格,各当事人诉讼行为的关系如何等。

2. 多数当事人在同一诉讼程序中进行诉讼。只要多数当事人在同一诉讼程序中进行诉讼,就能够构成共同诉讼,即使多数当事人在同一诉讼程序中相互独立地各自实施诉讼行为,也不妨碍共同诉讼的成立。

(二)共同诉讼制度的功能

依据共同诉讼人与诉讼标的关系的不同,共同诉讼可分为两类——必要共同诉讼与普通共同诉讼。

必要共同诉讼制度的作用,一方面在于防止法院作出相互矛盾的裁判;另一方面在于实现诉讼经济。必要共同诉讼是不可分之诉,法院需要在判决中统一确定多数当事人的权利或义务关系,若让当事人分开来进行诉讼,不仅会造成诉讼的不经济,而且可能造成裁判的不一致。普通共同诉讼的作用在于节约诉讼的时间和费用,这类共同诉讼原本可以单独进行,将单独提起的诉讼合并审理,是出于诉讼经济的考虑。

二、必要共同诉讼

（一）必要共同诉讼的概念与特征

必要共同诉讼，是指当事人一方或者双方为二人以上，诉讼标的是共同的，法院必须合并审理并在裁判中对诉讼标的合一确定的诉讼。其特征为：

1. 当事人一方或双方为二人以上的多数当事人。在民事诉讼理论中，原告为二人以上的称为"积极的共同诉讼"，被告为二人以上的称为"消极的共同诉讼"，原、被告均为二人以上的称为"混合的共同诉讼"。

2. 多数当事人与对方当事人之间的诉讼标的是共同的。正是由于与对方当事人之间的诉讼标的是共同的，多数当事人才需要或者必须一同起诉或应诉，法院才有必要追加未一同起诉或应诉的人作为当事人。

3. 法院必须合并审理多数当事人的诉讼，并在裁判中合一确定诉讼标的，对多数当事人的权利义务作出内容相同的裁判。这一特征是由诉讼标的共同性决定的。

以上三个特征既是必要共同诉讼的特征，也是构成必要共同诉讼的条件。

（二）必要共同诉讼产生的原因

1. 共同诉讼人对诉讼标的有共同的权利或义务。多数当事人对诉讼标的是否具有共同的权利或义务关系，取决于当事人之间是否存在一定的民事法律关系。在诉讼实务中，不少当事人原先就有某种民事法律关系，如共同共有人对共有财产有共同的权利和义务关系，合伙人对合伙的债权、债务有共同的权利和义务关系。

2. 基于同一事实或法律上的原因，共同诉讼人产生共同的权利或义务。这种类型的共同诉讼是指多数当事人之间原来并不存在共同的权利或义务关系，只是由于后来发生了同一事实或基于法律上的原因，才产生了共同的权利或义务。因共同侵权引起的诉讼是这类共同诉讼的典型形态。当数人共同致人损害，受害人起诉要求赔偿时，数个加害人均负有赔偿义务，应当作为共同被告参加诉讼。

（三）必要共同诉讼的类型

必要共同诉讼，依当事人适格情形的不同，可区分为以下两类：

1. 固有必要共同诉讼，是指因诉讼标的须对全体共同诉讼人合一确定，全体共同诉讼人必须一同起诉或被诉，当事人才适格的诉讼。固有必要共同诉讼有三种类型：（1）实体法上的处分权或管理权须由全体权利人共同行使。当依据民事实体法的规定，对诉讼标的的处分权或管理权须由全体权利人共同行使方为合法时，在诉讼中，须由全体权利人为原告或被告。（2）实体法上的形成权须由全体权利人共同行使或对数人共同行使。如近亲属依据我国《民法典》第 1051 条请求法院宣告婚姻无效的，以夫妻双方为共同被告，当事人才适格；养父母或成年养子女以诉讼方式解除收养关系时，养父母作为共同原告或共同被告，当事人才适格。（3）其他类型固有必要共同诉讼。如企业法人分立，因分立前的民事活动发生纠纷的，以分立后的企业为共同诉讼人；无民事行为能力人、限制民事行为能力人造成他人损害的，无民事行为能力人、限制行为能力人和监护人为共同被告；等等。①

2. 类似必要共同诉讼，是指数人对诉讼标的既可以选择共同起诉，也可以选择单独起诉，如果选择共同起诉，法院对诉讼标的须合一确定，不允许对各共同诉讼人分别裁判。它与固有必要共同诉讼的区别在于即使数人选择分别起诉，也不发生当事人不适格的问题。

这类共同诉讼的典型是因连带之债引起的诉讼。在连带债权中，数个债权人均可要求债务人履行义务，而在连带债务中，债权人可以要求部分或者全体债务人履行全部清偿义务。因而在连带之债引起的诉讼中，既可以由一个债权人提起诉讼，也可以由全体债权人共同提起诉讼，债权人既可以向部分债务人起诉请求清偿，也可以向全体债务人起诉请求清偿。无论哪一种情形，当事人都是适格的。但是，若债权人选择了全体共同起诉或选择向全体债务人提起诉讼，法院裁判对诉讼标的便需合一确定。

（四）必要共同诉讼人的追加

固有必要共同诉讼是不可分之诉，因此，只有全体共同诉讼人一同起诉或应诉，当事人才适格，法院才能够以同一判决合一确定当事人的权利和义务。但在诉讼实务中，存在着只有部分共同诉讼人起诉或应诉的情况。如在继承遗产的诉讼中，只有部分继承人起诉；在共同共有财产致人损害中，原告只起诉部分共有人。此时就需要追加当事人。追加当事人可以由法院依职权追加，也可以根据参加诉讼的当事人的申请追加。法院受理诉讼时，发现只有部分必要共同诉讼人起诉或应诉的，应当依职权通知未参加诉讼的共同诉讼人参加诉讼。但在遗产继承的诉讼中，对已经明确表示放弃实体权利的原告，可不予追加。参加诉讼的共同诉讼人也可以向法院申请追加当事人，对当事人的申请，法院审查后认为有理由的，应同意追加。法院追加共同诉讼当事人时，应当通知其他当事人。

法院通知未参加诉讼的共同诉讼人参加诉讼，被通知的共同诉讼人不愿意参加诉讼的，法院应区分被通知人是原告还是被告，分别作出处理：被通知的原告既不愿参加诉讼，又不放弃实体权利的，仍追加为共同原告，其不参加诉讼，不影响法院对案件的审理和判决；被通知的被告不愿参加诉讼的，不影响法院对案

---

① 参见《民诉法解释》第63条、第67条，该司法解释还在第59条、第65条、第70条、第71条、第72条对共同诉讼人作了规定。

件的审理和裁判，法院所作出的裁判，对未参加诉讼的被告亦有拘束力。

（五）必要共同诉讼人的内部关系

我国民事诉讼法采用承认原则来处理共同诉讼人相互之间的关系，即依共同诉讼人中一人的行为是否为其他共同诉讼人所承认来确定其效力：其中一人的诉讼行为经其他共同诉讼人承认后，对其他共同诉讼人发生效力。采用承认原则的理由是每一共同诉讼人都是独立的诉讼主体，都有权独立实施诉讼行为。承认原则也存在例外情形：共同诉讼人之一发生诉讼中止、延期审理事由的，整个诉讼都应当中止审理或者延期审理；共同诉讼人之一不服一审判决提出上诉的，不论未提起上诉的其他共同诉讼人是否承认上诉行为，上诉的效力都及于全体共同诉讼人。

三、普通共同诉讼

（一）普通共同诉讼的概念与特征

普通共同诉讼，是指当事人一方或者双方为二人以上，其诉讼标的是同一种类，法院认为可以合并审理，当事人也同意合并审理的诉讼。其特征包括：

1. 诉讼标的是同一种类。这是普通共同诉讼与必要共同诉讼最主要的区别，也是普通共同诉讼的基本特征。如某物业管理公司将拖欠物业管理费的甲、乙、丙三位业主诉至法院；再如丙开车将甲、乙、丁三人撞伤，三名受害人分别起诉丙请求赔偿。

2. 把数个诉讼标的合并审理。普通共同诉讼是将数个同种类的诉讼标的合并在一起审理，因而这类共同诉讼必然会有数个诉讼标的。所以，普通共同诉讼既是当事人的合并，又是诉讼标的的合并。这与必要共同诉讼虽有数个当事人，但只有一个诉讼标的的不同。

3. 普通共同诉讼是可分之诉。普通共同诉讼是由数个同一种类的诉讼标的合成的，如果法院决定不合并，它们便是各自独立的诉。法院决定合并后，如果有必要，仍然可以将其分开审理。这也区别于必要共同诉讼，必要共同诉讼实质上是一个诉、数个当事人，因而无法将其分开审理。

4. 法院需分别作出判决。在普通的共同诉讼中，审理虽然合并进行，但判决需要对各当事人分别作出，有几位共同诉讼人，就要作几份判决。而在必要共同诉讼中，法院只需要针对全体共同诉讼人作一份判决。

（二）普通共同诉讼的构成要件

构成普通共同诉讼，必须具备下列条件：（1）两个以上的当事人就同一种类诉讼标的的案件在同一法院起诉或者应诉；（2）属于同一法院管辖，适用同一诉讼程序；（3）法院认为合并审理符合共同诉讼的目的和条件；（4）各方当事人都同意合并审理。

(三) 普通共同诉讼人之间的关系

在普通共同诉讼中，由于各个诉是独立的，每个共同诉讼人的诉讼地位也是独立的，他们虽然被合并在一个程序中进行诉讼，但实质上仍是各自进行诉讼，其中一人的诉讼行为对其他共同诉讼人不发生效力。由于各个共同诉讼人的诉讼行为是独立的，所以每个人实施的诉讼行为，无论是有利的还是不利的，均只对本人产生效力，不会影响到其他共同诉讼人。

第三节 诉讼代表人

一、诉讼代表人概述

(一) 诉讼代表人的概念与性质

诉讼代表人，是指共同诉讼中，人数众多的一方当事人推选出来的代表该方当事人进行诉讼的人。由代表人进行的诉讼，称为代表人诉讼。根据起诉时人数是否确定，我国《民事诉讼法》把代表人诉讼分为人数确定的代表人诉讼和人数不确定的代表人诉讼。

我国的诉讼代表人制度是在吸收共同诉讼制度和诉讼代理制度的优点、结合二者长处的基础上建立的一项新制度。该项制度既有自己的独特属性，又有与共同诉讼制度和诉讼代理制度相同的属性。

诉讼代表人具有双重身份：既是诉讼当事人，又是代表人。这是诉讼代表人的显著特征。由于诉讼代表人本人也是当事人，所以他们同诉讼结果、同被代表的当事人具有共同的利害关系，这就决定了诉讼代表人在保护全体当事人共同利益的同时，也保护了自身的合法利益，同时也决定了诉讼后果要由诉讼代表人和被代表的当事人共同承担。

(二) 诉讼代表人制度的作用

1. 能够有效地处理群体纠纷。在现代社会中，群体纠纷日益增多，代表人诉讼正是为了适应解决群体性和大型化纠纷的需要而产生的。

2. 有利于简化诉讼程序，实现诉讼经济。通过代表人诉讼，既可以将原来需要分别提起的各个诉讼合并到一个程序中审理，收到简化诉讼程序的效果，又可以防止法院作出互相矛盾的裁判。

二、代表人诉讼的种类

(一) 人数确定的代表人诉讼

人数确定的代表人诉讼，是指起诉时人数已确定的众多的共同诉讼人推选出诉讼代表人后，由诉讼代表人代表全体共同诉讼人进行的诉讼。

构成人数确定的代表人诉讼，须符合以下条件：（1）当事人一方人数众多。人数众多才有必要推选代表人，众多一般指10人以上。（2）起诉时当事人人数已经确定。这是这类代表人诉讼与人数不确定的代表人诉讼的主要区别。（3）众多当事人之间具有共同的或同一种类的诉讼标的。（4）当事人推选出若干代表人。可以由全体当事人推选共同的代表人，也可以由部分当事人推选自己的代表人。推选不出代表人的当事人，在必要的共同诉讼中可以自己进行诉讼，在普通共同诉讼中可以另行起诉。

（二）人数不确定的代表人诉讼

人数不确定的代表人诉讼，是指由人数不确定的共同诉讼人通过推选等方式产生代表人，由代表人以全体共同诉讼人的名义进行的诉讼。

构成这类代表人诉讼须具备下列条件：（1）当事人一方人数众多且具体人数在起诉时尚未确定。这类诉讼通常是同一种侵权行为或同一类合同引起的诉讼，涉及的当事人多，分布地域广，如上市公司虚假陈述引起的诉讼，出售不合格的食品、药品引起的诉讼。（2）诉讼标的为同一种类。即多数当事人之间没有共同的权利或义务关系，不存在共同的诉讼标的，但各当事人的诉讼标的属同一种类。（3）推选出诉讼代表人。代表人从包括起诉人在内的参加登记的权利人中产生。产生的方式有三种：一是选定，即由向法院登记的权利人选出诉讼代表人；二是商定，即在权利人推选不出代表人时，由法院与参加登记的权利人通过协商方式产生代表人；三是指定，即在协商不成的情况下，由法院在参加登记的权利人中指定代表人。

三、诉讼代表人的资格与权限

（一）诉讼代表人的资格与人数

担任诉讼代表人，须具备以下条件：

1. 是本案的共同诉讼人。无论是人数确定的代表人诉讼，还是人数不确定的代表人诉讼，代表人均须从参加本案共同诉讼的当事人中产生，不是本案当事人的人不得作为代表人。

2. 具有一定的诉讼能力。代表人具备相应的法律知识，有一定的陈述、举证、质证、辩论能力，才能胜任，从而代表全体当事人进行诉讼。

3. 愿意担任诉讼代表人。被推选者除了有诉讼能力外，还要愿意为全体当事人进行诉讼。

诉讼代表人的人数不可过多也不宜太少，根据《民诉法解释》第78条的规定，当事人可以推选2—5名诉讼代表人，每位代表人可以委托1—2人作为诉讼代理人。

（二）诉讼代表人的权限

代表人在诉讼中的权限相当于未被授权处分实体权利的诉讼代理人。代表人确定后，被代表的当事人就不再参加诉讼。代表人在诉讼中实施诉讼行为或接受诉讼行为，对全体当事人产生法律效力，但在处分被代表的当事人的实体权利时，如变更、放弃诉讼请求或者承认对方当事人的诉讼请求、撤回诉讼、与对方当事人达成和解或调解协议等，则必须取得被代表的当事人同意（《民事诉讼法》第57条第3款）。对代表人的权利作上述限制，目的在于防止代表人滥用诉讼权利，保护被代表的当事人的权益。

（三）诉讼代表人的更换

代表人产生后，一般可以作为代表人进行诉讼至诉讼终结，但如出现以下特殊情况，则需更换代表人：代表人死亡或丧失诉讼行为能力；代表人不尽职责或与对方当事人恶意通谋，损害被代表人利益等。需要更换代表人的，法院应裁定中止诉讼，然后由法院召集全体当事人，以推选、协商等方式重新确定诉讼代表人，新的代表人产生后，再恢复诉讼。

四、关于人数不确定代表人诉讼的特殊程序

与人数确定的代表人诉讼相比，《民事诉讼法》对人数不确定代表人诉讼有一系列特殊的程序规定。

（一）公告

法院在受理案件后应发出公告，在公告中说明案件情况和诉讼请求，通知尚未起诉的权利人在规定期间来法院登记。公告的方式包括在报纸、电视等媒体上发布，在当事人所在地区张贴等。公告的期限由法院视具体情况决定，但不得少于30日。

（二）登记

在公告期内，与已提起的诉讼具有同种类法律上利益的人可以去法院办理登记，表明愿意作为当事人参与诉讼。权利人向法院登记时，应证明自己与对方当事人的法律关系和所受到的损失，证明不了的，不予登记。权利人未在公告期内登记或者虽去登记但因未提供相应证明而被拒绝登记的，实体权利并不受影响，可以另行提起诉讼。

（三）裁判

法院对人数不确定的代表人诉讼作出裁判后，裁判的拘束力仅及于参加登记的全体权利人，对未登记的权利人无拘束力。但是，未登记的权利人在诉讼时效期限内提起诉讼，法院认定其请求成立的，应裁定直接适用对代表人诉讼已作出

的裁判。直接适用已作出的裁判，既有利于实现诉讼经济，又可以防止裁判相抵触。

五、证券纠纷代表人诉讼

证券纠纷代表人诉讼是根据《民事诉讼法》第 56 条、第 57 条和《证券法》第 95 条的规定，由诉讼代表人代表投资者对上市公司提起的诉讼。为了规范此类诉讼的程序运行，最高人民法院于 2020 年 7 月发布了《关于证券纠纷代表人诉讼若干问题的规定》（以下简称《证券代表人诉讼规定》）。

（一）证券纠纷代表人诉讼的种类

证券纠纷代表人诉讼是指由证券市场虚假陈述、内幕交易、操纵市场等行为引发的代表人诉讼。它分为普通代表人诉讼和特别代表人诉讼两种类型。前者除了纠纷的类型不同外，与一般的代表人诉讼并无多大区别，基本上可以适用民事诉讼法关于代表人诉讼的规则。后者指投资者保护机构受 50 名以上投资者委托，作为代表人向法院提起的诉讼。

（二）两类证券纠纷代表人诉讼的区别

两者的区别主要表现在两个方面：（1）普通代表人诉讼中的代表人首先是当事人，其次才是代表人；特别代表人诉讼中的代表人不是受到损害的投资者，与本案的诉讼标的不具有直接的利害关系。（2）普通代表人诉讼实行声明加入制，须作出同意加入诉讼的明确表示后才能成为当事人；特别代表人诉讼则实行声明退出制，只有作出不愿意加入诉讼的明确表示后才能避免成为当事人。就此而言，特别代表人诉讼与美国的集团诉讼具有较大的相似性。为了区别于集团诉讼，这类诉讼在我国被称为"集体诉讼"。

（三）特别代表人诉讼的特殊程序规则

1. 确定当事人范围时适用声明退出的规则。一般的证券代表人诉讼，实行声明加入的规则，即权利人只有在法院确定的公告期内登记后才能成为代表人诉讼的原告。特别代表人诉讼实行声明退出的规则，投资者保护机构受 50 名以上投资者委托提起诉讼后，除非其他投资者不愿意参加该代表人诉讼、作出不参加诉讼的明确表示，便依法取得了代表该纠纷中未进行委托的投资者进行诉讼的权利。不愿意参加诉讼的投资者，应当在法院发出的权利登记公告期间届满后 15 日内向法院作出退出诉讼的声明，否则便视为同意参加诉讼，成为该诉讼的当事人。

2. 享有某些诉讼费交纳方面的优惠措施。依据《证券代表人诉讼规定》，由投资者保护机构提起的此类诉讼不需要预交案件受理费；申请诉讼保全的，法院

可以不要求提供担保；在败诉时，还可以向法院申请免交或者减交诉讼费，是否同意，由法院审查后决定。规定上述优惠措施，目的在于鼓励投资者保护机构提起此类诉讼。

第四节　第　三　人

一、第三人概述

（一）第三人的概念

民事诉讼中的第三人，是指对当事人双方的诉讼标的认为有独立的请求权，以提起诉讼方式参加诉讼的人；或者虽然没有独立请求权，但同案件处理结果有法律上的利害关系，而参加他人正在进行的诉讼的人。

（二）第三人的特征

1. 参加他人正在进行的诉讼。第三人是相对于本诉讼的双方当事人而言的。相对于本诉讼的原告和被告，参加诉讼的当事人为第三人。

2. 与正在进行的诉讼有法律上的利害关系。这种利害关系有两种情形：一种是原、被告争执的诉讼标的侵害了第三人的民事权益；另一种是法院对诉讼的处理结果可能影响到第三人与一方诉讼当事人的法律关系，给第三人带来不利的影响。利害关系的存在，是第三人参加诉讼的前提与依据。

3. 在诉讼中具有独立的地位。第三人参加诉讼后，具有独立的诉讼地位，他们或者作为第三方当事人，与本诉讼的双方当事人进行诉讼，或者加入其中一方当事人，辅助该当事人与另一方当事人进行诉讼。即使辅助一方当事人进行诉讼，其目的也是维护自身的利益，其诉讼行为具有相当的独立性。

（三）第三人制度的作用

1. 有利于维护利害关系人的合法权益。当事人之间的诉讼涉及案外第三人的民事权益，影响到第三人民事权利义务时，让第三人参加诉讼程序，使之有机会向法庭提出主张和陈述意见，从程序公正和程序保障的要求来说，是必要的。

2. 有利于防止法院作出互相矛盾的裁判。在当事人之间的诉讼标的涉及案外人的权益时，如果不让案外人作为第三人参加诉讼，而是在处理完当事人之间的诉讼后再来审理当事人与案外人之间的纠纷，法院有可能作出内容相冲突的裁判。在案外人对诉讼标的提出独立的诉讼请求时尤其如此。

3. 有利于实现诉讼经济。第三人制度能够使两个相互牵连的纠纷通过一次诉讼得到解决，避免了分别进行诉讼造成的低效率和不经济。

二、有独立请求权第三人

有独立请求权第三人，是指对他人之间的诉讼标的主张独立的请求权，而参加到原、被告正在进行的诉讼中的人。

（一）有独立请求权第三人参加诉讼的条件

作为有独立请求权第三人参加诉讼，必须符合下列条件：

1. 对本诉原、被告争议的诉讼标的主张独立的请求权。这是指第三人对本诉的诉讼标的提出实体权利主张，请求法院将原、被告争执的民事权益判归自己所有。第三人主张的独立请求权既可以是全部的实体权利，也可以是部分实体权利。

2. 本诉讼正在进行。第三人参加诉讼的时间需在法院受理诉讼后、作出裁判前。第三人一般应在第一审程序中参加诉讼。作为例外，法院也可以允许第三人直接在第二审程序中参加诉讼，但考虑到两审终审的要求和当事人审级上的利益，第三人参加的诉讼经调解达不成协议的，二审法院应撤销一审判决，发回重审。

3. 以提起诉讼的方式参加。第三人因对本诉讼的双方当事人有独立的诉讼请求，提出了与诉讼标的有紧密关联的新的诉，故是以起诉方式参加诉讼。第三人提起的诉讼必须符合起诉和受理条件，审理本诉讼的法院才能够受理。

（二）有独立请求权第三人的诉讼地位

有独立请求权第三人在诉讼中具有相当于原告的诉讼地位。有独立请求权第三人对本诉讼当事人争执的诉讼标的提出了独立的诉讼请求，既反对本诉讼原告的主张，又反对被告的主张，因而将本诉讼中的原、被告置于被告的地位。

有独立请求权第三人虽然在提起诉讼时将本诉讼的双方当事人均作为被告，但在参加之诉中，居于被告地位的本诉讼的原告与被告并非共同诉讼人，因为他们对诉讼标的具有对立的而不是共同的利害关系。

三、无独立请求权第三人

（一）无独立请求权第三人的类型

无独立请求权第三人，是指因正在进行的诉讼的裁判结果与其具有法律上的利害关系而参加诉讼的人。具体又分为以下两种：

1. 辅助型第三人。这是指与案件处理结果有法律上的利害关系而参加诉讼的人。在辅助型第三人中，第三人参加一方进行诉讼，其地位不是主当事人，而是从参加人，是辅助一方当事人进行诉讼的人。

2. 被告型第三人。这是指因自己与本案被告存在一定的法律关系，参加被告一方进行诉讼，并最终可能被法院判决对原告承担责任的人。这类第三人之所以存在，是因为我国民事诉讼法允许法院直接判决第三人承担民事责任。

（二）无独立请求权第三人参加诉讼的条件

1. 与案件处理结果有法律上的利害关系。第三人同他人之间的诉讼结果有法律上的利害关系，通常是由于第三人与一方当事人之间存在着某种法律关系，而该法律关系又与发生争议的法律关系有密切的联系，法院对后一法律关系的裁判，直接影响到前一法律关系中双方当事人的权利义务。第三人与案件处理结果具有的法律上利害关系，包括两种类型：（1）义务型关系，即被告败诉后会向第三人请求赔偿或返还。如甲购买乙厂生产的汽车后，发现发动机存在问题，起诉乙厂要求退货，而该发动机是丙厂生产的。（2）权利型关系，即一方当事人败诉会使第三人失去所享有的某种权利。如在代位权诉讼中，债权人甲起诉次债务人丙，要求丙直接向其履行债务，丙的债权人乙（甲的债务人）应作为第三人参加诉讼。审判实务中最常见的是义务型关系。第三人一般是为避免被告败诉后向自己追偿，才参加被告一方进行诉讼的。

2. 他人之间的诉讼正在进行。第三人参加诉讼的时间须在法院受理诉讼后、作出裁判前，一般也应在第一审程序中参加诉讼。这与有独立请求权第三人相同。

3. 申请参加诉讼或由法院通知参加诉讼。前者为第三人为维护其权益主动申请参加，后者是经法院通知后参加。当事人知道诉讼结果影响到第三人利益时，应当进行诉讼告知，及时通知第三人，使其有参加诉讼的机会。

（三）无独立请求权第三人的诉讼地位

无独立请求权第三人无论参加原告一方进行诉讼，还是参加被告一方进行诉讼，都不具有与当事人完全相同的诉讼地位。

无独立请求权第三人的诉讼地位既有从属性的一面，又有独立性的一面。一方面，无独立请求权第三人参加一方当事人进行诉讼，参加诉讼的目的是帮助该方当事人赢得诉讼，因而不得实施与参加目的和参加人诉讼地位相悖的诉讼行为，如不得对管辖权提出异议，不得承认对方当事人的诉讼请求，不得在被参加一方反对的情况下申请调解，不得对裁判提起上诉。但另一方面，无独立请求权第三人作为广义的当事人，又享有一些独立的诉讼权利，如有权委托代理人进行诉讼，有权向法庭陈述自己的意见，有权提供证据并参加质证活动，有权参加法庭辩论等。此外，被法院判决承担民事责任的第三人，有权提起上诉。

第五节　诉讼代理人

一、诉讼代理人概述

（一）诉讼代理人的概念

诉讼代理人，是指依据法律的规定或者当事人的委托，在民事诉讼中为当事人的利益进行诉讼活动的人。

在诉讼代理中，代理人代理当事人进行诉讼活动的权限称为诉讼代理权。代理实施的诉讼行为，称为诉讼代理行为。代理人实施的诉讼行为，包括代为诉讼行为和代受诉讼行为。前者如代为提出诉讼请求、陈述事实和理由、向法庭提供证据；后者如代为接受对方当事人提出的调解意见，代当事人接受诉讼文书等。

（二）诉讼代理人的特征

诉讼代理人具有如下特征：（1）以被代理人的名义实施诉讼行为；（2）具有诉讼行为能力；（3）在代理权限范围内实施诉讼行为；（4）诉讼代理行为的法律后果由被代理人承担；（5）在同一诉讼中诉讼代理人只能代理一方当事人。

二、民事诉讼代理制度的作用

诉讼代理是民事诉讼中一项不可或缺的制度，它的作用表现在以下三个方面：

1. 保证了民事诉讼的正常进行。无民事行为能力人和限制民事行为能力人无诉讼行为能力，但作为民事主体，他们难免会与他人发生民事纠纷，需要起诉或应诉。如果没有诉讼代理制度，无诉讼行为能力人的诉讼就无法进行。

2. 有助于保护诉讼当事人的合法权益。当事人一般并不具备进行诉讼所需要的法律知识和程序技能，因而寻求诉讼代理人的帮助，尤其是律师的帮助，十分必要。

3. 有利于法院正确处理诉讼。在实务中，多数案件的诉讼代理人是由律师担任的。律师谙熟程序规则和相关的实体法，由律师作为诉讼代理人，既能够向审判人员提供有价值的法律意见，又能够使诉讼程序合法、有序地向前发展。

三、法定诉讼代理人

（一）法定诉讼代理人概述

法定诉讼代理人，是指根据法律规定代理无诉讼行为能力的当事人实施诉讼行为的人。

法定诉讼代理人是为无诉讼行为能力的当事人设立的，因此法定诉讼代理人的范围一般与监护人的范围是一致的。无诉讼行为能力人由其监护人作为法定代理人代为诉讼。

法定诉讼代理人一般为自然人，但作为例外，有关组织也可以作为法定诉讼代理人，如居民委员会、村民委员会、学校、医疗机构、妇女联合会、残疾人联合会、未成年人保护组织、依法设立的老年人组织、民政部门等。有关组织作为代理人的，需要指派适合的自然人出庭代理诉讼。①

无诉讼行为能力当事人可能有几位法定代理人，而几位代理人又互相推诿，都不愿意代理诉讼，如离婚案件的被告为无诉讼行为能力人时就可能出现该情况。根据《民事诉讼法》第60条的规定，对此可由法院指定其中一人代为诉讼。无诉讼行为能力人虽然有监护人，但监护人不适合作为诉讼代理人的，也要由法院指定诉讼代理人。

（二）法定诉讼代理人的代理权限

一方面，法定诉讼代理人在诉讼中具有与当事人类似的诉讼地位，享有包括处分被代理人实体权利在内的广泛的诉讼权利。但另一方面，法定诉讼代理人毕竟不是当事人，担任法定诉讼代理人的情况又比较复杂，因此，也可能出现法定诉讼代理人在处分当事人的实体权利时侵害当事人权益的情况，如反常地承认对方当事人的诉讼请求，与对方当事人达成对被代理人明显不利的调解协议等。为防止被代理人的利益受到损害，法院应当对法定诉讼代理人的行为进行必要的监督。

法定诉讼代理人虽然享有类似于当事人的诉讼权利，但与当事人仍然是有区别的。例如，法定诉讼代理人必须以当事人的名义进行诉讼，法院裁判针对当事人而不是法定诉讼代理人作出，法定诉讼代理人在诉讼过程中死亡或丧失民事行为能力的，法院可另行指定监护人代理诉讼，而不必中止或终结诉讼。

（三）法定诉讼代理权的取得与消灭

法定诉讼代理人的诉讼代理权来源于其监护人的身份，代理诉讼是监护权的内容之一。因此，法定诉讼代理权的取得依赖于监护权的取得。

法定诉讼代理人的代理权因监护权的消灭而消灭。引起监护权消灭的情形包括：（1）被监护人取得或恢复完全民事行为能力；（2）监护人丧失监护能力；（3）被监护人或者监护人死亡；（4）法院认定监护关系终止的其他情形。

代理诉讼的监护人在诉讼进行过程中如失去了监护权，应及时把这一情况告

---

① 参见《民法典》第24条第3款、第36条；《民诉法解释》第83条。

知法院，并退出诉讼。

四、委托诉讼代理人

（一）委托诉讼代理人的概念

委托诉讼代理人，是指受当事人或法定代理人委托，以当事人的名义代为诉讼的人。

委托诉讼代理人的代理权来源于当事人或其法定代理人的授权委托行为，其代理权限的范围取决于被代理人的意愿，委托诉讼代理人证明其代理权的方式是向法院提交由被代理人签署的授权委托书。

（二）委托诉讼代理人的范围

1. 律师、基层法律服务工作者。律师是为社会提供法律服务的执业人员。作为代理人参加诉讼，是律师业务之一，也是律师为社会提供法律服务的主要方式。当前，我国的律师队伍已逐步壮大，加之律师拥有法律专业知识、诉讼技能和经验的优势，因此，律师已成为我国委托诉讼代理人的主体部分。律师作为诉讼代理人的，除应提交授权委托书外，还应当提交律师执业证、律师事务所证明材料。基层法律服务工作者作为诉讼代理人是 2012 年修正《民事诉讼法》时增加的。在基层，尤其在农村，律师人数很少，往往不能满足诉讼代理的需求，而基层活跃着一大批法律服务工作者，可以接受当事人的委托参与诉讼。基层法律服务工作者担任诉讼代理人，除应当提交授权委托书外，还应当提交法律服务工作者执业证、基层法律服务所出具的介绍信以及当事人一方位于本辖区的证明材料。

2. 当事人的近亲属或者工作人员。根据《民诉法解释》第 85 条的规定，近亲属包括与当事人有夫妻、直系血亲、三代以内旁系血亲、近姻亲关系以及其他有抚养、赡养关系的亲属。当事人对近亲属一般都比较信任，可能会委托他们作为诉讼代理人。近亲属担任诉讼代理人，除应当提交授权委托书外，还应当提交身份证件和与委托人有近亲属关系的证明材料。根据《民诉法解释》第 86 条的规定，与当事人有合法劳动人事关系的职工，可以当事人的工作人员的名义作为诉讼代理人。法人或者其他组织作为当事人时，委托其工作人员作为诉讼代理人是实践中的常见做法。当事人的工作人员担任诉讼代理人，除应当提交授权委托书外，还应当提交身份证件和与当事人有合法劳动人事关系的证明材料。

3. 当事人所在社区、单位或者有关社会团体推荐的人。社区、单位与当事人有十分紧密的关系，在当事人涉讼时，社区、单位出于对当事人利益的关心，在征得当事人同意后，可以推荐能够胜任诉讼的人作为诉讼代理人。工会、妇女联合会、残疾人联合会、消费者协会、环境保护组织等社会团体、组织，为了支持其团体或组织成员进行诉讼，也可以向法院推荐诉讼代理人。当事人所在社区、单位推荐的公民担任诉讼代理人，除应当提交授权委托书外，还应当提交身份证件、推荐材料和当事人属于该社区、单位的证明材料。

根据《民诉法解释》第 87 条的规定，有关社会团体推荐公民作为诉讼代理人，应当符合下列条件：（1）社会团体属于依法登记设立或者依法免予登记设立的非营利性法人组织；（2）被代理人属于该社会团体的成员，或者当事人一方住所地位于该社会团体的活动地域；（3）代理事务属于该社会团体章程载明的业务范围；（4）被推荐的公民是该社会团体的负责人或者与该社会团体有合法劳动人事关系的工作人员。专利代理人经中华全国专利代理人协会推荐，可以在专利纠纷案件中担任诉讼代理人。有关社会团体推荐的公民担任诉讼代理人，除应当提交授权委托书外，还应当提交身份证件和符合作为社会团体推荐的公民担任诉讼代理人条件的证明材料。

当事人、法定代理人可以委托 1—2 人作为诉讼代理人。如果委托 2 人作为诉讼代理人的，每个诉讼代理人的代理事项和代理权限应当在授权委托书中分别载明。

（三）委托诉讼代理人的代理权限与诉讼地位

1. 代理权限。委托诉讼代理人代理权限的范围，取决于被代理人的授权。

当事人在民事诉讼中的权利大体可分为两大类：第一类是纯程序性质的或者与实体权利无直接关系的诉讼权利，如申请回避、提出管辖权异议、申请复议、陈述案情、提供证据、进行质证和辩论等；第二类是与实体权利紧密相关的诉讼权利，如代为承认、变更、放弃诉讼请求，进行和解，提起反诉或者上诉。这两类权利在性质上有很大区别。当事人在授予代理权时，可以只授予第一类权利而保留第二类权利，也可以在授予第一类权利的同时，将第二类权利中的部分或全部授予诉讼代理人。

第二类诉讼权利对当事人的利益关系重大，除非经过委托人的特别授权，诉讼代理人不得在诉讼中实施这类行为。对需要特别授权的事项，授权委托书中必须一一写明，仅写"全权代理"而无具体授权的，诉讼代理人无权代为承认、放弃、变更诉讼请求，进行和解，提起反诉或者上诉。

2. 诉讼地位。诉讼代理人在诉讼中具有独立的诉讼地位，可以在代理权限范围内独立地代为或代受诉讼行为。但是，对于案件事实的陈述，由于当事人对案件事实最清楚，因而有更大的发言权，对诉讼代理人所作的事实上的陈述，当事人与代理人一同出庭的，可及时撤销或者更正。

当事人委托代理人后，本人可以出庭参加诉讼，也可以不再出庭。但下列情形除外：（1）离婚诉讼。这类诉讼涉及夫妻感情是否破裂和哪一方更适合抚养子女等只有当事人才能说得清楚的问题，尤其是对离与不离，由诉讼代理人表达意见是不合适的。此外，法院对离婚诉讼要进行调解，当事人本人如不出庭参加诉讼，调解就无从进行。因此，当事人除本人不能表达意志的外，仍应当出庭参加诉讼。确因特殊情况无法出庭的，必须向法院提交是否同意离婚的书面意见。（2）法院为查明事实要求当事人出庭的。当事人一般是纠纷的亲历者，诉讼代理人则不是。因而，为查明案件事实，有时需要当事人出庭陈述或对当事人进行询问。此时当事人也应出庭。

（四）委托诉讼代理权的取得、变更与消灭

委托诉讼代理人的代理权产生于当事人、法定代理人的授权委托行为。为了保证授权行为的确定性和代理权限的明晰性，授权委托必须以书面方式进行，即"委托他人代为诉讼，必须向人民法院提交由委托人签名或者盖章的授权委托书"（《民事诉讼法》第62条第1款）。

为保证来自国外的授权委托书的真实性，侨居国外的我国公民从外国寄交或托交的授权委托书，须经我国驻该国的使领馆证明；没有使领馆的，由与我国有外交关系的第三国驻该国的使领馆证明，再转由我国驻该第三国使领馆证明，或者由当地的爱国华侨团体证明（《民事诉讼法》第62条第3款）。

委托代理关系在诉讼过程中可能会发生变化。当事人作出变更或解除代理权的决定后，必须用书面形式告知法院，并由法院通知对方当事人。诉讼代理人在代理权变更或解除前实施的诉讼行为，其效力不受代理权变更或解除的影响。

委托诉讼代理权基于下列原因而消灭：（1）所代理的诉讼终结；（2）代理人死亡或者丧失诉讼能力；（3）代理人辞去委托或被代理人取消委托。

需要注意的是，当事人是针对特定的审级委托诉讼代理人进行诉讼的，因而诉讼代理人的任务仅限于该审级，该审级终结，代理权便因诉讼任务的完成而消灭。如当事人委托诉讼代理人代理某一案件的第一审诉讼，代理权在第一审终结时便消灭。案件进入第二审后，当事人如要原来的诉讼代理人继续代理，须另行授权委托。

【复习要点】

（一）基本概念

当事人　诉讼权利能力　诉讼行为能力　当事人适格　必要共同诉讼
普通共同诉讼　代表人诉讼　有独立请求权第三人　无独立请求权第三人
法定诉讼代理人　委托诉讼代理人

（二）思考题

1. 诉讼行为能力与民事行为能力的关系如何？

2. 衡量当事人适格的标准有哪些？

3. 固有必要共同诉讼与类似必要共同诉讼有何异同？

4. 必要共同诉讼人之间的关系与普通共同诉讼人之间的关系有何区别？

5. 无独立请求权的第三人处于何种诉讼地位？

6. 法定诉讼代理人与委托诉讼代理人的代理权限有何不同？

▶ 自测习题及参考答案

请扫描二维码，进行随堂测试。

第六章　管辖制度

管辖权是国家赋予法院审判民事案件的权力，是国家权力的重要组成部分。诉讼管辖制度是管辖权的落实。科学地确定管辖，有利于当事人正确有效地行使诉权，保证法院及时、公正地行使审判权。管辖制度是既重要又复杂的民事诉讼基本制度。符合管辖规定，既是当事人的起诉条件之一，又是法院行使审判权的前提和基础。

第一节　民事审判权与管辖

一、民事审判权

民事审判权是指法院代表国家依法审理和裁判民事案件的权力，主要包括案件管辖权，诉讼文书送达权，调查取证和质证、认证、采证权，开庭审理权，主持调解权，诉讼指挥和程序管理权，强制措施决定权，以及判决、裁定权等。

民事审判权具有法定性、独立性、公开性、权威性特征。首先，民事审判权来自宪法的授权，我国《宪法》第 128 条规定："中华人民共和国人民法院是国家的审判机关。"其次，法院只服从宪法和法律，法院及其内部的审判组织独立地认定案件事实和适用法律，不偏不倚地作出裁判。我国《宪法》第 131 条规定："人民法院依照法律规定独立行使审判权，不受行政机关、社会团体和个人的干涉。"再次，法院的审判组织、审判依据的法律规则、案件的审判过程和处理结果都是公开的。最后，民事审判权的行使是解决民事纠纷的最终手段，作为其结果的裁判具有强制执行力。

二、管辖的概念和作用

民事诉讼中的管辖，是指上下级法院之间和同级法院之间受理第一审民事案件的分工和权限。

管辖与民事审判是民事诉讼中具有密切联系的两个概念，二者具有种属关系。管辖是民事审判的起点，民事审判始于起诉，而管辖则是起诉条件之一，管辖权是民事审判权的一项内容。民事审判的内涵既包括对诉讼要件成立与否的合法性判断，也包括对事实认定和法律适用的实体性要件的判断。简言之，管辖制度是具体落实民事审判权的一项制度。

管辖对民事诉讼的有效运作具有以下两方面的作用：

1. 有助于民事审判权的行使和民事诉讼的有序进行。管辖事关公益，涉及各个层级、各个法院的审判分工，既能够保证各个法院依法行使审判权和履行审判职责，避免各法院之间相互推诿或争夺管辖权，又能够保证法院在处理涉外案件时，注重维护国家主权和国家利益。

2. 有利于当事人行使诉讼权利。管辖在一定意义上事关当事人利益。明确的管辖制度有助于当事人识别和判断受诉法院对案件有无管辖权，知道应当向哪一级、哪一个法院提起诉讼，并且在受诉法院违法行使管辖权时，依法行使提出管辖权异议的权利。

三、确定管辖的原则

（一）"两便"原则

"两便"即便于当事人进行诉讼、便于法院行使审判权。这是我国民事诉讼立法的指导思想，也是确定管辖应遵循的原则。

（二）保障公正审判原则

公正是民事诉讼的首要价值。管辖的确定应当有利于实现审判公正。在确定管辖时，首先应当根据各级法院的职权范围和案件种类的不同，合理确定不同法院的管辖范围，排除和预防各种可能影响公正审判的因素。其次要合理平衡原告、被告、第三人之间的程序利益。在允许原告选择管辖法院的同时，赋予被告提出管辖异议的权利，并允许当事人通过协议的方式选择管辖法院，正是这一原则的体现。

为保证公正审判，《法治中国建设规划（2020—2025 年）》指出："完善知识产权、金融、海事等专门法院建设，加强互联网法院建设。深化与行政区划适当分离的司法管辖制度改革。"

（三）兼顾各级法院职能和均衡各级法院工作负担原则

管辖的确定还应兼顾各级法院职能，适当均衡最高、高级、中级、基层四级法院之间的工作负担，建立起金字塔形的案件管辖分布格局。中级、高级、最高人民法院除了审判第一审民事案件，还有对下级法院的审判活动进行法律监督的职能，不宜过多管辖第一审民事案件。居于塔底的基层法院数量多，又最接近当事人，且没有上诉审职能，大多数第一审民事案件应当由其管辖。同时，在设立最高人民法院巡回法庭以及跨行政区划的法院之后，还应协调其与现有四级法院之间管辖上的分工。

（四）确定性与灵活性相结合原则

管辖的确定性，即法定性；管辖的灵活性，即裁量性。作为起诉条件之一的管辖，首先强调其确定性，即由立法加以明文规定，以方便当事人进行诉讼和避免法院之间因管辖发生争议。在确定性之外，又要有一定的灵活性，以便于法院根据案件的特殊情形，在特定情况下对管辖权进行变通裁量。

（五）维护国家主权原则

司法权是国家主权的重要组成部分，在涉外民事诉讼中，应尽可能拓宽我国法院对涉外民事案件的管辖权，以维护国家主权。

四、管辖的分类

（一）管辖的法律分类

我国《民事诉讼法》第一编第二章对管辖作了专门规定，将管辖分为级别管辖和地域管辖。其中，地域管辖又进一步分为一般地域管辖、特殊地域管辖、专属管辖和协议管辖。

（二）管辖的理论分类

1. 法定管辖和裁定管辖。以确定管辖的依据是法律规定还是法院裁定为标准，可以将管辖分为法定管辖和裁定管辖。法定管辖有级别管辖和地域管辖之分，裁定管辖有移送管辖、指定管辖、管辖权转移之分。从二者的关系来看，法定管辖是原则，裁定管辖是例外，二者相辅相成，充分体现了管辖的确定性和灵活性相结合原则。

2. 强制管辖和任意管辖。以管辖的法律规范是否具有强制性为标准，可将管辖分为强制管辖和任意管辖。强制管辖，是指某类案件只能由法律规定的特定的法院管辖，其他法院无管辖权，当事人也不得以协议方式变更管辖法院，如级别管辖和专属管辖。任意管辖，是指有关管辖的规定不是强制规范，而是授权性规范或倡导性规范，当事人单方或双方可以选择管辖法院，如共同管辖、选择管辖和协议管辖。

3. 共同管辖和合并管辖。这是以诉讼关系为标准对管辖所作的分类。两个或两个以上的法院对同一案件具有管辖权的，称为共同管辖。合并管辖，也称牵连管辖，是指对某一案件有管辖权的法院，对与该案存在牵连关系但无管辖权的另一案件一并管辖和审理的制度。

五、管辖恒定

（一）管辖恒定的概念和意义

管辖恒定，又称管辖固定，是指原告起诉时，受诉法院依法享有案件管辖权的，即便此后确定管辖的事实发生变化，也不影响受诉法院对该案所享有的管辖权。

管辖恒定有利于保持诉讼的安定性，符合诉讼经济的要求。一方面，它使管辖在起诉时即告确定，可以防止管辖变动带来的诉讼拖延和司法资源的浪费；另一方面，它可以避免当事人先后在两个法院争讼，减少当事人讼累。

（二）管辖恒定的内容

根据《民诉法解释》第37条、第38条、第239条等的规定，管辖恒定在司法实践中主要体现为：（1）案件受理后，受诉法院的管辖权不受当事人住所地、经常居住地变更的影响；（2）有管辖权的法院受理案件后，不得以行政区域变更为由，将案件移送给变更后有管辖权的法院；（3）判决后的上诉案件和依审判监督程序提审的案件，由原审法院的上级法院进行审判；（4）上级法院指令再审、发回重审的案件，由原审法院再审或者重审；（5）被告提起反诉后，本诉撤回的，不影响本诉法院对反诉的管辖权；（6）当事人在诉讼中增加诉讼请求致使诉讼标的金额超出受诉法院级别管辖范围的，一般不再变动管辖法院，但当事人故意规避级别管辖的除外。

第二节　级别管辖

一、级别管辖的概念

级别管辖，是指上下级法院之间受理第一审民事案件的分工和权限。

在我国，基层、中级、高级、最高人民法院以及最高人民法院巡回法庭、跨行政区划的法院都有权受理第一审民事案件，因此需要运用级别管辖对四级法院受理第一审民事案件的权限作出规定。

二、确定级别管辖的标准

我国民事诉讼法确定级别管辖主要考虑三个要素，即案件性质、案件繁简程度和案件影响范围。

首先，案件性质。案件性质不同，审理起来难易程度也不同。如专业性强的专利案件和海事、海商案件不同于一般案件，重大涉外案件不同于一般涉外案件，这些性质特殊的案件应当由较高级别的法院管辖。

其次，案件繁简程度。案情越复杂，审理的难度越大。因而在确定级别管辖时，有必要考虑案件的繁简程度，将简单的案件分配给低级别的法院管辖，将复杂的案件分配给级别较高的法院管辖。

最后，案件影响范围。案件影响范围越大，社会关注度越高，对司法公正和效率的要求就越高，所以在确定级别管辖时，有必要考虑案件的影响范围，将影响范围大的案件分配给级别较高的法院管辖。

　　虽然上述三个标准比较周全，富有相当大的弹性，有其合理之处，但弊端是缺乏确定性和稳定性，在实践中易流于形式。例如案件繁简程度，须等到法院受理案件后才能确定，在受理案件之前法院不可能了解案件的繁简程度。案件的影响范围同样不易确定，"在本辖区有重大影响"往往缺乏量化标准，只能靠法官的主观判断，造成了审判实务中管辖的不确定性和一些法院违反或规避级别管辖的规定受理诉讼。

　　鉴于"三标准"面临的窘境，理论界和司法界于 20 世纪 90 年代初期即开始探索"争议标的额"标准，逐步将争议标的额作为确定级别管辖的主要标准甚至唯一标准。一些学者也提出了"以争议标的额作为划分级别管辖的标准或主导性标准"的主张。① 由于法院对财产案件按争议标的额收取诉讼费用，法院为追求自身经济利益而对那些争议标的额巨大的案件争抢管辖的现象愈演愈烈。于是，出现了反对按争议标的额收取诉讼费用②，以及出于防范法院利益驱动的考虑而反对以争议标的额作为划分级别管辖标准的观点。

　　我国民事诉讼法虽然没有涉及确定级别管辖的争议标的额标准，但最高人民法院先后发布的两个文件，实际上宣告了争议标的额标准的合法性和主导地位。1999 年《关于各高级人民法院受理第一审民事、经济纠纷案件问题的通知》统一了各高级法院的初审管辖争议标的额标准，2008 年《全国各省、自治区、直辖市高级人民法院和中级人民法院管辖第一审民商事案件标准》进一步规范了四级人民法院的初审管辖争议标的额标准。2015 年 4 月 30 日，最高人民法院发布《关于调整高级人民法院和中级人民法院管辖第一审民商事案件标准的通知》，对高级法院和中级法院受理第一审民商事案件的标准进行了调整。2019 年 4 月 30 日，为适应新时代审判工作发展要求，合理定位四级法院民事审判职能，促进矛盾纠纷化解重心下移，最高人民法院发布《关于调整高级人民法院和中级人民法院管辖第一审民事案件标准的通知》，又对高级法院和中级法院管辖第一审民事案件的争议标的额的标准作出了调整：（1）中级法院管辖第一审民事案件的诉讼标的额上限原则上为 50 亿元（人民币），诉讼标的额下限继续按照 2010 年《最高人民法院关于调整地方各级人民法院管辖第一审知识产权民事案件标准的通知》、2015 年《最高人民法院关于调整高级人民法院和中级人民法院管辖第一审民商事案件标准的通知》、2017 年《最高人民法院关于明确第一审涉外民商

---

① 柴发邦主编：《民事诉讼法学新编》，法律出版社 1992 年版，第 129 页；李浩：《民事诉讼级别管辖存在的问题及其改进》，《现代法学》1996 年第 4 期。

② 参见方流芳：《民事诉讼收费考》，《中国社会科学》1999 年第 3 期。

事案件级别管辖标准以及归口办理有关问题的通知》、2018 年《最高人民法院关于调整部分高级人民法院和中级人民法院管辖第一审民商事案件标准的通知》等文件执行。（2）高级法院管辖诉讼标的额 50 亿元（人民币）以上（包含本数）或者其他在本辖区有重大影响的第一审民事案件。（3）海事海商案件、涉外民事案件的级别管辖标准按照本通知执行。（4）知识产权民事案件的级别管辖标准按照本通知执行，但《最高人民法院关于知识产权法庭若干问题的规定》第 2 条所涉案件类型除外。

三、各级法院管辖的第一审民事案件

（一）基层法院管辖的第一审民事案件

在司法的金字塔结构中，基层法院居于塔底，是纯粹的初审法院。基层法院不仅数量多、分布广，而且是当事人住所地、纠纷发生地和争议财产等所在地。由基层法院管辖第一审民事案件，既便利群众诉讼，又有利于法院行使审判权。故《民事诉讼法》第 18 条规定："基层人民法院管辖第一审民事案件，但本法另有规定的除外。"

（二）中级法院管辖的第一审民事案件

根据《民事诉讼法》第 19 条的规定，中级法院管辖的第一审民事案件有以下三类：

1. 重大涉外案件。重大涉外案件，是指争议标的额大，或者案情复杂，或者居住在国外的当事人人数众多的涉外案件。《最高人民法院关于涉外民商事案件诉讼管辖若干问题的规定》对涉外合同和侵权纠纷等部分涉外案件实行集中管辖，重大涉外案件被集中到各省、自治区、直辖市的少数中级法院管辖。

2. 在本辖区有重大影响的案件。这类案件是指社会影响超出了基层法院的辖区范围，在中级法院辖区内有重大影响的案件。

3. 最高人民法院确定由中级法院管辖的案件。最高人民法院根据审判工作需要，以规范性文件或司法解释的形式将某些案件确定由中级法院管辖。目前这类案件主要有：

（1）海事、海商案件。海事、海商案件由广州、厦门、上海等 10 家海事法院管辖。海事法院在级别上相当于中级法院，其受理案件范围由最高人民法院确定。

（2）专利纠纷案件。专利纠纷案件由知识产权法院、最高人民法院确定的中级法院和基层法院管辖。2014 年 8 月 31 日，全国人大常委会决定设立北京、广州、上海知识产权法院，专门管辖知识产权案件。

（3）著作权纠纷案件。著作权权属、侵权、合同等民事纠纷案件主要由中级

法院管辖。

（4）重大的涉港、澳、台民事案件。这类案件虽不是涉外案件，但为妥善解决这类纠纷，在管辖上参照涉外案件处理。

（5）诉讼标的金额大或者诉讼主体属省、自治区、直辖市以上的经济纠纷案件。

（6）证券虚假陈述民事赔偿案件。这类案件由省、自治区、直辖市人民政府所在的市、计划单列市和经济特区中级法院管辖。

（7）涉及驰名商标认定的民事纠纷案件。这类案件由省、自治区人民政府所在地的市、计划单列市中级法院，直辖市辖区内的中级法院，以及经最高人民法院批准的其他中级法院管辖。

（8）公司强制清算案件。除有特殊原因外，地区、地级市以上的公司登记机关核准登记公司的强制清算案件，由中级法院管辖。

（9）反垄断民事纠纷案件。反垄断民事纠纷案件，由省、自治区、直辖市人民政府所在地的市、计划单列市中级法院以及最高人民法院指定的中级法院管辖。经最高人民法院批准的基层法院也可以管辖这类案件。

（三）高级法院管辖的第一审民事案件

《民事诉讼法》第20条规定："高级人民法院管辖在本辖区有重大影响的第一审民事案件。"高级法院的主要任务是对本辖区内中级法院和基层法院的审判活动进行指导和监督，审理不服中级法院判决、裁定的上诉案件。因此，高级法院一般定位为上诉审法院，而非初审法院，对其初审管辖权的规定，尤其是"在本辖区有重大影响"的规定，应当进行必要的限缩解释。

（四）最高人民法院管辖的第一审民事案件

《民事诉讼法》第21条规定，最高人民法院及其巡回法庭管辖的第一审民事案件有两类：一类是在全国有重大影响的案件；另一类是认为应当由本院审理的案件。

最高人民法院位于司法金字塔的顶层，是国家最高审判机关，其使命是统一法律适用和创制指导性案例。为此，要对地方各级法院和各专门法院的审判工作进行指导、监督，对审判中遇到的法律问题作出司法解释，同时还要审理因不服高级法院一审裁判而提出上诉的案件和最高人民检察院抗诉的案件。另外，由最高人民法院及其巡回法庭行使初审案件的管辖权，与我国的两审终审制不合，会损及当事人的审级利益。因此，对于最高人民法院及其巡回法庭行使初审管辖权应当持极为慎重的态度，只有在确有必要时才能"激活"这一规定。例如，为了克服司法地方保护主义，对于当事人双方跨省、自治区、直辖市的，在全国有重大影响的民事案件的管辖权，可以考虑由最高人民法院作第一审法院。

目前，我国四级法院系统在级别管辖权上，每一级法院都可以受理一审案件，即使高级法院和最高人民法院也不例外；在功能设置上，自基层法院开始，每一级法院都可以作为终审法院。

第三节　地 域 管 辖

一、地域管辖的概念和分类

地域管辖，又称土地管辖或区域管辖，是指按照法院的辖区和民事案件的隶属关系来确定同级法院之间受理第一审民事案件的分工和权限的一种管辖制度。

地域管辖与级别管辖既有区别又有联系。二者的区别表现在：级别管辖是审判权的纵向划分，解决的是案件由哪一级法院管辖的问题；地域管辖是审判权的横向划分，解决的是具体案件由同级法院中的哪一个法院管辖的问题。二者的联系表现在：级别管辖是确定地域管辖的前提，地域管辖是级别管辖的具体落实。

确定地域管辖以当事人所在地、诉讼标的所在地、诉讼标的物所在地、法律事实所在地与法院辖区之间的联系为标准。地域管辖分为一般地域管辖、特殊地域管辖、专属管辖、协议管辖、应诉管辖、共同管辖和选择管辖。

二、一般地域管辖

（一）原则规定

一般地域管辖，又称普通管辖，是指以当事人所在地为根据确定的管辖。一般地域管辖适用"原告就被告"的原则，即由被告所在地法院行使一般地域管辖权。

《民事诉讼法》第22条规定："对公民提起的民事诉讼，由被告住所地人民法院管辖；被告住所地与经常居住地不一致的，由经常居住地人民法院管辖。对法人或者其他组织提起的民事诉讼，由被告住所地人民法院管辖。同一诉讼的几个被告住所地、经常居住地在两个以上人民法院辖区的，各该人民法院都有管辖权。"另外，根据《民诉法解释》第3条和第4条的规定，公民（自然人）住所地是指公民的户籍所在地，公民（自然人）的经常居住地是指公民（自然人）离开住所地至起诉时已连续居住一年以上的地方，但公民（自然人）住院就医的地方除外；法人或者非法人组织的住所地是指法人或者非法人组织的主要办事机构所在地，法人或者非法人组织的主要办事机构所在地不能确定的，法人或者非法人组织的注册地或者登记地为住所。

一般地域管辖适用"原告就被告"的原则，既有利于防止原告滥用诉权，又有利于案件的审判和保护被告的合法权益，便于判决的执行。

（二）例外规定

民事案件千差万别，一律适用"原告就被告"原则，有些案件反而不方便当事人进行诉讼，不便于法院审理。为此，《民事诉讼法》第 23 条规定，下列四类案件由原告住所地法院管辖：（1）对不在中华人民共和国领域内居住的人提起的有关身份关系的诉讼；（2）对下落不明或者宣告失踪的人提起的有关身份关系的诉讼；（3）对被采取强制性教育措施的人提起的诉讼；（4）对被监禁的人提起的诉讼。这就是"原告就被告"原则的例外。

此外，《民诉法解释》扩大了例外规定的情形，对于被告一方被注销户籍的诉讼、几个被告住所地不在同一辖区的追索赡养费诉讼、一方对离开住所地超过 1 年的对方提出的离婚诉讼等，由原告住所地法院管辖。

三、特殊地域管辖

特殊地域管辖，又称特别管辖，是指以当事人住所地、诉讼标的或者诉讼标的物及法律事实所在地为标准确定管辖法院的一种管辖制度。《民事诉讼法》第 24—33 条规定了特殊地域管辖的情形。

（一）一般合同纠纷

《民事诉讼法》第 24 条规定："因合同纠纷提起的诉讼，由被告住所地或者合同履行地人民法院管辖。"这是确定一般合同纠纷法院管辖的规则。

合同履行地，是指合同约定的履行义务的地点。在司法实践中，合同履行地常常成为当事人之间的争议事项。为此，《民诉法解释》第 18 条对合同履行地作出明确规定：合同约定履行地点的，以约定的履行地点为合同履行地；合同对履行地点没有约定或者约定不明确，争议标的为给付货币的，接受货币一方所在地为合同履行地；交付不动产的，不动产所在地为合同履行地；其他标的，履行义务一方所在地为合同履行地；即时结清的合同，交易行为地为合同履行地。除此之外，《民诉法解释》对下列合同履行地又进一步作出规定：

1. 财产租赁合同、融资租赁合同以租赁物使用地为合同履行地，合同对履行地有约定的，从其约定。

2. 以信息网络方式订立的买卖合同，通过信息网络交付标的的，以买受人住所地为合同履行地；通过其他方式交付标的的，以收货地为合同履行地。合同对履行地有约定的，从其约定。

（二）保险合同纠纷

因保险合同纠纷提起的诉讼，由被告住所地或者保险标的物所在地法院管辖。如果保险标的物是运输工具或者运输中的货物，可以由运输工具登记注册地、运输目的地、保险事故发生地法院管辖；因人身保险合同纠纷提起的诉讼，可以由被保险人住所地法院管辖。

（三）票据纠纷

因票据纠纷提起的诉讼，由票据支付地或者被告住所地法院管辖。

票据支付地，是指在签发、取得、使用、转让、承兑等过程中，汇票、本票和支票等票据上所载明的付款地；如未载明付款地，则以票据付款人（包括代理付款人）的住所地或主营业所所在地为票据付款地。

（四）运输合同纠纷

因铁路、公路、水上、航空运输和联合运输合同纠纷提起的诉讼，由运输始发地、目的地或者被告住所地法院管辖。

运输合同既包括货运合同也包括客运合同。运输始发地，是指依合同规定货物或者旅客出发的地点。运输的目的地，是指货物或者旅客最终到达地。

（五）侵权纠纷

因侵权行为提起的诉讼，由侵权行为地或者被告住所地法院管辖。

侵权行为地，包括侵权行为实施地和侵权结果发生地。信息网络侵权行为实施地包括实施被诉侵权行为的计算机等信息设备所在地，侵权结果发生地包括被侵权人住所地。具体而言：

1. 因产品、服务质量不合格造成他人财产、人身损害提起的诉讼，产品制造地、产品销售地、服务提供地、侵权行为地和被告住所地法院都有管辖权。

2. 因侵犯专利行为提起的诉讼，由侵权行为地或者被告住所地法院管辖。侵权行为地包括：被控侵犯发明、实用新型专利权的产品的制造、使用、许诺销售、销售、进口等行为的实施地；专利方法使用行为的实施地，依照该专利方法直接获得的产品的使用、许诺销售、销售、进口等行为的实施地；外观设计专利产品的制造、销售、进口等行为的实施地；假冒他人专利的行为实施地。也包括上述侵权行为的侵权结果发生地。

原告仅对侵权产品制造者提起诉讼，未起诉销售者，侵权产品制造地与销售地不一致的，制造地法院有管辖权；以制造者与销售者为共同被告起诉的，销售地法院有管辖权。

销售者是制造者的分支机构，原告在销售地起诉侵权产品制造者制造、销售行为的，销售地法院有管辖权。

3. 因侵犯注册商标专用权行为提起的民事诉讼，由侵权行为的实施地、侵权商品的储藏地或者查封扣押地、被告住所地法院管辖。侵权商品的储藏地，是指大量或者经常性储存、隐匿侵权商品所在地；查封扣押地，是指海关、市场监管等行政机关依法查封、扣押侵权商品所在地。

4. 因侵犯著作权行为提起的民事诉讼，由侵权行为的实施地、侵权复制品储藏地或者查封扣押地、被告住所地法院管辖。

（六）交通事故损害赔偿纠纷

因铁路、公路、水上和航空事故请求损害赔偿提起的诉讼，由事故发生地，车辆、船舶最先到达地，航空器最先降落地，或者被告住所地人民法院管辖。

交通事故损害赔偿纠纷属于特殊类型侵权纠纷，其管辖应当区别于一般侵权案件的管辖。事故发生地，是指发生陆上、水上、航空交通事故并造成损害结果的地方；最先到达地是指车辆、船舶发生事故后最先抵达的地方；最先降落地，是指航空事故发生后，航空器最先降落的地方或坠毁的地方。

（七）海事海商纠纷

《民事诉讼法》第31—33条分别规定了海损事故损害赔偿诉讼、海难救助费用诉讼、共同海损诉讼的特殊地域管辖。其中，因船舶碰撞或其他海事损害事故请求损害赔偿提起的诉讼，由碰撞发生地、碰撞船舶最先到达地、加害船舶被扣留地或者被告住所地法院管辖；因海难救助费用提起的诉讼，由救助地或者被救助船舶最先到达地法院管辖；因共同海损提起的诉讼，由船舶最先到达地、共同海损理算地或航程终止地法院管辖。

其他海事海商纠纷诉讼的管辖，遵行我国《海事诉讼特别程序法》的规定。

（八）公司纠纷

因公司设立、确认股东资格、分配利润、解散等纠纷提起的诉讼，由公司住所地法院管辖。

公司诉讼大多是关于公司组织法性质的诉讼，涉及与公司组织相关的多数利害关系人的多项法律关系的变动，且胜诉判决往往产生对世效力。为避免管辖争议，便利当事人诉讼，便利法院审理案件，同时防止矛盾裁判的发生，《民事诉讼法》规定公司诉讼实行特殊地域管辖。对于因股东名册记载、请求变更公司登记、股东知情权、公司决议、公司合并、公司分立、公司减资、公司增资等纠纷提起的诉讼，应当由公司住所地法院管辖，而不能依合同纠纷或者侵权纠纷确定管辖。

四、专属管辖

（一）专属管辖的概念

专属管辖，是指法律规定某些特殊类型的案件只能由特定的法院管辖，其他法院无管辖权，当事人也不能协议变更管辖法院。

专属管辖具有排他性，既排除了外国法院对案件的管辖权，又排除了当事人以协议的方式选择国内的其他法院管辖。专属管辖的案件不适用一般地域管辖和特殊地域管辖的规定。

（二）专属管辖的案件

根据《民事诉讼法》第34条的规定，下列案件为专属管辖案件：

1. 因不动产纠纷提起的诉讼，由不动产所在地法院管辖。不动产是指不能移动或者移动后会使其性能或者价值降低或丧失的财产，如建筑物、山林、土地等。该类案件由不动产所在地法院管辖，便于法院调查、保全和执行。

2. 因港口作业中发生纠纷提起的诉讼，由港口所在地法院管辖。港口作业中发生的纠纷主要是指在货物的装卸、驳运、仓储、理货过程中因违章作业等损坏港口设施或造成其他人身或财产损害引起的侵权纠纷。该类案件由港口所在地法院专属管辖，同样有利于法院调查取证、采取保全措施，方便执行。

3. 因继承遗产纠纷提起的诉讼，由被继承人死亡时住所地或主要遗产所在地法院管辖。这样便于法院查明被继承人、继承人和遗产的有关情况，及时作出判决。

五、协议管辖

协议管辖，又称合意管辖或约定管辖，是指双方当事人在纠纷发生前后，以书面协议的方式约定案件的管辖法院。协议管辖是当事人行使处分权的一项内容，体现了对当事人意愿的充分尊重。当事人协议选择管辖法院，已成为当今世界各国民事诉讼立法的普遍做法。

《民事诉讼法》第35条规定："合同或者其他财产权益纠纷的当事人可以书面协议选择被告住所地、合同履行地、合同签订地、原告住所地、标的物所在地等与争议有实际联系的地点的人民法院管辖，但不得违反本法对级别管辖和专属管辖的规定。"可见，协议管辖必须具备以下条件：

1. 协议管辖只适用于第一审案件，不适用于第二审、再审和重审的案件。

2. 协议管辖的案件必须是合同或者其他财产权益纠纷，婚姻、收养、监护等人身关系的民事纠纷不得协议管辖。

3. 约定的管辖法院必须为法定范围内的法院，即必须是被告住所地、合同履行地、合同签订地、原告住所地、标的物所在地等与争议有实际联系的地点的法院。

4. 协议管辖不得违反有关级别管辖和专属管辖的规定。

5. 协议管辖必须采用书面形式，口头协议无效。

根据《民诉法解释》的规定，依据管辖协议，起诉时能够确定管辖法院的，从其约定；不能确定的，依照《民事诉讼法》的相关规定确定管辖。管辖协议约定两个以上与争议有实际联系的地点的法院管辖的，原告可以向其中一个法院起诉。合同转让的，合同的管辖协议对合同受让人有效，但转让时受让人不知道有管辖协议，或者转让协议另有约定且原合同相对人同意的除外。

当事人因同居或者在解除婚姻、收养关系后发生财产争议的，可以依据《民事诉讼法》的规定，书面协议约定管辖法院。

六、应诉管辖

应诉管辖，也称默示的协议管辖或者默认管辖，是指原告起诉并被法院受理后，被告不对管辖权提出异议并应诉答辩的，视为受诉法院对案件享有管辖权的一项管辖制度。

《民事诉讼法》第 130 条第 2 款规定："当事人未提出管辖异议，并应诉答辩的，视为受诉人民法院有管辖权，但违反级别管辖和专属管辖规定的除外。"按此规定，应诉管辖应具备两个条件：一是受诉法院对案件无管辖权；二是当事人实施了应诉答辩行为。

当事人应诉答辩，是指当事人参加诉讼后，就案件的实体问题进行了答辩与陈述。但根据《民诉法解释》第 35 条的规定，当事人在答辩期间届满后未应诉答辩，法院在一审开庭前，发现案件不属于本院管辖的，应当裁定移送有管辖权的法院。

七、共同管辖和选择管辖

（一）共同管辖

共同管辖，也称管辖权竞合，是指两个以上的法院对同一案件都有管辖权。在共同管辖的情况下，原告可以向其中一个法院起诉，但不能向两个以上的法院起诉。如果原告向两个以上的法院起诉，由最先立案的法院管辖。

共同管辖一般分为两种情况：一种是因诉讼主体的牵连关系发生的共同管辖，如几个被告住所地在两个以上的法院辖区内；另一种是因诉讼客体的牵连关系发生的共同管辖，如同一案件的标的物分散在两个以上的法院辖区内。

（二）选择管辖

当两个以上的法院对同一案件都有管辖权时，当事人可以选择其中一个提起诉讼，这就是选择管辖。选择管辖与共同管辖实际上是一个问题的两个方面。共同管辖从法院角度解决管辖权竞合问题，选择管辖则从当事人角度在管辖权竞合时解决当事人如何提起诉讼的问题。

第四节　裁定管辖

裁定管辖，是指法院在没有法律明文规定的情形下，基于案件的一定事实与理由，以裁定的方式确定管辖法院。裁定管辖是法定管辖的必要补充。民事诉讼法规定了三种裁定管辖：移送管辖、指定管辖和管辖权转移。

一、移送管辖
（一）移送管辖的概念
移送管辖，是指法院受理案件后，发现本法院对该案无管辖权，依法裁定将案件移送给有管辖权的法院审理。移送管辖是对案件的移送，不是对案件管辖权的移送。
（二）移送管辖的条件
移送管辖的适用，必须同时具备三个条件：（1）法院已经受理案件；（2）移送的法院发现本院对已受理的案件无管辖权；（3）受移送的法院对案件有管辖权。

移送管辖通常发生在同级法院之间，但在下列情况下不得移送：

1. 有管辖权的法院受理案件后，根据管辖恒定的原则，其管辖权不受行政区域变更、当事人住所地或居所地变更的影响。

2. 两个以上法院对案件都有管辖权时，由先立案的法院管辖，先立案的法院不得将案件移送给另一个有管辖权的法院。

3. 受移送的法院认为本院对移送来的案件无管辖权的，不得再自行移送，应报请上级法院指定管辖。

二、指定管辖
（一）指定管辖的概念
指定管辖，是指上级法院以裁定方式指定其辖区内的下级法院对某一案件行使审判权的一种管辖制度。
（二）指定管辖的适用情形
依据《民事诉讼法》第37条、第38条的规定，指定管辖适用于以下三种情形：

1. 受移送的法院认为自己对移送来的案件无管辖权。

2. 有管辖权的法院基于特殊原因，不能行使管辖权。特殊原因主要包括：一是该法院的全体法官均需回避，无法组成合议庭对案件进行审判；二是有管辖权法院的辖区内发生了不可抗拒的事由，如地震、水灾等。

3. 法院之间因管辖权发生争议，经协商未能解决。管辖权争议可分为积极争议和消极争议两种情况。前者指两个或两个以上的法院均认为自己对某一案件有管辖权，争相受理这一案件；后者指两个或两个以上的法院都认为本院对某一案件无管辖权，都不愿受理该案件。

根据《民事诉讼法》的规定，发生管辖权争议后，协商不成的，应报请它们的共同上级法院指定管辖。如双方为同属一个地、市辖区的基层法院，由该地、市的中级法院指定管辖；双方为同属一个省、自治区、直辖市的中级法院的，由该省、自治区、直辖市的高级法院指定管辖；双方为跨省、自治区、直辖市的法院或高级法院的，由最高人民法院指定管辖。在报请上级法院指定管辖时，应当逐级进行，不得越级报请。

对报请上级法院指定管辖的案件，下级法院应当中止审理。指定管辖时，应当作出裁定，并送达报送的法院和被指定行使管辖权的法院，后者应及时告知当事人。

三、管辖权转移

（一）管辖权转移的概念

管辖权转移，是指经上级法院决定或同意，将案件的管辖权从有管辖权的法院转移给无管辖权的法院。

管辖权转移是对级别管辖的一种变通和补充。管辖权转移与移送管辖有着本质的区别，具体表现为：首先，性质不同。管辖权转移是案件的管辖权发生了变动，而移送管辖移送的仅仅是案件而非管辖权。其次，作用不同。管辖权转移发生在上下级法院之间，移送管辖主要是为了纠正同级法院之间地域管辖的错误。最后，程序不同。管辖权转移表现为上级法院的单方决定，移送管辖则表现为移送法院作出裁定的单方行为。

（二）管辖权转移的适用

根据《民事诉讼法》第39条的规定，管辖权转移有两种情况：

1. 上调转移。上调转移即管辖权的向上转移，包括：上级法院对下级法院管辖的第一审案件有权决定由自己审理；下级法院基于特殊原因将自己管辖的第一审案件报请上级法院审理。前者经上级法院作出决定后管辖权即发生转移，后者须经上级法院同意后管辖权才能发生转移。

但是，根据《最高人民法院关于审理民事级别管辖异议案件若干问题的规定》第 4 条的规定，对于应由上级法院管辖的第一审民事案件，下级法院不得报请上级法院交其审理。

2. 下放转移。下放转移即管辖权的向下转移，即上级法院将自己管辖的第一审案件，交由下级法院审理。根据《民事诉讼法》和《民诉法解释》的规定，为切实维护当事人的审级利益，避免受到地方保护主义的影响，下放转移必须遵行更为严格的条件和程序限制：一是须报请其上级法院批准；二是仅限于三种类型的案件，即破产程序中有关债务人的诉讼案件、当事人人数众多且不方便诉讼的案件、最高人民法院确定的其他类型案件；三是该下级法院不得再交由其下级法院审理。

第五节　管辖权异议

一、管辖权异议的概念

管辖权异议，是指法院受理案件后，本诉被告在法定期限内向受诉法院提出该院对案件无管辖权的意见和主张。

拓展阅读
北京水产有限责任公司诉名流投资集团有限公司、北京名流未来置业有限公司房地产开发经营合同纠纷管辖权异议案

案件管辖是一个十分复杂的问题，虽然《民事诉讼法》对案件管辖问题作出较为明确和具体的规定，但法律不可能穷尽案件管辖的所有可能性，加之法院的工作人员和当事人对法律理解的局限性，不可避免会发生案件管辖的错误。为保证法院正确行使审判权和维护当事人的诉讼权利，《民事诉讼法》第 130 条第 1 款规定："人民法院受理案件后，当事人对管辖权有异议的，应当在提交答辩状期间提出。人民法院对当事人提出的异议，应当审查。异议成立的，裁定将案件移送有管辖权的人民法院；异议不成立的，裁定驳回。"

二、提起管辖权异议的条件

1. 提出管辖权异议的主体必须是本案的当事人，通常是被告。原告主动提起诉讼，说明受诉法院是原告自己选择的，因而原告不能再对案件的管辖权提出异议。被告参加诉讼是被动的，不是自愿的，为依法维护被告的诉讼权利，对于原告选择的受诉法院，被告有权提出管辖权异议。有独立请求权的第三人基于本诉的存在参加诉讼，应当视为已承认和接受了受诉法院的管辖。但根据最高人民法院 1990 年 7 月 28 日《关于第三人能否对管辖权提出异议问题的批复》，受诉法院通知有独立请求权的第三人参加诉讼，该第三人认为受诉法院对他的诉讼无管辖权的，可以拒绝参加诉讼，也可以原告身份另行向有管辖权的法院提起诉讼。无独立请求权的第三人参加诉讼，以本诉的存在为前提，在诉讼中支持一方当事人的主张，反对另一方当事人的主张，既非原告、又非被告，无权行使本诉当事人的诉讼权利，所以无权提出管辖权异议。

2. 提出管辖权异议的客体是受诉法院对第一审案件的管辖权。当事人只能对第一审案件的管辖权提出异议，对第二审案件不得提出管辖权异议。

3. 管辖权异议提出的时间为提交答辩状期间届满之前。当事人对管辖权有异议的，应当在提交答辩状期间提出，即在被告收到起诉状副本之日起 15 日内提出。

三、管辖权异议的处理程序

1. 受诉法院收到当事人提出的管辖权异议后，应当认真进行审查。认为异议成立的，裁定将案件移送有管辖权的法院审理；认为异议不成立的，应当裁定驳回。当事人对裁定不服的，可以在收到裁定之日起 10 日内向上一级法院上诉。当事人未提出上诉或上诉被驳回的，受诉法院应通知当事人参加诉讼。

2. 当事人逾期提出管辖权异议的，法院不予审议。

3. 根据《最高人民法院关于审理民事级别管辖异议案件若干问题的规定》，当事人就级别管辖提出异议的，按下列程序处理：

（1）被告在提交答辩状期间提出级别管辖权异议的，受诉法院应当审查，并在受理异议之日起 15 日内作出裁定。异议不成立的，裁定驳回；异议成立的，裁定移送有管辖权的法院。

（2）提交答辩状期间届满后，原告增加诉讼请求金额致使案件标的额超过受诉法院级别管辖标准，被告提出级别管辖权异议，请求由上级法院管辖的，法院应当依法审查并作出裁定。

（3）在管辖权异议裁定作出前，原告申请撤回起诉，受诉法院作出准予撤回起诉裁定的，对级别管辖权异议不再审查，并在裁定书中一并写明。

（4）对法院就级别管辖异议作出的裁定，当事人不服、提起上诉的，第二审法院应当依法审理并作出裁定。

（5）对于将案件移送上级法院管辖的裁定，当事人未提出上诉，但受移送的上级法院认为确有错误的，可以依职权裁定撤销。

【复习要点】

（一）基本概念

管辖　级别管辖　地域管辖　专属管辖　协议管辖　管辖权异议

（二）思考题

1. 确定民事诉讼管辖的原则是什么？

2. 简述级别管辖的确定标准。

3. 协议管辖的适用条件有哪些？

4. 简述专属管辖的案件范围。

5. 移送管辖与管辖权转移有什么区别？

6. 提起管辖权异议的条件有哪些？

▶ 自测习题及参考答案

请扫描二维码，进行随堂测试。

第七章　民事诉讼证据

证据是证明未知事实或已知事实真实性的根据。民事诉讼活动主要围绕着证据展开，即"打官司就是打证据"。民事诉讼证据具有客观性、关联性和合法性三个基本特征。只有具有证据能力且具有证明力的证据才能够被法院作为定案的依据。民事诉讼证据的分类主要有理论上的分类与立法上的分类两种类型。证据的收集可分为当事人收集证据和法院收集证据两种方式。民事诉讼的证据保全可分为诉讼前的证据保全与诉讼中的证据保全两种形式。

第一节　民事诉讼证据概述

一、民事诉讼证据与证据材料

民事诉讼证据，是指能够证明案件事实的一切物质材料或信息，即用于证明民事案件客观情况的事实。诉讼证明是一种严肃的法律活动，必须严格按照法律规定的程序进行。因此，作为诉讼证明根据的证据，必须符合法律规定的形式、具备法律规定的条件。也就是说，并非所有的事实都能称为民事诉讼证据，只有符合法律规定的形式、具备法律规定的条件的事实，才能称为民事诉讼证据，成为法院处理民事诉讼案件的依据。

与民事诉讼证据相关的一个概念是"证据材料"，即当事人向法院提供的、用以证明案件事实的资料。这些资料并不一定符合法律规定的形式，也不一定具备法律规定的条件，因此尚不能称为民事诉讼证据。由此可见，民事诉讼证据与证据材料之间既有区别，又有联系：民事诉讼证据均来源于证据材料，证据材料经过法定程序查证后，才能成为民事诉讼证据，作为认定民事案件事实的根据。

区分民事诉讼证据与证据材料，有利于准确理解民事诉讼的阶段性，也有助于合理解决有关民事诉讼证据"事实说"所面临的问题。因此，区分与掌握"证据"与"证据材料"两个不同的概念，有利于当事人和法官更准确地理解和使用民事诉讼证据。为了表达方便，下文将民事诉讼证据简称为证据或者诉讼证据。

二、民事诉讼证据的特征

（一）客观性

证据的客观性，亦称证据的真实性，是指证据的形式和内容必须是客观存在的事实,而不是捏造或虚构的东西。

首先,证据必须以某种能够被人感知的形式体现出来,这就是证据的形式客观性。只有以特定的物质载体表现出来并为人们以某种方式感知,证据才能够对案件事实起到证明作用。

其次,证据必须是客观存在的事实,必须反映客观实际情况,这就是证据的内容客观性。证据的内容客观性强调的是证据的真实性。也就是说,证据必须是真实的,只有真实的资料和信息才可能成为法院认定案件事实的根据。

证据的客观性并不意味着证据不具有丝毫主观的成分。在民事诉讼中,受主观认识或者其他因素的影响,当事人总是尽可能多地向法院提供有利于自己的证据材料、隐藏不利于自己的证据材料,甚至有可能提交伪造、篡改的事实作为证据材料。诉讼证明活动正是要从当事人提供的证据材料中去伪存真、去粗取精。但是,受法官的认识能力、个人偏见或者其他客观因素的影响,经法官认定的证据仍可能并不是或者不完全是客观事实。从这个角度来看,证据也具有主观的成分。但这并不影响更不能否定客观性是证据的本质属性。

(二)关联性

并非所有的事实都能对案件事实起证明作用。要对案件事实起证明作用,用作证据的事实必须与案件事实之间有内在的必然联系。证据的关联性,又称相关性,是指只有与待证的案件事实之间存在客观的、内在的、必然的联系的事实,才能成为民事诉讼证据。

首先,从形式上看,证据与待证事实之间必须存在逻辑上的联系,即人们运用逻辑规则可以从作为证据的事实推导出案件事实。

其次,从内容上看,由于证据与案件事实之间的联系方式不同,有直接联系或间接联系,因而证据对证明案件事实的作用也不同。证据的关联性要求每一个具体的证据必须对证明案件事实具有实质性意义。也就是说,其中的联系必须是客观的、内在的、必然的联系。

(三)合法性

证据的合法性,也称证据的法律性,是指某种事实在民事诉讼中作为认定案件事实根据的适格性或者容许性。证据的合法性具有以下三层含义:

1. 从形式上看,证据必须具备法定的表现形式。根据我国《民事诉讼法》的规定,民事诉讼证据必须表现为以下八种形式之一:(1)当事人的陈述;(2)书证;(3)物证;(4)视听资料;(5)电子数据;(6)证人证言;(7)鉴定意见;(8)勘验笔录。此外,根据其他相关法律的规定,某些法律事实或法律行为必须用某种特定形式的证据予以证明。比如,婚姻状况必须用结婚证或离婚证予以证明;保证合同和抵押合同必须用书面合同予以证明。在民事诉讼中,当事人证明上述事实的证据在形式上就必须符合相关法律的规定。

2. 从取证方法看，证据必须依据法定程序和方法调查收集。无论当事人还是法院，调查收集证据的行为必须合法。《民诉法解释》第106条规定："对以严重侵害他人合法权益、违反法律禁止性规定或者严重违背公序良俗的方法形成或者获取的证据，不得作为认定案件事实的根据。"根据这一规定，当事人用肉体折磨或精神虐待，或私自安装窃听装置等方法取得的证据就因不具有合法性而不能作为证据。

3. 从证据的使用程序看，当事人提供的证据必须经过法定的程序才能成为定案根据。这一法定程序主要是指证据的质证程序，即证据应当在法庭上出示，由当事人质证。未经当事人质证的证据，不能作为认定案件事实的依据。但是，当事人在审理前的准备阶段认可的证据，经审判人员在庭审中说明后，视为质证过的证据。

在证据的"三性"中，证据的客观性是证据的自然属性，也是最本质的属性。证据的客观性是关联性和合法性的基础。证据的关联性是在客观性的基础上对证据特征的进一步揭示，体现了证据对证明案件事实的作用和价值。它的作用在于缩小收集、调查、审查证据的范围，提高诉讼证明的效率。证据的合法性是在关联性的基础上对证据提出的法律要求，体现了诉讼证明与日常生活中普通形式的证明的本质区别，体现了证据的法律属性。

三、证据能力和证据的证明力

（一）证据能力

证据能力是指某一证据材料在诉讼上可被容许采纳为认定案件事实根据的一种法律上的资格。大陆法系称之为证据资格，英美法系则称为证据的可采性。证据能力涉及证据的适格性。在法律上，可采纳的证据也可称为适格的证据。针对不同证据，证据能力有不同的要求。证据能力在证据法上属于证据可采性与证据排除的问题。

然而，证据的可采性与有无证据能力有时并非完全一致。无证据能力，便无成为证据的资格；虽有证据能力，但审判人员经审查判断，认为已有充分的证据、立证价值甚微或已无必要的，也不得采纳为诉讼上的证据。

（二）证据的证明力

证据的证明力，或称证据力，是指证据能够证明案件事实的能力。证据的证明力体现的是证据在证明待证事实方面的作用大小与强弱、分量与程度。

证据的证明力是由证据的真实性与关联性确定的。在诉讼中对证据证明力的认定，实质上是对某一证据本身是否具有客观性、与待证事实是否具有关联性以及关联性大小的确认。从发展历史来看，证据证明力的确定经历了从"法定证据原则"到"自由心证原则"的演变。即在证据是否具备证明力以及证明力大小的问题上，经历了由"法律规定"发展为"允许法官自由作出判断"的过程。例如，我国《民事诉讼法》第 74 条规定："人民法院对视听资料，应当辨别真伪，并结合本案的其他证据，审查确定能否作为认定事实的根据。"由此可见，对证明力的认定是审判人员的职能所在。但是，即使在现代，也还保留着由法律直接规定证明力有无及大小的做法。例如，为了避免审判人员恣意判断证据，《民事诉讼证据规定》规定了审判人员在某些情况下如何认定证据证明力的内容。

（三）证据能力与证据证明力的关系

证据能力是证据证明力的前提，有证据能力的证据才有证明力可言，凡有证明力的证据，在证据能力上均具有适格性。

在诉讼中，举证主体所提供的证据均会引起某一证据是否具有为法律所容许的资格的争执，或某一证据是否与待证事实具有关联性即有关证明价值的争执。上述两方面的争执往往成为当事人质证的主要内容。当事人对证据能力和证明力的质疑，既不存在孰先孰后的问题，也不存在互为前提的问题。例如，某一书证被一方当事人提交法庭后，对方当事人既可以对该书证的制作方式或来源提出质疑，也可以就该书证与待证事实是否具有关联性提出质疑。这些质疑既可同时提出，也可仅就其中一个方面提出，并不存在顺序的先后或者互为前提的问题。同样，对证据的证据能力和证明力的审查判断是审判人员采证的基本内容。审判人员对证据能力的审查判断属于对证据的形式要件进行的审查判断，而对证据证明力的审查判断属于对证据的实质要件进行的审查判断。二者的统一构成了审判人员对证据进行审查判断的完整内容。二者之间同样不存在孰先孰后或者互为前提的问题。

总之，对证据能力的采证属于形式要件的认定，它涉及证据的合法性；对于证据证明力的采证属于实质要件的认定，它涉及证据的客观性与关联性。

四、民事诉讼证据的作用

在民事诉讼中，民事诉讼证据主要发挥以下作用：

（一）证明当事人的事实主张

由于民事诉讼实行证据裁判主义，因起诉而提出权利主张的一方当事人，应当提出相应的事实主张，对此事实主张，该方当事人为了获取对其有利的裁判后果，还应当提供相应的证据加以证明。如果该方当事人不能提供相应的证据，或者提供的证据无法证明其事实主张，将承担不利的裁判后果。

（二）反驳对方当事人的事实主张

在民事诉讼中，当一方当事人提出权利主张和相应的事实主张并提供证据对其加以证明时，对方当事人如果提出抗辩主张，应当提供相应的反证对其加以反驳和证明。如果该对方当事人不提出相应的反证或者提出的相应反证不足以证明其抗辩主张，将有可能承担败诉的风险。

（三）有助于法院查明事实真相

在审理民事案件过程中，法院只有经过当事人的举证、庭审上的质证以及最终对有关证据进行审查判断，才有可能查明事实真相并在此基础上确定适用相应的法律，对当事人的诉讼请求和事实主张作出裁判。因此，民事诉讼证据是法院认定案件事实的根据。

第二节　民事诉讼证据的理论分类与法定种类

一、民事诉讼证据的理论分类

民事诉讼证据的理论分类，是指根据证据的类别属性和证据对案件事实的证明作用，从学理上对证据类型所作的划分。证据的理论分类通常包括原始证据与传来证据、言词证据与实物证据、直接证据与间接证据、本证与反证。

（一）原始证据与传来证据

根据证据的来源不同，可以将证据分为原始证据与传来证据。原始证据，是指直接来源于案件事实或者通过第一来源的途径直接获得的证据。所谓"直接来源于案件事实"，是指证据是在案件事实的形成过程中直接产生的，如合同、车辆碰撞痕迹；所谓"第一来源"，是指没有经过传抄、复制、转述等任何中间环节或者辗转过程的证据，如合同原本、收取他人财物的原始收据等。所谓传来证据，是指不是直接来源于案件事实或者并非从第一来源渠道而是经过传抄、复制、转述等中间环节和辗转过程而形成的第二手以上的证据，如证人转述他人的陈述，书证的复印件、抄件、影印件、复制件，物证的复制品，勘验现场的照片、录像或者模型等。从表现形式来看，传来证据不仅包括言词证据，也包括实物证据。

原始证据的证明力一般大于传来证据。这是由于传来证据在产生的过程中经过了传抄、复制、转述等中间环节或者辗转过程，很可能发生了信息"失真"。但是，我们也绝不能因此低估传来证据的作用。通过传来证据，当事人或法院可以获得发现原始证据的线索，有利于收集原始证据。传来证据还可以用来印证原始证据的真实性。

我国《民事诉讼法》《民诉法解释》和《民事诉讼证据规定》确立了有关书证的原始证据与传来证据运用的一般规则。

1. 原始证据优先原则。当事人和法院在诉讼中应当优先收集、提供、采纳原始证据。《民事诉讼法》第 73 条规定："书证应当提交原件。物证应当提交原物。提交原件或者原物确有困难的，可以提交复制品、照片、副本、节录本。提交外文书证，必须附有中文译本。"《民诉法解释》第 111 条第 1 款规定，《民事诉讼法》第 73 条规定的提交书证原件确有困难，包括下列情形：（1）书证原件遗失、灭失或者毁损的；（2）原件在对方当事人控制之下，经合法通知提交而拒不提交的；（3）原件在他人控制之下，而其有权不提交的；（4）原件因篇幅或者体积过大而不便提交的；（5）承担举证证明责任的当事人通过申请法院调查收集或者其他方式无法获得书证原件的。《民事诉讼证据规定》第 22 条规定："人民法院调查收集的物证应当是原物。被调查人提供原物确有困难的，可以提供复制品或者影像资料。提供复制品或者影像资料的，应当在调查笔录中说明取证情况。"《民事诉讼证据规定》第 23 条规定："人民法院调查收集视听资料、电子数据，应当要求被调查人提供原始载体。提供原始载体确有困难的，可以提供复制件。提供复制件的，人民法院应当在调查笔录中说明其来源和制作经过。人民法院对视听资料、电子数据采取证据保全措施的，适用前款规定。"

2. 补强证据规则。即传来证据必须与原物、原件相互印证才能作为认定案件事实的依据。根据《民诉法解释》第 111 条第 2 款的规定，当事人提交书证复印件的，法院应当结合其他证据和案件具体情况，审查判断书证复制品等能否作为认定案件事实的根据。《民事诉讼证据规定》第 90 条规定，无法与原件、原物核对的复制件、复制品，不能单独作为认定案件事实的根据。

（二）言词证据与实物证据

根据证据的表现形式不同，在理论上可以把证据分为言词证据与实物证据。

言词证据，是指以人的陈述的形式来证明案件事实的证据，包括当事人陈述、证人证言、鉴定意见等。实物证据，是指以客观存在的物质形式或其记载的内容来反映案件事实的证据，主要包括物证、书证、勘验笔录、视听资料、电子数据等。在审判实践中，虽然证人有时也可以向法院提交书面证言，鉴定意见当然也有书面文字的，但书面证言和鉴定意见仍属于言词证据。

言词证据具有以下特点：（1）言词证据具有形象性和生动性。因为人的陈述能够按照一定的思维方式和逻辑，形象而生动地展现案件事实的前因后果与来龙去脉，通过较为详细的情节表述，有利于再现案件事实的面目。这一点是实物证据所不能比拟的。（2）言词证据较易失真且不易固定。因为言词证据的内容是受人的主观意志和思想支配的，除了利害关系和个人品质等因素之外，每个人对案件事实在生理上的感知能力、记忆能力和表达能力等方面的差异，也会造成言词证据失真、贬损其证明力的结果。同时，言词证据所反映的情况往往不易固定，同一个人对同一案件事实的陈述在不同的时间和不同的场合可能会出现不尽相同之处。

实物证据具有以下特点：（1）客观性较强。作为客观存在的一种物质形式，实物证据一般可以通过人的触觉、视觉等直接感受和观察到，比如体现当事人之间权利义务关系的书面合同等。因此，这类证据有利于确定案件事实。（2）可变性较强。一方面，基于自然的原因，如风吹、日晒、沙埋、水淹等，可能使实物证据产生变形、变质甚至灭失；另一方面，由于人为因素，如伪造、篡改等，可能使实物证据失真。（3）间接性较强。物证通常以物体的外形、质量、状态、规格、特征来证明案件事实。外形等并不能直接说明案件事实，而需要借助专业技术鉴定、逻辑推理等才能说明案件事实。这就使实物证据的证明程序相对比较复杂。

通过以上分析可以看出，言词证据和实物证据都既有优点又存在缺陷。可以说，言词证据的优点正体现了实物证据的缺陷，而实物证据的优点也正体现了言词证据的缺陷。因此，二者之间具有显著的互补性。在审判实践中，正确地运用和把握言词证据与实物证据特点，充分利用、发挥二者的优点和长处，就可以趋利避害，确保正确、有效和及时地认定案件事实。区分言词证据与实物证据的实践意义在于，可以针对言词证据与实物证据的不同特征，制定相应的收集、质证和认证规则。

在民事诉讼中，收集言词证据应当主要运用询问或录音、录像的方法；收集实物证据则主要采用勘验、搜查、扣押、查封、冻结等方法。同时，无论对实物证据还是对言词证据的收集都要做到迅速、及时、全面。

言词证据与实物证据都应当通过当庭质证才能作为认定事实的根据。法律要求言词证据的提供者（包括当事人、证人、鉴定人）必须亲自出庭，接受当事人的质证。对于实物证据，也必须在法庭上予以出示，由当事人加以辨认。

在对言词证据与实物证据进行审查判断时，必须辨明两种证据的不同特征。对于言词证据应主要审查证据的提供者是否存在使证据失实的主客观因素。对于实物证据，应着重审查证据是否被伪造、篡改，是否因时间的推移或环境的变化而失真等。

（三）直接证据与间接证据

根据证据与待证事实之间联系的不同，可把证据分为直接证据与间接证据。

直接证据，是指仅凭其自身的证明作用就能够直接证明案件某一待证事实的证据。"直接"意味着在逻辑推理过程中是直接推理而不是间接推理。比如，原告为证明借贷关系的存在，向法庭出示了借条，借条上有被告的亲笔签名。该借条可以直接、单独地证明原告与被告之间存在借贷关系，因而属于直接证据。

间接证据，是指仅凭其自身的证明作用不能直接证明案件的某一待证事实，必须与其他有关证据结合起来才能证明该待证事实的证据。比如，原告为证明借贷关系的存在向法庭出示了三份证据：（1）原告在借款当日去银行取款的记录；（2）证人证言，证人看见原告在取款的当日，在走出银行之后将一报纸包交给了被告；（3）证人证言，被告于借款不久后盖了五间房屋，并与邻居说盖房钱是向原告借的。该案中每一个证据都不能直接、单独地证明原、被告之间存在借贷关系，必须与其他证据相结合才能证明被告曾经向原告借款，这种证据就是间接证据。任何一个间接证据，都只能证明待证事实的某一部分，不能直接证明案件的待证事实。而且，只有若干间接证据组合起来，形成一个完整的证据链条，才能证明案件的待证事实。

直接证据的证明力一般大于间接证据的证明力。在司法实践中，应当针对直接证据与间接证据的各自特点，将两种证据结合起来使用。既要重视直接证据的调查与收集，又要重视间接证据的调查与收集。

在间接证据的使用方面必须遵循以下规则：（1）单个间接证据不能单独证明案件的待证事实；（2）间接证据本身必须真实可靠并且必须具有关联性；（3）各个间接证据之间必须协调一致，相互印证，不存在矛盾；（4）运用间接证据组成的证据体系进行推理时，所得出的结论应当是肯定的、唯一的。

（四）本证与反证

根据证据与证明责任的关系，可把证据分为本证与反证。本证，是指一方当事人为证明其事实主张，提出能证明该事实主张存在的证据。反证，是指一方当事人为证明其抗辩事实主张而提出的旨在推翻对方当事人主张的待证事实的证据。在诉讼中，原告为了证明其诉讼主张所根据的事实而提供的证据，被告为证明其诉讼主张所根据的事实而提出的证据，第三人为证明其诉讼主张所根据的事实而提出的证据，都是本证。基于相对一方当事人的事实主张而提出的抗辩主张，并为此提出的证据，均系反证。

本证与反证一般不能并存。因为本证与反证是用来证明同一事实的，其证明力正好相反。在通常情况下，当本证成立时，反证则应当被推翻；反之，反证成立的，本证就应被推翻。但是，在一些特殊情况下，当案件中的某些是非界限难以截然分清时，就有可能出现本证与反证并存的局面：证明力相互抗争，暂时不能相互抵消。但这只是一种特殊的例外和个别现象，并不具有普遍性。例如，在离婚案件中，证明夫妻感情破裂的证据和证明夫妻感情尚未破裂的证据可能同时存在，两种证据证明的事实相反。这一类特殊的案件并不必然要求一方的证据否定另一方的证据才能定案。

证明作用的不同，决定了应当对本证和反证采取不同的证明标准：本证的证明标准要求更高，必须使法官达到确信的程度；反证的证明标准则低一些，只要足以动摇法官的心证、使待证事实真伪不明即可。当本证和反证的证明力相当时，即待证事实处于真伪不明的状态时，则由本证方当事人承担举证不能的后果。

二、民事诉讼证据的法定种类

民事诉讼证据的法定种类是指立法确定的民事诉讼证据的类型。根据《民事诉讼法》的规定，民事诉讼证据的法定种类有八种。

（一）当事人的陈述

当事人的陈述，是指当事人就有关案件的事实情况向法庭作出的陈述。当事人向法庭陈述的内容很多，主要包括：关于案件事实的叙述和说明；关于请求适用实体法作出对其有利判决的陈述。

当事人的陈述主要有以下两个基本特征：首先，真实性较强。当事人是发生争议的民事法律关系的直接参加者，他们对权利义务关系发生、变更或者消灭的事实情况和过程比其他任何人都更了解、更清楚。因此，当事人的陈述可以为法院提供客观的事实材料。其次，具有偏向性。当事人一般都会从自身的利害得失出发，凡有利于自己的就说，不利于自己的就不说，并且为了使法院作出有利于自己的裁判，通常会有意或者无意地夸张或者缩减有关事实情况，甚至可能还会对有关事实加以掩饰或者歪曲，作出虚假陈述。为此，《民事诉讼证据规定》第63条规定："当事人应当就案件事实作真实、完整的陈述。当事人的陈述与此前陈述不一致的，人民法院应当责令其说明理由，并结合当事人的诉讼能力、证据和案件具体情况进行审查认定。当事人故意作虚假陈述妨碍人民法院审理的，人民法院应当根据情节，依照民事诉讼法第一百一十一条的规定进行处罚。"根据《民事诉讼证据规定》第65条规定，法院在询问前，当事人不仅应当签署保证书，还应当宣读保证书的内容，由此构成完整的具结；当事人拒绝具结，或者拒绝完整具结，如待证事实无其他证据证明的，法院应当作出不利于该当事人的认定。

在诉讼过程中，除本人向法院进行陈述外，当事人还可以通过诉讼代理人或者专家辅助人进行陈述。《民诉法解释》第122条第1款、第2款规定："当事人可以依照民事诉讼法第八十二条的规定，在举证期限届满前申请一至二名具有专门知识的人出庭，代表当事人对鉴定意见进行质证，或者对案件事实所涉及的专业问题提出意见。具有专门知识的人在法庭上就专业问题提出的意见，视为当事人的陈述。"

（二）书证

1. 书证的概念与特征。书证，是指以文字、符号、图形等表达的思想内容对案件事实起证明作用的证据。

书证作为民事诉讼中常见的证据，具有以下特征：

（1）书证以材料记载的思想内容来证明案件事实，此为书证的最主要特征。书证记载思想内容的方式是多种多样的，文字是最常见的方式，此外还可能采用符号、图形等方式。

（2）书证记载的思想内容明确，容易被常人所理解，且形式上也相对固定，稳定性较强，易于长期保存，即使被伪造、篡改，也容易被发现。

（3）书证能够客观地记述和反映案件事实的真相，真实性强，往往可以直接证明案件的待证事实。比如，合同书、票据、房产证等书证就直接体现了当事人之间的民事权利义务关系，在发生争议时，这些书证可以直接起到证明作用。

2. 书证的分类。书证种类繁多，可以按照不同的标准加以分类：

（1）根据内容所体现的法律后果不同，可以将书证划分为处分性书证与报道性书证。处分性书证，是指记载设立、变更或消灭一定民事法律关系的书证，如合同书、赠与协议、离婚证书等。报道性书证，是指只是记载了具有法律意义的事实，不以引起民事法律关系发生、变更或消灭为目的的书证，如信件、日记、档案等。

（2）根据制作的主体不同，可以将书证划分为公文书证与非公文书证。公文书证，是指由国家机关和社会管理职能部门在法定权限范围内依职权制作的文书，如决议、决定、信函、证明文书、判决书、公证书、验资报告等。非公文书证，是指自然人、法人或非法人组织基于从事民事行为的目的所制作的文书，如保证书、承诺书、借据、欠条等。区分公文书证和非公文书证有利于认定书证的证明力。一般来说，公文书证的证明力高于非公文书证。《民诉法解释》第114条规定，国家机关或者其他依法具有社会管理职能的组织，在其职权范围内制作的文书所记载的事项推定为真实，但有相反证据足以将其推翻的除外。必要时，法院可以要求制作文书的机关或者组织对文书的真实性予以说明。

（3）根据形成是否需要特定的形式、格式和要件，可将书证划分为一般书证与特殊书证。一般书证，是指对形式、格式和程序等没有特定要求的书证，如书信、日记、借据、合同等。特殊书证，是指法律规定必须具备一定形式或格式并履行一定手续的书证，如证明收养关系的公证文书等。

（4）按照制作方法及来源不同，可以把书证分为原本、正本、副本、复印件和节录本。原本（或称原件）是指文件制作人最初制成的原始文本。正本是指按原本抄录或印制，与原本具有相同效力的文本。副本是该文书的全部内容照原本制作，对外具有与原本同样效力的文书。复印件是指用复印的手段制作的材料。节录本（或称节本），是指摘抄了原本文件部分内容的文本。不同来源的书证具有不同的证据力。一般而言，原本、正本的证明力高于副本、复印件、节录本的证明力。

3. 文书提出命令与文书提出义务。文书提出命令是指法院根据当事人的请求向持有文书的对方当事人或第三人发出提出文书的指令。《民诉法解释》第112条规定，书证在对方当事人控制之下的，承担举证证明责任的当事人可以在举证期限届满前书面申请法院责令对方当事人提交。

《民事诉讼证据规定》第46条规定，法院对当事人提交书证的申请进行审查时，应当听取对方当事人的意见，必要时可以要求双方当事人提供证据、进行辩论。当事人申请理由成立的，法院应当作出裁定，责令对方当事人提交书证；理由不成立的，通知申请人。第47条规定，在下列情形下，控制书证的当事人应当提交书证：（1）控制书证的当事人在诉讼中曾经引用过的书证；（2）为对方当事人的利益制作的书证；（3）对方当事人依照法律规定有权查阅、获取的书证；（4）账簿、记账原始凭证；（5）法院认为应当提交书证的其他情形。

根据《民事诉讼证据规定》第48条的规定，控制书证的当事人无正当理由拒不提交书证的，法院可以认定"书证提出命令"的申请人所主张的书证内容为真实。同时，为了保证当事人善意地使用书证，《民诉法解释》第113条规定，持有书证的当事人以妨碍对方当事人使用为目的，毁灭有关书证或者实施其他致使书证不能使用行为的，构成妨害民事诉讼的行为，法院可以对其处以罚款、拘留。

（三）物证

物证，是以形状、规格、质量、数量等客观存在证明案件事实的物品或痕迹。

物证具有以下特征：首先，物证以其外部特征、内在属性及其存在的位置、状态等对案件事实起证明作用。这是物证的最本质特征，也使物证明显区别于言词证据。其次，物证具有较强的客观性与稳定性。物证本身表现为一定的客观存在，在没有受到外力改变或人为破坏、伪造的情况下，物证能够不受当事人意志的左右，比较客观地反映案件事实。但是，物证的客观性与稳定性也是相对的，排除人为的因素，物证在自然状态下，受到风力、水的侵蚀以及太阳照射等环境因素的影响，可能会改变其物理或化学状态，从而削弱其对案件事实的证明力。最后，物证与待证事实之间的关联性差。物证一般只能成为间接证据，并且其证明待证事实的能力必须通过一定的技术手段或通过其他证据才能展示出来。

物证容易与书证混淆。书证以其记载的思想内容对案件事实起证明作用，但书证所要表达的思想内容必须存在于一定的物质载体上，才能为人所感知。因此，在外观上书证与物证十分接近。而且，从证据分类的角度看，广义的物证包括书证。此外，同一文书有时既可以作为书证又可以作为物证。比如借贷合同，当以其内容来证明借贷事实时是书证；当该合同书上的签名字迹经鉴定后，不是借款人所签署时，它又成为物证。但在我国民事诉讼中，书证与物证是两种不同的、相互独立的证据形式，它们存在以下的区别：首先，证明方法不同。书证具有一定的思想内容，并以此证明案件事实；物证本身不具有思想内容，而以其存在、外形、质量等特征证明案件事实。其次，形式要求不同。法律对有些书证有特定形式要求的，只有具备特定形式要求的书证才能起到证据的作用；法律对物证无任何特殊形式要求。最后，书证只要保存完好，在相当长的一段时间内都可以起到证明作用；物证随着时间的推移、环境的变化，有变质、损毁、灭失的可能。

（四）视听资料

视听资料，是指利用录音、录像、电子计算机储存的资料等来证明案件事实的证据。视听资料是随着科技发展而出现并被广泛应用于诉讼中的一类证据。在英美法系国家，视听资料被纳入书证之列。我国《民事诉讼法》鉴于视听资料所具有的特殊性，将其作为一种独立的证据形式。

与其他类型的证据相比，视听资料具有以下特征：（1）生动形象。视听资料记录了民事法律关系发生、变更或消灭的情况或记载了某些具有法律意义的事件发生时的情形，因而可以在同一时间内综合使用图形、声音、色彩等因素生动地反映和再现案件事实，对案件事实起到很好的证明作用。（2）储存信息量大，易于保存和携带。视听资料的这一特征是其他类型证据无法比拟的。视听资料在产生的过程中，利用了高科技手段，可以在很小的体积上储存大量的信息，给证据的保管和携带创造了便利。而且视听资料所记载的信息一般比较稳定，在自然状态下可以保存相当长的时间，并可以重复使用。（3）容易被伪造。视听资料是现代科技的产物。但是现代高科技既可以用来制作视听资料，也可以用来对视听资料进行篡改或伪造。比如，可以通过消磁、剪辑、移像等方式改变视听资料的内容，并且，经过伪造的视听资料如果不通过特殊的技术手段，很难识别。

作为一种证据形式，视听资料以其记载的思想内容及其客观存在等特征对案件事实起证明作用，与书证和物证有相似之处。但它与书证、物证有明显的区别：首先，视听资料与书证虽然都以一定的思想内容来证明案件事实，但视听资料以音响、图像、数据反映的内容，而不是文字、符号表达的内容证明案件事实；视听资料可以以动态和静态两种方式证明案件事实，而书证只能以静态方式证明案件事实。其次，视听资料离不开一定的物质载体，因此从外观上，视听资料也表现为一定的物质形式。但与物证不同，视听资料以其记载的图像、声音、色彩等对案件事实起证明作用；而物证以其外部特征、物理或化学状态对案件起证明作用。视听资料往往可以形成直接证据，直接、单独地证明案件事实；而物证一般属于间接证据。《民事诉讼证据规定》第 15 条规定，当事人以视听资料作为证据的，应当提供存储该视听资料的原始载体。

（五）电子数据

电子数据，又称电子证据，是指基于计算机应用、通信和现代网络技术等电子化技术手段形成的，以电子形式存在于计算机硬盘、光盘等载体的客观资料。电子数据一般需要通过特定的程序、技术和设备转换为人们所能感知和理解的存在物，如图形、符号、文本等，才能成为认定案件事实的证据。根据《民诉法解释》第 116 条第 2 款、第 3 款的规定，电子数据是指通过电子邮件、电子数据交换、网上聊天记录、博客、微博客、手机短信、电子签名、域名等形成或者存储在电子介质中的信息。存储在电子介质中的录音资料和影像资料，适用电子数据的规定。《民事诉讼证据规定》第 14 条进一步明确了电子数据的范围：（1）网页、博客、微博客等网络平台发布的信息；（2）手机短信、电子邮件、即时通信、通讯群组等网络应用服务的通信信息；（3）用户注册信息、身份认证信息、电子交易记录、通信记录、登录日志等信息；（4）文档、图片、音频、视频、数字证书、计算机程序等电子文件；（5）其他以数字化形式存储、处理、传输的能够证明案件事实的信息。

电子数据种类繁多，本质上是以无纸化形式生成、存储或者通信的信息资料。作为一种由高新信息技术产生的证据形式，电子数据具有以下特征：首先，以数字化形式存储在电子介质中，即在光盘、硬盘等载体中储存，内容可与载体分离，并可复制。其次，需借助特定的电子设备，按照操作程序将电子介质中储存的信息显示出来，让人们能够感知与理解，才能成为认定案件事实的依据。最后，电子数据的生成、储存易改动、删除等，必须要借助一定的技术设备对电子数据的真实性进行审查与判断，否则无法用来证明案件事实。

随着计算机技术和通信技术的飞速发展，电子数据在人们的日常交往与司法实践中经常出现并作为证据使用。为规范电子数据作为证据的使用，许多国家以立法的形式对电子证据作出规定。我国《电子签名法》第 7 条规定："数据电文不得仅因为其是以电子、光学、磁或者类似手段生成、发送、接收或者储存的而被拒绝作为证据使用。"我国《民事诉讼法》明确将电子数据规定为一种独立的证据形式，为人们收集、审查、判断电子数据，利用电子数据进行诉讼提供了法律依据。

（六）证人证言

1. 证人证言的概念与特征。证人，是指就其知晓的案件事实向法院作证的人。证人证言，是指证人就案件事实在法庭上向审判人员所作的陈述。证人证言是最古老的一种证据形式，普遍地存在于各国的诉讼制度中。我国《民事诉讼法》将证人证言作为一种单独的证据种类，并且规定凡是知道案件情况的单位和个人，都有义务出庭作证，足见其重要性。证人证言具有如下特征：

第一，证人证言具有不可替代性。证人证言以证人对案件事实的感知为基础。这种感知一般产生于案件发生、发展的过程中。而案件事实的发展过程是不可逆的，这就决定了证人对事实的感知具有不可替代性。

第二，虚假、失实的可能性大。证人证言产生的基础是证人的感觉。但是，人的感觉受制于主客观条件，有虚假失实的可能。证人的感知能力、记忆能力、叙述能力以及证人与当事人之间是否存在利害关系等因素都可能影响证言的真实性。

第三，具有较好的证明效果。证人证言虽然存在虚假、失实的可能，但是一旦被认定为真实，往往能够产生较好的证明效果。与物证、书证等证据形式相比，证人证言更加生动形象，有助于法官对事实作出判断。

2. 证人的范围与资格。根据《民事诉讼法》第 75 条第 1 款的规定，在我国，证人包括自然人与单位两类。其中，自然人包括中国人、外国人和无国籍人。

根据《民诉法解释》第 115 条的规定，单位向法院提出的证明材料，应当由单位负责人及制作证明材料的人员签名或者盖章，并加盖单位印章。法院就单位出具的证明材料，可以向单位及制作证明材料的人员进行调查核实。必要时，可以要求制作证明材料的人员出庭作证。单位及制作证明材料的人员拒绝法院调查核实，或者制作证明材料的人员无正当理由拒绝出庭作证的，该证明材料不得作为认定案件事实的根据。

证人的资格也称证人的适格性，指由法律规定的证人作证应当具备的条件。一般而言，证人必须具备以下两个条件才能作证：一是对案件事实有所感知。证人必须知道案件情况，这是证人作证的首要条件；二是必须能够正确表达自己的意思。由此可见，下列人员不能作为证人：

第一，不能正确表达意思的人。比如精神病患者或年幼的人，因不能正确表达自己的意思，不能出庭作证。《民事诉讼证据规定》第 67 条规定，待证事实与其年龄、智力状况或者精神状况相适应的无民事行为能力人和限制民事行为能力人，也可以成为证人。

第二，诉讼代理人。对同一案件，诉讼代理人的身份与证人的身份是相互冲突的，因而不能既担任诉讼代理人又作证人。诉讼代理人如了解案件的重要事实，确有出庭作证的必要，应当在取消委托或辞去委托之后，以证人身份出庭作证。

第三，办理本案的法官、书记员、鉴定人、翻译人员、勘验人员。办理本案的上述人员如同时作为案件的证人，就有可能影响到司法公正，所以不得作为本案的证人。

3. 证人出庭作证的获准与作证要求。根据《民诉法解释》第117条的规定，证人在下列三种情形下，可以经法院同意后出庭作证：（1）当事人是在举证期间届满前向法院申请证人出庭作证；（2）法院认为符合《民诉法解释》第96条第1款规定的情形，依职权通知证人出庭作证；（3）双方当事人同意并经法院准许。

证人出庭作证，不仅要获得法院的同意，而且在出庭作证前，应当签署保证书，并在法庭上宣读保证书的内容，但无民事行为能力人和限制民事行为能力人作为证人除外。证人确有正当理由不能宣读保证书的，由书记员代为宣读并进行说明。证人拒绝签署或者宣读保证书的，不得作证，并自行承担相关费用。

4. 证人的权利与义务。

（1）证人享有如下权利：

第一，使用本民族的语言文字提供证言的权利。

第二，补充、更正笔录权。证人出庭作证时，书记员须将证人陈述的内容如实记录成笔录，证人有权要求查阅笔录，且对笔录中误记或漏记的内容，有权要求更正。

第三，受到保护权。证人因出庭作证而使自己或其亲属的人身、财产权利受到损害或威胁的，有权要求司法机关给予保护。

第四，获得补偿权。《民事诉讼法》第77条规定，证人因履行出庭作证义务而支出的交通、住宿、就餐等必要费用以及误工损失，由败诉一方当事人负担。当事人申请证人作证的，由该当事人先行垫付；当事人没有申请，法院通知证人作证的，由法院先行垫付。《民诉法解释》第118条进一步明确了对证人进行补偿的标准，证人因履行出庭作证义务而支出的交通、住宿、就餐等必要费用，按照机关事业单位工作人员差旅费用和补贴标准计算；误工损失按照国家上年度职工日平均工资标准计算。

（2）证人的义务主要有：

第一，按时出庭作证的义务。按照法院的通知出庭作证是证人的基本义务，也是最主要的作证方式。证人出庭作证，不仅可以接受法官的询问，还可以解答双方当事人提出的质疑，对查清案件事实十分重要。但在我国司法实践中，证人不出庭作证的情形较为突出。针对这种情况，《民事诉讼法》第76条明确规定了作为证人不出庭作证的法定理由：① 因健康原因不能出庭的；② 因路途遥远，交通不便不能出庭的；③ 因自然灾害等不可抗力不能出庭的；④ 其他有正当理由不能出庭的。另外，根据《民事诉讼法》第76条的规定，证人确有困难不能出庭的，经法院许可，可以通过书面证言、视听传输技术或者视听资料等方式作证。根据《民事诉讼证据规定》第68条的规定，证人在审理前的准备阶段或者法院调查、询问等双方当事人在场时陈述证言的，视为出庭作证。双方当事人同意证人以其他方式作证并经法院准许的，证人可以不出庭作证。无正当理由未出庭作证的证人以书面等方式提供的证言，不得作为认定案件事实的根据。

第二，如实陈述的义务。证人出庭后，应如实陈述其亲身感知的事实，如实回答法官、当事人、诉讼代理人提出的问题，不得使用猜测、推断或者评论性语言，更不得作伪证。

第三，保守秘密的义务。证人对其在作证过程中知悉的国家秘密、商业秘密、当事人或第三人的隐私以及法律规定应当保密的情形负有保密的义务。

（七）鉴定意见

1. 鉴定意见的概念与特征。鉴定意见，是指法院依据其职权或者依据当事人的申请，委托具有鉴定资格的鉴定人，由鉴定人对与案件的待证事实有关的专门性问题进行分析、鉴别和判断后作出的结论性意见。

鉴定意见具有以下特征：（1）鉴定意见是鉴定人根据案件事实材料，运用科学技术手段和自己的专业知识，独立进行研究、分析和鉴别活动的结果，具有专门性、科学性。因此，鉴定意见对案件待证事实的认定具有很强的科学性和可靠性。（2）鉴定意见只能就法庭据以查明的案件事实中涉及的某些专门性问题作出鉴别和判断，而不能对法律问题作出结论性意见，因为这是法官职权范围内的事项，鉴定人无权就法律问题作出相关结论。

2. 鉴定人与证人的区别。鉴定人与证人主要有五个方面的不同：（1）是否需要专业知识不同。鉴定人的责任是对案件中涉及的专业问题分析研究后提出结论性意见，因此，鉴定人必须具有一定的专业知识和技能；证人则是就其了解的案件事实向法庭作证的人，无需具备专业知识。（2）了解案件事实的时间不同。鉴定人是在诉讼开始后了解案件事实的；证人一般在诉讼产生之前了解案件事实。（3）能否发生回避不同。如果鉴定人与案件有一定的利害关系，依法应当回避；证人即使与案件有利害关系或者是当事人的近亲属，也只会对其证言的证明力产生影响，不发生回避问题。（4）是否具有可替代性不同。鉴定人具有可替代性，因为对同一专业问题能够进行鉴定的专业人员或机构很多，当法院委托或当事人选定的鉴定人因故不能鉴定时，可以换人，有较大的选择余地；证人作证是基于其对案件事实的感知，具有不可替代性。（5）向法庭提供的信息不同。鉴定人向法庭提供的是对专门问题进行鉴定、分析后得出的结论性意见；证人向法庭提供的是对案件事实的客观描述，不需要对案件事实进行分析判断。

3. 鉴定人与专家辅助人的区别。专家辅助人，是指受当事人聘请，协助当事人就案件事实中的专门性问题向法庭进行说明和质证的人。鉴定人与专家辅助人都必须具有专门知识，但二者之间也有区别：（1）参加诉讼的根据不同。鉴定人的产生由当事人协商确定，协商不成的由法院指定；专家辅助人则由当事人单方聘请。（2）在诉讼中发挥的作用不同。鉴定人作出的鉴定意见在诉讼中可以作为证据使用；专家辅助人对案件的专门性问题所作的说明和解释，不可作为证据使用。

4. 鉴定人的选任。根据《民事诉讼法》第79条的规定，鉴定人的选任方式有三种：（1）当事人申请鉴定的，由双方当事人协商确定；（2）双方当事人协商不成的，由法院指定；（3）当事人未申请鉴定的，法院对专门性问题认为需要鉴定的，可以依职权委托鉴定。

5. 鉴定人的权利和义务。鉴定人的权利有四项：一是有权了解鉴定所需要的材料，必要时可以询问当事人、证人，进行现场勘验；二是有权根据自己对问题的理解，独立地提出鉴定意见，不受其他人干涉；三是如果认为对委托其鉴定的事项不具有鉴定能力，可以拒绝鉴定；四是在鉴定过程中产生的费用、劳动等，有权要求给付报酬。

鉴定人的义务有三项：一是不能接受他人的贿赂或委托，作出虚假鉴定意见。鉴定意见必须在客观、公正基础上作出。二是接受鉴定任务后，应当在法院确定的期限内完成鉴定，提交鉴定书，并出庭作证。当事人对鉴定书的内容有异议的，鉴定人应当作出解释、说明或者补充。对当事人未提出异议的内容，鉴定人根据法院的要求进行解释、说明或者补充。三是在鉴定开始之前，鉴定人签署承诺书，保证客观、公正、诚实地进行鉴定，保证出庭作证。

根据《民事诉讼法》及其司法解释的要求，鉴定人违背承诺，故意作虚假鉴定的，除应当退还鉴定费用外，其行为还构成妨碍民事诉讼行为，法院应当依照《民事诉讼法》第114条规定对其进行处罚；鉴定人未按期提交鉴定书且无正当理由的，当事人可以重新申请鉴定，原鉴定人收取的鉴定费用退还；法院采信鉴定意见后，鉴定人无正当理由撤销鉴定意见的，不仅应当退还鉴定费用，法院还应当对这种妨碍民事诉讼的行为予以处罚；经法院通知，鉴定人拒不出庭作证的，鉴定意见不得作为认定事实的根据，并应根据当事人的要求返还鉴定费用；当事人可以申请1—2名具有专门知识的人，代表当事人对鉴定意见进行质证，或者对案件事实所涉及的专业问题提出意见。

6. 重新鉴定。根据《民事诉讼证据规定》第 40 条的规定，存在下列情形之一的，当事人可以申请重新鉴定，法院应当准许：（1）鉴定人不具备相应资格的；（2）鉴定程序严重违法的；（3）鉴定意见明显依据不足的；（4）鉴定意见不能作为证据使用的其他情形。存在前款第 1 项至第 3 项情形的，鉴定人收取的鉴定费用应当退还。重新鉴定的，原鉴定意见不得作为认定案件事实的根据。

（八）勘验笔录

勘验笔录，是指审判人员在诉讼过程中对与案件有关的物品或现场进行查验、测量、拍照后制作的笔录。勘验笔录是一种独立的证据，也是一种重要的固定和保全证据的方法。

勘验笔录具有以下特征：（1）勘验笔录具有较强的客观性。勘验笔录是对有关物品或现场的客观记载，不是勘验人员的主观判断或分析，具有较强的客观性。（2）勘验笔录必须在勘验过程中当场制作，是获取证据的一种方法。（3）除用文字方式制作勘验笔录外，还可以辅用拍照、录像、测量、绘图等方式。

根据《民诉法解释》第 124 条规定，法院制作勘验笔录有两种情形：一是法院根据当事人申请制作；二是法院认为必要时依职权制作。法院在进行勘验时，应当严格遵循法定程序：（1）在进行勘验之前，勘验人必须出示法院的证件，以表明身份。（2）通知当事人或者当事人的成年家属到场，拒不到场的，不影响勘验的进行。（3）邀请当地基层组织或者当事人所在单位派人参加，了解勘验的过程和情况。（4）为维持现场的秩序，可通知有关单位和个人保护现场，协助勘验工作。（5）根据需要邀请具有专业知识的人员协助勘验。（6）勘验笔录记载的内容必须全面、客观、准确，并应记载勘验的时间、地点和场所，勘验人、记录人的基本情况，在场的当事人或其成年家属（如果他们拒不到场，也应将情况记入笔录），被邀请参加人，勘验对象，勘验情况和勘验结果。还应由勘验人、记录人、当事人或其成年家属、被邀请参加人在笔录结尾处分别签名或盖章。

第三节　民事诉讼证据的收集与保全

一、民事诉讼证据的收集

在民事诉讼中，证据的收集可分为当事人收集证据和法院收集证据。

（一）当事人收集证据

当事人为使自己的主张获得法院的支持，必须向法院提供相应的证据，否则，将承担诉讼的不利后果。由于当事人是民事纠纷的实际参与者，不仅了解案情，而且会保存或掌握与纠纷有关的证据，因此，当事人是承担收集证据责任的主要主体。在民事诉讼中，当事人既可自行收集证据，也可委托诉讼代理人（主要是律师）收集证据。如果证据在对方当事人手中或者由第三人掌控，举证一方当事人可以向对方当事人收集证据，如核对会计凭证、往来账目等，还可以向第三人收集证据，如向市场监管部门调取企业的工商登记材料等。

（二）法院收集证据

在民事诉讼中，虽然规定证据主要由当事人自己负责收集，但在某些情况下，当事人基于客观原因不能自行收集证据。为此，根据《民诉法解释》的规定，在下列情形下，由法院收集证据。

1. 根据当事人的申请收集的证据。根据《民诉法解释》第94条的规定，当事人申请法院调查收集证据必须符合下列条件之一：（1）证据由国家有关部门保存，当事人及其诉讼代理人无权查阅调取的；（2）涉及国家秘密、商业秘密或者个人隐私的；（3）当事人及其诉讼代理人基于客观原因不能自行收集的其他证据。

根据《民事诉讼证据规定》第20条的规定，当事人及其诉讼代理人申请法院调查收集证据，应当在举证期限届满前提交书面申请。申请书应载明被调查人的姓名或者单位名称、住所地等基本情况、所要调查收集的证据名称或内容、需要由法院调查收集证据的原因、要证明的事实以及明确的线索。

2. 法院依职权收集的证据。根据《民诉法解释》第96条的规定，法院应当主动收集的证据包括：（1）涉及可能有损国家利益、社会公共利益的；（2）涉及身份关系的；（3）涉及《民事诉讼法》第58条规定诉讼的；（4）当事人有恶意串通损害他人合法权益可能的；（5）涉及依职权追加当事人、中止诉讼、终结诉讼、回避等程序性事项的。

法院调查收集证据时，应当由两人以上共同进行。调查材料要由调查人、被调查人、记录人签名、捺印或者盖章。

二、民事诉讼证据的保全

（一）证据保全的概念

证据保全，是指在证据可能灭失或以后难以取得的情况下，法院根据当事人或利害关系人的申请，或依职权对证据采取一定措施加以确定和保全的制度。证据保全是一种法定的、通过必要手段使某种证据材料不因时间的推移而使其本身的证明力减损或消失的取得证据的方式。它是基于客观上的急迫需要，在正式开展庭审调查前就特定证据材料预先加以调查，以便对证据的形式与内容加以固定、保存的一种特别程序。[①]

（二）证据保全的类型

1. 诉讼前的证据保全，是指在提起诉讼前因情况紧急，在证据可能灭失或以后难以取得的情况下，利害关系人向证据所在地、被申请人住所地或者对案件有管辖权的法院申请保全证据。另外，在提起诉讼前，因情况紧急，在证据可能灭失或以后难以取得的情况下，利害关系人还可以依法向有权采取保全措施的公证机构等部门申请证据保全。

2. 诉讼中的证据保全，是指在民事诉讼过程中，在证据可能灭失或以后难以取得的情况下，当事人向法院申请保全证据。根据《民诉法解释》第98条的规定，当事人申请证据保全应当在举证期限届满前以书面形式提出。证据保全可能对他人造成损失的，法院应当责令申请人提供相应的担保。另外，在民事诉讼中，如当事人未提出证据保全申请，基于案件情况需要，法院也可依职权采取证据保全措施。

（三）证据保全的方法

法院进行证据保全，可以根据具体情况，采取查封、扣押、拍照、录音、录像、复制、鉴定、勘验、制作笔录等方法。在审判实践中，不同的证据有不同的保全方法。法院针对不同种类的证据，应分别采取不同的保全方法。如对物证，可以由法院进行勘验、制作勘验笔录，或者绘图、拍照、录像，也可以保存原物；对于证人证言，可以采取录音或者由审判人员制作调查笔录等方法进行保存。另外，保全证据材料由法院存卷保管。

（四）证据保全的效力

证据保全后一般将产生如下效力：

1. 双方当事人对保全的证据均可加以利用。保全的证据为双方当事人共同或者相互间发生事实关系的证明。因此，不但申请保全证据的当事人可以使用，如果对方当事人认为该种证据对其有利，也可使用。

2. 保全的证据效力并不必然及于待证事实。也就是说，所保全证据的效力仅及于本身，与待证事实并无必然的关系。比如，保全的证据为车辆被损的鉴定报告，并不足以证明对方当事人应承担过失责任。

3. 已保全的证据用于证明案件待证事实的，仍应在辩论中予以陈述。民事诉讼适用当事人主义，在举证上，当事人有提出证据与否的自由。因此，经保全的证据，在诉讼中只有经当事人引据陈述，法院才可将其采纳为裁判的依据。也就是说，即使已经保全的证据，如事后未经当事人在诉讼中向法院提出，法院也

---

① 参见毕玉谦：《民事证据原理与实务研究》，人民法院出版社2003年版，第418页。

不可直接对其进行法庭调查并采纳为裁判的根据。

4. 证据一经保全，在效力上相当于法院按法定程序调查收集的证据，也就是与法院收集的其他证据具有同等效力。保全的证据是诉讼证据的一部分，法院应当将它与其他证据一并加以审查、判断。对于当事人提供的证据，虽经保全，也必须经过审查核实，才能作为认定案件事实的根据。已为法院保全的证据，可免除当事人相应的证明责任。

【复习要点】

（一）基本概念

证据能力　证明力　言词证据　间接证据　电子数据　证据保全

（二）思考题

1. 怎样理解证据与证据材料之间的区别？

2. 证据能力和证明力之间是什么关系？

3. 如何认识言词证据与实物证据在审判实务上的表现形态？

4. 民事诉讼法定证据种类的学理要素是什么？

5. 为什么说证人出庭作证是一种公法上的义务？

6. 在何种情形下当事人本人必须出庭？

7. 为什么要规定当事人文书提出义务？

8. 如何界定视听资料与电子数据之间的关系？

9. 如何从人证的角度理解证人与鉴定人之间的共性？

10. 为什么说专家辅助人对于法院采信鉴定意见具有保障性功能？

▶ 自测习题及参考答案

请扫描二维码，进行随堂测试。

第八章　民事诉讼证明

民事诉讼证明是当事人通过提供证据证明其诉讼主张的诉讼行为。民事诉讼的证明对象包括民事实体法事实、程序法事实、纠纷事实、证据事实以及与案件有关的其他事实。广义上与证明活动有关的范畴包括证明主体、证明客体、证明行为、证明责任、证明方式、证明模式、证明标准、证明规则、证明目的、证明价值等。狭义上的证明应包括待证命题、论据、论证或推论、结论。

第一节　民事诉讼证明与证明对象

一、民事诉讼证明的概念

民事诉讼证明，是当事人在诉讼中运用证据证明其诉讼请求和事实主张的诉讼行为。当事人证明的目的在于说服案件的审判人员，使审判人员确信其主张的案件事实是真实的，从而能够获取对自己有利的裁判。

从理论上看，诉讼证明包括广义上的证明和狭义上的证明。前者是指当事人就其主张的事实存在与否进行证实的活动；后者则是指当事人不仅要对事实存在与否进行证明，还要使法官达到内心确信的程度。另外，根据学理上的演绎，诉讼证明还可分为严格证明与自由证明。所谓严格证明，是指采用法律所规定的证据资料或证明方法并根据法定程序进行的证明；所谓自由证明，则是指采用法律规定的证明方法以外不受法定程序约束的证据资料或证明方法进行的证明。

二、证明对象

（一）证明对象的概念与构成要件

民事诉讼中的证明对象，简称证明对象，也称待证事实、证明客体，是指由实体法律规范所决定的，在民事诉讼中由对立的双方当事人提出诉讼主张和采用证据加以论证和证明的，并最终由裁判者予以确认的案件事实。证明对象是诉讼证明的起点。证明对象的确定，可以使当事人及其代理人收集、提供证据以及法院调取、审核证据有确定的范围，减少讼累，提高诉讼效率。

根据民事诉讼法的一般理论，只有同时具备以下三个条件的事实，才能成为民事诉讼中的证明对象。

1. 双方当事人对案件事实存在争议。双方当事人没有争议的案件事实，无须证明就可以由法院予以认定。只有双方当事人存在争议的案件事实，才需要当事人提供证据予以证明。换言之，作为证明对象的事实，必定是双方当事人存在争议的案件事实。

2. 对该案件事实的证明具有法律上的意义。诉讼证明的最终目的在于帮助法官认定案件事实，并在此基础上依据民事实体法和民事程序法解决当事人之间的纠纷。因此，在诉讼中需要当事人运用证据予以证明的案件事实，必须具有民事实体法和民事程序法上的意义。

3. 该案件事实是当事人在诉讼中主张的事实。根据辩论主义原则的要求，法院只能在当事人主张的范围内认定案件事实。当事人没有主张的事实，即使法官形成心证也不得作为裁判的基础。因此，需要通过证据予以证明的案件事实，必须是当事人在诉讼中提出主张的案件事实。当事人没有主张的案件事实，不能成为证明对象。

（二）民事诉讼证明对象的范围

1. 实体法事实。实体法事实是民事诉讼中最主要的证明对象。众所周知，民事诉讼所要解决的就是当事人之间关于实体权益的争议。所以，当事人所主张的实体法事实在为对方当事人所争执时，就成为证明对象。

需要由当事人用证据加以证明的实体法事实可以进一步划分为关于民事法律关系发生、变化和消灭的事实以及发生民事争议的事实两部分。前一类事实指作为民事法律关系构成要素的事实，具体包括民事法律关系主体的事实、民事法律行为的事实以及民事法律关系产生、变更和消灭的事实。后一类事实指当事人因民事权利义务关系的状态、成立、变更和消灭产生争议的事实。

2. 程序法事实。程序法事实是指能够引起民事诉讼法律关系发生、变更或消灭的事实。程序法事实虽然不直接涉及当事人之间实体权益的分配，但对民事诉讼程序的开始、进行和终止，都具有重要的意义，如一方当事人提出管辖权异议或先予执行申请等。此类事实必须由该当事人提出证据加以证明，法院不能依职权主动认定。

3. 证据性事实。证据是证明案件事实的手段或根据，但在进入诉讼程序之初，所有的证据都处于真伪不明的状态。因此，证据只有经过当事人之间的质证、辩论，以及法官对证据的审查判断后，才能查明其真伪，这个过程是证明证据真实性的过程。这些被证明的证据性事实，也是证明对象。

4. 外国法律和地方性法规、习惯。法官在审理涉外民事案件时，往往会遇到援引某一国法律解决纠纷的问题。另外，由于我国幅员辽阔，民族众多，各级地方政府在本行政辖区内制定的一些适合本地的地方性法规，特别是当地通行的风俗习惯等，不一定为法官所了解。因此，基于审理民事案件的需要，外国法律和地方性法规、习惯应当成为证明对象。

（三）免予证明的事实

免予证明的事实，是指在民事诉讼中不需要证据加以证明就可以在裁判中确认的事实。

根据《民事诉讼法》及其司法解释的规定，免于证明的事实包括八类：

1. 当事人在诉讼中自认的案件事实。

（1）自认的概念与构成要件。自认是指在民事诉讼过程中一方当事人对另一方当事人主张的、于己不利的事实表示的承认。根据我国《民事诉讼法》《民诉法解释》以及《民事诉讼证据规定》的规定，结合法理来看，自认必须同时具备以下条件：

第一，自认的事实必须是对方当事人主张的事实。一方当事人主动承认对方当事人没有主张的事实，属于当事人陈述而不是自认。只有一方当事人承认对方当事人主张的事实，才可能构成自认。但是主张与承认之间并没有先后顺序的要求，自认并不一定发生在对方当事人主张之后。也就是说，对方当事人先主张、一方当事人后承认和一方当事人先承认、对方当事人后主张，均可构成自认。

第二，自认的事实必须是于己不利的事实。所谓"于己不利"，就是法院将作出不利于承认一方的事实认定。当事人对有利于自己的事实的承认，不构成自认。

第三，自认的时间必须是在民事诉讼过程中。所谓在民事诉讼过程中，是指从起诉到判决作出的整个时间段。不是在民事诉讼过程中作出的承认，不可能构成民事诉讼上的自认。

第四，自认不得违反法律和司法解释的强制性规定。根据《民诉法解释》第92条第2款的规定，涉及身份关系、国家利益、社会公共利益等应当由法院依职权调查的事实，不适用自认的规定。另外，《民事诉讼证据规定》第8条还规定，《民诉法解释》第96条第1款规定的事实，也不适用有关自认的规定；自认的事实与已查明事实不符的，不予确认。

（2）自认的类型。

首先，根据表现的形式不同，自认可分为明示自认与默示自认。明示自认是指当事人明确作出承认的意思表示而成立的自认。明示自认既可在法庭审理中以口头形式作出并经庭审笔录固定，也可在起诉状、答辩状、代理词等书面材料中作出。默示自认又称拟制自认，是指一方当事人对另一方当事人所主张的案件事实保持沉默而不加争执与反驳，经法定程序推定其承认该事实而成立的自认。《民诉法解释》第92条第1款规定，一方当事人在法庭审理中，或者在起诉状、答辩状、代理词等书面材料中，对于己不利的事实明确表示承认的，另一方当事人无需举证证明。该款规定的就是明示自认。《民事诉讼证据规定》第4条规定，一方当事人对于另一方当事人主张的于己不利的事实既不承认也不否认，经审判人员说明并询问后，其仍然不明确表示肯定或者否定的，视为对该事实的承认。该条规定的则是默示自认。

其次，根据作出自认的主体不同，可将自认分为当事人自认与诉讼代理人自认。当事人是最主要的自认主体，当事人自认也是自认的基本形式。《民事诉讼证据规定》第6条规定："普通共同诉讼中，共同诉讼人中一人或者数人作出的自认，对作出自认的当事人发生效力。必要共同诉讼中，共同诉讼人中一人或者数人作出自认而其他共同诉讼人予以否认的，不发生自认的效力。其他共同诉讼人既不承认也不否认，经审判人员说明并询问后仍然不明确表示意见的，视为全体共同诉讼人的自认。"第7条规定，一方当事人对于另一方当事人主张的于己不利的事实有所限制或者附加条件予以承认的，由法院综合案件情况决定是否构成自认。但是，除当事人外，法定代理人和诉讼代理人也可以作出自认。其中法定代理人可以根据自己的意志独立地作出自认，无需被代理人同意；当事人委托诉讼代理人参加诉讼的除授权委托书明确排除的事项外，诉讼代理人的自认视为当事人的自认。

此外，在理论上，根据作出自认的时间不同，还可将自认分为诉讼上的自认和诉讼外的自认。诉讼上的自认就是在诉讼过程中作出的自认，诉讼外的自认是指在诉讼过程之外作出的自认。本书将"在诉讼过程中作出"作为自认的构成要件，民事主体在诉讼程序之外作出的承认就不可能构成自认。但是，当事人在诉讼过程中承认其在诉讼程序之外作出于己不利的承认的，诉讼程序之外的承认就转化为诉讼上的自认。

（3）自认的效力。自认的效力也就是因自认而产生的法律后果。一般认为，自认的效力包括以下几个方面：

首先，对自认当事人的拘束力。作出自认的当事人必须受自认内容的拘束，不能再对自认所涉及的案件事实提出相反的主张。但为了保障当事人在诉讼中自由协商的权利，《民诉法解释》第107条规定："在诉讼中，当事人为达成调解协议或者和解协议作出妥协而认可的事实，不得在后续的诉讼中作为对其不利的根据，但法律另有规定或者当事人均同意的除外。"

其次，免除对方当事人的证明责任。自认一旦作出，对方当事人就无需对自认的案件事实承担证明责任。

最后，对法院的拘束力。通常情况下，法院应当将当事人自认的事实作为认定案件事实的依据。而且，自认对法院的拘束力并不仅限于第一审法院，对第二审法院和再审法院同样具有拘束力。但是，自认对法院的拘束力并不是绝对的。法院认为当事人的自认出于恶意或为了达到规避法律或其他非法目的的，或者与法院查明的事实不一致的，可以不受自认的约束。

（4）自认的撤回。如前所述，当事人作出自认后，应受自认的约束，不得反悔。但是，根据《民事诉讼证据规定》第 9 条的规定，有下列情形之一的，作出自认的当事人可以在法庭辩论终结前撤销自认：① 经对方当事人同意的；② 自认是在受胁迫或者重大误解情况下作出的。

从构成要件和效力可以看出，自认不同于认诺。自认只是对于己不利的案件事实的承认，而认诺是对对方诉讼请求的承认。自认成立的，只是免除对方的证明责任，对方的诉讼请求并不一定会因此直接得到法院的支持；认诺成立的，法院应当直接支持对方的诉讼请求。

2. 自然规律以及定理、定律。自然规律以及定理、定律是对客观事物的性质或其发展规律的反映，它们的科学性与正确性被反复验证过，属于无需证明的事实。比如，在任何一个三角形中，只要两角相等，则其对边也相等，对于几何学这一定理，当事人无需举证证明。

3. 众所周知的事实。众所周知的事实是指在一定的时间和地域范围内为大多数人知晓的事实。规定众所周知的事实可以免除当事人的举证责任，有利于提高诉讼效率，减轻当事人的举证负担。比如，2003 年我国暴发"非典"疫情是全世界都知道的事实，当事人若在诉讼中主张该事实就不必举证证明。但是，如果当事人对众所周知的事实有异议，仍可提供足以反驳的相反证据。

4. 根据法律规定推定的事实。法律上的推定，是指立法者在制定成文法时就规定基于某事实的存在而推定事实的存在。比如，婚姻关系存续期间，夫妻一方以个人名义超出家庭日常生活需要所负的债务，作为个人债务处理，就是根据《民法典》的规定作出的推定；民法中关于过错的推定，也属于法律推定的事实。对于这些事实，当事人不必提供证据予以证明。但对方当事人有相反的证据足以反驳的除外。

5. 根据已知的事实和日常生活经验法则推定出的另一事实。根据已知的事实或者日常生活经验法则经过推论推断出另一事实的存在，是一种思维活动，是法官根据已经知道的事实推论出另一事实。其中现存的事实被称为基础事实，另一事实被称为推定事实。根据已知的事实和日常生活经验法则推定出的事实，不需要当事人提供证据予以证明，故该事实属于免证事实。但是，对方当事人有相反的证据足以反驳的，当事人仍需提供证据对该事实予以证明。

6. 已为生效裁判所确认的基本事实。法院的生效裁判具有预决的效力。已经为生效裁判所确认的基本事实，当事人就没有必要再提供证据予以证明，否则会加重当事人的负担，造成司法资源的浪费。但对方当事人有相反的证据足以推翻生效裁判所确认的基本事实的，当事人仍应提供证据证明其所主张的事实。

7. 已为生效仲裁裁决所确认的事实。按照我国法律的规定，仲裁机构作出的生效裁决与法院的生效裁判具有同等的法律效力。因此，生效仲裁裁决确认的事实，也无需当事人加以证明。但对方当事人有相反的证据足以反驳的除外。

8. 已为有效的公证文书所证明的事实。公证文书是公证机构依据法定的程序对有关法律行为、法律事实加以证明的法律文书。我国《民事诉讼法》第72条规定，经过法定程序公证证明的法律事实和文书，法院应当作为认定事实的根据，但有相反证据足以推翻公证证明的除外。因此，已为有效公证文书证明的事实，当事人无需提供证据予以证明，但对方当事人有相反证据足以推翻的除外。

第二节　证明责任

一、证明责任的概念与作用

证明责任，又称客观的证明责任、确定责任、实质上的证明责任，是指案件审理终结时若事实仍处于真伪不明状态，由提出事实主张的当事人承担不利后果的责任。证明责任的核心是，当案件事实处于真伪不明的状态时，由哪一方当事人承担不利的后果。因此，证明责任是一种结果责任或者后果责任。

在理解证明责任的含义时，应当注意以下几点：

1. 证明责任在"案件事实真伪不明"时发挥作用。如果经当事人积极举证已使案件事实得到证明，就不产生证明责任的问题。另外，此处的案件事实指的是案件的主要事实，间接事实和辅助事实不在此范围内。

2. 证明责任只能由一方当事人负担而不能由双方当事人共同负担，更不能由法院负担。

3. 证明责任是法律预先规定的案件事实真伪不明时，一方当事人应当承担的风险，不会在当事人之间发生转移。

证明责任在民事诉讼实践中具有十分重要的作用。首先，证明责任为当事人展开攻击或防御提供了方向。其次，在案件事实处于真伪不明状态时，证明责任为法院及时裁判案件提供了依据，从而避免产生案件因真伪不明而无法裁判或者久拖不决的现象。

二、证明责任与举证责任的区分

如前所述，证明责任是举证的后果责任，它解决的问题是，若案件审理终结时事实仍然真伪不明，由谁承担不利的后果。与这种后果责任相关的是举证的行为责任，即当事人为了说服法官而提供证据证明自己主张的事实的责任。这种责任通常简称为"举证责任"。

在诉讼过程中,当事人既有权利提出主张,也有责任证明其主张成立。证明其主张成立的方法,就是提供足以使法官相信其主张的事实客观存在的证据。当事人没有提供证据,或者提供的证据不足以证明其主张的事实客观存在的,法院就不应当认定其主张的事实。简言之,举证责任的实质是说服法官、使法官形成有利于提出主张的一方当事人的心证的责任。

由此可见,证明责任不同于举证责任。首先,证明责任是一种后果责任,起诉之前已经在当事人之间进行了分配,但只有到审理终结时才发挥作用;举证责任是一种行为责任,它不能事先分配,而是随着当事人在诉讼过程中提出主张而在双方当事人之间不断转换,是在诉讼过程中发挥作用的。其次,证明责任是一种风险负担,即直到审理终结案件事实仍真伪不明时由谁承担不利后果的安排;举证责任是一种说服法官的责任,目的是使法官相信其主张的事实客观存在。最后,承担证明责任其实就是承担不利的裁判后果;承担举证责任的后果则是自己主张的事实未被认定。

我国现行法律和司法解释没有使用"证明责任"这一概念。《民事诉讼法》第 67 条规定当事人对自己提出的主张,"有责任"提供证据。为了解释该"责任",《民事诉讼证据规定》第 31 条第 2 款使用了"举证责任"的概念,《民诉法解释》第 90 条第 2 款则使用了"举证证明责任"的概念。从该两款的内容来看,上述"举证责任"和"举证证明责任"指的都是证明责任,即举证的后果责任。

三、证明责任的分配

(一)证明责任分配的概念

当作为裁判基础的案件事实处于真伪不明时,必然有一方当事人要承担由此带来的不利后果,而这一不利后果应由谁来承担,就是证明责任分配所要解决的问题。所谓证明责任的分配,是指按照一定的规范或标准,将承担诉讼案件事实真伪不明的不利后果的风险在双方当事人之间进行安排。

(二)证明责任分配的一般规则

证明责任分配的一般规则,又称基本规则,是指根据法律就要件事实所规定的证明责任分配或虽无法律明文规定而根据相关法律要件分类说所确定的证明责任分配的基本规则。法律要件分类说是大陆法系国家通行的关于证明责任分配规则的学说。

法律要件分类说的基本观点是可以从实体法律规范的相互关系中探寻证明责任分配的规则。实体法律规范相互之间,或者存在补充关系,或者存在相斥关系，二者必具其一。其中，民法规范可分为对立的两类：一类为基本规范，也称请求权规范，也就是导致权利发生的权利形成规范。另一类为对立规范，即相对于基本规范而存在的规范。这些规范又分为三种：（1）权利妨害规范，指在权利发生之始，将权利的效果视为妨害，致使权利不得发生的规范，如合同订立者缺乏行为能力导致合同无效；（2）权利消灭规范，指在权利发生之后，能使既存的权利予以消灭的法律规范，如合同履行导致权利消灭；（3）权利制约规范，指在权利发生之后，权利人行使其权利，使权利的效果受到遏制或消除，使权利不能实现的法律规范，如情势变更导致合同解除。根据特定实体法律要件事实得出的证明责任分配规则是，除法律另有规定外，主张法律关系存在的当事人，应当对产生该法律关系的基本事实承担证明责任，主张法律关系变更、消灭或者权利受到妨害的，应当对该法律关系变更、消灭或者权利受到妨害的基本事实承担证明责任。以上诸种分类，因权利发生与消灭的时间先后事实十分明显，权利发生规范与权利消灭规范以及权利发生规范与权利制约规范的界限较容易分辨，只有权利发生规范与权利妨害规范的界限较难区分。通常情况下，立法者已预先将权利发生的情形用通常规范予以设定，而将权利妨害的情形以例外规范的形式加以规定。因此，法律条文中，凡以"但书"形式予以规定的，均为例外规范，亦即权利妨害规范。对此，我国《民法典》第 504 条、第 530 条、第 531 条、第 545条、第 546 条、第 576 条、第 580 条、第 584 条、第 604 条、第 614 条、第 890条、第 891 条、第 894 条、第 897 条、第 958 条等涉及的"但书"内容，为反对权利形成规范的一方当事人划定了提出相应利益主张并为此负担举证责任的空间。例如，《民法典》第 530 条第 1 款规定："债权人可以拒绝债务人提前履行债务，但是提前履行不损害债权人利益的除外。"据此，债权人享有拒绝债务人提前履行债务的权利，当债权人与债务人就此出现争议时，由债务人在诉讼上负主张责任以及相应的说明义务，必要时，由债务人对有关事实负举证责任。

《民事诉讼法》第 67 条第 1 款规定："当事人对自己提出的主张，有责任提供证据。"人们通常将其归纳为"谁主张、谁举证"，但该款并没有明确证明责任分配的具体规则。《民诉法解释》第 91 条规定："人民法院应当依照下列原则确定举证证明责任的承担，但法律另有规定的除外：（一）主张法律关系存在的当事人，应当对产生该法律关系的基本事实承担举证证明责任；（二）主张法律关系变更、消灭或者权利受到妨害的当事人，应当对该法律关系变更、消灭或者权利受到妨害的基本事实承担举证证明责任。"这一规定显然受到法律要件分类说的影响。

（三）证明责任分配的特殊规则

证明责任分配的特殊规则，指法律特别规定，或者基于证明责任分配一般规则的缺陷，在学理上参照举证的难易程度、与证据的远近距离以及是否有利于损害的预防和救济等因素确立的有关证明责任分配的特别法则。

设置证明责任分配的特殊规则主要基于以下理由：

1. 在特定情况下，设置证明责任分配的特殊规则有利于查明案件真实。如损害赔偿请求中的医疗事故，原告方在客观上只能证明造成损害的结果，如病人突然死亡，而无法证明医院的医疗过失。对医疗过失必须借助具有专门知识和熟悉医疗过程的专业人员才能解释清楚，因而应由医院对无过失行为负证明责任。

2. 有利于确保诉讼地位平等和贯彻公平原则。在一般情况下，原告是诉讼的发动者，其提出诉讼请求必有事实主张，因此，由其负担证明责任是合乎情理的。但在一些特殊情况下，如果不考虑证明的难易程度、举证人与证据的远近距离、证明能力的强弱差别等因素，将有失公允。如果在这些特殊情况下仍由其负担证明责任，无疑将不公平地加大其败诉的风险，造成实际上的诉讼地位失衡状态，无法将民事活动所贯彻始终的公平原则引入诉讼活动当中，从而无法体现法律上的公平与正义。例如，环境污染案件中的原告举证较难，而被告距证据更近；产品质量责任纠纷中的生产厂家证明能力较强，距证据更近，而普通消费者证明能力较弱，距证据较远。相对而言，单位比通常的个人举证能力更强。

3. 基于立法上的考虑。在权衡各种社会主体权益的情况下，为了实现特定价值的衡平而顾及或侧重保护弱者权益，才能贯彻和实现实体法上立法者的特定意图，维护法律正义上的最高价值。例如，在诉讼中实行证明责任的倒置，就在相当程度上考虑到了这一原本实际存在着的失衡状态。

《民诉法解释》第91条所提及的但书，指的就是证明责任分配的特殊规则。其中所谓"法律另有规定"，主要指的是有关实体法的相关规定。例如，关于过错责任的推定，我国《民法典》第1165条第2款规定："依照法律规定推定行为人有过错，其不能证明自己没有过错的，应当承担侵权责任。"关于产品责任，《民法典》第1202条规定："因产品存在缺陷造成他人损害的，生产者应当承担侵权责任。"关于医疗损害责任，《民法典》第1218条规定："患者在诊疗活动中受到损害，医疗机构或者其医务人员有过错的，由医疗机构承担赔偿责任。"关于环境污染和生态破坏责任，《民法典》第1230条规定："因环境污染、破坏生态发生纠纷，行为人应当就法律规定的不承担责任或者减轻责任的情形及其行为与损害之间不存在因果关系承担举证责任。"关于高度危险责任，《民法典》第1240条规定："从事高空、高压、地下挖掘活动或者使用高速轨道运输工具造成他人损害的，经营者应当承担侵权责任；但是，能够证明损害是因受害人故意或者不可抗力造成的，不承担责任。被侵权人对损害的发生有重大过失的，可以减轻经营者的责任。"关于建筑物和物件损害责任，《民法典》第1253条规定：

"建筑物、构筑物或者其他设施及其搁置物、悬挂物发生脱落、坠落造成他人损害，所有人、管理人或者使用人不能证明自己没有过错的，应当承担侵权责任。所有人、管理人或者使用人赔偿后，有其他责任人的，有权向其他责任人追偿。"另外，关于著作权侵权责任的承担，我国《著作权法》第59条第1款规定："复制品的出版者、制作者不能证明其出版、制作有合法授权的，复制品的发行者或者视听作品、计算机软件、录音录像制品的复制品的出租者不能证明其发行、出租的复制品有合法来源的，应当承担法律责任。"关于专利侵权责任的承担，我国《专利法》第66条第1款规定："专利侵权纠纷涉及新产品制造方法的发明专利的，制造同样产品的单位或者个人应当提供其产品制造方法不同于专利方法的证明。"

第三节 证明标准

一、证明标准的概念与作用

证明标准，是指对于当事人提出的事实主张和证据，法官形成内心确信所要达到的程度或最低限度。证明标准主要是为审判人员设定的，主要用于限制法官滥用事实判断上的自由裁量权，但不排除法官的主观心证。它要解决的问题是，经过对当事人提供的证据进行自由评价后，何时作出相关事实认定以及何时决定免除当事人的证明责任。

证明标准的作用主要体现在以下几个方面：

1. 证明标准具有抑制当事人起诉并指示其如何起诉的作用。民事诉讼主要涉及私权纠纷，实行"谁主张，谁举证"的原则。当事人只有提供充分的证据，其主张的事实才可能得到法院的支持，才有可能获得胜诉的结果。当事人的举证是否充分，与当事人提出的诉讼类型和主张的民事实体法律关系的性质有关。因此，当事人会根据自己收集证据的情况，在起诉时选择合适的诉讼类型并恰当地提出民事实体法律关系主张。

2. 证明标准具有促进、引导当事人举证的作用。证明标准是法官在对有关证据材料进行自由评价后对待证事实作出判断的尺度，它是法官对待证事实形成内心确信的标准。这一标准对当事人的举证结果具有决定性的意义，会影响当事人的举证动机、举证策略、举证路线以及举证重心。因此，证明标准对于当事人的举证活动具有促进和引导作用。

3. 证明标准具有决定免除证明责任所要达到的证明程度的作用。当负有证明责任的一方当事人所提供的证据使法官确信该事实存在或者不存在时，就免除了该当事人的证明责任。否则，不能免除其证明责任。因此，证明标准决定了免除当事人的证明责任应当达到的证明程度。

4. 证明标准具有落实公共政策导向的作用。证明标准是法官认定待证事实为"真"的最低证明程度要求，其实就是法院认定事实的标准。从制度设计的初衷来看，民事诉讼的首要目的并非发现案件真相，而在于及时终结当事人之间的争议，实现定分止争并使司法裁判具有充分的合法性。也就是说，国家的公共政策并不鼓励耗费过多的社会资源和公共成本去解决私人纠纷。为落实这一公共政策导向，民事诉讼实行较低的证明标准，即在不放弃发现客观真实的追求的同时，以较低的证明程度作为认定案件事实的标准，从而落实国家对于私人纠纷解决的政策导向。

二、证明标准与发现真实的关系

尽管不是首要目的，但是发现案件真实仍是民事诉讼的重要任务。对案件客观真实的认定，是一个十分复杂的主观对客观的认识过程。在此过程中，尽管严格遵守法定的程序和规则，但发现的结果与客观事实之间必然还有一定的差异。也就是说，法院发现的"真实"不可能是"百分之百"的事实真相，而只能是"很有可能如此"的事实真相，或者称为一种高度盖然性的事实真相。证明标准正是对这种"很有可能"或者"高度盖然性"提出的最低限度要求。从这个角度来说，证明标准是法律真实的认定标准，是法律真实与客观真实之间的距离调节器。

拓展阅读

张莉诉北京合力华通汽车服务有限公司买卖合同纠纷案

三、证明标准的类型

大陆法系和英美法系国家普遍采用"盖然性"作为民事诉讼的证明标准。这一证明标准源于法官不得以无从发现证据而拒绝裁判的诉讼理念和西方自由心证制度。在理论上，"盖然性"又分为高度盖然性的证明标准、较高的盖然性的证明标准和低的盖然性的证明标准。高度盖然性的证明标准，是指证据对待证事实的证明虽然无法使法官达到十分确信但足以使法官相信存在极大可能的程度；较高的盖然性的证明标准，是指证据对待证事实的证明使法官确信存在很大可能的程度；低的盖然性的证明标准，是指证据对待证事实的证明使法官无法达到确信存在的程度。

大陆法系国家的民事诉讼法，对不同的证明对象规定了不同的证明标准。以德国和日本为例，在证明标准上有"证明"和"疏明"之分。"证明"是指当事人提出的证据可以使法官对待证事实达到确信的程度，这是一种较高的证明标准，适用于对终局性的实体权利义务关系的证明。"疏明"是指当事人对自己所主张的事实虽然没有达到证明的程度，但是提出的证据达到使法官大致确信的程度。一般而言，适用疏明标准的待证事实主要限于与当事人的实体权利义务无关的程序性事项。

我国《民事诉讼法》对证明标准没有明确规定。《民诉法解释》第108条第1款规定："对负有举证证明责任的当事人提供的证据，人民法院经审查并结合相关事实，确信待证事实的存在具有高度可能性的，应当认定该事实存在。"由此可见，"高度可能性"是我国民事诉讼的证明标准。该标准是在承认认识的绝对性与相对性的基础上产生的，也是通行于许多国家的证明标准，它不仅符合人类认识的一般规律，体现了诉讼证明的特点，也体现了诉讼公正与效率相结合原则的要求。

在规定通常事实证明标准的基础上，《民诉法解释》和《民事诉讼证据规定》还规定了特殊事实的证明标准。《民诉法解释》第109条规定："当事人对欺诈、胁迫、恶意串通事实的证明，以及对口头遗嘱或者赠与事实的证明，人民法院确信该待证事实存在的可能性能够排除合理怀疑的，应当认定该事实存在。"可见，欺诈、胁迫等事实的证明标准要达到排除合理怀疑的程度。《民事诉讼证据规定》第86条第2款规定："与诉讼保全、回避等程序事项有关的事实，人民法院结合当事人的说明及相关证据，认为有关事实存在的可能性较大的，可以认定该事实存在。"可见，对于程序性事实的证明标准只要达到较大可能性的程度即可。

第四节　证明程序

一、举证期限

（一）举证期限的概念

举证期限是指当事人向法院提出证据的时限。在民事诉讼中，对当事人提出证据的时间加以限定的目的是保障双方当事人之间的平等对抗，缩短诉讼周期，提高诉讼效率。当事人无正当理由逾期提出证据的，将承担一定的法律责任。

（二）举证期限的规定

根据《民事诉讼法》及其司法解释的规定，举证期限有法院确定与当事人协商约定两种方式。除当事人协商约定的举证期限外，法院应当在审理前的准备阶段确定当事人的举证期限。

1. 适用第一审普通程序审理的案件，法院确定的举证期限不得少于 15 日。

2. 在第二审程序中，如果当事人提供了新的证据，法院确定的举证期限不得少于 10 日。

3. 适用简易程序审理的案件，法院确定的举证期限不得超过 15 日。

4. 小额诉讼案件的举证期限一般不得超过 7 日。

除上述关于举证期限的规定外，《民事诉讼证据规定》第 55 条规定，存在下列情形的，举证期限按照如下方式确定：（1）当事人依照《民事诉讼法》第 130 条规定提出管辖权异议的，举证期限中止，自驳回管辖权异议的裁定生效之日起恢复计算；（2）追加当事人、有独立请求权的第三人参加诉讼或者无独立请求权的第三人经法院通知参加诉讼的，法院应当依照本规定第 51 条的规定为新参加诉讼的当事人确定举证期限，该举证期限适用于其他当事人；（3）发回重审的案件，第一审法院可以结合案件具体情况和发回重审的原因，酌情确定举证期限；（4）当事人增加、变更诉讼请求或者提出反诉的，法院应当根据案件具体情况重新确定举证期限；（5）公告送达的，举证期限自公告期届满之次日起计算。

（三）举证期限的延长与再次确定

举证期限的延长，是指当事人基于客观原因未能在举证期限届满前提交证据，经申请并由法院准许后，适当延长举证期限的情形。但是，当事人申请延长举证期限的，应当在举证期限届满前向法院书面提出，申请理由成立的，延长的举证期限适用于其他当事人；申请理由不成立的，法院不予准许，并通知申请人。

举证期限的再次确定，是指举证期限届满后，因出现了特殊情形，法院为当事人重新确定举证期限。根据《民诉法解释》第 99 条第 3 款的规定，举证期限届满后，当事人对已经提供的证据，申请提供反驳证据或者对证据来源、形式等方面的瑕疵进行补正的，法院可以酌情再次确定举证期限。另外，诉讼过程中，当事人主张的法律关系性质或者民事行为效力与法院根据案件事实认定不一致的，法院应当将法律关系性质或者民事行为效力作为焦点问题进行审理。当事人根据法庭审理情况变更诉讼请求的，法院应当准许，并可以根据案件的具体情况重新指定举证期限。（《民事诉讼证据规定》第 53 条）

（四）逾期举证的法律后果

根据《民诉法解释》的规定，当事人逾期举证的行为可能导致以下法律后果：

1. 说明理由并提供相应的证据。当事人逾期提供证据的，法院可以责令其说明逾期提供证据的理由，必要时还可以要求其提供相应的证据。

2. 证据失权。当事人因故意或者重大过失逾期提供的证据，将直接导致该证据不能作为定案根据。

3. 按妨害民事诉讼行为予以训诫、罚款。当事人逾期提供的证据与案件基本事实有关，法院在采纳后，将依照《民事诉讼法》的有关规定对其予以训诫、罚款；非因故意或者重大过失逾期提供的证据，法院在采纳后，将对其予以训诫。根据《民事诉讼证据规定》第59条规定，法院对逾期提供证据的当事人处以罚款的，可以结合当事人逾期提供证据的主观过错程度、导致诉讼迟延的情况、诉讼标的金额等因素，确定罚款数额。

4. 承担经济赔偿责任。一方当事人要求另一方当事人赔偿因逾期提供证据致使其增加的交通、住宿、就餐、误工、证人出庭作证等必要费用的，法院可予支持。

二、证据交换

（一）证据交换的概念

证据交换，是指在庭审之前，法官组织当事人双方将各自持有的证据材料与对方进行交流的诉讼活动。证据交换的目的在于整理争点、固定证据材料、防止突袭，使双方当事人了解案情并在公平基础上进行诉讼。我国《民事诉讼法》虽然没有证据交换的条文规定，但《民事诉讼证据规定》对证据交换作出了明确要求，《民诉法解释》也将组织交换证据作为庭前会议的内容之一。

（二）证据交换的适用范围

根据《民事诉讼证据规定》，目前证据交换不是民事诉讼的必经程序，一般适用于以下情况：

1. 证据较多或者疑难复杂的案件。此类案件在答辩期届满后、开庭审理前，由法院组织双方当事人进行证据交换。

2. 当事人申请证据交换。当事人提出证据交换的申请后，法院经审查认为有必要的，可以决定进行证据交换。

（三）证据交换的程序

1. 证据交换的时间。证据交换的时间可以由当事人协商确定，也可以由法院指定。当事人协商确定证据交换的时间须经过法院认可。证据交换的时间与举证期限有密切的关系，受举证期限的限制，不能长于举证期限。法院组织当事人进行证据交换的，证据交换之日就是举证期限届满之日。当事人申请延期举证的，证据交换也应当同时顺延。

2. 证据交换的进行。证据交换应当在法官的主持下进行，对当事人无异议的事实、证据应当记录在卷；对有异议的证据，按照需要证明的事实分类记录在卷，并记载异议的理由。证据交换一般不超过两次，但重大、疑难和案情特别复杂的案件，法院认为确有必要再次进行证据交换的除外。通过证据交换，确定双方当事人争议的主要问题。

三、质证

（一）质证的概念

质证是指在法庭的主持下，当事人对出示的证据进行的询问、辨认、质疑、辩驳、核实等诉讼活动。质证活动可以帮助法官鉴别和判断证据的效力。

（二）质证的主体

质证的主体是当事人及其诉讼代理人。当事人包括原告、被告、第三人以及诉讼代表人。

（三）质证的客体

质证的客体包括双方当事人向法庭提供的各种证据和法院调查收集的证据。《民诉法解释》第103条第2款规定："当事人在审理前的准备阶段认可的证据，经审判人员在庭审中说明后，视为质证过的证据。"另外，《民事诉讼证据规定》第60条规定，当事人在审理前的准备阶段或者法院调查、询问过程中发表过质证意见的证据，视为质证过的证据。

（四）质证的内容

根据《民诉法解释》第104条的规定，法院应当组织当事人围绕证据的真实性、合法性以及与待证事实的关联性进行质证，并针对证据有无证明力和证明力大小进行说明和辩论。

（五）质证的程序

根据《民事诉讼证据规定》第62条的规定，质证一般按下列顺序进行：（1）原告出示证据，被告、第三人与原告进行质证；（2）被告出示证据，原告、第三人与被告进行质证；（3）第三人出示证据，原告、被告与第三人进行质证。法院根据当事人申请调查收集的证据，审判人员对调查收集证据的情况进行说明后，由提出申请的当事人与对方当事人、第三人进行质证。法院依职权调查收集的证据，由审判人员对调查收集证据的情况进行说明后，听取当事人的意见。据此规定，质证应按下列顺序进行：

1. 出示证据。出示证据是指将证据展示给法官和当事人，包括当事人提供的证据和法院调查收集的证据。出示的证据应当以原物、原件为原则。根据《民事诉讼证据规定》第61条的规定，对书证、物证、视听资料进行质证时，当事人应当出示证据的原件或者原物。但有下列情形之一的除外：（1）出示原件或者原物确有困难并经法院准许出示复制件或者复制品的；（2）原件或者原物已不存在，但有证据证明复制件、复制品与原件或者原物一致的。根据《民诉法解释》第 111 条的规定，在下列情况下，当事人可以出示书证的复制件：（1）书证原件遗失、灭失或者毁损的；（2）原件在对方当事人控制之下，经合法通知提交而拒不提交的；（3）原件在他人控制之下，而其有权不提交的；（4）原件因篇幅或者体积过大而不便提交的；（5）承担举证证明责任的当事人通过申请法院调查收集或者其他方式无法获得书证原件的。出现上述情形，法院应当结合其他证据和案件具体情况，审查判断书证复制品等能否作为认定案件事实的根据。

证人证言、鉴定意见的出示应当坚持证人、鉴定人亲自出庭原则，只有在确有困难不能出庭时，经法院许可后，才可以用提交书面证言或视听资料的方式替代出庭。证人确有困难不能出庭的情形主要包括：（1）年迈体弱或者行动不便无法出庭的；（2）特殊岗位确实无法离开的；（3）路途特别遥远，交通不便难以出庭的；（4）基于自然灾害等不可抗拒的原因无法出庭的。

2. 辨认证据。当事人对出示的证据可以认可，也可以不认可。经过辨认后，对当事人没有异议的证据，可以记录在案，无需作进一步的质证；对当事人有异议的证据，应当允许提出质疑。

3. 对证据质疑和反驳。当事人对出示的证据，可以针对证据的客观性、关联性与合法性提出质疑并说明理由。被质疑方对质疑方可以提出反驳意见。当事人之间的质疑和反驳可以反复进行，法官也可以对当事人进行询问。

质证既可以一证一质，逐个进行，也可以将多个证据综合起来进行质证。

四、认证

（一）认证的概念

认证是法庭在当事人双方质证、辩论后，对出示的证据进行分析判断，确认其能否作为认定案件事实的根据。

对证据的认证，是对证据是否具有客观性、关联性与合法性的确认，是对证据能力以及证据有无证明力和证明力大小的确认，而不是对案件事实的认定。

（二）认证的方法

1. 认证方法的一般原则。根据《民诉法解释》第 105 条的规定，法院应当按照法定程序，全面、客观地审核证据，依照法律规定，运用逻辑推理和日常生活经验法则，对证据有无证明力和证明力大小进行判断并公开判断的理由和结果。

2. 单一证据的认证规则。根据《民事诉讼证据规定》第 87 条的规定，对单一证据可以采取下列认证方法：（1）证据是否原件、原物，复印件、复制品与原件、原物是否相符；（2）证据与本案事实是否相关；（3）证据的形式、来源是否符合法律规定；（4）证据的内容是否真实；（5）证人或者提供证据的人与当事人有无利害关系。

3. 综合认证规则。根据《民事诉讼证据规定》第 88 条的规定，对案件的全部证据，应当从各证据与案件事实的关联程度、各证据之间的联系等方面进行综合审查判断。《民事诉讼证据规定》第 92 条第 3 款规定，私文书证上有删除、涂改、增添或者其他形式瑕疵的，法院应当综合案件的具体情况判断其证明力。

（三）证据补强规则

经审查，有些证据虽然具备证据的基本属性，但是不能直接证明案件事实，需要其他证据补强，才能作为认定事实的根据，这就是证据补强规则。《民事诉讼证据规定》第 90 条规定，下列证据不能单独作为认定案件事实的根据：（1）当事人的陈述；（2）无民事行为能力人或者限制民事行为能力人所作的与其年龄、智力状况或者精神健康状况不相当的证言；（3）与一方当事人或者其代理人有利害关系的证人陈述的证言；（4）存有疑点的视听资料、电子数据；（5）无法与原件、原物核对的复制件、复制品。

（四）电子数据的认证规则

电子数据是一种新型的证据材料。为了正确使用这类证据，《民事诉讼证据规定》对电子数据的认证规则作了一些具体规定。《民事诉讼证据规定》第 93 条规定，法院对于电子数据的真实性，应当结合下列因素综合判断：（1）电子数据的生成、存储、传输所依赖的计算机系统的硬件、软件环境是否完整、可靠；（2）电子数据的生成、存储、传输所依赖的计算机系统的硬件、软件环境是否处于正常运行状态，或者不处于正常运行状态时对电子数据的生成、存储、传输是否有影响；（3）电子数据的生成、存储、传输所依赖的计算机系统的硬件、软件环境是否具备有效的防止出错的监测、核查手段；（4）电子数据是否被完整地保存、传输、提取，保存、传输、提取的方法是否可靠；（5）电子数据是否在正常的往来活动中形成和存储；（6）保存、传输、提取电子数据的主体是否适当；（7）影响电子数据完整性和可靠性的其他因素。法院认为有必要的，可以通过鉴定或者勘验等方法，审查判断电子数据的真实性。《民事诉讼证据规定》第 94 条规定，电子数据存在下列情形的，法院可以确认其真实性，但有足以反驳的相反证据的除外：（1）由当事人提交或者保管的于己不利的电子数据；（2）由记录和保存电子数据的中立第三方平台提供或者确认的；（3）在正常业务活动中形成的；（4）以档案管理方式保管的；（5）以当事人约定的方式保存、传输、提取的。电子数据的内容经公证机关公证的，法院应当确认其真实性，但有相反证据足以推翻的除外。

【复习要点】

（一）基本概念

证明对象　免予证明的事实　自认　证明责任　举证责任　证明标准
证据交换　质证　认证

（二）思考题

1. 如何理解民事诉讼中的证明对象与法院审理对象之间的关系？

2. 免于证明的事实如何转化为法院的裁判基础？

3. 在诉讼证明中，生效裁判所确认的基本事实与生效仲裁裁决所确认事实
有何不同？

4. 怎样理解"举证证明责任"的内涵与外延？

5. 交易习惯、经验法则对于法院认定案件事实有什么影响？

6. 证据失权对法院发现事实真相有何影响？

7. 证据交换在民事诉讼中有何作用？

8. 当事人质证对法官心证的形成有何影响？

9. 如何理解当事人的质证权利与辩论权利之间的关系？

▶ 自测习题及参考答案

请扫描二维码，进行随堂测试。

第九章　法院调解与诉讼和解

法院调解是我国民事诉讼中行之有效的纠纷解决方式，具有悠久的历史和重要的地位，是我国民事诉讼制度的重要组成部分。与诉讼外其他调解相比，法院调解是在遵守基本原则的基础上按照法定程序进行的。诉讼和解是当事人双方通过自行协商，合意解决民事纠纷的一种方式。和解协议经法院审查并制作成法院调解书后，才是具有强制执行力的法律根据。

第一节　法院调解

一、法院调解概述

（一）法院调解的概念

法院调解，又称诉讼调解，是指在审判人员的主持下，双方当事人就他们之间发生的民事权益争议，通过自愿、平等协商，互谅互让，达成协议，解决纠纷的诉讼活动和结案方式。

在诉讼活动中，法院调解不仅涉及当事人处分权的行使，也涉及法院审判权的运用。当事人在法院调解活动中，其民事处分权的行使不受干预，其意思自治对于能否达成解决纠纷的协议具有决定作用。但是，调解在法院审判人员的主持下进行，依照法律规定，审判人员对当事人的调解活动不仅负有指导职责，即通过说服劝导、解释有关法律规定等，引导、促使当事人自愿达成调解协议，而且负有对当事人活动的合法性进行监督审查的职责，以保证调解过程及其结果符合法律规定。因此，就性质而言，法院调解是我国诉讼制度的重要组成部分，是法院行使审判权的重要方式。

拓展阅读

法院调解的"复兴"与未来

（二）法院调解的特征

法院调解不仅有利于提高当事人的程序主体地位，尽快解决民事纠纷，缓和社会矛盾，稳定社会秩序，而且相对于诉讼外的调解，如人民调解、行政调解、仲裁调解而言，法院调解具有以下特征。

1. 法院调解是一种诉讼活动。法院调解不仅是我国民事诉讼制度的重要组成部分，也是法院行使审判权的重要方式。诉讼外的调解在性质上有的属于民间调解，有的属于行政调解，均不具有诉讼的性质，也不是法院审判权的行使方式。

2. 法院调解必须依据《民事诉讼法》的有关规定进行。法院调解不仅具有诉讼的性质，而且必须依照《民事诉讼法》的有关规定进行。诉讼外调解的依据则是《民事诉讼法》以外的其他相关的法律、法规，如《人民调解法》等。

3. 法院调解的主持者是法院的审判人员。法院调解作为法院解决纠纷的一种重要方式，其主持者是法院的审判人员，即法院调解应当在审判人员的主持下进行。诉讼外调解则在人民调解组织、行政机关、仲裁机构工作人员的主持下进行。

4. 法院调解形成的具有给付内容的调解书或调解协议具有强制执行的法律效力。经法院调解形成的调解书或者不需要制作调解书的调解协议生效后，具有强制执行的法律效力。诉讼外调解，除仲裁调解文书以及经过司法确认的人民调解协议可以申请法院强制执行外，民间调解、行政调解形成的文书或者协议均不具有强制执行的效力。

（三）法院调解与判决的关系

法院调解是法院解决民事纠纷的一种重要方式，但不是唯一方式，它与判决相辅相成，不存在孰优孰劣的问题，因而不能一味地偏重调解，更不应把它与判决对立或割裂开来。司法实践中，要确保法律效果和社会效果的有机统一，不仅应当根据案件的具体情况和当事人意愿，选择恰当的纠纷解决方式，而且应当注意法院调解与判决的以下关系。

1. 法院调解不是解决民事纠纷的必经程序，即并非一切诉讼案件都必须经过法院调解。换言之，法院在解决民事纠纷时，虽然凡是能够采用调解方式解决的案件都应当尽量采用调解的方式解决，然而在解决纠纷中，决不能只使用法院调解一种方式，即应当遵循"能调则调，当判则判，调判结合，案结事了"的民事审判工作指导方针，根据案件的具体情况分别处理。

2. 对于当事人明确表示不愿接受调解的，不能违背调解自愿原则强制进行调解。

3. 法院审理下列三类案件不适用调解：（1）适用特别程序、督促程序、公示催告程序的案件；（2）涉及婚姻等身份关系确认性质的案件；（3）其他根据案件性质不能进行调解的案件。

4. 对于当事人以拖延诉讼时间为目的要求调解的，在查明其目的后应当及时判决。有的当事人虽然要求调解，但并不是为了解决纠纷，而是利用调解拖延时间，恶意拖延诉讼。因此，法官应当根据案件具体情况，及时进行裁判，以保护相对方的利益。

5. 对于根本没有达成调解协议可能性的案件，或经过调解以后无法达成调解协议的案件，也应当及时作出判决，以防久调不决。

6. 对于当事人之间恶意串通，企图通过调解方式侵害他人合法权益的，应当依照《民事诉讼法》第 115 条的规定处理。

对于调判关系，2013 年《最高人民法院关于切实践行司法为民大力加强公正司法不断提高司法公信力的若干意见》第 16 条指出："正确处理调解与判决的关系，充分发挥两种方式的作用和优势。积极推进和规范诉前调解。对双方当事人均有调解意愿且有调解可能的纠纷、家庭与邻里纠纷、法律规定不够明确以及简单按照法律处理可能失之公平的纠纷，应当在充分尊重双方当事人意愿的情况下，优先用调解方式处理。在调解中，坚持贯彻合法自愿原则。对当事人不愿调解或者有必要为社会提供规则指引的案件纠纷，应当在尊重当事人处分权的前提下，注重采用判决的方式。"

二、法院调解的原则

（一）自愿原则

自愿原则，是指法院进行调解时，必须以双方当事人的自愿为前提，不得违背当事人的自主意志强行启动调解程序，以及强迫当事人接受调解方案。自愿原则具体表现在程序与实体两个方面。

1. 在程序方面，自愿表现为法院采用调解的方式解决民事纠纷。除离婚等必须进行调解的案件以外，对于任何案件进行调解，都必须首先征得当事人双方同意，即不论是调解的启动还是调解的进行，都需要征得当事人双方的同意，在当事人双方自愿的条件下进行，不得强迫调解。

2. 在实体方面，自愿表现为当事人双方对调解协议的内容，即实体民事权益的处分必须自愿，且属于真实意思表示。《民事诉讼法》第 99 条规定："调解达成协议，必须双方自愿，不得强迫……"《民诉法解释》第 145 条第 1 款规定："人民法院审理民事案件，应当根据自愿、合法的原则进行调解。当事人一方或者双方坚持不愿调解的，应当及时裁判。"

在法院调解中，审判人员可以根据法律与民事政策对当事人进行引导、说服教育，向当事人提出调解的建议，但不能将自己对案件的处理意见强加给当事人，双方当事人能否达成协议，不仅完全取决于双方当事人的自愿，而且当事人在是否同意调解意愿的表达上必须是明示的，不能采取默示的方式。

（二）合法原则

合法原则，是指法院调解不仅必须依法进行，而且调解的过程以及调解中达成协议的内容也要符合法律的规定。所谓符合法律的规定，具体表现在程序和实体两个方面。

1. 在程序方面，法院调解的启动、方式、步骤以及调解协议的达成与调解书的制作、送达，均应符合法律规定。不能为追求调解结案而省略若干程序，即调解必须按照《民事诉讼法》以及最高人民法院有关调解程序的规定进行。

2. 在实体方面，调解协议的内容不得违反法律、行政法规的强制性规定，不得损害国家利益、社会公共利益和他人的合法权益。在法院调解过程中，主持调解的审判人员应当认真审查、引导当事人正确达成调解协议，如果调解协议内容违反法律规定，即使是出于当事人的自愿而达成的，也不应当允许。

（三）查明事实、分清是非的原则

查明事实、分清是非的原则，是指法院调解应当在事实清楚、是非分明的基础上进行。

《民事诉讼法》第 96 条规定："人民法院审理民事案件，根据当事人自愿的原则，在事实清楚的基础上，分清是非，进行调解。"即法院调解不是无原则地"和稀泥"，应当以事实为根据，以法律为准绳，体现对社会公平正义的追求。换言之，事实清楚，是非分明，不仅是衡量调解结果正当与否的基础，也是促使当事人达成协议的重要手段。如果当事人双方在案件事实和是非判断上认识不清，就不可能对事实的法律后果有正确的理解，也很难对实体权利作出令人接受的方案。同时，只有查明案件事实，分清是非，才能使审判人员抓住当事人争议的焦点，找准解决纠纷的切入点，实施合理的调解措施，为正确进行调解、达成调解协议提供依据。

在理论上，有观点认为，既然调解是当事人之间通过相互协商、让步的方式而不是判决解决纠纷，就无需查明案件事实，分清是非。同时，从节约司法成本、提高调解成功率的角度，主张在法院调解中取消查明事实、分清是非的原则。但本书认为，法院调解作为审判权和当事人处分权相结合条件下解决纠纷的一种方式，必须保证其中审判权力行使的合法性。法院调解虽然对案件事实清楚的要求程度不像判决那么高，但也应做到事实基本清楚、是非基本明确，否则调解方案的提出和内容的审查就没有依据，既难以使当事人接受，也无法保证其合法性，因而法院调解应当遵循查明事实、分清是非的原则。

三、法院调解的程序

法院调解的程序，是指法院进行调解活动促使当事人达成调解协议的步骤、方式与方法。在程序上，法院调解包括调解的启动、进行、结束三个阶段。

（一）调解的启动

1. 启动方式。在民事诉讼中，法院调解的启动有两种方式：一是由当事人提出申请而启动；二是法院依职权主动启动。法院依职权启动的调解，一般首先应考虑有无通过调解解决纠纷的可能，如有可能，在征得当事人双方同意的情况下，由合议庭或独任审判员进行调解，凡当事人不同意调解的，法院不能进行调解。

2. 启动时间。根据《民事诉讼法》的规定，法院在第一审程序的立案阶段、审前阶段和庭审阶段，以及在第二审程序和再审程序中，都可以对案件进行调解。

（二）调解的进行

法院进行调解，可以由审判人员一人主持，也可以由合议庭主持，并尽可能就地进行。法院的调解可以采用简便的方式通知当事人和证人到庭，可以邀请有关单位或者个人协助调解，达成调解协议后，法院应当依法予以确认；离婚案件的法院调解，当事人确因特殊情况不能到庭而委托诉讼代理人的，除本人不能表达意志外，应当出具书面意见。法院进行调解时，应当向当事人讲明调解的意义、要求和具体做法，并告知有关的诉讼权利和义务。

法院调解时双方当事人都应当出庭，调解的场所可以是法院，也可以是当事人所在单位或者住所。按照《民诉法解释》的规定，法院调解的过程不公开，但当事人同意公开的除外；调解协议内容不公开，但为保护国家利益、社会公共利益和他人合法权益，法院认为确有必要公开的除外；主持调解以及参与调解的人员，对调解过程以及调解过程中获悉的国家秘密、商业秘密、个人隐私和其他不宜公开的信息，应当保守秘密，但为保护国家利益、社会公共利益和他人合法权益的除外。

当事人申请不公开进行调解的，法院应当准许；调解协议内容超出诉讼请求的，法院可以准许；调解协议约定一方不履行协议应当承担民事责任的，法院应当准许；调解协议约定一方提供担保或者案外人同意为当事人提供担保的，法院应当准许。案外人提供担保的，法院制作调解书应当列明担保人，并将调解书送交担保人。担保人不签收调解书的，不影响调解书生效。当事人或者案外人提供的担保符合我国《民法典》规定的条件时生效。调解书确定的担保条款条件或者承担责任的条件成就时，当事人申请执行的，法院应当依法执行；不履行调解协议的当事人按照规定承担了调解书确定的民事责任后，对方当事人又要求其承担《民事诉讼法》第 260 条规定的迟延履行责任的，法院不予支持。调解书约定给付特定标的物的，调解协议达成前该物上已经存在的第三人的物权和优先权不受影响。第三人在执行过程中对执行标的物提出异议的，应当按照《民事诉讼法》第 234 条规定处理。

审判人员对于调解可以提出建议、方案供双方当事人参考，但是不能强迫当事人接受建议和方案，当事人双方或者单方也可以提出自己的调解方案。在调解的方式上，审判人员可以采用当事人之间面对面的方式，也可以采用对双方当事人分别进行调解的方式。

当事人之间达成调解协议的，法院应当将调解协议的内容记入笔录，并由双方当事人或者经特别授权的委托诉讼代理人或者法定诉讼代理人签名。在一般情况下，涉及精神病人的离婚案件，除了有关子女抚养和财产分割问题可以由其法定代理人与对方协商外，对于是否解除双方的婚姻关系，应当采用判决方式进行。法定代理人与对方达成协议要求发给判决书的，法院可以根据调解协议的内容制作判决书。

（三）调解的结束

法院调解的结束有两种情形：一是因调解不成而结束，包括不能达成调解协议，以及虽然已经达成调解协议，但调解协议违法，法院不能批准；二是当事人达成调解协议，并由法院审查认可而结束。

在法院调解中，对于调解不成的案件，法院应当及时判决，不得久调不决。调解成立的，法院应当制作调解书并送达双方当事人。对于无需制作调解书的，应将协议内容记入笔录，并由当事人双方签字或盖章。

拓展阅读

调解归调解，审判归审判：民事审判中的调审分离

此外，适用简易程序审理的民事案件，符合一定条件的，还会涉及调解前置制度。调解前置，是指法院在适用简易程序审理民事案件时，对于符合一定条件的案件在法庭调查前先行进行调解的制度。

按照《最高人民法院关于适用简易程序审理民事案件的若干规定》，对于婚姻家庭纠纷、继承纠纷、劳务合同纠纷、交通事故和工伤事故引起的权利义务关系较为明确的损害赔偿纠纷、宅基地和相邻关系纠纷、合伙协议纠纷、诉讼标的额较小的纠纷，都应当先行进行调解，即调解前置。但根据案件的性质和当事人的实际情况，不能调解或者显然没有调解必要的除外。

四、调解书及其效力

（一）调解协议与调解书

调解协议，是指经过法院的调解，当事人之间就他们争议的民事权利义务关系所达成的，经过法院审查、批准的协议。

调解协议在类型上包括两种形式：一种是需要制作调解书的调解协议；另一种是不需要制作调解书的调解协议。

根据《民事诉讼法》第101条的规定，调解和好的离婚案件、调解维持收养关系的案件、能够即时履行的案件以及其他不需要制作调解书的案件，法院可以不制作调解书。对于不需要制作调解书的调解协议，应当记入笔录，并由双方当事人、审判人员、书记员签名或者盖章，该调解协议自各方签名或者盖章之日起

即具法律效力。

根据《民诉法解释》第 151 条的规定，当事人各方同意在调解协议上签名或者盖章后即发生法律效力的，经法院审查确认、记入笔录或者将调解协议附卷，并由当事人、审判人员、书记员签名或者盖章后即具有法律效力。当事人请求制作调解书的，法院审查确认后，可以制作调解书送交当事人。当事人拒收调解书的，不影响调解协议的效力。

（二）调解书的内容

调解书作为调解协议内容的书面表现形式，虽然在基本内容上依据的是当事人之间达成的调解协议，但它同时又是一种法律文书，因而无论在内容还是格式上都具有特定的要求。

调解书在格式上分为首部、正文与尾部三大部分。

首部是调解书的开头部分。在首部应当写明制作调解法律文书法院的全称、法律文书的名称和案件编号，当事人及其诉讼代理人的基本情况、案由和主持调解审判人员的姓名。

正文是调解书的主体部分。按照《民事诉讼法》第 100 条的规定，调解书正文的内容应当包括三个方面：一是诉讼请求，即原告向被告提出的实体权利请求。被告向原告提出反诉的，调解书中也应当列明；有第三人参加诉讼的，还应当写明第三人的主张和理由。二是案件事实，即当事人之间有关民事权利义务争议发生、发展的全过程和双方争执的问题。三是调解结果，即当事人在审判人员的主持下达成的调解协议的内容，其中还应当包括诉讼费用的负担。

尾部是调解书的最后部分。这部分应当写明调解书经当事人签字后所具有的法律效力，并由审判人员署名，写明签发年月日，加盖法院印章，最后由书记员署名。

（三）调解书的生效时间

《民事诉讼法》第 100 条第 3 款规定："调解书经双方当事人签收后，即具有法律效力。"按照这一规定，调解书的生效应当满足两个方面的要求：一是调解书必须送达双方当事人签收。根据《民事诉讼法》第 88 条、《民诉法解释》第 133 条的规定，调解书应当直接送达当事人本人，不适用留置送达和电子送达。二是调解书必须经双方当事人签收后才能生效。如果一方或双方当事人拒绝签收，应当视为调解不成立，调解书不发生法律效力。

另外，《民诉法解释》第 150 条规定，法院调解民事案件，需由无独立请求权第三人承担责任的，应当经其同意。该第三人在调解书送达前反悔的，法院应当及时裁判。

调解书生效时，诉讼程序结束，当事人不得上诉，但可以依法申请再审。

（四）调解书的效力

作为一种法律文书，调解书具有以下效力：

1. 既判力。生效的调解书终局地确定了当事人之间争议的实体权利义务关系。任何一方当事人都不得再就同一纠纷向法院提起诉讼。

2. 形成力。部分生效的调解书具有形成力。如生效的离婚调解书能够消灭当事人之间的婚姻关系，生效的分割共有财产调解书能够变更当事人之间的财产共有关系。

3. 强制执行力。具有给付内容的生效的调解书或者不需要制作调解书的调解协议生效后，即产生与判决书一样的强制执行效力，当事人必须履行协议确定的义务。负有履行调解书确定义务的一方当事人未按调解书的内容履行义务的，权利人可以根据调解书向法院申请强制执行。

第二节　诉　讼　和　解

一、诉讼和解概述

（一）诉讼和解的概念

诉讼和解，是指在民事诉讼过程中，当事人双方在相互协商的基础上达成解决争议的协议，并请求法院结束诉讼程序的一种制度。

自行和解是当事人的一项诉讼权利。根据《民诉法解释》的规定，诉讼和解不仅可以发生在一审程序中，也可以发生在二审程序、再审程序中，但都必须在法院作出裁判之前进行。

（二）诉讼和解与法院调解的异同

诉讼和解与法院调解虽然都发生在民事诉讼中，也都以当事人双方自愿、合意为基础，但二者之间仍有许多不同：

1. 性质不同。诉讼和解是双方当事人在自行协商的基础上，自我解决纠纷的合意行为，性质上不属于法院解决民事纠纷的结案方式。法院调解则是法院行使审判权和当事人行使处分权的结合，是法院的一种结案方式。

2. 参加人员不同。诉讼和解只发生在双方当事人或其诉讼代理人之间，一般没有第三方参加。法院调解必须在法院审判人员的主持下进行，是审判人员和当事人共同进行的诉讼行为。在诉讼和解过程中，如果当事人要求法院审判人员介入，或者当事人要求审判人员将和解达成的协议记入庭审笔录或者载入调解书中，和解就其性质而言就转化成法院调解。

3. 法律效力不同。双方当事人在诉讼中达成的和解协议不具有法律上的强制执行力。

法院调解与诉讼和解也存在共同之处，即：二者都发生在民事诉讼过程中，而且都是由当事人双方自愿达成协议解决纠纷的方式。同时，在和解过程中，当事人可以申请法院对和解活动进行协调，法院也可以委派审判辅助人员或者邀请、委托有关单位和个人从事协调活动。当事人在诉讼过程中自行达成和解协议的，当事人还可以申请法院依法确认和解协议并制作调解书。

（三）诉讼和解的意义

诉讼和解作为我国《民事诉讼法》规定的由当事人自行解决纠纷的制度，在民事诉讼中主要具有两方面的意义。

1. 促进纠纷解决。诉讼和解作为当事人相互之间主动、自愿以及在自主协商条件下解决纠纷的一种行为，不仅充分体现当事人的意志、尊重当事人自主解决纠纷的意愿，而且在不违反公共利益，不侵犯国家、集体和他人的合法权益的前提下，由当事人自行处分自己民事上的实体权利与程序权利，有利于促进纠纷的解决。

2. 节约审判资源。诉讼和解由于是在法院不介入的情况下，纯粹由当事人双方自主协商、自行解决纠纷，因而不仅减少了诉讼环节，具有灵活、简便、快捷的特点，能够及时、有效地化解民事争议，降低诉讼成本，而且在较大程度上避免法院调解的弊端，有助于减轻法院负担，节省司法资源。

二、诉讼和解的适用范围

诉讼和解作为民事诉讼中当事人在自主交涉、相互协商基础上解决纠纷的方式，虽然原则上大多数民事案件都可适用，但是，基于诉讼中的一些特殊情况以及按照法律的规定，以下情况不能适用诉讼和解。

1. 按照《民事诉讼法》规定适用特别程序、公示催告程序、督促程序的民事案件不适用诉讼和解。因为这类民事案件没有明确的原告、被告，仅仅请求法院对某项法律事实作出确认，因而不适用诉讼和解。

2. 单纯的确认之诉，即确认民事法律行为无效、合同无效、确认身份关系以及婚姻关系等案件不适用和解。因为这是一方当事人请求法院查明当事人之间民事法律关系是否存在的一类诉讼。对于这类诉讼案件，法院应当在查明事实的基础上作出裁判，因而不适用诉讼和解。

3. 对于当事人人数众多，在起诉时尚未确定的诉讼案件，不适用诉讼和解。如果容许诉讼和解，将侵害未参加登记权利人的利益。

4. 对于涉及身份关系，诸如亲子关系、收养关系、婚姻关系的案件，不适用诉讼和解。因为当事人对自己的身份权以及身份关系，不能像财产权以及财产关系那样随意处分，应当由法院根据法律的规定及其事实予以确定。

三、诉讼和解后的程序事项

诉讼和解后的程序事项，指的是当事人诉讼和解以后，在诉讼程序上所涉及的事项和问题。按照法律规定，诉讼和解后的程序事项主要涉及以下两个方面。

（一）撤诉

所谓撤诉，指的是达成和解协议中的原告，向法院申请撤销对被告的起诉。

对于原告的撤诉申请，法院应当进行审查。审查的内容包括：（1）达成和解协议的当事人双方是否具有民事诉讼行为能力；（2）当事人是否作出和解的意思表示及其意思表示的真实性；（3）和解协议内容是否属于当事人处分权的范畴，当事人对所涉及的内容与事项能否自由处分；（4）和解协议的内容是否违反法律、行政法规的强制性规定，是否侵害国家利益和社会公共利益、危害他人的合法利益，以及协议内容是否符合善良风俗和社会公共道德。

经审查，原告的撤诉申请符合上述规定的，法院应当裁定准予撤诉；不符合上述规定的，应当裁定不准撤诉。法院裁定准予撤诉的，诉讼程序结束。

（二）制作调解书

根据《最高人民法院关于人民法院民事调解工作若干问题的规定》第2条、《民诉法解释》第148条的规定，当事人自行和解或者调解达成协议的，可以向法院申请按照和解协议或者调解协议的内容制作调解书，不得要求法院按照和解协议或者调解协议的内容制作判决书。但是，法定代理人代理无民事行为能力人的离婚案件，法定代理人与对方达成协议要求发给判决书的，可以根据协议内容制作判决书。

当事人自行达成的和解，无论在性质上还是法律效力上都不同于法院的调解，和解协议也不同于法院调解以后制作的调解书。因此，当事人之间凡是因为达成和解协议而申请法院制作调解书的，法院都应当依法对和解协议本身以及和解协议的形成过程进行审查，只有符合法律规定的和解协议才能制作调解书。

【复习要点】

（一）基本概念

法院调解　调解原则　调解书　诉讼和解

（二）思考题

1. 法院调解与诉讼外调解有哪些区别？

2. 怎样认识新时代"枫桥经验"？

3. 法院调解、人民调解、民间调解各自遵循的原则、程序有哪些差异？

4. 诉讼和解在解决纠纷中有哪些实践意义？

5. 在程序上应当怎样处理违背法律规定的诉讼和解？

▶ 自测习题及参考答案

请扫描二维码，进行随堂测试。

第十章 民事诉讼保障制度

为了确保民事诉讼和执行活动的顺利进行，《民事诉讼法》规定了期间、送达、保全、先予执行、对妨害民事诉讼的强制措施、诉讼费用等一系列保障措施。这些措施是民事诉讼制度中不可或缺的内容，属于民事诉讼基本制度的范畴。

第一节 期间与期日

一、期间的概念和意义

民事诉讼中的期间，是指法院、当事人和其他诉讼参与人实施诉讼行为依法应遵守的期限。期间有狭义和广义之分，狭义仅指期限，广义则包括期限与期日。

为保证诉讼能够有效率地进行，所有的诉讼行为都应当在一个合理的时间内完成。民事诉讼法规定期间，既是对法院完成审判行为时间上的要求，也是对当事人和其他诉讼参与人实施诉讼行为时间上的要求。

期间的意义包括：（1）有利于促使各诉讼主体在规定的时间内完成诉讼行为，保证民事纠纷及时解决；（2）有利于保护当事人及其他诉讼参与人的合法权益；（3）有利于维护诉讼程序的严肃性。

二、期间的种类

（一）法定期间

法定期间，是指法律规定的诉讼期间。法定期间原则上为不变期间，除法律明文规定允许变动外，无论法院还是诉讼参与人，都不得任意改变。法定期间包括上诉期间、提出管辖权异议期间、第三人提起撤销之诉期间、申请再审期间等。对于不变期间，不适用诉讼时效终止、中断和延长的规定。

（二）指定期间

指定期间，是指法院根据案件的具体情况和审理案件的需要，依职权指定当事人及其他诉讼参与人完成某项诉讼行为的期间。

指定期间包括举证的期间、履行判决书确定义务的期间、补正诉状的期间等。

指定期间是可变期间，法院指定后，如情况发生了重大变化，可以根据变化的情况重新指定，也可以延长原来指定的期间。

三、期间的计算

期间以时、日、月、年为单位计算。期间开始的时和日，不计算在期间内。如《民事诉讼法》第103条规定，对于紧急情况下财产保全的申请，法院接受申请后必须在48小时内作出裁定。"48小时"应当从法院收到申请后的次时开始计算。当期间以日、月、年计算时，各种期间均从次日开始计算。

期间届满的最后一日为节假日的，以节假日后的第一日为期间届满的日期。"节假日"专指国家统一规定的适用于全体人民的节假日，不包括专为某一类人规定的节假日，如教师节、母亲节。

期间不包括在途时间，诉讼文书在期间届满前交邮的，不算过期。这意味着法院在计算诉讼文书的期间时，不应以收到的日期为准，而应当扣除在途时间，以当事人交邮的时间（邮戳时间）为准。

四、期间的耽误和顺延

期间的耽误，是指当事人、诉讼代理人没有在规定的期限内完成某项诉讼行为。期间耽误的法律后果一般是发生失权，即丧失了再为该项诉讼行为的权利。[①]

但是，如果耽误期间有法律规定的正当理由，则允许申请顺延，即"当事人因不可抗拒的事由或者其他正当理由耽误期限的，在障碍消除后的十日内，可以申请顺延期限，是否准许，由人民法院决定"（《民事诉讼法》第86条）。

对当事人在规定期间内提出的申请，法院应即时进行审查，凡有符合法律规定的顺延事由的，应允许顺延。对法定期间，顺延的时间一般为被耽误的时间。如判决的上诉期限为15日，当事人在上诉期开始后的第10日因地震道路阻断无法去法院，道路修复后向法院申请顺延诉讼期限，法院应当允许再顺延5日，以补齐被耽误的时间。如果被耽误的是指定期间，则由法院根据具体情况确定顺延的时间。

五、期日

（一）期日的概念

期日，是指当事人及其他诉讼参与人与法院会合进行诉讼行为的时间。期日

[①] 但耽误举证期限所提供的证据，即使当事人存在故意或重大过失，只要该证据能够证明案件基本事实的，也不会产生证据失权的后果。

包括审前准备程序的期日、调解的期日、开庭审理的期日、宣判的期日等。

（二）期日的耽误

期日确定后，审判人员和诉讼参与人均应在规定的日期和时刻到指定地点实施诉讼行为。但实践中也难免发生耽误期日的情形。耽误期日的法律后果，要依具体情况而定。首先，要看耽误期日有无正当理由，确有正当理由的，法院应重新指定期日。其次，在无正当理由耽误期日的情况下，还要看耽误的是哪一类期日及法律对耽误该类期日是如何规定的。如原告经传票传唤后无正当理由耽误了开庭审理期日，应承受撤诉的法律后果。而当事人如果耽误的是调解的期日，由于法律并未规定因此会产生不利的法律后果，当事人就不会因为未到庭而承担败诉的后果。

第二节　送　达

一、送达的概念和意义

（一）送达的概念

民事诉讼中的送达，是指法院按照法定程序和方式，将诉讼文书送交当事人或其他诉讼参与人，使其知悉诉讼文书内容的行为。

送达具有如下特征：（1）送达是法院在诉讼中依职权实施的诉讼行为；（2）送达的客体是各种诉讼文书；（3）送达须严格按照法律规定的程序和方式进行。

（二）送达的意义

送达是民事诉讼中的一项重要制度。对法院来说，依法送达诉讼文书是严格执行民事诉讼法的一个重要环节，是保证诉讼程序合法性和诉讼行为有效性的重要措施。对当事人来说，送达直接关系他们的权益。法院依法将诉讼文书送达后，他们才能够了解诉讼文书的内容，才能依据文书的内容和要求实施必要的诉讼行为。

由于人口流动的频繁化和快速化，"送达难"已成为诉讼实务中的一个突出问题。

二、送达的方式

《民事诉讼法》共规定了七种送达方式。

（一）直接送达

直接送达，是指法院派专人将诉讼文书直接交给受送达人。受送达人有诉讼代理人的，法院也可以向诉讼代理人送达。直接送达以将诉讼文书交给受送达人本人为原则，送交代理人、代收人等为例外。受送达人为法人或者其他组织的，具体可向法定代表人、负责人或办公室、收发室、值班室等负责签收的人送达。

法院还可以通知当事人到法院领取诉讼文书，当事人到法院后，拒绝签署送达回证的，审判人员、书记员在送达回证上注明情况并签字后，视为送达。

（二）留置送达

留置送达，是指受送达人或与其同住的成年家属拒收诉讼文书时，送达人将诉讼文书留在受送达人住所的一种送达方式。留置送达也适用于向法人、其他组织，或向诉讼代理人送达诉讼文书而遭到拒收的情形。

留置送达的前提是受送达人或与其同住的成年家属拒收诉讼文书。留置送达的方式有两种：一种是送达人邀请有关基层组织或者受送达人所在单位的代表（可以是受送达人住所地居委会、村委会的工作人员或受送达人所在单位的工作人员）到场，说明情况，在送达回证上记明拒收的事由和日期，由送达人、见证人签名或盖章后，把诉讼文书留在受送达人的住所。另一种是把诉讼文书留在受送达人的住所，并采用拍照、录像等方式记录送达过程。

受送达人指定由代理人代收诉讼文书，该代理人拒收的，适用留置送达。

留置送达适用于调解书以外的各种诉讼文书。留置送达不适用于调解书的原因在于，当事人拒收调解书，说明其已经反悔。当事人反悔时法院应当及时作出判决，而不得以留置送达方式强制其接收调解书。

（三）委托送达

委托送达，是指法院直接送达诉讼文书有困难的，委托受送达人所在地法院代为送达。采用此种方式送达时，受托法院应当自收到委托函和诉讼文书后的 10 日内代为送达。

（四）电子送达

电子送达，是指采用传真、电子邮件、移动通信等受送达人能够及时收悉的方式进行送达，这是 2012 年修正《民事诉讼法》时新增加的送达方式。采用这类送达方式，要经过受送达人同意，并且要确认受送达人能够收悉。采用上述方式送达的，以传真、电子邮件等到达受送达人特定系统的日期为送达日期。具体是指与法院对应系统显示发送成功的日期，但受送达人能够证明到达特定系统的日期与法院对应系统显示发送成功的日期不一致的，以受送达人证明到达其特定系统的日期为准。2021 年修正的《民事诉讼法》第 90 条规定，通过电子方式送达的判决书、裁定书、调解书，受送达人提出需要纸质文书的，法院应当提供。

（五）邮寄送达

邮寄送达，是指法院以邮寄的方式向受送达人送达诉讼文书。邮寄送达成本较低，因而法院在审判实务中经常采用这一送达方式。

采用邮寄送达时，应当附送达回证。送达的时间以挂号信回执上注明的收件日期为准，挂号信回执上注明的收件日期与送达回证上注明的收件日期不一致，或送达回证未寄回的，以挂号信回执上注明的收件日期为送达日期。

（六）转交送达

转交送达，是指法院将诉讼文书交给受送达人所在单位，由单位转交给受送达人的一种送达方式。转交送达是在不便直接送达时采用的一种变通办法，适用于：（1）受送达人是军人的，通过其所在部队团以上单位的政治机关转交；（2）受送达人是被监禁人的，通过其所在的监所或者劳动改造单位转交；（3）受送达人被采取强制性教育措施的，通过其所在强制教育机构转交。

法院将诉讼文书交给有关单位后，单位必须立即交给受送达人签收，受送达人在送达回证上签署的签收日期，为送达日期。

（七）公告送达

公告送达，是指法院以登报、张贴公告等方式告知受送达人诉讼文书的内容。公告送达须待公告期满后，才发生送达的效力，即自发出公告之日起经过30日，便视为送达。

公告送达适用于受送达人下落不明，或者用以上六种送达方式均无法送达的情形。公告送达的具体做法是在法院的公告栏、报纸的公告栏内张贴、刊登公告，在信息网络等媒体上刊登公告，或者在受送达人原住所地张贴公告，须采用拍照、录像等方式记录张贴的全过程。法院采用这一送达方式时，须在案卷中记明采用公告送达的原因和经过。

法院采用公告送达，应在公告中说明法律文书的主要内容；如公告送达起诉状或上诉状副本的，应当说明起诉、上诉的要点，受送达人答辩的期限及逾期不答辩的法律后果。

由于公告送达所需的时间长，与简易程序的审限短之间存在冲突，所以适用简易程序的案件不适用公告送达。

除上述七种送达方式外，《民诉法解释》第141条还针对法院宣判时当事人拒收判决书、裁定书的行为规定了送达的办法，即"人民法院在定期宣判时，当事人拒不签收判决书、裁定书的，应视为送达，并在宣判笔录中记明"。

除法律规定的例外情形，法院在送达时须有送达回证。送达回证是法院已按法定程序和方式进行送达的凭证，对诉讼文书已合法送达具有重要的证明作用。

三、送达的效力

送达的效力，是指诉讼文书送达后产生的法律后果。

（一）程序上的效力

程序上的效力是指送达所产生的民事诉讼法上的后果。例如被告签收应诉通知书和起诉状副本后，便与法院发生诉讼系属关系，有提交答辩状的权利，同时答辩期间和提出管辖权异议的期间也于次日开始计算。再如，传唤当事人出庭的传票送达后，当事人就应当出庭参加诉讼，原告无正当理由拒不到庭的，法院可按撤诉处理；被告拒不到庭的，法院可以缺席判决。

（二）实体上的效力

实体上的效力是指送达所产生的实体法上的后果。如具有给付内容的判决书送达后，债务人就应当按判决书指定的期间履行给付义务；离婚调解书送达双方当事人后，就产生婚姻关系消灭的后果。

第三节　保　　全

一、保全的概念和意义

民事诉讼中的保全，从广义上说，包括证据保全、财产保全和行为保全；从狭义上说，包括财产保全和行为保全。这些保全服务于不同的诉讼目的，具有不同的功能。证据保全在本书第七章中叙述，这里不再涉及。

保全，是指法院为保证判决的有效执行，或者避免当事人造成其他损害，依申请或者依职权，对被申请人的财产、争议标的物采取强制保护措施，或者责令被申请人实施或者不得实施一定行为的制度。

诉讼是需要时间的，即便原告能够胜诉，也要经历若干个月甚至更长的时间。在这段时间内，被告为了逃避判决生效后的强制执行，可能会转移或隐匿争讼的标的物或财产，也可能将其财产挥霍一空，导致判决难以执行或无法执行，判决书成为一张空头支票，原告起诉的目的落空。在诉讼期间，被告还可能继续实施加害原告的行为，致使原告即使获得胜诉，所受的损失也难以弥补。保全是为保证判决生效后能够得到有效执行，或者防止造成对方当事人更大损害而设计的制度。

二、保全的种类

（一）诉讼保全和诉前保全

依照采取保全措施的时间，可以把保全分为诉讼保全和诉前保全。

1. 诉讼保全，是指法院在受理诉讼后作出判决前，为保证将来生效判决的执行，对当事人的财产或争议的标的物采取的强制措施。在例外情况下，诉讼保全也可以在作出一审判决后进行。对当事人不服一审判决提起上诉的案件，在第二审法院接到报送的案件之前，当事人有转移、隐匿、出卖或毁损财产等行为，必须采取保全措施的，由第一审法院依当事人申请或者依职权采取。第一审法院的保全裁定，应当及时报送第二审法院。

诉讼保全必须具备以下条件：（1）须是给付之诉。给付之诉具有给付财物的内容，有判决生效后不能或难以执行之虞，存在着保全的必要性；而确认之诉与变更之诉无给付内容，不存在判决生效后难以执行的问题，故无保全的必要。（2）须具有采取保全的必要性。并不是所有的给付之诉案件都能够采取保全措施，只有具备《民事诉讼法》第103条规定的法定原因，即"可能因当事人一方的行为或者其他原因，使判决难以执行或者造成当事人其他损害的案件"，才能够采取保全措施。其中，"当事人一方的行为"，主要是指转移、转让、隐匿、挥霍财产的行为。"其他原因"包括但不限于因物的自然属性（如腐烂变质）而减少或丧失其价值。（3）当事人提出保全申请。在一般情况下，法院只能根据当事人的申请采取保全措施，法院依职权采取保全措施是例外情形。

2. 诉前保全，是指在提起诉讼之前，法院根据利害关系人的申请，对被申请人的财产采取的强制措施。

诉前保全须具备三个条件：（1）具有采取保全的紧迫性。所谓紧迫性，是指客观上存在需要立即采取保全措施的紧急情况，如被申请人即将或正在实施转移、隐匿、毁损财产的行为，若等到法院受理诉讼后再采取保全措施，则为时已晚，将会给利害关系人的权益造成难以弥补的损失。（2）利害关系人提出保全的申请。诉前保全发生在起诉之前，案件尚未进入诉讼程序，法院不具备依职权采取保全措施的前提条件。所以，只有在利害关系人提出申请后，法院才能够采取保全措施。（3）申请人必须提供担保。与诉讼中的保全相比，法院对是否存在保全的必要性和会不会因申请不当而给被申请人造成损失更加难以把握，因此有必要把提供担保作为诉前保全的必要条件。申请人如不愿或不能提供担保，法院只能驳回其申请。与诉讼中的保全不同，申请诉前财产保全原则上须提供相当于请求保全数额的担保；而诉讼中的财产保全，担保数额不超过请求保全数额或者争议标的价值的30%。

（二）财产保全和行为保全

依照保全对象的不同，可以把保全分为财产保全和行为保全。

1. 财产保全，是指法院针对被申请人的财产采取的查封、扣押、冻结等强制措施。在民事诉讼中，原告一般都请求被告给付一定数额的金钱或者物品，所以诉讼实务中的保全大多都是财产保全。

2. 行为保全，是指法院根据一方当事人的申请，责令另一方当事人为或不为一定的行为。行为保全通常适用于侵权诉讼，目的在于防止被控侵权一方的行为进一步造成申请人的损失。行为保全与财产保全的区别在于，前者针对的是被申请人的行为，是法院命令被申请人不得继续实施或者必须实施一定的行为；后者针对的是被申请人的财产，是将被申请人的财产查封、扣押、冻结等。

2012 年修正前的《民事诉讼法》只规定了财产保全，但我国知识产权方面的法律和《海商法》中规定了行为保全。2012 年修正《民事诉讼法》时增加了行为保全的规定，据此，法院可以责令被申请人作出一定行为或者禁止作出一定行为。

无论是诉前保全还是诉讼中的保全，都既可能是针对财产实施的保全，也可能是针对行为实施的保全。

三、保全的范围、措施、效力及解除

（一）保全的范围

法院只能对被申请人而不能对案外人的财产进行保全。保全的范围应当与当事人、利害关系人申请给付财物的范围基本相当，既不超出诉讼请求的范围，也不扩大到与本案无关的财物上。正是基于上述理由，《民事诉讼法》第 105 条规定："保全限于请求的范围，或者与本案有关的财物。"

（二）保全的措施

法院采取财产保全的方法和措施，依照执行程序中的相关规定办理，具体措施包括查封、冻结、扣押和法律规定的其他方法。保全措施通常是针对被申请人现有的财物作出的，但在必要时，对于被申请人到期应得的收益，如稿费、劳务费等，法院也可限制其支取，并通知有关单位协助执行。法院实行保全时，应根据被保全财产的具体情形采取相应的保全措施。对不动产和车辆、船舶等特定动产进行保全，为发挥物的效用和照顾到被申请人生产、生活的实际需要，可采用扣押有关财产权证照并通知产权登记部门不予办理该项财产的转移手续的保全措施；采取上述措施不足以达到保全目的的，也可以查封或扣押这些财产。对季节性商品，鲜活、易腐烂变质以及其他不易长期保存的物品，可采用变卖后保存价款的办法予以保全。

对抵押物、质押物、留置物，可以采取财产保全措施，但财产保全措施不影响上述担保物权人的优先受偿权。对债务人到期应得的收益，法院可以采取限制其支取的保全措施。当债务人的财产不能满足保全请求，债务人对他人有到期债权时，法院还可以根据债权人的申请对到期债权采取保全措施，即由法院裁定该他人不得对本案债务人清偿；该他人要求偿付的，由法院提存财物或者价款。

（三）保全的效力

法院作出保全的裁定后，诉讼保全的效力一般应维持到生效法律文书执行时止。诉讼中作出的保全裁定进入执行程序后，除非裁定中确定的保全期间已经届满，自动转为执行中的查封、扣押、冻结措施，期限连续计算，法院无需重新制作保全的裁定书。当事人不服保全裁定的，有权申请复议，但复议期间不停止裁定的执行，故复议不影响保全的效力。对已经被查封、冻结的财产，不得重复查封、冻结，但另一法院进行的轮候查封是允许的。

（四）保全的解除

法院裁定采取保全措施后，除了作出保全裁定的法院自行解除或者其上级法院决定解除外，在保全期限内，任何单位均不得解除保全措施。

对于财产纠纷案件，无论是诉讼保全还是诉前保全，如果被申请人提供了担保，法院就应当裁定解除保全措施。此外，根据《民诉法解释》第 166 条的规定，有下列情形之一的，法院应当裁定解除保全：（1）保全错误的；（2）申请人撤回保全申请的；（3）申请人的起诉或诉讼请求被生效裁判驳回的；（4）法院认为应当解除保全的其他情形。

此外，对于诉前保全，申请人在法院采取保全措施后的 30 日内不提起诉讼或者不申请仲裁的，法院也应当解除保全。

四、保全的程序

（一）申请

一般而言，由利害关系人或当事人提出申请是启动保全程序的必要步骤。申请原则上应当采用书面形式，申请书中写明申请人与被申请人，请求保全财物的名称、数量或价额、所在地点（行为保全则应写明保全的事项），需要保全的原因等。采用书面形式确有困难的，也可用口头方式提出申请，由法院记入笔录。当事人在诉讼中申请保全，应当向受诉法院提出；利害关系人申请诉前保全，可以向被保全财产所在地法院、被申请人住所地法院或者对诉讼有管辖权的法院提出。

（二）提供担保

对诉前保全，民事诉讼法规定利害关系人应当提供担保。对诉讼中的保全，法院要求提供担保的，当事人也必须提供担保。因此提供担保也是保全程序中的一个重要环节。提供担保的目的在于使因申请错误而蒙受损失的被申请人能够及时得到赔偿。

（三）审查

为了防止保全被滥用，法院应认真审查保全申请是否符合法定条件，对符合法定条件的，才能裁定采取保全措施，不符合条件的，应当裁定驳回。经审查，如认为被申请人系有偿还能力的企业法人，一般不得采取查封、冻结的保全措施。对诉前保全和情况紧急的诉讼保全申请，受理的法院应当在 48 小时内完成审查并作出裁定，对情况不紧急的，应当在一个合理的时间内完成审查。

（四）裁定与执行

法院一旦裁定采取保全，就应当立即开始执行，执行一般应移交法院的执行机构实施。当事人不服法院裁定的，可申请复议一次，但复议期间不停止裁定的执行。

五、申请错误的赔偿

申请保全如有错误，申请人应当赔偿被申请人因保全所遭受的损失。申请错误大致有以下四种情形：（1）申请人在法院采取保全措施后 30 日内不起诉或者不申请仲裁，被法院解除保全；（2）申请人在法院采取保全措施后撤回起诉；（3）申请人在法院采取保全措施后败诉；（4）申请人部分胜诉，胜诉部分小于请求法院保全的范围。

对法院错误地依职权实施保全而造成的损失，适用《国家赔偿法》第 38 条规定给予赔偿。

第四节 先予执行

一、先予执行的概念和意义

先予执行，是指法院对某些民事案件作出判决前，为解决当事人一方生活或生产的紧迫需要，根据其申请，裁定另一方当事人给付申请人一定的钱物，或者停止实施某种行为，并立即执行的一项制度。

先予执行制度是为了保护有特殊需要的原告的合法权益而设置的，它可以解原告的燃眉之急，可以在满足原告诉讼请求的判决生效前实现其内容。

二、先予执行的条件

《民事诉讼法》第 110 条规定了先予执行应当具备的条件：（1）当事人之间权利义务关系明确。原告享有要求被告履行某种义务的权利，被告对原告负有相应的义务，双方对此并无争议。（2）具有先予执行的迫切需要。若不立即执行，便会严重影响申请人的生活或生产经营，使申请人的生活无法维持，或者生产经营活动无法继续。（3）当事人提出申请。法院只有在当事人提出申请的情况下，才能裁定先予执行，而不能依职权主动裁定先予执行。（4）被申请人有履行能力。这一条件是考虑到先予执行的实效性和平衡双方当事人利益的要求而设置的。此外，如果法院审查后责令申请人提供担保，那么提供担保也是先予执行的条件之一。

三、先予执行的适用范围

《民事诉讼法》第 109 条规定，适用先予执行的案件有三类：（1）追索赡养费、扶养费、抚养费、抚恤金、医疗费用的案件；（2）追索劳动报酬的案件；（3）因情况紧急需要先予执行的案件。其中，第三类案件中的"情况紧急"包括：（1）需要立即停止侵害、排除妨碍的；（2）需要立即制止某项行为的；（3）追索恢复生产、经营急需的保险理赔费的；（4）需要立即返还社会保险金或社会救助资金的；（5）不立即返还款项将严重影响权利人的生活和生产经营的。

四、先予执行的程序

（一）当事人提出申请

当事人一般应以书面形式提出申请，提出申请的时间应当在法院受理案件后、作出终审判决前。申请书中应写明先予执行的请求、理由和根据，并说明对方当事人有履行能力的具体情况。

（二）审查与责令担保

法院在接到申请后，应当对是否属于先予执行范围之内的案件、是否符合先予执行的条件进行审查。对符合先予执行条件的案件，法院还需要进一步考虑是否责令申请人提供担保。一旦法院决定责令提供担保，申请人提供有效的担保便成为先予执行的必要条件之一，若不能满足这一条件，申请将被驳回。

（三）裁定

经审查后，法院对符合条件的先予执行的申请，应及时作出先予执行的裁定，并送达双方当事人。对不符合法定条件的申请，则应裁定驳回。当事人、利害关系人对裁定不服的，不得提起上诉，但可以申请复议一次。复议申请须在收到裁定书的 5 日内提出，复议期间不停止裁定的执行。对于复议申请，法院应在 10 日内进行审查。审查后根据不同情形作出驳回、变更或撤销的裁定。

五、先予执行错误的补救

如果申请人败诉，或者虽未败诉但判决给付的数额小于先予执行的数额，申请人通过先予执行所取得的全部或者部分利益就失去了法律依据，而对方当事人却蒙受损失。因此，需要通过返还与赔偿进行补救。申请人拒不返还的，法院可适用《民事诉讼法》第 240 条的规定，强制其返还。

第五节　对妨害民事诉讼的强制措施

一、对妨害民事诉讼的强制措施概述

（一）对妨害民事诉讼的强制措施的概念与特征

对妨害民事诉讼的强制措施，是指法院为制止和排除妨害民事诉讼的行为，保证诉讼活动的顺利进行，依法对实施妨害诉讼行为的人采取的强制手段。

对妨害民事诉讼的强制措施具有下列特征：（1）针对妨害民事诉讼的行为而设置；（2）适用的对象具有广泛性；（3）适用于民事诉讼的全过程，既适用于民事审判程序又适用于民事执行程序；（4）法院依职权适用。

（二）对妨害民事诉讼的强制措施的作用

强制措施是我国民事诉讼法的有机组成部分，其作用表现在以下四个方面：（1）保障法院的审判和执行活动顺利进行；（2）维护法庭的威严；（3）保障诉讼参与人行使诉讼权利，强制诉讼参与人、案外人履行义务；（4）教育实施妨害行为人及其他公民遵守法庭规则和诉讼秩序。

二、妨害民事诉讼行为的构成

妨害民事诉讼行为有三个构成要件：

1. 行为人实施了妨害民事诉讼的行为，是构成妨害行为的客观要件。只要实际上发生了一定的行为，并且该行为产生了妨害民事诉讼的后果，则不论该行为表现为积极的行为还是消极的行为，均构成妨害诉讼的行为。

2. 妨害行为发生在审判和执行过程中，是构成妨害行为时间上的要件。妨害行为只有发生在诉讼过程中，才会对诉讼的顺利进行造成妨害，才有必要运用强制措施加以排除。行为人于诉讼开始前或终结后实施的违法行为，如当事人于诉讼结束后对证人进行打击报复等，即使与诉讼有关联，也不构成妨害民事诉讼行为，对于这些违法行为，应依据有关法律给予制裁。

3. 行为人主观上为故意，是构成妨害行为的主观要件。只有行为人故意实施妨害民事诉讼行为时，才能构成妨害行为。过失行为即使在客观上造成了妨害民事诉讼的后果，也不构成妨害行为，不得对行为人采取强制措施。

三、妨害民事诉讼行为的种类

《民事诉讼法》规定的妨害民事诉讼行为有 14 种。

1. 当事人拒不到庭或到场。一般是指依法必须到庭的被告，经法院两次传票传唤，无正当理由拒不到庭。在通常情况下，出庭并非强制性义务，被告无正当理由拒不到庭，法院可以缺席判决。但在例外情况下，被告不到庭诉讼就无法正常进行。依据《民诉法解释》第174条的规定，例外情形主要是指负有赡养、抚育、扶养义务和不到庭就无法查清案情的被告。

除必须到庭的被告外，在原告到庭参加诉讼才能查清案件基本事实的情况下，原告也属于必须到庭的当事人。执行程序中，在法院决定对被执行人、被执行人的法定代表人、负责人或实际控制人调查询问时，上述人员也必须到法院指定的场所，如拒不到场，也构成妨害诉讼行为。

2. 扰乱法庭秩序。这种行为是指在法庭审理过程中，诉讼参与人、参加旁听的人、其他案外人故意实施违反法庭纪律、扰乱法庭秩序的行为。其具体表现形式为哄闹、冲击法庭；侮辱、诽谤、威胁、殴打审判人员；不听劝阻强行录音、录像、拍照；未经准许以移动通信方式现场转播审判活动等。对后两种扰乱法庭秩序的行为，法院可以暂扣录音、录像等器材，并责令其删除有关内容；拒不删除的，法院可采取措施删除。

3. 伪造、毁灭重要证据。这种妨害行为有两种具体表现形式：一是故意以编造、涂改等方式制造假证据；二是故意将证据销毁，使对方当事人和法院无法收集。

4. 妨害证人作证。这是指以暴力、威胁、贿买方法阻止证人作证或者指使、贿买、威胁他人作伪证。上述行为干扰了法院的审判，妨碍法院对案件作出正确裁判。

5. 妨害法院对财产采取强制措施。这种行为是指被告人隐藏、转移、变卖已被查封、扣押的财产或责令其保管的财产，转移被冻结的财产。

6. 侵害司法人员、诉讼参与人、协助执行人的行为。具体指的是对司法工作人员、诉讼参加人、证人、翻译人员、鉴定人、勘验人、协助执行人进行侮辱、诽谤、诬陷、殴打或者打击报复。

7. 阻碍司法人员执行职务。具体是指行为人以暴力、威胁或者其他方法阻碍司法人员执行职务。构成这类妨害行为须具备三个条件：（1）行为人采用了暴力、威胁和其他性质相同的方法；（2）行为的对象是正在执行职务的司法人员，且行为人的目的是阻碍司法人员执行职务；（3）行为人实施的行为客观上已产生了阻碍司法人员执行职务的后果。该类行为具体包括在法院哄闹、滞留，不听司法人员劝阻等六种。

8. 拒不履行已发生法律效力的裁判。该类行为是指当事人败诉后，有条件、有能力履行而故意不履行裁判所确定的义务。具体包括隐藏、转移、变卖、损毁财产或者无偿转让财产，以明显不合理的价格交易财产，放弃到期债权，无偿为他人提供担保，致使法院无法执行等情形。

9. 以虚假诉讼方式试图逃避债务、侵占他人财产或者获取其他非法利益。该类行为损害的利益包括案外人的合法权益、国家利益、社会公共利益。当事人实施上述行为的，法院应当驳回诉讼请求，并根据情节轻重予以罚款、拘留；构成犯罪的，依法追究刑事责任。

拓展阅读

最高人民法院认
定的虚假诉讼案
例选

10. 规避强制执行。这类行为是指被执行人与他人恶意串通，通过诉讼、仲裁、调解等方式逃避履行法律文书确定的义务。针对此种妨碍执行的行为，法院应当根据情节轻重予以罚款、拘留；构成犯罪的，依法追究刑事责任。

11. 拒绝或妨碍人民法院调查取证。如人为地设置障碍，以种种借口拒绝向法院提供证据，构成妨害诉讼的行为。

12. 金融机构拒绝协助执行。金融机构接到法院的协助执行通知书后，有义务协助法院查询、冻结或划拨存款，拒不协助的，构成妨害民事诉讼的行为。

13. 其他单位拒不协助法院执行。即金融机构以外的单位接到法院协助执行通知书后拒绝协助的行为。主要包括：允许被执行人高消费的；允许被执行人出境的；拒不停止办理有关财产权证照转移手续、权属变更登记、规划审批等手续的；以需要内部请示、内部审批、有内部规定等为由拖延办理的。

14. 其他拒绝协助执行的行为。除法律明确规定之外，其他行为只要在性质上属于拒绝协助法院执行行为，同样构成妨害诉讼的行为。

最高人民法院根据审判实务中新出现的妨害诉讼的行为，在《民诉法解释》第189条规定下列行为也属于妨害民事诉讼的行为：（1）冒充他人提起诉讼或者参加诉讼的；（2）证人签署保证书后作虚假证言，妨碍人民法院审理案件的；（3）伪造、隐藏、毁灭或者拒绝交出有关被执行人履行能力的重要证据，妨碍人民法院查明被执行人财产状况的；（4）擅自解冻已被人民法院冻结的财产的；（5）接到人民法院协助执行通知书后，给当事人通风报信，协助其转移、隐匿财产的。对上述行为，可以适用《民事诉讼法》第114条规定处理。

四、强制措施的种类及适用

（一）强制措施的种类

针对妨害民事诉讼行为的不同类别及严重程度，《民事诉讼法》规定了以下五种强制措施：

1. 拘传，指法院派出司法警察，强制当事人等到庭参加诉讼和到场接受询问。

2. 训诫，指法院以口头方式训斥实施妨害诉讼行为的人，指出其行为的违法性，责令其改正并保证不得再犯。训诫是一种较轻的强制措施，适用于性质较轻的妨害行为。

3. 责令退出法庭，指法院命令违反法庭纪律的人离开法庭，如不服从命令，则由司法警察强制带离法庭。

4. 罚款，指法院责令妨害民事诉讼的人在规定的期限内向国家交一定数额的货币。根据《民事诉讼法》第118条的规定，罚款的限额是：对个人为人民币10万元以下，对单位为人民币5万元以上100万元以下。

5. 拘留，指法院决定在一定期限内限制妨害民事诉讼行为人的人身自由。拘留的期限为15日以下。

（二）强制措施的适用

1. 适用的原则。适用强制措施须遵守三个原则：

（1）与妨害行为相当原则。强制措施是针对妨害行为设置的，适用强制措施的主要目的是排除妨害行为，保障诉讼的顺利进行。因此，法院在选择适用强制措施时，应根据妨害行为的种类、情节和严重程度，适用相应的强制措施。所采取的强制措施既要能够有效地排除妨害行为，又不至于过于严厉。

（2）严格遵循法定程序的原则。为了防止误用或滥用强制措施，民事诉讼法对性质上较严厉的强制措施规定了严格的程序，如拘传、罚款、拘留必须经院长批准，拘传应当发拘传票，罚款、拘留应当用决定书等。

（3）一行为一强制原则。法院在适用强制措施时，对同一妨害诉讼的行为，只能给予一次强制，不得连续适用罚款、拘留。该原则允许法院在同一次强制中适用两种措施，如合并适用罚款和拘留。此外，若行为人受强制后又实施新的妨害诉讼的行为，即使该行为与上次实施的行为属于同一类型，如当事人因伪造重要证据被罚款或拘留后再次伪造重要证据，则法院依然可针对新的妨害诉讼行为再次处以罚款或拘留。

2. 强制措施的具体适用。不同的强制措施具体适用的条件不同，依照《民事诉讼法》规定适用，具体分述如下：

（1）拘传的适用。适用拘传措施，须具备三个条件：

第一，适用于法律及司法解释规定的对象。包括：必须到庭的被告，不到庭就无法查清事实的原告，接受法院调查询问的被执行人，被执行人的法定代表人、负责人、实际控制人。

第二，须经过两次传票传唤。拘传涉及对被告人身的强制，因此要求法院事先须经过两次传票传唤。适用拘传还须经过院长的批准。拘传须用拘传票，并直接送达被拘传人；在拘传前，司法警察应向被告说明拒不到庭将被强制到庭，再给被告一次主动出庭的机会，被告仍拒绝到庭的，才适用拘传。

第三，无正当理由拒不到庭。拘传是针对被告故意回避诉讼、拒不出庭而采取的措施，如被告有正当的理由而不能出庭，如因患病或有紧迫事务必须处理，则不能适用拘传。

（2）训诫的适用。训诫是一种相当轻的强制措施，适用于情节轻的妨害诉讼的行为。适用训诫的决定，由合议庭或独任审判员作出。训诫的内容须由书记员记入笔录。

（3）责令退出法庭的适用。责令退出法庭也是一种较轻的强制措施，它专门适用于违反法庭规则情节较轻的人。适用这一强制措施，由法庭作出决定，审判长或独任审判员在宣布这一措施时，应说明责令退出法庭的理由，一经宣布，该强制措施立即生效，行为人如拒不退出，司法警察可将其强行带离法庭。

（4）罚款的适用。罚款是一种适用范围广泛的较为严厉的强制措施。罚款的决定权在法院院长，具体适用时由合议庭或独任审判员提出罚款的意见和理由，报院长审查，经院长批准后再制作罚款决定书。当事人不服罚款决定的，有权向上一级法院申请复议一次，但复议期间，不停止罚款决定的执行。

法律只规定了罚款的限额，法院在确定罚款的具体数额时，要考量多种相关因素，包括实施妨害诉讼行为的性质、情节、后果以及当地的经济发展水平、诉讼标的额等。

（5）拘留的适用。拘留是最为严厉的强制措施，仅适用于少数严重妨害诉讼的行为。适用拘留措施，须由合议庭或独任审判员提出意见和理由，报本院院长批准后，制作拘留决定书。对冲击、哄闹法庭以及暴力、威胁等紧急情况，可以先拘留再补办报批手续。被拘留人不服，可以向上一级法院申请复议一次，上一级法院应在收到申请后的 5 日内作出复议决定。但复议期间，不停止拘留决定的执行。在拘留期间，被拘留人承认错误并悔改的，可责令其具结悔过，提前解除拘留。提前解除拘留，也须经院长批准并制作决定书。

法院采用拘留措施时，应由司法警察将被拘留人送交当地公安机关看管。法院应在 24 小时内通知被拘留人的家属，确实无法按时通知或通知不到的，应当记录在案。被拘留人在其他法院辖区的，应由被拘留人所在地的法院协助执行。

拘留可以单独适用，也可与罚款合并适用。对同一妨害民事诉讼的行为，罚款、拘留不得连续适用，但对新发生的妨害诉讼的行为，可以采取新的罚款、拘留措施。

五、妨害民事司法的刑事责任及追究

（一）妨害民事司法的犯罪及构成要件

行为人实施妨害民事诉讼行为情节严重的，构成妨害民事司法的刑事犯罪，应当依照我国《民事诉讼法》和《刑法》的规定，追究有关人员的刑事责任。针对诉讼中出现的妨害民事司法的行为，《刑法》规定了虚假诉讼罪，妨害作证罪，扰乱法庭秩序罪，拒不执行法院判决、裁定罪，妨害司法机关查封、扣押、冻结财产罪。这些规定既是对民事诉讼程序的保护，也是追究妨害诉讼行为人刑事责任的依据。

在民事诉讼中因妨害诉讼而构成犯罪，须具备如下条件：（1）犯罪主体为自然人；（2）犯罪的主观方面是故意；（3）侵犯的客体是民事诉讼秩序；（4）犯罪的客观方面是行为人实施了情节严重的妨害民事诉讼行为。

（二）追究妨害民事司法行为刑事责任的程序

对实施妨害诉讼行为构成犯罪的人，应由犯罪行为发生地的法院管辖。追究刑事责任，应按刑事诉讼法规定的程序进行。法院在执行过程中，对拒不执行判决、裁定情节严重的人，可以先行司法拘留。认为行为人已构成犯罪的，将案件移送行为发生地的公安机关立案查处。

第六节　诉讼费用

一、诉讼费用概述

（一）诉讼费用的概念

诉讼费用，是指当事人进行民事诉讼依法向法院交纳的费用，包括起诉、上诉交纳的案件受理费，申请财产保全、支付令等交纳的申请费和其他诉讼费用。

诉讼费用必须依法征收。2006 年 12 月 19 日，国务院颁布了《诉讼费用交纳办法》（以下简称《交纳办法》）。《交纳办法》是调整诉讼费用交纳的现行行政法规。

（二）征收诉讼费的意义

征收诉讼费的意义在于：（1）制裁民事违法行为；（2）减少纳税人的负担和国家的财政开支；（3）防止当事人滥用诉权；（4）有利于维护国家主权和经

济利益。

二、诉讼费用的交纳范围

（一）案件受理费

案件受理费是当事人行使诉权时向法院交纳的费用，具有国家规费的性质。

根据《交纳办法》第9条，案件受理费包括一审案件的受理费、二审案件的受理费。再审案件原则上不交纳案件受理费，但下列情形除外：（1）当事人有新的证据，足以推翻原判决、裁定，向法院申请再审，法院经审查决定再审的案件；（2）当事人对法院第一审判决或者裁定未提出上诉，第一审判决、裁定或者调解书发生法律效力后又申请再审，法院经审查决定再审的案件。

人数不确定的代表人诉讼案件，提起诉讼的人在起诉时无需交纳案件受理费，结案后按照诉讼标的额由败诉方交纳。

《交纳办法》第8条规定，无需交纳案件受理费的有：（1）依照特别程序审理的案件；（2）裁定不予受理、驳回起诉、驳回上诉的案件；（3）对不予受理、驳回起诉和管辖权异议裁定不服，提起上诉的案件；（4）行政赔偿案件。

案件受理费还可分为财产案件的受理费和非财产案件的受理费。前者按诉讼请求的金额或价额征收；后者按件征收。

（二）申请费

申请费是指当事人申请法院强制执行，采取保全措施，启动部分非讼程序所交纳的费用。

（三）其他诉讼费用

其他诉讼费用是指证人、鉴定人、翻译人员、理算人员在法院指定日期出庭所发生的交通费、住宿费、生活费和误工补贴。

三、诉讼费用的交纳标准

（一）案件受理费的交纳标准

1. 财产案件。第一审案件按诉讼请求的金额或价额，上诉案件按不服一审判决部分的上诉请求数额，再审案件按不服原判决部分的再审请求数额交纳。具体缴纳标准是：（1）不超过1万元的，每件交纳50元。（2）超过1万—10万元的部分，按照2.5%交纳。（3）超过10万—20万元的部分，按照2%交纳；（4）超过20万—50万元的部分，按照1.5%交纳。（5）超过50万—100万元的部分，按照1%交纳。（6）超过100万—200万元的部分，按照0.9%交纳。（7）超过200万—500万元的部分，按照0.8%交纳。（8）超过500万—1000万元的部分，按照0.7%交纳。（9）超过1000万—2000万元的部分，按照0.6%交纳。（10）超过 2000 万元的部分，按照 0.5% 交纳。

以下两类案件诉讼标的物比较特殊，需要按照特别的方法计算诉讼标的金额：一是证券。按照证券交易规则并根据当事人起诉之日前最后一个交易日的收盘价、当日的市场价或者其载明的金额计算诉讼标的金额。二是起诉时价值难以确定的房屋、土地、林木、车辆、船舶、文物等特定物或者知识产权。以原告主张的价值确定诉讼标的金额，但法院应当向原告释明主张过高或者过低的诉讼风险。

有多个财产性诉讼请求的，合并计算交纳诉讼费；诉讼请求中有多个非财产性诉讼请求的，按一件交纳诉讼费。对于复合型诉讼请求的案件，即既有财产性诉讼请求，又有非财产性诉讼请求的，按照财产性诉讼请求的标准交纳诉讼费。

2. 非财产案件。非财产案件受理费的交纳标准如下：（1）离婚案件，每件交纳 50—300 元。涉及财产分割，财产总额不超过 20 万元的，不另行交纳；超过 20 万元的部分，按照 0.5% 交纳。（2）侵害姓名权、名称权、肖像权、名誉权、荣誉权以及其他人格权的案件，每件交纳 100—500 元。涉及损害赔偿，赔偿金额不超过 5 万元的，不另行交纳；超过 5 万—10 万元的部分，按照 1% 交纳；超过 10 万元的部分，按照 0.5% 交纳。（3）其他非财产案件，每件交纳 50—100 元。

3. 其他案件。下列案件的受理费交纳标准是：（1）知识产权案件。没有争议金额或者价额的，每件交纳 500—1 000 元；有争议金额或者价额的，按照财产案件的标准交纳。（2）劳动争议案件，每件交纳 10 元。（3）管辖权异议。当事人提出案件管辖权异议，异议不成立的，每件交纳 50—100 元。

4. 案件受理费交纳的特别规定。针对下列情形，《交纳办法》中有减半交纳案件受理费的规定：（1）以调解方式结案或者当事人申请撤诉的；（2）适用简易程序审理的案件；（3）被告提起反诉、有独立请求权的第三人提出与本案有关的诉讼请求，法院决定合并审理的。

（二）申请费交纳标准

《交纳办法》对申请执行案件、申请保全措施、申请支付令等所应交纳费用的数额有明确规定。

四、诉讼费用的预交和负担

（一）诉讼费用的预交

诉讼费用的预交，是指由提起诉讼或提出申请的当事人预先交纳相关诉讼费用。预交具有垫付的性质，最终负担诉讼费用的不一定是预交的一方。

1. 案件受理费的预交。案件受理费由原告（包括反诉原告）、有独立请求权的第三人、共同诉讼人预交。双方当事人都提起上诉的，分别预交案件受理费。未在规定期限内预交案件受理费的，按照撤回起诉或者上诉处理。

对于预交的案件受理费，判决生效后，法院应当退还胜诉方，由败诉方向法院交纳，除非胜诉方自愿承担或者由败诉方直接向其支付。

2. 申请费的预交。申请费由申请人预交，但下列案件，可以不预交申请费：（1）追索劳动报酬的案件；（2）申请执行的案件，申请执行费在执行后交纳；（3）申请破产的案件，破产申请费在清算后交纳。

证人、鉴定人、翻译人员、理算人员因出庭发生的费用可以不预交，待实际发生后再交纳。

（二）诉讼费用的负担

诉讼费用的负担，是指在案件判决结案和执行完毕时，当事人对诉讼费用的实际负担。诉讼费用的负担，以"败诉方负担"为原则，以"当事人协商负担""自行负担""法院决定负担"为补充。

1. 败诉方负担。这一原则体现了诉讼费用所具有的防止滥诉的功能。根据这一原则，一方胜诉、一方败诉的，由败诉方负担；部分胜诉、部分败诉的，由法院根据双方当事人责任的大小，按比例负担；共同诉讼人败诉的，由法院根据其对诉讼标的的利害关系，决定各自负担的数额；承担连带责任的当事人败诉的，应当共同负担诉讼费用；驳回上诉、维持原判的案件，诉讼费用由上诉人负担；撤回起诉或上诉的，案件受理费由原告或上诉人负担。

2. 当事人协商负担。调解解决的案件，不存在胜诉败诉问题；判决离婚的案件，是基于感情破裂，败诉方不一定有过错，所以这两类案件的诉讼费用均由当事人协商负担。执行中达成和解协议的案件，申请费由双方协商解决。上述三种情形下，如当事人协商不成，则由法院决定诉讼费用的负担。

3. 自行负担。自行负担是指由引起费用发生的当事人负担，包括两种情形：一种是由申请人负担申请事项的费用；另一种是由当事人负担不当诉讼行为所支出的费用。前者如公示催告的申请费、诉前申请证据保全的费用由申请人负担等；后者如当事人基于自身原因未能在举证期限内举证，在二审或者再审期间提出新的证据致使诉讼费用增加的，增加的诉讼费用由该当事人负担。

4. 法院决定负担。法院决定诉讼费用的负担主要适用于两种情形：一种是当事人协商不成；另一种是针对一些特定情况，决定诉讼费用的负担。

五、诉讼费用的异议

对法院作出的关于诉讼费用的决定，当事人可以提出异议。异议包括对诉讼费用决定的异议和对诉讼费计算的异议。但是，当事人不得单独对法院诉讼费用决定提起上诉。

六、司法救助

（一）司法救助的概念

司法救助，是指法院对交纳诉讼费用确有困难的当事人，依其申请，决定缓交、减交或免交诉讼费用的制度。设立司法救助制度是为了使经济上有困难的当事人能够寻求和获得司法救济。司法救助一般只适用于作为当事人的自然人。

司法救助不同于法律援助。我国的法律援助专指由国家设立法律援助机构，指派律师、公证员、法律工作者为经济困难的自然人和特殊案件的当事人无偿提供法律咨询、代理、辩护等法律服务的制度。

（二）司法救助的方式

司法救助包括三种方式：缓交诉讼费用、减交诉讼费用、免交诉讼费用。

（三）司法救助的程序

当事人申请司法救助，须向法院以书面形式提出申请，并提供经济确有困难的证明材料和其他相关证明材料。法院收到申请后，应及时进行审查，认为符合救助条件的，应决定给予救助；属于缓交的，应在决定立案前作出准予缓交的决定。法院审查后不予批准的，应向当事人书面说明理由。

法院对一方当事人给予司法救助后，对方当事人败诉的，诉讼费用由对方负担；对方当事人胜诉的，由法院视申请司法救助一方的经济状况决定其减交或免交诉讼费用。

【复习要点】

（一）基本概念

期间　送达　保全　先予执行　民事诉讼强制措施　诉讼费用　司法救助

（二）思考题

1. 期间如何计算？

2. 如何选择送达方式？

3. 诉前保全与诉讼保全有何不同？

4. 适用先予执行需要具备哪些条件？

5. 适用民事诉讼强制措施需要遵循哪些原则？

6. 确定诉讼费用负担的方法有哪几种？

7. 司法救助与法律援助有何不同？

8. 如何发挥诉讼费用防范与制约滥诉的功能？

▶ 自测习题及参考答案

请扫描二维码，进行随堂测试。

第三编 | 审判程序

第十一章　第一审普通程序

普通程序是法院审理第一审民事案件通常适用的程序，也是所有民事审判程序的基础。我国《民事诉讼法》第十二章对第一审普通程序中的起诉与受理、审理前的准备、开庭审理等各个环节都作了详细规定，对审判过程中可能出现的缺席判决、撤诉、延期审理、诉讼中止、诉讼终结等也作了具体规定。民事诉讼法的基本原则和基本制度在这一程序中得到具体体现。

第一节　第一审普通程序概述

一、普通程序的概念

第一审普通程序，简称普通程序，是指法院审理第一审民事案件所适用的基本审判程序。第一审程序既包括普通程序又包括简易程序，普通程序是相对于简易程序而言的。普通程序是民事审判程序中规定得最完整的程序。其他程序没有规定的，适用普通程序的规定。

二、普通程序的特征

与其他诉讼程序相比，普通程序具有程序的完整性、程序的基础性和程序适用的广泛性等特点。

（一）程序的完整性

程序的完整性，是指普通程序是民事诉讼法规定得最为完整的审判程序。它不仅对起诉与受理、审理前的准备、开庭审理以及判决等各个环节一一作出规定，而且对审判过程中可能出现的一些特殊情况，比如撤诉、延期审理、诉讼中止、诉讼终结、缺席判决等也作出了具体规定。相较其他诉讼程序，普通程序对各个诉讼环节规定得最为详细、系统和完整。

（二）程序的基础性

程序的基础性，是指法院在适用其他程序审理民事案件时，其他程序没有规定的，要适用普通程序的相关规定。这是因为其他程序只是根据各自案件的特点作出相应的规定，往往比较简略，不像普通程序规定得那么系统和完整。所以普通程序是其他诉讼程序适用的基础。

（三）程序适用的广泛性

程序适用的广泛性，是指普通程序广泛适用于各级法院和各个审理阶段。首先，普通程序广泛适用于各级法院。各级法院审理第一审民事案件时，都可以或应当适用普通程序，而简易程序只能适用于基层法院，第二审程序只能适用于中级以上的法院。其次，普通程序广泛适用于各个审理阶段，即广泛适用于第一审、第二审和再审。最后，普通程序适用于诉讼案件和非讼案件。非讼案件审理程序没有规定的，同样应当适用普通程序的规定。

第二节　起诉与受理

一、起诉

（一）起诉的概念

起诉，是指自然人、法人和非法人组织认为自己享有的或者依法由自己管理、支配的民事权益受到侵害，或者与他人发生争议，以自己的名义要求法院通过审判予以司法保护的诉讼行为。

诉权是民事主体享有的一项基本权利。起诉是当事人行使诉权的具体表现形式之一，是原告的一种诉讼行为。民事诉讼实行"不告不理"的原则，没有当事人起诉，法院不会主动启动民事诉讼程序。因此，起诉是民事诉讼程序开始的基本条件，对于保护当事人的合法权益具有重要意义。

（二）起诉的条件

起诉只是原告的一项诉讼行为。原告的起诉并非必然引起民事诉讼程序的发生。只有符合法律规定条件的起诉行为，才能启动民事诉讼程序。根据《民事诉讼法》第 122 条的规定，当事人起诉必须具备四个条件①：

1. 原告是与本案有直接利害关系的自然人、法人和非法人组织。所谓"与本案有直接利害关系"，是指自然人、法人和非法人组织的民事权益或由其依法管理、支配的民事权益直接受到他人的侵害或者与他人发生了争议。只有与本案有直接利害关系的自然人、法人和非法人组织才可以成为本案原告。

2. 有明确的被告。原告在起诉时，必须明确指出被告是谁，即是谁侵害了自己的合法权益或者谁与自己发生了民事争议，将被告特定化、具体化。根据规

---

① 在民事诉讼法学理论上，起诉条件包括积极要件和消极要件。积极要件是指起诉应当具备的肯定条件；消极要件是指不存在阻碍当事人起诉成立的条件。积极要件从正面设定了当事人起诉应当具备的条件；消极要件从反面设定了当事人起诉的条件，也就是当事人起诉不能存在的情形。当事人的起诉只有既符合积极要件的要求，又符合消极要件的要求，才能被法院受理。《民事诉讼法》第 122 条规定的起诉条件属于起诉的积极要件，第 127 条规定的法院不予受理的情形属于起诉条件中的消极要件的有关内容。

定，原告应当在起诉状中写清被告的基本情况，如被告的姓名或名称、住所地、联系方式等。被告不明确的，原告的起诉就没有特定的对象，诉讼无法进行。

3. 有具体的诉讼请求和事实、理由。诉讼请求是原告通过法院向对方当事人提出的实体权利主张或法律上的利益请求，也是要求法院予以司法保护的权益范围。诉讼请求必须具体、明确，否则法院对案件无从审理。原告在提出诉讼请求的同时，还应当提供支持其诉讼请求的事实和理由。这里的"事实"，是指引起实体法律关系发生、变更、消灭的事实以及发生争议的事实；"理由"是指原告的诉讼请求应当得到法院支持的法律依据。

4. 属于法院受理民事诉讼的范围和受诉法院的管辖。首先，原告提起的诉讼，必须属于法院有权通过行使审判权予以处理的民事纠纷。其次，根据民事诉讼法关于管辖的规定，受诉法院必须对原告的起诉享有管辖权。

（三）起诉的方式

根据《民事诉讼法》第 123 条及相关规定，原告起诉的方式有三种：一是书面方式，即向法院递交起诉状，并按被告人数提交起诉状副本；二是口头方式，即口头向法院起诉，由法院将口头起诉内容记入笔录，并告知对方当事人。在两种方式中，以书面起诉方式为原则，以口头起诉方式为例外。只有在书写起诉状确有困难的情况下，才允许自然人口头起诉。三是网上起诉，即根据《民事诉讼法》第 16 条及《在线诉讼规则》的规定，当事人可以采取在线方式提交起诉材料。

起诉状应当载明下列事项：

1. 当事人的基本情况。当事人为自然人的，对于原告，应写明其姓名、性别、年龄、民族、职业、工作单位、住所、联系方式等信息；对于被告，可以只写其姓名、性别、工作单位、住所等信息。当事人为法人或非法人组织的，对于原告，应写明其名称、住所、法定代表人或主要负责人的姓名、职务、联系方式等信息；

拓展阅读

民事起诉状

对于被告，可以只写其名称、住所等信息。如果涉及第三人参加诉讼的，还应当写明第三人的基本情况。

2. 诉讼请求和所依据的事实与理由。这是起诉状的核心内容。它不仅使法院清楚地知道原告起诉所要达到的目的，约束法院的审判范围，还可以使被告清楚原告的诉讼请求及其所依据的事实与理由，从而有针对性地进行抗辩。

3. 证据和证据来源，证人姓名和住所。

4. 在起诉状的尾部，应当写明受诉法院的全称和起诉的日期，由原告签名或盖章。

二、受理

（一）受理的概念

受理，是指法院对原告的起诉进行审查后，认为符合法定条件的，决定立案审理的诉讼行为。

原告的起诉行为不一定会引起诉讼程序的开始。只有在法院受理原告的起诉之后，诉讼程序才真正得以启动，法院才可以对原告与被告之间的民事纠纷行使审判权。换言之，起诉与受理的结合，标志着诉讼程序的开始。

（二）审查起诉与受理

对原告起诉的审查工作由法院的立案庭负责。法院接到原告的起诉状，应当从两方面进行审查：一是从实质要件上进行审查，即审查原告的起诉是否符合《民事诉讼法》第122条的规定及是否属于第127条规定的情形。二是从形式要件上进行审查，即审查原告提交的起诉状是否具备法定内容、是否按照被告人数提交了起诉状副本，如起诉状内容有欠缺、需要补交必要的相关材料或未提交起诉状副本，法院应当责令原告在限期内加以补正。原告在起诉状中有谩骂和人身攻击之辞的，法院应当告知其修改后提起诉讼。

审查后，法院对原告的起诉视情况作出是否受理的决定。经审查，对符合起诉条件的，在收到起诉状或者口头起诉之日起7日内予以受理并通知当事人；对不符合起诉条件的，应当在7日内作出不予受理的裁定，当事人对此裁定不服的可以上诉。

为保障当事人诉权，十八届四中全会《决定》要求改革法院案件受理制度，变立案审查制为立案登记制，对法院依法应当受理的案件，做到有案必立、有诉必理。为贯彻十八届四中全会《决定》精神，《民诉法解释》规定，法院接到当事人提交的起诉状时，对当场不能判定是否符合起诉条件的，应当接收起诉材料，并出具注明收到日期的书面凭证，实行立案登记制。

需要注意的是，十八届四中全会《决定》中亦强调了立案的合法性问题，即案件必须是"法院依法应该受理的案件"，这是"有案必立"的前提。如何确定"法院依法应该受理的案件"，仍需要法院对当事人的起诉进行审查，即立案登记制不能取消对案件的审查，凡符合立案条件的案件，法院必须受理。

为贯彻落实中共中央提出的重大改革部署，在立案登记制改革后，最高人民法院又推出了跨域立案服务改革，解决群众异地诉讼不便等问题。当事人可以就近选择一家中级法院或基层法院（包括人民法庭），申请对异地法院管辖的案件提供跨域立案服务。具体而言，当事人及其代理人可以到就近中级法院或者基层法院提交起诉材料，由该法院作为协作法院，代为核对、接收并向有管辖权的法院发送跨域立案服务申请。管辖法院收到后，及时向协作法院作出是否符合受理条件的反馈，由协作法院当场送达或告知当事人。

（三）受理的法律效果

法院受理当事人的起诉，产生以下法律效果：

1. 受诉法院取得了该案的审判权。在法院受理原告的起诉以后，即可依照法定程序对该案进行审理并作出判决。

2. 确定了当事人的诉讼地位。法院受理原告的起诉以后，原告、被告之间的诉讼地位由此确定，并依法享有各自的诉讼权利和承担诉讼义务。

3. 当事人不得另行起诉。法院受理原告的起诉以后，当事人不得就同一诉讼标的、同一事实和理由，再行起诉。

4. 诉讼时效中断。法院受理原告的起诉以后，诉讼时效中断。

（四）不予受理的案件

根据《民事诉讼法》第127条和《民诉法解释》的规定，对于下列起诉，法院不予受理：

1. 依照行政诉讼法的规定，属于行政诉讼受案范围的，告知原告提起行政诉讼。

2. 依照法律和《民诉法解释》的规定，当事人在书面合同中订有仲裁条款，或者在发生纠纷后达成书面仲裁协议，一方向法院起诉的，法院应当告知原告向仲裁机构申请仲裁，其坚持起诉的，裁定不予受理，但仲裁条款或者仲裁协议不成立、无效、失效、内容不明确无法执行的除外。法院在审查起诉时没有发现当事人之间存在仲裁协议而受理了案件，在首次开庭前，被告以有书面仲裁协议为由对受理民事案件提出异议，经审查符合下列情形之一的，法院应当裁定驳回起诉：（1）仲裁机构或者法院已经确认仲裁协议有效的；（2）当事人没有在仲裁庭首次开庭前对仲裁协议的效力提出异议的；（3）仲裁协议符合《仲裁法》第16条规定且不具有《仲裁法》第17条规定的情形。[①]

3. 依照法律的规定，应当由其他机关处理的争议，告知原告向有关机关申请解决。

4. 对不属于本院管辖的案件，告知原告向有管辖权的法院起诉。原告坚持起诉的，法院裁定不予受理；立案后发现本院没有管辖权的，应当将案件移送有管辖权的法院。

[①]《仲裁法》第16条规定："仲裁协议包括合同中订立的仲裁条款和以其他书面方式在纠纷发生前或者纠纷发生后达成的请求仲裁的协议。仲裁协议应当具有下列内容：（一）请求仲裁的意思表示；（二）仲裁事项；（三）选定的仲裁委员会。"第17条规定："有下列情形之一的，仲裁协议无效：（一）约定的仲裁事项超出法律规定的仲裁范围的；（二）无民事行为能力人或者限制民事行为能力人订立的仲裁协议；（三）一方采取胁迫手段，迫使对方订立仲裁协议的。"

5. 对判决、裁定、调解书已经发生法律效力的案件，当事人又起诉的，告知原告申请再审，但法院准许撤诉的裁定除外。

6. 依照法律规定，在一定期限内不得起诉的案件，在不得起诉的期限内起诉的，不予受理。

7. 判决不准离婚和调解和好的离婚案件，判决、调解维持收养关系的案件，没有新情况、新理由，原告在6个月内又起诉的，不予受理。

8. 起诉状提供的被告信息不足以明确认定被告，告知原告补正后仍不能明确认定被告的，裁定不予受理。

9. 重复起诉的，裁定不予受理；已经受理的，裁定驳回起诉，但法律、司法解释另有规定的除外。

（五）受理的特殊情形

1. 裁定不予受理、驳回起诉的案件，原告再次起诉，符合起诉条件且不属于《民事诉讼法》第127条规定情形的，法院应当受理。

2. 当事人申请撤诉或者法院按撤诉处理的案件，当事人又以同一诉讼请求再次起诉的，法院应当受理。

3. 仲裁协议不成立、无效、失效或者内容不明确无法执行，当事人起诉的，法院应当受理。

4. 夫妻一方下落不明，另一方诉至法院只要求离婚，不申请宣告下落不明人失踪或死亡的案件，法院应当受理。

5. 赡养费、扶养费、抚养费案件，裁判发生法律效力后，因新情况、新理由，一方当事人再行起诉要求增加或减少费用的，法院应当受理。

6. 判决不准离婚、调解和好的离婚案件以及判决、调解维持收养关系的案件，被告在6个月内起诉的，法院应当受理。

7. 当事人超过诉讼时效期间起诉的，法院应当受理。受理后对方当事人提出诉讼时效抗辩，法院经审理认为抗辩事由成立的，判决驳回原告的诉讼请求。

8. 病员及其亲属对医疗事故技术鉴定委员会作出的事故结论没有意见，仅要求医疗单位就医疗事故赔偿经济损失向法院起诉的，法院应当受理。

第三节　审理前准备

一、审理前准备的概念和意义

（一）审理前准备的概念

审理前准备，是指法院受理案件后至开庭审理之前依法进行的各项诉讼活动的总称。其目的是保证庭审活动及时、顺利地进行，防止诉讼拖延。

在普通程序中，审理前准备是一个必经阶段。它不仅有利于承办法官了解案件的基本情况，掌握双方当事人各自的诉讼请求和争点，调查、收集必要的证据，为开庭审理做好准备，而且有利于当事人充分做好庭审辩论准备工作，充分行使诉讼权利。

（二）审理前准备的意义

1. 确定争议焦点，明确开庭审理的范围。法院通过证据交换，庭前会议等准备活动，明确双方当事人之间争执的焦点，确定开庭审理的范围。

2. 固定证据，提高开庭审理的效率。为防止开庭审理中的证据突袭，导致诉讼拖延，要求当事人双方在举证期限内提交证据并加以固定，提高开庭审理的效率。

二、审理前准备的内容

（一）送达起诉状副本和答辩状副本

法院受理案件后，应当在立案之日起 5 日内将起诉状副本送达被告；原告口头起诉的，应当在立案之日起 5 日内将口头起诉的笔录抄件送达被告。被告应当在收到起诉状副本之日起 15 日内提出答辩状，被告不提出答辩状的，不影响法院的审理。法院应当自收到答辩状之日起 5 日内将答辩状副本送达原告。

（二）告知当事人诉讼权利义务和审判人员

法院应当在受理案件通知书和应诉通知书中分别向原、被告告知有关的诉讼权利和义务，或者口头告知。

审判人员确定后，应当在 3 日内将审判人员告知当事人，以便当事人行使申请回避的权利。

当事人在提交答辩状期间提出管辖权异议的，法院应当进行审查。异议成立的，裁定将案件移送有管辖权的法院；异议不成立的，裁定驳回。

（三）审核诉讼材料，调查收集必要的证据

审判人员通过审核起诉状和答辩状及当事人提供的证据材料，了解并明确案件的争点，为庭审做好准备。

对当事人及其诉讼代理人基于客观原因不能自行收集的证据以及法院认为审理案件需要的证据，法院可以调查收集。调查收集时，应当制作调查笔录，必要时可以委托外地法院调查收集证据。

（四）通知必须共同进行诉讼的当事人参加诉讼

法院在审查核实诉讼材料过程中，发现必须共同进行诉讼的当事人没有参加诉讼的，应当通知其参加诉讼。对于与本案的处理结果有法律上的利害关系的第三人，法院可以通知其参加诉讼。

（五）组织当事人交换证据

对于案情比较复杂且证据材料较多的案件，法院应当组织当事人进行证据交换。根据《民事诉讼法》第 68 条的规定，法院根据案情确定当事人提供证据的期限，当事人应当在举证期限内向法院提交证据。当事人逾期提交证据的，将承担不利的法律后果。

通过证据交换，可以确定双方当事人之间争议的主要问题，即当事人争议的焦点，为法院开庭审理的顺利进行打好基础。

（六）召集庭前会议

在被告答辩期届满后、开庭审理之前，法院可以根据案件的需要召集庭前会议，具体包括下列内容：

1. 明确原告的诉讼请求和被告的答辩意见。

2. 审查处理当事人增加、变更诉讼请求的申请和提出的反诉，以及第三人提出的与本案有关的诉讼请求。

3. 根据当事人的申请决定调查收集证据，委托鉴定，要求当事人提供证据，进行勘验，进行证据保全。

4. 组织交换证据。

5. 归纳争议焦点。法院应当根据当事人的诉讼请求、答辩意见以及证据交换的情况，归纳争议焦点，并就归纳的争议焦点征求当事人的意见。

6. 进行调解。

（七）审理前准备的其他工作

1. 对当事人之间没有争议且符合督促程序规定条件的案件，转入督促程序处理。

2. 根据案件性质，确定适用简易程序或者普通程序审理。

第四节　开庭审理

一、开庭审理的概念和形式

开庭审理，又称法庭审理，简称庭审，是指法院在当事人及其他诉讼参与人的参加下，依照法定程序和形式，在法庭上对案件进行实体审理并作出裁判的诉讼活动。

开庭审理的任务是：在当事人充分行使辩论权的情况下，通过举证、质证、认定证据，查明案件事实，分清是非，正确适用法律，对案件作出公正的裁判。

开庭审理应当按照法定形式进行，以保证程序合法并提高效率。根据民事诉讼法的规定，开庭审理的形式为：

1. 公开审理。根据《民事诉讼法》第 137 条的规定，除涉及国家秘密、个人隐私或者法律另有规定的以外，开庭审理一律采用公开的形式。离婚案件、涉及商业秘密的案件，当事人申请不公开审理的，可以不公开审理。

2. 法庭审理。开庭审理案件，既可以在本院内设置的法庭进行，也可以在当事人住所地、纠纷发生地及其他场所临时设置的法庭进行。经双方当事人同意，开庭审理还可以通过信息网络平台在线进行。

3. 言词审理。开庭审理不能采用书面审理的方式。

二、开庭审理的程序

开庭审理主要包括开庭准备、庭审开始、法庭调查、法庭辩论、作出判决和宣告判决等程序。

（一）开庭准备

开庭准备是开庭审理的最初阶段，其任务是保证开庭审理能够顺利进行，主要内容包括：

1. 告知当事人及其他诉讼参与人开庭时间和地点。法院在确定开庭日期后，应当在开庭 3 日前用传票传唤当事人，用通知书通知其他诉讼参与人。传票和出庭通知书中应当写明案由、开庭的时间和地点。当事人或者其他诉讼参与人在外地的，应当留有必要的在途时间。

2. 发布开庭审理公告。法院对于公开开庭审理的案件，应当在开庭 3 日前发布公告，公告当事人姓名、案由和开庭的时间、地点。公告可以张贴于法院的公告栏、当事人住所地及有关场所。

3. 查明当事人和其他诉讼参与人是否到庭，宣布法庭纪律。

（二）庭审开始

开庭审判活动由审判长或者独任审判员主持，在进入法庭调查之前，审判长或者独任审判员的工作主要有：

1. 核对当事人和诉讼代理人的身份。在当事人及其诉讼代理人都出庭的情况下，由审判长或者独任审判员逐一核对当事人及其诉讼代理人的身份与代理权限，并询问各方当事人对于对方出庭人员有无异议。

2. 宣布案由、审判人员、书记员名单。对于依法不公开审理和缺席审理的案件作出说明与解释。

3. 告知当事人有关诉讼权利义务，询问各方当事人是否申请回避。

（三）法庭调查

法庭调查，是指审判人员通过当事人双方举证、质证，审核证据和查明案件事实的诉讼活动。法庭调查是开庭审理的重心，为查清事实和正确适用法律提供客观依据。法庭调查按照下列顺序进行：

1. 当事人陈述。当事人陈述按照原告、被告、第三人的顺序依次进行。原告陈述时应当简要地叙述其起诉的请求和理由或者宣读起诉状；被告陈述时应当针对原告起诉的请求和理由作出承认或者否认的答辩；有独立请求权的第三人应当陈述其诉讼请求及理由；无独立请求权的第三人应当针对原告或被告的陈述提出自己的意见。在当事人陈述中，对于自认的事实，应当记入笔录，原则上可以作为认定事实的根据。

当事人陈述后，审判人员可以就案件事实进行询问，归纳本案争议焦点或者法庭调查重点，并征求当事人的意见，以避免诉讼迟延。

2. 告知证人的权利义务、证人作证、宣读未到庭的证人证言。在证人出庭作证前，法庭应当告知其如实作证的义务以及作伪证的法律后果，并责令其签署保证书，但无民事行为能力人和限制民事行为能力人除外。证人拒绝签署保证书的，不得作证，并自行承担相关费用。

证人有民事诉讼法规定的正当理由不能出庭的，经法院许可，可以通过书面证言、视听传输技术或者视听资料等方式作证。证人确有困难不能出庭的，其所提交的书面证言应当庭宣读。当事人及其代理人自己调查取得的证人证言，由当事人宣读后提交法庭，对方当事人可以质询。法院调查取得的证人证言，由书记员宣读，双方当事人可以质询。

3. 出示书证、物证、视听资料和电子数据。任何证据，不论是当事人收集的，还是法院依职权调查收集的，都应当在法庭上出示，由当事人互相质证，以甄别证据的真伪。书证应当提交原件，物证应当提交原物。提交原件、原物有困难的，可以提交复制品、照片、副本、节录本。

质证按下列顺序进行：（1）原告出示证据，被告、第三人进行质证；（2）被告出示证据，原告、第三人进行质证；（3）第三人出示证据，原告、被告进行质证。未经庭审质证的证据，不能作为定案的根据。

4. 宣读鉴定意见。鉴定意见应当庭宣读。当事人对鉴定意见有异议或者法院认为鉴定人有必要出庭的，鉴定人应当出庭作证。经法庭许可，当事人及其诉讼代理人可以向鉴定人发问。当事人可以在举证期限届满前申请1—2名具有专门知识的人出庭，对鉴定意见进行质证，或者对案件事实所涉及的专业问题提出意见。

5. 宣读勘验笔录。勘验笔录应当在法庭上宣读，若有拍摄的照片或者绘制的图纸，也应当在法庭上一并出示。勘验人宣读勘验笔录后，由双方当事人发表意见。经法庭许可，当事人及其诉讼代理人可以向勘验人发问。当事人认为勘验笔录有问题的，可以请求重新勘验，是否准许，由法院决定。

法庭调查结束前，审判长或者独任审判员应当就法庭调查认定的事实和当事人争议的问题进行归纳总结。法庭在听取当事人及其诉讼代理人的陈述意见后，认为案件的事实基本清楚，案件的相关证据均已经在法庭上出示的，即可宣布法庭调查结束，进而转入法庭辩论阶段。

（四）法庭辩论

法庭辩论，是指在审判人员的主持下，双方当事人及其诉讼代理人，根据法庭调查查明的事实和证据，就案件争议的有关问题，阐明自己的观点和意见，并互相进行辩驳的诉讼活动。法院根据案件具体情况并征得当事人同意，可以将法庭调查和法庭辩论合并进行。

法庭辩论是当事人行使辩论权的主要形式。通过双方的辩论，能够进一步明确双方的诉讼请求和理由，达到查清事实、分清是非的目的，为法院正确适用法律、作出裁判打下坚实的基础。

法庭辩论按照下列顺序进行：（1）原告及其诉讼代理人发言；（2）被告及其诉讼代理人答辩；（3）第三人及其诉讼代理人发言或者答辩；（4）互相辩论。

法庭辩论终结后，审判长或者独任审判员按照原告、被告、第三人的顺序征询各方最后意见，并可以对案件进行调解，调解不成的，宣布休庭，庭审结束。

（五）作出判决

判决由合议庭评议作出或者由独任审判员作出。其中，合议庭评议，是指在法庭辩论结束后，合议庭成员以法庭调查和法庭辩论的内容为基础，认定案件事实，分清是非责任，适用法律对案件作出结论的活动。根据最高人民法院2002年颁布的《关于人民法院合议庭工作的若干规定》，合议庭评议案件应当在庭审结束后5个工作日内进行。评议案件时，先由承办法官对案件事实的认定和适用的法律等发表意见，再由合议庭其他成员陈述意见，最后由审判长根据案件的评议情况提出结论性意见。合议庭成员在对案件的评议结果进行表决时，每一个成员都独立地行使自己的表决权，若产生意见分歧，按照多数人的意见作出决定，但是少数人的意见应当记入笔录。合议庭对案件的评议结果，是法院作出裁判的依据。合议庭的评议笔录应当保密。

（六）宣告判决

宣告判决，是指法院向当事人、诉讼参与人以及社会公开宣告对案件的裁判结果。这是民事诉讼公开制度的落实和体现。宣告判决分为当庭宣告判决与定期宣告判决两种方式。

1. 当庭宣告判决。当庭宣告判决，是指在法庭辩论终结后，经调解不成的，合议庭或者独任审判员对案件作出判决，并由审判长或者独任审判员宣读判决的结果。当庭公开宣判的，法院应当在宣判后 10 日内向当事人送达判决书。当庭宣判的案件，除当事人当庭要求邮寄送达裁判文书的外，法院应当告知当事人或者诉讼代理人领取裁判文书的时间和地点以及逾期不领取的法律后果。上述情况，应当记入笔录。

2. 定期宣告判决。对于不能当庭宣判的案件，审判长或者独任审判员应当宣布另定日期宣判。凡是定期宣判的，法院在宣判后应立即向当事人送达判决书。

宣判的内容包括：认定的事实、适用的法律、判决的结果与理由、诉讼费用的负担、当事人的上诉权利、上诉期限和上诉费用。宣告离婚判决的，还必须告知当事人在判决生效之前不得另行结婚。

三、庭审笔录

（一）庭审笔录的概念和作用

庭审笔录，又称法庭笔录，是指在开庭审理的过程中，由书记员如实地对法庭审理的全部活动所作的书面记录。庭审笔录是法院重要的诉讼文书，它真实地记录了法院开庭审理的全部活动，固定了案件事实和证据，为法院正确作出裁判提供依据，同时也为二审和再审提供重要的文字材料。另外，它还记录了法院开庭审理的全过程，为审查法院审理程序是否合法提供了充分的依据。

（二）庭审笔录的程序要求

庭审笔录由审判人员和书记员签名。庭审笔录可以当庭宣读，也可以告知当事人和其他诉讼参与人当庭或者在 5 日内阅读。当事人和其他诉讼参与人认为对自己的陈述记录有遗漏或者差错的，有权申请补正。如果不予补正，应当将申请记录在案。庭审笔录应当由当事人和其他诉讼参与人签名或者盖章，拒绝签名或盖章的，记明情况附卷。

四、审理期限

审理期限，简称审限，是法律规定法院审结民事案件的时间限制。规定审理期限的目的是防止拖延诉讼，让法院及时对民事案件作出判决，提高审判效率，减轻当事人讼累，保护当事人诉讼权利。

根据《民事诉讼法》第 152 条和有关司法解释的规定，法院适用普通程序审理的案件，应当在立案之日起 6 个月内审结。有特殊情况需要延长的，合议庭或者独任审判员应当在审理期限届满 15 日前向本院院长提出申请，经本院院长批准，可以延长 6 个月；经本院院长批准延长审理期限后仍不能结案，需要再次延长的，应当在期限届满 15 日前报请上级法院批准。

审理期限从立案之日始至裁判宣告、调解书送达之日止。公告期间、鉴定期间、双方当事人和解期间、审理当事人提出的管辖异议以及处理法院之间的管辖争议期间，不计入审理期限。另外，案情重大、疑难，需由审判委员会作出决定的案件，自提交审判委员会之日至作出决定之日止的期间，以及需要向有关部门征求意见的案件，征求意见的期间，也不计入审理期限。

第五节 审理中的特殊情形

一、撤诉

（一）撤诉的概念与种类

撤诉，是指当事人向法院撤回起诉，不再要求法院对其诉讼请求进行审判的诉讼行为。

撤诉是当事人对诉权的处分行为，是当事人的一项诉讼权利。但当事人撤诉行为并非毫无限制，必须符合法律的规定。依据不同的标准，撤诉又分为：当事人申请撤诉与按撤诉处理；撤回起诉与撤回上诉；原告撤回本诉、被告撤回反诉、有独立请求权第三人撤回参加之诉。本章所讲的撤诉，仅指原告撤回起诉。

原告撤诉，可分为两种：

1. 申请撤诉。这是原告的一种积极处分行为，是指法院受理案件后、宣告判决前，原告主动撤回起诉的一种诉讼行为。申请撤诉，应当同时符合下列条件：（1）必须出于原告的自愿。申请撤诉，必须是原告的真实意思表示，而非原告在受胁迫或者欺诈的情况下提出的。（2）目的必须正当、合法。原告的撤诉行为，不能损害国家利益、社会公共利益和他人的合法权益，不得规避法律或者企图逃避法律的制裁。（3）必须在宣告判决之前提出。原告应当在判决宣告之前提出撤诉申请。如果原告在法庭辩论终结以后申请撤诉，应征得被告同意。（4）必须用书面形式或口头形式向法院提出申请。

2. 按撤诉处理。这是原告的一种消极处分行为，是指在原告没有申请撤诉的情况下，法院对于原告的行为按撤诉处理。原告的行为具有以下情形之一的，按撤诉处理：（1）原告经传票传唤，无正当理由拒不到庭的。（2）原告未经许可而中途退庭的。（3）原告应当预交而未预交案件受理费，法院通知其预交后仍不预交，或者申请缓、减、免未获法院批准仍不预交的。（4）原告系无民事行为能力人，其法定代理人经传票传唤无正当理由拒不到庭的。

《民诉法解释》第 238 条规定，当事人申请撤诉或者依法可以按撤诉处理的案件，如果当事人有违反法律的行为需要依法处理的，法院可以不准许撤诉或者不按撤诉处理。

（二）撤诉的法律后果

法院的撤诉裁定一经作出即发生法律效力，将会产生以下几种法律后果：

1. 诉讼程序终结。需要注意的是，这里所说的诉讼程序终结，是指原告提起的诉讼结束。如果被告已经提起了反诉，法院应当对被告的反诉继续进行审理。另外，《民诉法解释》第 237 条规定，有独立请求权的第三人参加诉讼后，原告申请撤诉，法院在准许原告撤诉后，有独立请求权的第三人作为另案原告，原案原告、被告作为另案被告，诉讼继续进行。

2. 视为原告未起诉。当事人撤诉，只能说明当事人处分了自己的诉讼权利，而对其实体权利并没有处分，法院也没有对当事人之间的实体权利义务争议作出裁判。撤诉之后，如果原来的实体权利义务纠纷仍然存在，原告仍可以对此纠纷向法院提起诉讼，法院应当受理。

3. 原告负担有关的诉讼费用。原告撤诉的，案件受理费由其负担。

二、缺席判决

（一）缺席判决的概念

缺席判决，是指在一方当事人经法院传票传唤，无正当理由拒不到庭或者未经法庭许可中途退庭的情况下，法院依法对案件进行审理并作出判决的制度。缺席判决是相对于对席判决而言的。依法作出的缺席判决与对席判决具有相同的法律效力。

（二）缺席判决的适用情形

1. 被告经传票传唤无正当理由拒不到庭，或者未经法庭许可中途退庭的。

2. 原告在被告反诉的情况下，经法院传票传唤，无正当理由拒不到庭或者未经法庭许可中途退庭的。

3. 原告申请撤诉，法院裁定不准撤诉，原告经传票传唤，无正当理由拒不到庭或者未经法庭许可中途退庭的。

4. 无诉讼行为能力的被告的法定代理人，经传票传唤，无正当理由拒不到庭或者未经法庭许可中途退庭的。

5. 无民事行为能力人的离婚诉讼，法定代理人不到庭的。无民事行为能力人的离婚诉讼，当事人的法定代理人应当到庭，法定代理人不能到庭的，法院应当在查清事实的基础上，依法作出判决。从实质意义上讲，该判决其实就是缺席判决。

6. 无独立请求权的第三人经法院传票传唤，无正当理由拒不到庭，或者未经法庭许可中途退庭的。出现这种情况，不影响案件的审理，法院经审理确定无独立请求权的第三人承担责任的，对无独立请求权的第三人可以适用缺席判决。

法院应该在案件事实清楚、证据充分的前提下作出缺席判决。同时，必须注意保护缺席一方当事人的合法权益。

三、延期审理

（一）延期审理的概念

延期审理，是指出现法律规定的特殊情形，致使不能按照确定的日期进行法庭审理，法院将法庭审理推延到另一期日的诉讼制度。

诉讼程序开始后，就应当连续进行，直至案件审理完毕。但司法实践中常出现难以预料的特殊情况，例如当事人在开庭审理日前一天被车撞伤住院治疗，致使法院无法按确定的开庭日期对案件进行审理。

延期审理与休庭不同。延期审理是一种应急性的保障制度，需要有法定事由才能适用。休庭是庭审过程中程序的暂停，无需法定事由，通常在案件审理时需要暂时停顿的情况下适用。例如，庭审中当事人临时提出回避申请，需要休庭，待回避事项处理后，继续开庭审理。

（二）延期审理的情形

根据《民事诉讼法》第 149 条的规定，有下列情形之一的，可以延期审理：

1. 必须到庭的当事人和其他诉讼参与人有正当理由没有到庭的。必须到庭的当事人一般是指负有赡养、抚育、扶养义务的被告以及不到庭就无法查清案情的被告；必须到庭的其他诉讼参与人一般是指知道案件重要情况必须到庭的证人、庭审必不可少的翻译人员等。正当理由主要是指无法预见、无法克服、不能避免的客观上的原因。

2. 当事人临时提出回避申请的。在开庭审理时，当事人临时提出回避申请，是否准许当事人的申请，法院一时难以作出决定，法庭审理就需要延期进行。

3. 需要通知新的证人到庭，调取新的证据，重新鉴定、勘验，或者需要补充调查的。在开庭审理过程中，当事人有权要求通知新的证人到庭、调取新的证据，重新进行调查、鉴定或勘验。法院准许的，法庭审理也无法继续进行，需要延期审理。

4. 其他应当延期审理的情况。这是一项弹性条款，其目的是授权法院根据案件具体情况灵活处理，以适应法庭审理过程中可能出现的各种复杂情况。

延期审理在一定程度上影响法院的审判效率，应该严格依法适用这一制度。

法院决定延期审理的，可以当庭决定下次开庭审理的日期，也可以另行通知。

四、诉讼中止

（一）诉讼中止的概念

诉讼中止，是指法院在审理案件的过程中，因发生某种法定的情形，使诉讼无法继续进行而暂时停止的诉讼制度。

诉讼程序应当依法连续进行，不得任意停止。但遇到某种无法克服和难以避免的特殊情形的发生，诉讼程序不能继续进行或者继续进行会损害当事人利益的，应当中止诉讼。

诉讼中止与延期审理都是暂时停止诉讼程序，但是两者存在以下区别：

1. 诉讼中止发生在裁判作出前的任何一阶段；延期审理则发生在开庭审理阶段。

2. 在诉讼中止期间，案件的任何诉讼活动都不得进行；在延期审理期间，仍可以进行其他诉讼活动。

3. 诉讼中止后，法院一时难以确定恢复诉讼程序的时间；延期审理决定作出之时，法院通常可以确定下次开庭审理的时间。

（二）诉讼中止的情形

根据《民事诉讼法》第153条规定，有下列情形之一的，中止诉讼：

1. 一方当事人死亡，需要等待继承人表明是否参加诉讼的。一方当事人死亡后，就缺少相对应的一方当事人，诉讼便无法继续进行。因此，在已死亡的一方当事人的继承人表明是否参加诉讼之前，只能中止诉讼。

2. 一方当事人丧失诉讼行为能力，尚未确定法定代理人的。当事人只有具有诉讼行为能力才能亲自进行诉讼活动。当事人在诉讼中丧失了诉讼行为能力的，依法应当由其法定代理人代理诉讼。在确定法定代理人之前，诉讼应当中止。

3. 作为当事人一方的法人或者非法人组织终止，尚未确定权利义务承受人的。这里的"终止"是指法人或者非法人组织被依法解散、撤销、宣告破产等情形。在诉讼中，法人或者非法人组织依法终止的，其诉讼权利能力归于消灭，其权利义务应由承受人享有或承担。在确定其权利义务承受人之前，应当中止诉讼。

4. 一方当事人因不可抗拒的事由，不能参加诉讼的。不可抗拒的事由，是指不能预见、无法避免并无法克服的客观情况，如突发的战争、地震、洪水等。当事人因这些事由不能如期参加诉讼的，应当中止诉讼。

5. 本案必须以另一案件的审理结果为依据，而另一案件尚未审结的。这是指本案与另一案件有牵连关系，另一案件的审理结果对本案的处理有预决性。如果另一案件尚未审结，法院就无法认定本案的事实，因而也就不能作出公正的裁判。因此，在另一案件审结之前，应当中止诉讼。

6. 其他应当中止诉讼的情形。这是一个弹性条款，由法院根据案件的种种复杂情况灵活决定应当中止诉讼的情形。

法院决定中止诉讼的，可以采用书面形式或口头形式依法作出裁定，并送达或通知当事人及其诉讼代理人。该裁定一经作出，即发生法律效力，当事人不能上诉，也不能申请复议。中止诉讼的原因消除后，经当事人申请或法院依职权恢复诉讼程序。诉讼程序恢复后，中止前实施的诉讼行为仍然有效。

五、诉讼终结

（一）诉讼终结的概念

诉讼终结，是指在诉讼进行中，因发生某种法定的情形，诉讼无法继续进行或者继续进行已无必要，从而结束诉讼程序的制度。

民事诉讼通常因法院作出裁判而终结，但在审理案件的过程中，出现法定事由时，也应当终结诉讼程序。诉讼终结与诉讼中止，虽然都停止诉讼活动，但二者有根本不同。

1. 效果不同。诉讼中止是民事诉讼程序的暂时停止，待中止诉讼的原因消除后，将恢复诉讼程序；诉讼终结是永远结束诉讼程序，不再恢复。

2. 原因不同。诉讼中止的原因比较多样，由法院自由裁量，决定是否中止诉讼；诉讼终结的原因单一，以一方当事人的死亡为适用条件，法院必须依法作出决定。

（二）诉讼终结的情形

根据《民事诉讼法》第154条的规定，有下列情形之一的，终结诉讼：

1. 原告死亡，没有继承人或者继承人放弃诉讼权利。诉讼因原告的起诉而发生。原告在诉讼中死亡，没有继承人或者继承人放弃诉讼权利的，因缺少一方当事人，诉讼无法继续进行，应当终结诉讼。

2. 被告死亡，没有遗产，也没有应当承担义务的人。在这种情况下，继续进行诉讼，不仅缺少一方当事人，而且法院作出的判决也失去履行义务的主体，因此，应当终结诉讼。

3. 离婚案件一方当事人死亡。离婚案件是一种身份关系案件，一方当事人死亡后，当事人之间的婚姻关系即自行消灭，继续进行诉讼已无实际意义，应该终结诉讼。

4. 追索赡养费、扶养费、抚养费以及解除收养关系案件的一方当事人死亡。

这些案件都基于特定的人身关系发生，一方当事人死亡，双方之间的身份关系消灭，诉讼只能终结。

诉讼终结属于诉讼程序的非正常结束，由法院采用书面形式或口头形式作出裁定，并送达或通知当事人及其诉讼代理人。

第六节　判决、裁定和决定

一、判决

（一）判决的概念

判决是法院在案件审理程序终结时，根据查明和认定的事实，适用法律对案件实体问题作出的权威性判定。

（二）判决的特征

1. 作出判决的主体是法院。判决是由法院代表国家对案件进行审理后作出的权威性判定，其他任何机关都无权审理案件并作出判决。

2. 判决的对象是案件实体问题。法院经过对案件的审理，在认定事实、适用法律基础上，对当事人之间民事权利义务关系或实体请求作出判定。法院在案件审理过程中对程序问题的判定，不能用判决，只能用裁定或者决定。

3. 判决具有法律的权威性。法院作出的判决生效后，具有法律的权威性，对社会具有普遍约束力，非经法定程序，任何人都不能否定、变更或者推翻；当事人必须依照生效判决履行自己的义务。

（三）判决的种类

根据不同标准，判决有不同的种类。

1. 给付判决、确认判决和形成判决。这是根据诉的种类所作的划分。给付判决是确定当事人之间实体权利义务关系，责令负有义务的当事人履行一定义务的判决；确认判决是确认当事人之间某种法律关系存在与否的判决；形成判决，又称变更判决，是变更当事人之间原有的法律关系的判决。在这三种判决中，给付判决生效后，负有义务的当事人不履行其义务时，享有权利的当事人可以向法院申请执行。给付判决具有执行力，可以作为执行根据。确认判决和形成判决没有执行力，不能作为执行根据，因这两种判决生效后，当事人之间的法律关系已得到确认，或当事人之间的法律关系已经发生变更。

2. 对席判决和缺席判决。这是根据双方当事人是否都出庭参加案件审理所作的划分。对席判决，是指在双方当事人或者他们的诉讼代理人都参加开庭审理情况下作出的判决；缺席判决，是指在开庭审理时有一方当事人不到庭参加的情况下作出的判决。但缺席判决只能在法律有明确规定的情况下才可以作出。

3. 全部判决和部分判决。这是根据是否对案件的所有请求事项作出判定所作的划分。全部判决，是指法院对当事人的所有请求事项一并作出的判决；部分判决，是指法院对当事人的部分请求在查清事实的基础上先行作出的判决。部分判决通常发生在诉讼请求合并审理的情况下，如原告提出两个以上的诉讼请求，被告提出反诉，各诉求之间的权利义务关系具有相对独立性。因此，当部分事实查清以后，可以先行作出判决。

4. 生效判决和未生效判决。这是根据是否发生法律效力所作的划分。生效判决，是指已经发生法律效力，当事人不能再对其提起上诉的判决；未生效判决，是指尚未发生法律效力，当事人可以对其提起上诉的判决。地方各级法院作出的第一审判决，在上诉期间内，为未生效判决；上诉期间届满后双方当事人未上诉的判决，第二审法院作出的判决，以及依法不能上诉的判决，为生效判决。

5. 诉讼案件判决和非讼案件判决。这是根据案件性质的不同所作的划分。诉讼案件判决，是指法院对当事人之间民事权利义务关系或权利主张作出的判决；非讼案件判决，是指法院依照特别程序就某项法律事实的存在与否作出的判决。

6. 原判决和补充判决。这是根据判决作出的时间不同所作的划分。原判决，是指法院在对案件审理终结时作出的判决；补充判决，是指法院最初作出的判决在送达当事人后，因存在遗漏事项，依法对原判决进行补充后所作出的判决。

（四）判决书的格式

判决书作为法院代表国家作出的权威性判定，其格式有特殊的要求。判决书应包括首部、正文、尾部三部分内容。

1. 首部。首部主要有标题、案号、当事人的基本情况、诉讼代理人的基本情况和案由等内容。（1）标题。写明判决书的制作法院及判决书的名称，如北京市西城区人民法院民事判决书。（2）案号。根据《最高人民法院关于人民法院案件案号的若干规定》及配套标准的规定，案号是指用于区分各级法院办理案件的类型和次序的简要标识，由中文汉字、阿拉伯数字及括号组成。案号的基本要素为收案年度、法院代字、类型代字、案件编号。例如"（2016）京 0101 民初 001 号"就是指北京市东城区法院 2016 年第 001 号民事一审案件。（3）当事人的基本情况。判决书中按照原告、被告、第三人等先后顺序列明。当事人是自然人的，则写明姓名、性别、年龄、民族、职业、工作单位、住所等；当事人是法人或非法人组织的，则写明名称、住所、法定代表人或主要负责人的姓名、职务等。（4）诉讼代理人的基本情况。当事人有诉讼代理人的，在其后列上诉讼代理人的基本情况。诉讼代理人是律师的，写明代理人姓名、代理人所在律师事务所名称以及律师身份；诉讼代理人是自然人的，写明代理人姓名、性别、年龄、职业、住所。（5）案由。案由是案件性质的概括，如离婚纠纷等。

2. 正文。正文是判决书的主要内容，包括诉讼请求、争议的事实和理由、判决认定的事实与理由、适用的法律、判决结果和诉讼费用的负担。

3. 尾部。尾部是判决书的结束部分，内容包括：当事人的上诉期限，上诉法院，审判人员和书记员的署名，以及判决书制作的年、月、日，加盖法院公章。

（五）判决的效力

判决的效力分为形式上的效力和实质上的效力。[①]

1. 判决形式上的效力，也称为判决的形式效力，是判决产生的程序上的效力，包括判决对法院的拘束力和对当事人的确定力。判决对法院的拘束力，指判决经法院宣告以后，无论是生效判决还是未生效判决，非经法定程序，法院不能随意更改或者撤销，对法院具有拘束力。判决对当事人的确定力，指判决生效以后，当事人不得再争执，不能再通过上诉方式要求撤销或者变更判决。

2. 判决实质上的效力，也称为判决的实质效力，指依据判决的内容产生的效力，包括既判力、执行力和形成力。既判力是指判决生效后，法院和当事人都要受该判决的拘束，当事人不得在以后的诉讼中提出与该判决相矛盾的主张，法院不得在以后的诉讼中作出与该判决相冲突的判断。执行力是指判决具有强制执行的效力。判决生效以后，义务人没有依据生效判决确定的期限履行给付义务的，法院可以根据权利人的申请或依职权强制执行。给付判决具有执行力。形成力是指判决所具有的引起民事法律关系发生、变更和消灭的效力。这是针对形成判决而言的，给付判决、确认判决没有形成力。

生效判决通常对本案当事人有效力，对案外人没有效力。《民诉法解释》第249条规定："在诉讼中，争议的民事权利义务转移的，不影响当事人的诉讼主体资格和诉讼地位。人民法院作出的发生法律效力的判决、裁定对受让人具有拘束力。受让人申请以无独立请求权的第三人身份参加诉讼的，人民法院可予准许。受让人申请替代当事人承担诉讼的，人民法院可以根据案件的具体情况决定是否准许；不予准许的，可以追加其为无独立请求权的第三人。"根据该条司法解释，诉讼中争议的民事权利义务转移的，原告与被告的诉讼资格不变，受让人不具有原告资格，但生效的裁判对其有拘束力。这就突破了判决效力的相对性，

[①] 参见江伟、肖建国：《论判决的效力》，《政法论坛》1996年第5期。

判决对案外的受让人发生效力。

二、裁定

（一）裁定的概念

裁定，是指法院对程序事项作出的判定。程序事项通常不涉及实体权利义务，如诉讼中止、撤诉等。

裁定与判决有明显的区别，主要有：

1. 解决的事项不同。裁定主要解决在诉讼中产生的程序问题；判决解决当事人之间的实体问题。

2. 作出的依据不同。裁定依据民事诉讼法的规定作出；判决依据实体法的规定作出。

3. 适用的阶段不同。裁定既可以适用于诉讼中的任何阶段，也可以在执行程序中适用；判决仅在案件审理终结时适用。

4. 形式和上诉期限不同。裁定可以采用书面形式或者口头形式作出；判决必须采用书面形式作出。当事人不服裁定的上诉期间为 10 日；不服判决的上诉期间为 15 日。

（二）裁定的适用范围

裁定主要适用于下列事项：（1）不予受理；（2）对管辖权有异议；（3）驳回起诉；（4）保全与先予执行；（5）准许或者不准许撤诉；（6）中止或终结诉讼；（7）补正判决中的笔误，包括法律文书误写、误算，诉讼费用漏写、误算和其他笔误；（8）中止或者终结执行；（9）不予执行仲裁裁决；（10）不予执行公证机构赋予强制执行效力的债权文书；（11）其他需要裁定解决的事项。在特别程序中，确认调解协议的效力、实现担保物权的法律文书也使用裁定。

（三）裁定的效力

第一审法院作出的不予受理、驳回起诉以及对管辖权异议的裁定，当事人不服的，可以提起上诉；其他裁定一经送达即发生法律效力，当事人不能提起上诉。保全和先予执行的裁定，当事人不服的，可以申请复议一次，但不停止裁定的执行。

三、决定

（一）决定的概念

决定，是指法院对诉讼中发生的某些特殊事项，依职权作出的判定。决定适用的对象具有急需解决的紧急性，如不及时解决，民事诉讼将难以继续进行。例如，当事人在法庭审理时提出回避申请，不迅速解决，就无法继续审理案件。当事人对决定不服的，不能上诉，但对于有些决定可以申请复议，复议期间不停止决定的执行。

决定与裁定不同。决定的主要作用在于排除诉讼中的障碍，保证诉讼程序能够正常进行；裁定的主要作用在于处理诉讼中发生的程序问题，推进诉讼的进程。

（二）决定的适用范围

根据民事诉讼法的相关规定，决定适用的范围比较广泛，主要适用于以下事项：（1）解决回避问题；（2）对妨碍民事诉讼行为的处理；（3）对诉讼费用减、免、缓交申请的处理；（4）其他需要使用决定处理的事项，如延期审理、决定再审等。

决定有书面和口头两种形式，一经作出，立即发生法律效力。

【复习要点】

（一）基本概念

普通程序　起诉　受理　撤诉　缺席判决　诉讼中止　诉讼终结

（二）思考题

1. 如何理解普通程序在审判程序中的地位和作用？

2. 推行立案登记制有何意义？

3. 法院对原告的起诉如何进行审查？

4. 民事诉讼为什么要实行当事人恒定原则？

5. 如何理解民事判决的效力？

6. 审理前准备程序具有哪些功能？

▶ 自测习题及参考答案

请扫描二维码，进行随堂测试。

第十二章 简易程序

简易程序是第一审程序中一个独立的审判程序,它以第一审简单的民事案件为适用对象。法院适用简易程序审理民事案件时,在当事人不需要举证期限且放弃答辩期间的情况下,可以在受理起诉后立即开庭审理;发现案情复杂的,可以裁定转为普通程序审理。当事人可以约定适用简易程序审理民事案件。简易程序的起诉与受理、传唤、送达、开庭审理和判决都可以采用简便易行的方式。简易程序中的小额诉讼程序实行一审终审制度,仅适用于金钱给付的小额诉讼案件。

第一节 简易程序概述

一、简易程序的概念和意义

(一)简易程序的概念

简易程序,是指基层法院及其派出法庭审理第一审简单民事案件所适用的审判程序。

从简易程序的结构与内容来看,简易程序虽然是普通程序的简化,但从程序功能的角度来看,简易程序是一个独立的审判程序,它与普通程序并存,同属第一审程序。

(二)简易程序的意义

1. 节约司法资源,提高审判效率。通过案件的繁简分流,使众多比较简单的民事案件适用简易程序进行审判,可以简化普通程序中诸多程序事项与环节。因此,简易程序相对于普通程序,不仅有利于提高法院的办案效率,而且能够减少法院的审判负担,节约司法资源。

2. 简便易行,方便当事人诉讼。简易程序是我国人民司法优良传统与民事诉讼"两便原则"的具体体现。在我国幅员辽阔、人口众多,以及基层法院管辖范围较为广泛的现实条件下,针对简单民事案件特点设置的这种程序制度,既方便当事人的诉讼,大幅度降低当事人的诉讼成本,也有利于社会公众利用司法制度维护自身合法权益。

二、简易程序的特点

(一)起诉方式简便

《民事诉讼法》第 161 条规定,对于简单的民事案件,原告可以口头起诉。

口头起诉是指原告本人不能书写起诉状，委托他人代写起诉状又确有困难时，将自己的诉讼请求、事实与理由、相关证据以口述方式诉至法院并由法院记录、登记、核对的一种起诉方式。简易程序的口头起诉方式应当注意以下几个方面：

1. 原告是自然人。法人或非法人组织的起诉必须采用书面形式。

2. 原告本人不能书写起诉状。主要包括两种情形：（1）原告本人是文盲或半文盲，不能亲自书写诉状；（2）原告本人因肢体残疾不能书写起诉状。

3. 委托他人代写确有困难。即原告不能委托家人或朋友代写，又因经济困难不能委托法律服务机构有偿代写。

（二）受理程序简便

受理程序简便，是指法院审查起诉和决定是否受理的程序简便。对于原告的起诉，法院经审查认为符合条件的，可以当即通知原告予以受理；认为不符合受理条件的，则可以当即告知原告不予受理，并说明理由。当事人双方同时到基层法院或者它的派出法庭请求解决纠纷的，基层法院和它的派出法庭可以当即进行审理。案件不具备当即审理条件的，也可以另定日期审理。

（三）传唤方式简便

简易程序简化了法院传唤当事人、通知证人和其他诉讼参与人的程序和方式。法院可以采取捎口信、打电话、发短信、发传真、发电子邮件等简便方式传唤双方当事人、通知证人。传唤的时间，不受普通程序必须在开庭 3 日前通知当事人和其他诉讼参加人的限制。《民诉法解释》第 261 条规定，以简便方式送达的开庭通知，未经当事人确认或者没有其他证据证明当事人已经收到的，法院不得缺席判决。

（四）审判组织形式特殊

适用简易程序审理的第一审案件，一律实行独任制，即由审判员一人独任审判，书记员担任记录。按照普通程序审理的第一审案件，原则上应当组成合议庭，但在以下情况下可以由审判员一人审理：（1）基层法院审理的基本事实清楚、权利义务关系明确的第一审民事案件，可以由审判员一人适用普通程序独任审理。（2）当事人不服适用简易程序审理作出的裁判提起上诉的第二审民事案件，事实清楚、权利义务关系明确，经双方当事人同意的，第二审法院可以由审判员一人独任审理。

（五）庭审程序简化

适用简易程序审理案件时，在庭审程序上不受《民事诉讼法》第 136 条、第 138 条和第 141 条规定的限制，即：不必在开庭 3 日前公布当事人姓名、案由和开庭的时间、地点；法庭调查和法庭辩论可以合并进行，也可以穿插进行，灵活掌握；案件应当一次开庭审结，但法院认为确有必要再次开庭的除外。

（六）审理期限较短

根据《民事诉讼法》第 164 条的规定，法院适用简易程序审理案件，应当在立案之日起 3 个月内审结。有特殊情况需要延长的，经本院院长批准，可以延长1 个月。

三、简易程序与普通程序的关系

（一）普通程序是简易程序的基础

就性质而言，简易程序是第一审程序中与普通程序并列且独立的一种诉讼程序，即普通程序与简易程序相互之间并没有附属关系。但就程序设置的角度而言，简易程序与普通程序又存在着十分密切的关系。这种关系的表现之一，就在于普通程序是简易程序的基础。

普通程序是简易程序的基础，是指简易程序虽然是专门针对简单民事案件的特点设置，适用于审理简单民事案件的诉讼程序，但是就其程序制度的设置及有关程序事项、内容的规定而言，简易程序是参照普通程序并以普通程序为基础设置的。同时，在适用简易程序审理案件时，对于简易程序没有规定的内容，法院应当适用普通程序的有关规定。

（二）简易程序是普通程序的简化与补充

简易程序虽然以普通程序为基础，但简易程序毕竟不是普通程序，两种程序制度存在重大区别。最为明显的区别在于，就诉讼程序有关事项与内容的规定，简易程序是对普通程序的简化与补充。

所谓简化，是指立法上对于简易程序有关诉讼程序的事项与内容作了比普通程序更为简单的规定。这种程序设置上的简化，不仅体现为有关程序的规定较为简便，也体现为有关程序步骤、事项与内容的规定较为简略，即从程序设置的角度去掉了一些审理简单民事案件不必要的环节与事项。

所谓补充，是指普通程序作为针对一般民事案件的诉讼程序，虽然具有严格、系统与完整的特点，但从有针对性地解决纠纷以及诉讼经济与效率的角度看，所有案件一律适用普通程序显然是有问题的。为此，根据简单民事案件的特点设置的简易程序，不仅较好地弥补了普通程序的单一与不足，而且有利于有针对性地解决纠纷，节约审判资源、提高诉讼效率以及实现诉讼经济，故简易程序实际上是对普通程序立法设置的一种补充。

（三）一定条件下两个程序可以转化适用

在诉讼实践中，鉴于不同案件以及诉讼中的特殊情况，简易程序与普通程序的关系还表现在一定条件下两个程序可以相互转化适用。按照《民事诉讼法》以及有关司法解释的规定，这种转化适用包括以下几种情况：

1. 对于基层法院适用第一审普通程序审理的民事案件，当事人双方自愿选择适用简易程序并经法院审查同意的，可以适用简易程序进行审理。

2. 当事人就适用简易程序提出异议，法院认为异议成立的，应当将案件转为普通程序审理。

3. 法院在审理过程中，发现案情复杂不宜适用简易程序审理，需要转为普通程序审理的，可以转为普通程序审理。

在程序的转化适用中，法院不得违反当事人自愿原则，将普通程序转为简易程序；已经按照普通程序审理的案件，在开庭后无论是否发生情况变化，都不得转为简易程序审理。

第二节　简易程序的适用和内容

一、简易程序的适用

（一）适用的案件

简易程序具有简便易行的特点，但绝非可以任意适用。这种程序制度由于不具有普通程序的系统性、严密性和完整性，因此在民事诉讼中不可以适用于所有种类的民事案件。

《民事诉讼法》第 160 条第 1 款规定，简易程序适用的案件限于事实清楚、权利义务关系明确、争议不大的简单民事案件。事实清楚是指当事人双方对争议的事实陈述基本一致，并能提供相应的证据，无需法院调查证据即可查明事实；权利义务关系明确是指能够明确区分谁是权利的享有者，谁是责任的承担者；争议不大是指当事人对案件的是非、责任承担以及诉讼标的的争执无原则性分歧。《民事诉讼法》第 160 条第 2 款规定，基层法院和它派出的法庭审理前款规定以外的民事案件，当事人双方也可以约定适用简易程序。

《民诉法解释》第 257 条规定，下列案件不能适用简易程序：（1）起诉时被告下落不明的；（2）发回重审的；（3）当事人一方人数众多的；（4）适用审判监督程序的；（5）涉及国家利益、社会公共利益的；（6）第三人起诉请求改变或者撤销生效判决、裁定、调解书的；（7）其他不宜适用简易程序的案件。同时，已经按照普通程序审理的案件，在开庭后不得转为简易程序审理。

（二）适用的法院

根据《民事诉讼法》第 160 条的规定，适用简易程序的法院仅限于基层法院和它的派出法庭。基层法院的派出法庭包括两种类型：一是基层法院在其辖区内乡、镇所在地设立的固定的人民法庭；二是基层法院巡回审判就地办案的审判组织。除此之外，中级以上法院审理第一审民事案件，以及所有的二审案件、再审案件都不得适用简易程序。

二、简易程序的内容

（一）起诉与答辩

1. 起诉。在简易程序中，起诉的方式有两种，即书面方式起诉和口头方式起诉。原告采用书面形式起诉时，应当写明当事人的基本情况、联系方式、诉讼请求、事实与理由等内容。原告本人不能书写起诉状，或者委托他人代写起诉状确有困难的，可以口头起诉。原告口头起诉的，法院应将上述内容准确记入笔录，由原告核对无误后签名或者按指印。对于当事人提交的证据材料，法院应当出具收据。

当事人双方根据《民事诉讼法》第 160 条第 2 款规定约定适用简易程序的，应当在开庭前提出。口头提出的，记入笔录，由双方当事人签名或者按指印确认。

2. 答辩。在简易程序中，被告可以选择口头形式或者书面形式进行答辩。被告要求书面答辩的，法院可在征得其同意的基础上，合理确定答辩期间。被告选择口头答辩的，法院可以立即对案件开庭审理或者确定开庭日期。

（二）审理前准备

1. 送达诉讼文书。在简易程序中，法院可以采取捎口信、电话、短信、传真、电子邮件等简便方式传唤双方当事人、通知证人和送达裁判文书以外的诉讼文书。

法院按照原告提供的被告送达地址或者其他联系方式无法通知被告应诉的，应当按以下情况分别处理：

（1）原告提供了被告准确的送达地址，但法院无法向被告直接送达或者留置送达应诉通知书的，应当将案件转入普通程序审理。

（2）原告不能提供被告准确的送达地址，法院经查证后仍不能确定被告送达地址的，可以被告不明确为由裁定驳回原告起诉。

对于被告到庭后拒绝提供自己的送达地址和联系方式的，法院应当告知其拒不提供送达地址的后果；经法院告知后被告仍然拒不提供的，按下列方式处理：

（1）被告是自然人的，以其户籍登记中的住所地或者经常居所为送达地址。

（2）被告是法人或者非法人组织的，应当以其在登记机关依法登记、备案中的住所为送达地址。

因当事人提供的送达地址不准确、送达地址变更未及时告知法院，或者当事人拒不提供自己的送达地址导致诉讼文书未能被当事人实际接收的，按下列方式处理：

（1）邮寄送达的，以邮件回执上注明的退回之日为送达之日。

（2）直接送达的，送达人当场在送达回证上记明情况之日视为送达之日。

上述内容，法院应当在原告人起诉和被告人答辩时以书面或者口头方式告知当事人。

以简便方式送达的开庭通知，未经当事人确认或者没有其他证据证明当事人已经收到的，法院不得缺席判决。

2. 确定举证期限。适用简易程序审理的民事案件，举证期限由法院确定，也可以由当事人协商一致并经法院准许，但不得超过 15 日。

法院应当将举证期限和开庭日期告知双方当事人，并向当事人说明逾期举证以及拒不到庭的法律后果，由双方当事人在笔录和开庭传票的送达回证上签名或者按指印。

当事人双方均表示不需要举证期限的，法院可以立即开庭审理或者确定开庭日期。

3. 申请法院调查收集证据。适用简易程序审理的民事案件，当事人及其诉讼代理人申请法院调查收集证据和申请证人出庭作证的，应当在举证期限届满前提出。

4. 对适用简易程序异议的处理。当事人一方或者双方就适用简易程序提出异议后，法院应当进行审查，并按下列情形分别处理：

（1）异议成立的，裁定将案件转入普通程序审理，并将合议庭的组成人员及相关事项以书面形式通知双方当事人；转入普通程序审理的民事案件的审理期限自法院立案之日计算。

（2）异议不成立的，口头告知双方当事人，并将上述内容记入笔录。

（三）先行调解

对于下列适用简易程序的民事案件，法院在开庭审理时，应当先行调解：（1）婚姻家庭纠纷和继承纠纷；（2）劳务合同纠纷；（3）交通事故和工伤事故引起的权利义务关系较为明确的损害赔偿纠纷；（4）宅基地和相邻关系纠纷；（5）合伙协议合同纠纷；（6）诉讼标的额较小的纠纷。但是根据案件的性质和当事人的实际情况不能调解或者显然没有调解必要的除外。

调解达成协议并经审判人员审核后，双方当事人同意该调解协议的，该调解协议自双方签名或者按指印之日起发生法律效力。当事人要求摘录或者复制该调解协议的，应予准许。调解协议符合规定的，法院应当另行制作民事调解书。调解协议生效后一方拒不履行的，另一方可以持民事调解书申请强制执行。

法院可以当庭告知当事人到法院领取民事调解书的具体日期，也可以在当事人达成调解协议的次日起 10 日内将民事调解书发送给当事人。

当事人以民事调解书与调解协议的原意不一致为由提出异议，法院审查后认为异议成立的，应当根据调解协议裁定补正民事调解书的相关内容。

（四）开庭审理

1. 开庭审理的方式。适用简易程序审理民事案件时，当事人双方可就开庭方式向法院提出申请，由法院决定是否准许。经当事人双方同意，可以采用视听传输技术等方式开庭审理民事案件。

2. 对当事人的告知。在开庭审理时，审判人员对于没有委托律师、基层法律服务工作者代理诉讼的当事人，应当对回避、自认、举证责任等相关内容向其作必要的解释或者说明，并提示当事人如何正确行使诉讼权利、履行诉讼义务，以保障开庭审理能够顺利进行。

3. 法庭调查和辩论。在简易程序中，因案件属于"事实清楚""权利义务关系明确""争议不大"的民事案件，审判人员可直接根据双方当事人的诉讼请求和答辩意见归纳出争议焦点，经当事人确认后，由双方当事人围绕争议焦点进行举证、质证和辩论，并且法庭调查和辩论可以相互交叉进行。

当事人对案件事实无争议的，审判人员可以在听取当事人就适用法律方面的辩论意见后径行判决、裁定。

适用简易程序审理的民事案件，应当一次开庭审结，但法院认为确有必要再次开庭的除外。

4. 庭审笔录。书记员应当将适用简易程序审理民事案件的全部活动记入笔录。对于下列事项，应当详细记载：（1）审判人员关于当事人诉讼权利义务的告知、争议焦点的概括、证据的认定和裁判的宣告等重大事项。（2）当事人申请回避、自认、撤诉、和解等重大事项。（3）当事人当庭陈述的与其诉讼权利直接相关的其他事项。

庭审结束时，审判人员可以根据案件的审理情况，对争议焦点、当事人各方举证、质证和辩论的情况进行简要总结，并就是否同意调解征询当事人的意见。审判人员在审理过程中发现案情复杂需要转为普通程序的，应当在审限届满前及时作出决定，并书面通知当事人。

（五）判决

适用简易程序审理的民事案件，除法院认为不宜当庭宣判的以外，应当庭宣判。

人民法庭制作的判决书、裁定书、调解书，必须加盖基层法院印章，不得用人民法庭的印章代替基层法院的印章。

当庭宣判的案件，除当事人当庭要求邮寄送达的以外，法院应当告知当事人或者诉讼代理人领取裁判文书的期间和地点以及逾期不领取的法律后果。上述情况，应当记入笔录。

法院已经告知当事人领取裁判文书的期间和地点的，当事人在指定期间内领取裁判文书之日即为送达之日。当事人在指定期间内未领取的，指定领取裁判文书期间届满之日即为送达之日。当事人的上诉期从法院指定领取裁判文书期间届满之日的次日起开始计算。

当事人因交通不便或者基于其他原因要求邮寄送达裁判文书的，法院可以按照当事人本人提供的送达地址邮寄送达。

法院根据当事人本人提供的送达地址邮寄送达的，邮件回执上注明收到或者退回之日即为送达之日，当事人的上诉期从邮件回执上注明收到或者退回之日的次日起开始计算。

原告经传票传唤，无正当理由拒不到庭或者未经法庭许可中途退庭的，可以按撤诉处理；被告经传票传唤，无正当理由拒不到庭或者未经法庭许可中途退庭的，法院可以根据原告的诉讼请求及双方已经提交给法庭的证据材料缺席判决。

按撤诉处理或者缺席判决的，法院可以按照当事人本人提供的送达地址将裁判文书送达给未到庭的当事人。

定期宣判的案件，定期宣判之日即为送达之日，当事人的上诉期自定期宣判的次日起开始计算。当事人在定期宣判的日期无正当理由未到庭的，不影响该裁判上诉期间的计算。当事人确有正当理由不能到庭，并在定期宣判前已经告知法院的，法院可以按照当事人本人提供的送达地址将裁判文书送达给未到庭的当事人。

适用简易程序审理的民事案件，有下列情形之一的，法院在制作判决书、裁定书、调解书时，对认定事实或者判决理由部分可以适当简化：（1）当事人达成调解协议并需要制作民事调解书的；（2）一方当事人明确表示承认对方全部诉讼请求或者部分诉讼请求的；（3）涉及自然人隐私、个人信息或者商业秘密的案件，当事人一方要求简化裁判文书中的相关内容，法院认为理由正当的；（4）当事人双方同意简化的。

第三节 简易程序中的小额诉讼程序

一、小额诉讼程序的概念

小额诉讼程序，是指基层法院和它派出的法庭审理事实清楚、权利义务关系明确、争议不大的简单金钱给付，且标的额为各省、自治区、直辖市上年度就业人员年平均工资50%以下案件所适用的审判程序。

基层法院和它派出的法庭审理上述民事案件，标的额超过各省、自治区、直辖市上年度就业人员年平均工资 50%但在 2 倍以下的，当事人双方也可以约定适用小额诉讼程序。

在总结繁简分流改革经验的基础上，2021 年《民事诉讼法》对小额诉讼程序作出了重大修改。小额诉讼程序作为简易程序中的一个更加简化的特殊程序，不仅缩短了诉讼周期，提高了诉讼效率，而且对合理利用司法资源，及时化解当事人之间的纠纷，稳定社会秩序均有十分重要的作用。

二、小额诉讼程序与简易程序的关系

（一）小额诉讼程序的立法体例

国际上小额诉讼程序立法有两种不同的体例：一是在民事诉讼法之外设置独立的小额诉讼程序法，作为独立于民事诉讼法的法律；二是在民事诉讼法中规定小额诉讼程序，作为民事诉讼法的部分内容。其中，在民事诉讼法中规定小额诉讼程序的立法例，又存在着两种不同的立法形式：一种是在民事诉讼法中设置独立的小额诉讼程序；另一种是在民事诉讼法有关简易程序的内容中设置小额诉讼特别规定。我国民事诉讼立法采用的是在简易程序中设置小额诉讼特别规定的立法形式。

（二）我国小额诉讼程序与简易程序的关系

我国《民事诉讼法》把小额诉讼设定在简易程序中，表明我国《民事诉讼法》中不存在独立的小额诉讼程序，小额诉讼程序仅仅是简易程序中的一个特别规定，是民事诉讼立法在简易程序中设置的审理较一般简单民事案件更为简单、更为特殊的民事案件的程序规定，或者说是简易程序中争议标的额很小且十分简单的民事案件的特别程序规定。

三、小额诉讼程序的适用

（一）小额诉讼程序的适用原则

1. 强制适用，是指凡符合适用小额诉讼程序特别规定的案件，均应按照小额诉讼程序的特别规定审理。换言之，在小额诉讼程序特别规定的适用上，当事人没有选择权；是否适用小额诉讼程序的特别规定，由法院根据案件的性质、类型与情况决定。

2. 一审终审，是指凡适用小额诉讼程序审理的案件，都实行一审终审制。法官可以一次开庭审结并当庭宣判。案件一经审结，裁判宣告并送达后即产生法律效力，当事人不得上诉。如果当事人不服，可以通过再审程序予以救济。

（二）小额诉讼程序的适用条件

《民事诉讼法》第 165 条规定，适用小额诉讼程序审理的案件，应当具备三个方面的条件：（1）符合《民事诉讼法》第 160 条有关简单民事案件的规定，

即属于事实清楚、权利义务关系明确、争议不大的简单民事案件;（2）给付内容限于金钱给付,即原告请求被告履行的必须是金额给付义务。（3）争议的标的额应当在各省、自治区、直辖市上年度就业人员平均工资 50% 以下;标的额超过年平均工资 50% 但在 2 倍以下的,当事人双方也可以约定适用小额诉讼程序。凡是不具备上述三方面条件的案件,均不能适用小额诉讼程序审理。

（三）小额诉讼程序的适用范围

凡符合《民事诉讼法》第 165 条规定条件的案件,均可适用小额诉讼程序审理,也就属于小额诉讼程序的适用范围。同时,《民事诉讼法》第 166 条规定,下列民事案件不适用小额诉讼程序审理:（1）人身关系、财产确权案件;（2）涉外案件;（3）需要评估、鉴定或者对诉前评估、鉴定结果有异议的案件;（4）一方当事人下落不明的案件;（5）当事人提出反诉的案件;（6）其他不宜适用小额诉讼的程序审理的案件。

（四）小额诉讼程序的特别规定

1. 法院适用小额诉讼程序审理案件,应当在立案之日起 2 个月内审结。有特殊情况需要延长的,经本院院长批准,可以延长 1 个月。

2. 法院在审理过程中,发现案件不宜适用小额诉讼程序的,应当适用简易程序的其他规定审理或者裁定转为普通程序。

3. 当事人认为案件适用小额诉讼程序审理违反法律规定的,可以向法院提出异议。法院对当事人提出的异议应当审查,异议成立的,应当适用简易程序的其他规定审理或者裁定转为普通程序;异议不成立的,裁定驳回。

四、小额诉讼案件的审理

1. 案件的受理。当事人向法院提起小额诉讼,符合起诉条件的,法院应当受理案件。法院受理小额诉讼案件后,需要注意以下问题:（1）被告要求书面答辩的,法院可以在征得其同意的基础上合理确定答辩期间,但最长不得超过 15 日。当事人到庭后表示不需要举证期限和答辩期间的,法院可立即开庭审理。（2）当事人对小额诉讼案件提出管辖异议的,法院应当作出裁定。裁定一经作出即生效。（3）法院受理小额诉讼案件后,发现起诉不符合《民事诉讼法》第 122 条规定的起诉条件的,裁定驳回起诉。裁定一经作出即生效。（4）因当事人申请增加或者变更诉讼请求、提出反诉、追加当事人等,致使案件不符合小额诉讼案件条件的,应当适用简易程序的其他规定审理。

2. 诉讼告知。根据《民诉法解释》第 274 条的规定,法院受理小额诉讼案

拓展阅读

民事司法实务中适用小额程序的若干问题

件，应当向当事人告知该类案件的审判组织、一审终审、审理期限、诉讼费用交纳标准等相关事项。

3. 当事人异议的处理。当事人对按照小额诉讼案件审理有异议的，应当在开庭前提出。法院经审查，异议成立的，适用简易程序的其他规定审理；异议不成立的，告知当事人，并记入笔录。

4. 举证期限的确定。小额诉讼案件的举证期限由法院确定，也可以由当事人协商一致并经法院准许，但一般不超过 7 日。

5. 举证、质证。适用简易程序的其他规定或者普通程序审理前，对于双方当事人已确认的事实，可以不再进行举证、质证。

6. 裁判文书的简化。小额诉讼案件的裁判文书可以简化，主要记载当事人基本信息、诉讼请求、裁判主文等内容。

拓 展 阅 读

广东高院关于小额诉讼制度实施情况的调研报告

法院审理小额诉讼案件，民事诉讼法以及有关司法解释没有规定的，适用简易程序的规定。

【复习要点】

（一）基本概念

简易程序　小额诉讼程序

（二）思考题

1. 怎样认识简繁分流在我国民事司法审判中的意义？

2. 简易程序与普通程序在价值取向上有哪些差异？

3. 我国小额诉讼程序强制适用的原因是什么？

4. 在立法上，小额诉讼程序应当独立成章还是归入简易程序？

▶ 自测习题及参考答案

请扫描二维码，进行随堂测试。

第十三章　公益诉讼与第三人撤销之诉

公益诉讼和第三人撤销之诉是 2012 年修正《民事诉讼法》时新增加的内容。对于这两类诉讼案件，法院应当按照通常诉讼程序进行审理和裁判。但是，与通常的民事案件相比，公益诉讼案件和第三人撤销之诉案件的起诉条件、审理程序和裁判等又有特别之处。

第一节　公　益　诉　讼

一、公益诉讼概述

（一）公益诉讼的概念

公益诉讼，是指对损害社会公共利益的违法行为，由法律规定的国家机关或组织向法院提起诉讼的制度。公益诉讼包括行政公益诉讼与民事公益诉讼。行政公益诉讼，是指原告自身的权益并未受到违法行政行为的直接损害，但原告认为行政机关违反法定职责的行为损害了社会公共利益或者有损害社会公共利益之虞时，向法院提起诉讼，请求法院判令行政机关纠正其违法行为。民事公益诉讼也是为维护社会公共利益设置的一种诉讼。与行政公益诉讼不同的是，它的被告不是行政机关，而是自然人、法人和非法人组织，原告起诉的目的是纠正自然人、法人和非法人组织损害社会公共利益的行为。

民事公益诉讼有狭义和广义之分。狭义的民事公益诉讼专指与被诉的侵权行为无直接利害关系的人为维护社会公共利益而提起的诉讼。广义的民事公益诉讼除包括狭义的公益诉讼外，还包括受到被告行为直接的损害，与被诉的侵权行为有直接利害关系的人，出于保护社会公共利益的目的而提起的诉讼。[①]

我国民事诉讼法采用的是狭义的民事公益诉讼。《民事诉讼法》第 58 条第 1 款规定："对污染环境、侵害众多消费者合法权益等损害社会公共利益的行为，法律规定的机关和有关组织可以向人民法院提起诉讼。"该条第 2 款专门规定了检察机关提起公益诉讼制度。鉴于检察公益诉讼与其他法律规定的机关和社会组

[①] 例如邱建东提起的多个诉讼。邱建东是福建龙岩市海平面法律事务所主任，他曾经提起 20 多件公益性质的诉讼。其中，1991 年 1 月，他以电信局未执行夜间通话费减半收取的规定为由，把当地电信局诉至法院，要求法院判决被告退还多收取的 1.2 元通话费。虽然从起诉条件看，该案符合私益诉讼对当事人资格的要求，但邱建东提起本案诉讼的目的是纠正被告的违法行为、保护社会公益，故构成广义的公益诉讼。

织提起的公益诉讼相比,有其显著特点,本节将专门阐述。

(二) 公益诉讼的特征

1. 原告与案件无直接利害关系。民事诉讼一般涉及的是私人利益,原告因自己的民事权益受到被告的侵害,为保护自己依法享有的权利而提起诉讼。因此,原告与所提起的诉讼之间具有直接的利害关系。《民事诉讼法》第 122 条把"原告是与本案有直接利害关系的公民、法人和其他组织"作为提起诉讼的条件之一。在公益诉讼中,原告并未受到被告行为的直接侵害,与所提起的诉讼之间并无直接的利害关系。如经营者在合同中规定的格式条款,虽然损害了不特定的多数消费者利益,但并未对消费者协会的利益造成损害,而消费者协会有权提起公益诉讼。也就是说,在公益诉讼中,法律放宽了对原告资格的限制,允许与本案无直接利害关系的人作为原告提起公益诉讼。

2. 原告起诉的目的是维护社会公共利益。民事诉讼是为保护私人利益,解决私人之间的民事权益争议而设立的制度,原告起诉的目的在于保护其本人的民事权益。公益诉讼则不同,原告本人的权益并未受到被告的损害或者直接损害,原告起诉也不是为维护本人的权益,而是旨在维护受到损害的社会公共利益。

(三) 我国公益诉讼的类型

1. 环境公益诉讼,是指原告针对已经损害社会公共利益或者具有损害社会公共利益重大风险的污染环境、破坏生态的行为提起诉讼,请求法院判令被告停止侵害、排除妨害、消除危险,对生态和环境进行修复,赔偿生态环境、自然资源所受到的损失的诉讼。

2. 消费者公益诉讼,是指法律授权的机关和有关组织,对经营者侵害众多不特定消费者合法权益或者具有危及消费者人身、财产安全等损害社会公共利益的行为提起诉讼,请求法院判令经营者停止侵害、排除妨害、消除由违法行为造成的危险的诉讼。

尽管《民事诉讼法》第 58 条只列举了污染环境和侵害众多消费者合法权益两类公益诉讼,但是该条文中又有"等损害社会公共利益的行为"字样。这表明,立法对公益诉讼的类型持一种开放的态度,公益诉讼的类型并非仅限于上述两种。随着实践和立法的发展,今后完全有可能增加新的公益诉讼类型。

(四) 我国公益诉讼立法

我国《民事诉讼法》原来并未规定公益诉讼。由于污染环境、侵害多数消费者权益的行为日益增多,愈发严重,全国人大常委会于 2012 年修正《民事诉讼法》时增设了公益诉讼的规定,赋予法律规定的机关和有关组织对污染环境、侵害众多消费者合法权益等损害社会公共利益的行为提起诉讼的权利。

2012 年《民事诉讼法》只对公益诉讼原告作了原则性规定，关于公益诉讼原告的具体问题，则留给相关的法律去规定。因而，只有把《民事诉讼法》的原则性规定与相关法律的具体规定结合起来，才能完整地了解我国有关公益诉讼原告的法律规定。也就是说，《民事诉讼法》只规定了法律规定的机关和有关组织可以提起公益诉讼，究竟哪些机关和有关组织有权提起公益诉讼，需要结合《环境保护法》和《消费者权益保护法》的有关规定来确定。目前，除《民事诉讼法》外，我国还有三部法律对公益诉讼原告作出了规定，即《海洋环境保护法》《环境保护法》《消费者权益保护法》。2017 年 6 月 27 日，全国人大常委会通过了《关于修改〈中华人民共和国民事诉讼法〉和〈中华人民共和国行政诉讼法〉的决定》，根据该决定，《民事诉讼法》第 55 条（即 2021 年《民事诉讼法》第 58 条）增加 1 款作为第 2 款："人民检察院在履行职责中发现破坏生态环境和资源保护、食品药品安全领域侵害众多消费者合法权益等损害社会公共利益的行为，在没有前款规定的机关和组织或者前款规定的机关和组织不提起诉讼的情况下，可以向人民法院提起诉讼。前款规定的机关或者组织提起诉讼的，人民检察院可以支持起诉。"

上述法律虽然对公益诉讼的原告作出了规定，但并未涉及法院审理公益诉讼案件的程序。为了规范公益诉讼案件的审理，最高人民法院先后于 2015 年 1 月 6 日和 2016 年 4 月 24 日发布了《环境公益诉讼解释》（2020 年修正）和《消费公益诉讼解释》（2020 年修正）。《民诉法解释》也对公益诉讼程序的相关问题作出了规定。上述司法解释就公益诉讼的原告资格、受案范围、管辖、法院的释明、支持起诉、证据、禁止反诉等程序问题作了具体规定。2018 年 3 月，最高人民法院和最高人民检察院共同发布《两高检察公益诉讼解释》（2020 年修正），内容包括一般规定、民事公益诉讼、行政公益诉讼、附则。

二、公益诉讼程序的特别规定

公益诉讼在目的、性质上不同于私益诉讼，决定了处理这类诉讼的程序与私益诉讼有重大差异。公益诉讼在程序上的特别规定主要体现在八个方面。

（一）原告资格

1. 环境公益诉讼的原告。根据《民事诉讼法》的规定，有权提起环境公益诉讼的主体有两类：一类是法律规定的机关，另一类是有关组织。"机关"一词在我国法律中专指国家机关，国家机关包括立法机关、司法机关和行政机关。立法机关显然不适合作为公益诉讼的原告。我国的司法机关包括法院和检察院，法院作为审判机关，也不能作原告。关于检察机关作为公益诉讼原告的问题，经历了从支持起诉到试点再到法定化的过程。在 2012 年修正《民事诉讼法》之前，一些地方的检察院曾提起过民事公益诉讼。2012 年修正的《民事诉讼法》第 55 条规定的机关并不包括检察院，因而检察院依法不能作为公益诉讼的原告。2014 年 10 月 23 日，十八届四中全会《决定》明确要求探索建立检察机关提起公益诉讼制度。2015 年 1 月 6 日，最高人民法院在《环境公益诉讼解释》（2020 年修正）中明确规定，检察机关依据《民事诉讼法》第 15 条的规定，可以通过提供法律咨询、提交书面意见、协助调查取证等方式支持社会组织依法提起环境民事公益诉讼。同年 5 月 5 日，中央全面深化改革领导小组第十二次会议审议通过了《检察机关提起公益诉讼改革试点方案》。同年 7 月 1 日，第十二届全国人大常委会第十五次会议作出《关于授权最高人民检察院在部分地区开展公益诉讼试点工作的决定》。试点获得成功后，2017 年 6 月，全国人大常委会通过修改《民事诉讼法》的决定，规定人民检察院有权提起、支持民事公益诉讼。除了检察院之外，对破坏海洋生态、海洋水产资源、海洋保护区，给国家造成重大损失的行为，行使海洋环境监督管理权的部门有权代表国家提起诉讼，要求行为人给予赔偿。

另一类有权提起环境公益诉讼的原告是有关组织。2014 年修订的我国《环境保护法》规定，符合下列条件的组织可以向法院提起诉讼：（1）依法在设区的市级以上人民政府民政部门登记；（2）专门从事环境保护公益活动连续 5 年以上且无违法记录。

《环境公益诉讼解释》对《环境保护法》的上述规定作了更为细致、具体的解释。该司法解释将"有关组织"的类型和条件具体化为依照法律、法规的规定，在设区的市级以上人民政府民政部门登记的社会团体、基金会以及社会服务机构等；设区的市，自治州、盟、地区，不设区的地级市，直辖市的区以上人民政府民政部门，可以认定为《环境保护法》规定的"设区的市级以上人民政府民政部门"；社会组织章程确定的宗旨和主要业务范围是维护社会公共利益，且从事环境保护公益活动的，可以认定为"专门从事环境保护公益活动"，社会组织提起的诉讼所涉及的社会公共利益，应与其宗旨和业务范围具有关联性；社会组织在提起诉讼前 5 年内未因从事业务活动违反法律、法规的规定受过行政、刑事处罚，可以认定为"无违法记录"。

2. 消费公益诉讼的原告。根据我国《消费者权益保护法》第 47 条和《消费公益诉讼解释》的规定，唯有中国消费者协会以及在省、自治区、直辖市设立的消费者协会，才有权对侵害众多消费者合法权益的行为提起诉讼。该规定设置的消费公益诉讼的原告资格范围小于环境公益诉讼，不仅没有法律授权的机关，也不包括省级以下的消费者协会及消费者协会以外的其他消费者组织。法律之所以把原告限定在比较窄的范围内，主要是考虑到我国的消费公益诉讼还处在起步阶段。

《消费公益诉讼解释》第 1 条第 2 款规定："法律规定或者全国人大及其常委会授权的机关和社会组织提起的消费民事公益诉讼，适用本解释。"这就为扩大消费者公益诉讼的原告范围留下了空间。《民事诉讼法》第 58 条第 2 款关于检察机关有权提起、支持公益诉讼的规定中，就包括了有关食品药品安全的消费公益诉讼，因而检察机关可以作为消费公益诉讼的原告。

（二）管辖

1. 级别管辖。根据《民诉法解释》《环境公益诉讼解释》和《消费公益诉讼解释》的有关规定，公益诉讼案件由中级法院管辖。公益诉讼案件是新类型案件，法院审理、执行这类案件有一定的难度，社会公众对此类案件的关注度也很高。由中级法院管辖并不意味着基层法院一定不能审理公益诉讼案件，我国的一些基层法院专门设置了环境保护审判庭，中级法院如认为案件由基层法院审理更为合适，可适用《民事诉讼法》第 39 条关于管辖权转移的规定，报请高级法院批准后，将所受理的案件交由基层法院审理。

2. 地域管辖。公益诉讼案件一般由侵权行为地或者被告住所地的法院管辖，侵权行为地包括侵权行为发生地和损害结果发生地。但污染海洋环境的情况比较特殊，根据《海事诉讼特别程序法》的规定，对此类案件实行专门管辖和专属管辖，要由污染发生地、损害结果地或者采取污染防治措施地的海事法院管辖。污染环境、破坏生态的行为可能涉及多个地域，因而会出现同一原告或者不同原告对同一污染环境、破坏生态行为分别向两个以上有管辖权的法院提起环境民事公益诉讼的情形；出现此种情形时，由最先立案的法院管辖，必要时由共同上级法院指定管辖。

（三）起诉条件

根据公益诉讼的特点，《民诉法解释》第 282 条规定了四个起诉条件：（1）有明确的被告；（2）有具体的诉讼请求；（3）有社会公共利益受到损害的初步证据；（4）属于法院受理民事诉讼的范围和受诉法院管辖。

与《民事诉讼法》第 122 条规定的一般民事诉讼的四个起诉条件相比，公益诉讼的起诉条件有两点不同：一是不要求原告与案件有直接利害关系，此乃公益诉讼性质使然。二是原告起诉时仅仅说明诉讼请求所根据的事实和理由还不够，还要向法院提供社会公共利益受到损害的初步证据。将起诉的条件设定为有"初步证据"，一方面是为了防止滥诉，另一方面则是为了防止设定条件过高阻碍公益诉讼的提起。原告如果提供了被告已经实施污染行为、对环境造成了损害的证据，或者提供了被告将要实施污染行为、从而使环境面临巨大风险的证据，都应当认定为满足了"有初步证据"的条件。在消费公益诉讼中，原告起诉须提供被告的行为侵害了众多不特定消费者合法权益或者具有危及消费者人身、财产安全危险等损害社会公共利益的初步证据。

如果是检察机关提起公益诉讼，还需要满足"法律未规定有关机关或者组织可以提起公益诉讼，或者虽然已作出规定，但规定的机关或组织不提起公益诉讼"这一条件。为此，检察机关在提起公益诉讼时须向法院提交已履行公告程序的证明材料，以表明经公告后，仍无有关机关或组织提起诉讼。

（四）公益诉讼与行政执法相衔接

对社会公共利益的保护需要社会各界的共同参与，尤其需要对特定社会公共利益负有保护职责的行政机关的参与，将司法保护与行政保护结合起来，才能够取得更好的保护效果。基于此，《民诉法解释》第284条规定，法院受理公益诉讼案件后，应当在10日内书面告知相关的行政主管部门。

被告知的行政主管部门是对被告实施的损害社会公共利益的行为负有监督管理职责的部门，对被告具有包括行政处罚在内的行政执法权，因而在收到告知后很可能会对被告的违法行为进行处理。如环境保护机关受告知后，可能会责令被告停止侵害，对环境进行修复，赔偿生态环境受到的损失，原告的诉讼请求也由此得到实现。出现此种情形时，原告可以申请撤诉，法院也应当准许原告撤诉。

（五）其他有权提起公益诉讼的原告参与诉讼

与私益诉讼不同，损害社会公共利益的行为往往涉及面大、范围广，对同一损害社会公共利益的行为，常常会有多个原告有权提起诉讼，因而在公益诉讼制度中需要解决法院受理公益诉讼后，其他有资格提起公益诉讼的原告也要提起公益诉讼的问题，尤其是向同样有管辖权的不同法院提起诉讼的问题。对于此种情形，允许其他原告再次起诉显然不符合程序法原理。所以，其他原告只能参加已经为法院受理的诉讼，其他原告在开庭前申请参加诉讼的，法院将其作为本案的共同原告准许参加诉讼。

（六）对自认与反诉的限制

在公益诉讼中，如果原告承认了被告主张的对原告不利的事实，或者认可了被告提出的对原告不利的证据，而法院认为原告作出的承认损害了社会公共利益，法院将不予确认原告的上述行为。

基于公益诉讼的特点，反诉被排除，被告若对原告提起反诉，法院不予受理。

（七）对和解与撤诉的限制

即使是公益诉讼案件，双方当事人依然可以通过协商达成和解，法院也可以对双方进行调解。但公益诉讼毕竟涉及社会公共利益，所以在和解和调解的程序

上不同于私益诉讼。当事人达成和解协议或调解协议后，法院需要将协议进行公告，公告的时间不得少于30日，以便公众进行监督。如公众认为所达成的协议有损社会公共利益，可以向法院提出异议，对于所提出的异议，法院应当进行审查，经审查认为未损害社会公共利益的，出具调解书。否则，不予出具调解书，继续对案件进行审理，直到作出裁判。

在公益诉讼案件中，原告依然可以撤诉，但撤诉受到了严格的限制。在法庭辩论终结前撤诉的，要经过法院审查，认为未损害社会公共利益的，才准许撤诉；在法庭辩论终结后，则不再允许撤诉。法庭辩论终结后不得撤诉的理由在于：一方面，诉讼进行到此阶段，案件事实已经查清，法院已能够通过判决来结束诉讼；另一方面，撤诉对于即将胜诉的被告也是不公平的。

（八）公益诉讼与私益诉讼的关系

在公益诉讼中，被告的行为往往会造成双重损害，既损害了社会公共利益，又损害了私人利益，如污染环境的行为既损害了社会公共利益，又给受污染地区居民的人身和财产造成了损害。因而，公益诉讼与私益诉讼应当是独立的、并行不悖的，法院受理公益诉讼后，受到同一侵权行为损害的权益人，依然可以依据《民事诉讼法》第122条的规定向法院提起私益诉讼。

在法院既受理同一侵权行为的公益诉讼又受理了私益诉讼的情况下，由于两类诉讼在目的、性质、诉讼请求等方面存在重大区别，所以《环境公益诉讼解释》规定，法院不能把私益诉讼与公益诉讼合并审理。不过，私益诉讼的原告可以"搭便车"，如果法院在公益诉讼生效裁判中就行为与损害之间是否存在因果关系等方面作出对私益诉讼原告有利的认定，私益诉讼的原告可以在诉讼中主张直接适用；消费民事公益诉讼生效裁判认定经营者存在不法行为的，因同一侵权行为受到损害的消费者在所提起的诉讼中也可以主张直接适用。除非被告提供了足以推翻的相反证据，否则法院应当支持原告的上述主张。

（九）适用人民陪审制

根据《人民陪审员法》的规定，审理民事公益诉讼第一审案件，由人民陪审员和法官组成7人合议庭进行，包括法官3人与人民陪审员4人。人民陪审员参加7人合议庭审判案件，对事实认定，独立发表意见，并与法官共同表决；对法律适用，可以发表意见，但不参加表决。

三、检察公益诉讼的特别规定

建立检察机关提起公益诉讼制度是十八届四中全会提出的改革要求，是十九大关于建设中国特色社会主义法治体系、建设社会主义法治国家的重要制度安排。2015 年 7 月 1 日至 2017 年 6 月底，根据第十二届全国人大常委会第十五次会议通过的《关于授权最高人民检察院在部分地区开展公益诉讼试点工作的决定》，检察机关在北京等 13 个省区市开展了为期两年的公益诉讼试点工作。试点结束后，在总结试点经验的基础上，第十二届全国人大常委会第二十八次会议通过《关于修改〈中华人民共和国民事诉讼法〉和〈中华人民共和国行政诉讼法〉的决定》，分别在《民事诉讼法》第 55 条（即 2021 年《民事诉讼法》第 58 条）和《行政诉讼法》第 25 条增加一款规定检察机关提起公益诉讼，从而实现了检察公益诉讼制度立法化。为进一步细化检察公益诉讼程序规则，最高人民法院、最高人民检察院联合出台了《两高检察公益诉讼解释》，对检察公益诉讼案件程序进行了明确和细化规定。

（一）检察院提起民事公益诉讼的范围

依据《民事诉讼法》第 58 条第 2 款的规定，检察院可以针对"破坏生态环境和资源保护、食品药品安全领域侵害众多消费者合法权益等损害社会公共利益的行为"提起民事公益诉讼。据此，检察院提起民事公益诉讼的主要类型为环境公益诉讼和食品药品安全领域的消费者公益诉讼。对于其他领域的损害社会公共利益的行为是否可以提起诉讼，有待司法实践的进一步探索。需要注意的是，根据《环境公益诉讼解释》第 1 条的规定，环境民事公益诉讼的起诉范围不仅包括已经损害社会公共利益的行为，还包括具有损害社会公共利益重大风险的污染环境、破坏生态行为。而《两高检察公益诉讼解释》第 13 条规定的检察民事公益诉讼的起诉范围为"破坏生态环境和资源保护，食品药品安全领域侵害众多消费者合法权益，侵害英雄烈士等的姓名、肖像、名誉、荣誉等损害社会公共利益的行为"，该规定并未包括具有损害社会公共利益重大风险的行为。

（二）检察院的诉讼地位和诉讼权利义务

检察院在公益诉讼中享有何种诉讼地位和诉讼权利、履行何种诉讼义务等，是检察公益诉讼制度的核心内容。《两高检察公益诉讼解释》第 4 条规定："人民检察院以公益诉讼起诉人身份提起公益诉讼，依照民事诉讼法、行政诉讼法享有相应的诉讼权利，履行相应的诉讼义务，但法律、司法解释另有规定的除外。"从而明确检察院在公益诉讼中的诉讼地位是公益诉讼起诉人。这个条款包含两方面含义：一是检察院以公益诉讼起诉人的身份启动的是公益诉讼，具有区别于普通原告的特殊性，法律和司法解释对检察机关的特殊诉讼权利义务有明确规定的，应当按照相关规定执行。二是公益诉讼起诉人要"依照民事诉讼法、行政诉讼法享有相应的诉讼权利，履行相应的诉讼义务"。由于《民事诉讼法》和《行政诉讼法》中没有"公益诉讼起诉人"这一主体，检察院提起公益诉讼所对应的诉讼主体是原告。因此，检察院行使诉讼权利的期间、行使权利及履行义务的方式和程序等应当参照《民事诉讼法》关于原告的相关规定确定。比如，依照《民事诉讼法》第 54 条的规定，检察院可以放弃或者变更诉讼请求；依照《行政诉讼法》第 67 条的规定，法院应当在收到被告答辩状之日起 5 日内，将答辩状副本发送检察院；等等。检察院在二审阶段还可能具有上诉人或者被上诉人的诉讼地位。

（三）检察公益诉讼案件的起诉条件

根据《民事诉讼法》第 58 条第 2 款规定，检察院提起公益诉讼的前提是法律规定的机关和有关组织没有提起公益诉讼或者该机关和组织不提起公益诉讼。为依法保障法律规定的机关和有关组织的诉权以及社会公众的知情权和参与权，《两高检察公益诉讼解释》规定了检察民事公益诉讼的诉前公告程序。检察院在起诉前应当履行公告程序。公告期内有法律规定的机关和有关组织提起公益诉讼的，则检察院不再提起公益诉讼。公告期届满，法律规定的机关和有关组织不提起公益诉讼的，检察院可以向法院提起公益诉讼。检察院提起公益诉讼的，应当提交已经履行公告程序的证明材料。除履行诉前公告程序外，检察院提起公益诉讼还应当符合《民事诉讼法》第 122 条第 1 款第 2—4 项规定的条件。

（四）检察院的调查取证权

由于公益诉讼案件中调查取证难度很大，为充分发挥公益诉讼制度功能，及时有效地保护社会公共利益，依据《两高检察公益诉讼解释》的规定，检察院在公益诉讼中享有一定限度的调查取证权。检察院办理公益诉讼案件，可以向有关行政机关以及其他组织、公民调查收集证据材料，有关行政机关以及其他组织、公民应当配合；需要采取证据保全措施的，依照《民事诉讼法》和《行政诉讼法》的相关规定办理，从而明确了检察院在办理公益诉讼案件过程中需要提取、封存证据等情况下，可以向法院提出申请，由法院依法采取证据保全措施。

（五）刑事附带民事公益诉讼

检察民事公益诉讼针对的是破坏生态环境和资源保护、食品药品安全领域侵害众多消费者合法权益的违法行为。对于犯罪行为侵害社会公共利益的，检察院可以在作为公诉人提起刑事公诉的同时，作为公益诉讼起诉人提起民事公益诉讼。鉴于刑事诉讼和民事公益诉讼的诉讼主体一致，基本事实相同，为节约诉讼资源，提高诉讼效率，妥善确定犯罪嫌疑人的刑事责任和民事责任，《两高检察公益诉讼解释》规定了刑事附带民事公益诉讼。需要注意的是：首先，刑事附带民事公益诉讼案件要按照《民事诉讼法》第 58 条第 2 款和《两高检察公益诉讼解释》的相关规定，针对破坏生态环境和资源保护，食品药品安全领域侵害众多消费者合法权益，侵害英雄烈士等的姓名、肖像、名誉、荣誉等损害社会公共利益的犯罪行为提起。如果已经有法律规定的机关和社会组织提起民事公益诉讼，则不再受理刑事附带民事公益诉讼。为了确定其他主体是否提起公益诉讼，检察机关在提起附带民事公益诉讼前应当履行诉前公告的程序。其次，民事公益诉讼与刑事诉讼是不同的案件类型，既可以附带于刑事诉讼提起，也可以根据案件实际情况单独提起，由不同的审判组织分别审理。最后，刑事附带民事公益诉讼案件由审理刑事案件的法院管辖，并且由审理刑事案件的同一个审判组织审理。

在法律和司法解释没有特别规定的情况下，检察公益诉讼适用《民事诉讼法》《行政诉讼法》《民诉法解释》《行政诉讼法解释》《环境公益诉讼解释》《消费公益诉讼解释》等相关法律和司法解释关于公益诉讼的规定。

第二节 第三人撤销之诉

一、第三人撤销之诉概述

第三人撤销之诉，是指由于不可归责于本人的事由而未能参加诉讼的第三人，针对法院所作出的存在错误并损害自己利益的判决、裁定、调解书，将生效司法文书中的双方当事人作为被告，以提起诉讼的方式，请求法院撤销已经发生法律效力的司法文书的诉讼。

第三人撤销之诉，是 2012 年修正《民事诉讼法》时增设的一类诉讼。设置此类诉讼，一方面是为了向事先未能参加诉讼、未获得程序保障的第三人提供事后的救济措施，另一方面也是为了应对近年来出现的虚假诉讼问题。

虚假诉讼的原、被告往往利用法院的生效判决书、裁定书、调解书来转移财产、逃避债务或者侵吞他人的财产，既对国家的司法制度造成了严重的破坏，也直接损害了案外第三人的利益。

根据《民事诉讼法》第 59 条第 3 款的规定，撤销之诉的第三人，既可以是有独立请求权的第三人，也可以是无独立请求权的第三人。

需要注意的是，如果在原诉讼中遗漏了必要共同诉讼人，判决、裁定、调解书生效后，被遗漏的共同诉讼人是不能通过撤销之诉来寻求救济的，这样的共同诉讼人可以依据《民事诉讼法》第 207 条及《民诉法解释》第 420 条的规定申请再审。

二、提起第三人撤销之诉的条件

1. 基于不可归责于本人的原因未参加诉讼。损害第三人利益的诉讼之所以能够得逞，往往是由于被请求撤销的诉讼进行之时，第三人完全不知情，被排除在诉讼之外，失去了向法院主张权利、提供证据的机会。如果第三人已经参加了诉讼，其主张及提供的事实、证据已经为法院所考虑，再提起撤销之诉就缺乏正当性和必要性。如果法院当时已经通知其参加诉讼，但该第三人无正当理由不参加，就要对自己的行为负责，不再享有提起撤销之诉的权利。

第三人未能参加诉讼且无过错的情形包括不知道诉讼而未参加、申请参加诉讼而未获准、虽然知道诉讼但基于客观原因无法参加、其他不能归责当事人本人的未参加诉讼的情形。

2. 有证据证明请求撤销的判决书、裁定书、调解书的内容全部或者部分存在错误。错误主要是指这些司法文书缺乏事实基础，尤其是根据双方当事人主张的虚假事实、提供的虚假证据作出的。

3. 被请求撤销的司法文书内容损害其民事权益。需要注意的是，这里所说的司法文书的内容，是指判决书、裁定书的主文，以及调解书中处理当事人民事权利义务的结果，而不是司法文书的理由部分。这个条件实际上要求第三人与案件有利害关系，存在诉的利益。

4. 在知道或者应当知道其民事权益受到损害之日起6个月内提出。这是时间方面的要件，目的在于促使第三人在合理的期间内提起诉讼。

5. 应当向作出生效判决、裁定、调解书的法院起诉。由于第三人只能向作出生效判决、裁定、调解书的法院提起诉讼，所以这类诉讼事实上专属于作出生效判决、裁定、调解书的法院管辖。之所以由作出判决、裁定、调解书的法院管辖，是因为其不仅掌握着原诉讼案件的材料，而且对案件情况也最熟悉。作出生效判决、裁定、调解书的法院，可能是原一审法院，也可能是原二审法院，因此这类诉讼不适用级别管辖的规定。

对于上述前三个条件，第三人不能仅仅向法院主张其存在，还应当提供相关的证据材料来证明其存在。

三、第三人撤销之诉的程序

（一）当事人

在此类诉讼中，提起撤销之诉的第三人为原告，生效判决、裁定、调解书的双方当事人为被告。作为被告的原因是他们与撤销之诉有直接利害关系。在生效判决、裁定、调解书中列为不承担民事责任的无独立请求权的第三人，在撤销之诉中仍然作为第三人。

（二）起诉与受理

第三人撤销之诉事关法院作出的已经生效的司法文书，因而法院在处理此类诉讼时需要格外慎重，此种慎重也体现在法院审查起诉的程序上。与一般民事案件的受理程序相比，法院审查起诉有两点不同：（1）法院在受理前要在5日内把原告的诉状、证据材料交给被告，被告可以在收到诉状等的10日内提出书面意见。收到被告提出的书面意见后，法院再对诉状、意见和材料进行审查，必要时，还可以把双方当事人传唤到法院来进行询问。（2）审查起诉所用的时间比一般民事案件长得多。法院在收到一般民事诉讼起诉状后的7日内就需要作出受理与否的裁定，而第三人撤销之诉中法院审查起诉的时间为30日。

经审查，如果不符合起诉条件，法院应作出驳回起诉的裁定。

（三）审理与判决

第三人撤销之诉涉及是否要撤销已生效的司法文书，所以要适用第一审普通程序，采用合议制进行审理。合议庭既可以另行组织，也可以由原来的审判人员组成。

法院受理第三人撤销之诉后，被请求撤销的司法文书可能已经进入强制执行程序。如出现此种情形，第三人在诉讼中可以通过提供担保请求法院中止执行。

此类案件中，第三人可能仅仅请求撤销生效司法文书或者司法文书中损害其权益的部分，也可能同时提出与请求撤销司法文书相关的或者独立于该文书内容的权利主张。法院审理后，根据不同情况，可以作出以下处理：

1. 如果认为被请求撤销的生效判决、裁定、调解书确有错误，且第三人主张的民事权利全部或部分成立，法院作出判决改变原判决、裁定、调解书中的错误部分。

2. 如果认为第三人的撤销请求能够成立，但关于确认其享有全部或者部分实体权利的主张不能成立，或者第三人并未要求对其享有的权利作出确认，法院只需作出撤销判决即可。

3. 如果认为撤销请求不能成立，则驳回诉讼请求。

第三人撤销之诉亦实行两审终审，当事人不服一审判决的，有权提起上诉。

四、第三人撤销之诉与申请再审

第三人撤销之诉可能会改变原审作出的生效判决、裁定、调解书，再审也可能会改变原审作出的上述司法文书，但在我国民事诉讼法中，第三人撤销之诉与再审是两项互相独立的制度。在某些情况下，针对同一份判决、裁定、调解书可能会出现两个程序并列的情形，即法院一方面正在审理第三人撤销之诉，另一方面又决定对该案件进行再审。此时两个程序同时继续进行显然是不合适的，所以，审理第三人撤销之诉的法院应当作出裁定，把撤销之诉的诉讼请求并入再审程序审理。如果进行再审的法院是另一个法院，审理撤销之诉的法院就需要把案件交给另一法院审理，也就是把撤销之诉吸收到再审程序中审理。

当两种程序并列时，以再审程序吸收撤销之诉为原则，但这一原则也有例外。如果在撤销之诉中，已经有证据证明原审的当事人恶意串通损害了第三人的合法权益，此时继续审理第三人撤销之诉是符合法律设立这项制度的宗旨的，在这一情形下，应当先行审理第三人撤销之诉，再审程序则相应予以中止。

正在进行的再审可能是适用第一审程序进行的，也可能是适用第二审程序进行的，撤销之诉并入适用一审程序再审的案件，法院应当对再审请求和撤销之诉的请求一并审理，当事人不服法院作出的判决的，有权上诉。撤销之诉如是并入适用二审程序进行再审的案件，考虑到当事人的审级利益，再审法院在调解不成时，应当撤销生效司法文书，将案件发回原审法院重新审理。

五、第三人撤销之诉与执行异议

第三人撤销之诉可能与执行异议发生交集。法院受理第三人撤销之诉后，除非原告提供担保后法院裁定中止执行，生效法律文书的强制执行照常进行。针对法院的执行，第三人作为案外人可能会提出执行异议，如果异议被驳回，依照《民事诉讼法》第234条的规定，案外人对法院就其执行异议作出的裁定不服，认为原判决、裁定有错误的，有权申请再审。

在案外人已经提起第三人撤销之诉的情况下，再通过申请再审来撤销生效裁判等，显然已无必要，为避免程序重复，对案外人执行异议被驳回后提出的再审申请，法院不再受理。在案外人尚未提起撤销之诉的情况下，由于《民事诉讼法》第234条已明文规定按照审判监督程序处理，所以案外人在执行异议被驳回后应当通过申请再审寻求进一步的救济，而不得提起第三人撤销之诉。

【复习要点】

（一）基本概念

公益诉讼　第三人撤销之诉　公益诉讼原告适格

（二）思考题

1. 公益诉讼的特殊性主要体现在哪些方面？

2. 怎样理解公益诉讼原告的资格？

3. 第三人撤销之诉的特殊性主要体现在哪些方面？

4. 如何理解第三人撤销之诉与再审制度的关系?

▶ 自测习题及参考答案

请扫描二维码，进行随堂测试。

第十四章　第二审程序

第二审程序是根据审级制度设立的案件审判程序。我国民事诉讼实行两审终审制，因此，第二审程序又是终审程序。第二审程序在第一审程序的基础上对案件继续进行审理，并通过对上诉案件的审理，维护第一审正确的裁判或者纠正第一审错误的裁判，对第一审的审判工作进行监督。在程序的设计上，第二审程序既有不同于第一审程序的特点，也有不同于作为非通常救济程序的再审程序之处。

第一节　第二审程序概述

一、第二审程序的概念

第二审程序，是指第二审法院审理上诉案件所适用的审判程序。在我国，法院对民事诉讼案件的审理原则上实行两审终审制，即当事人不服第一审法院作出的裁判的，可以向第一审法院的上一级法院提起上诉，由上一级法院对案件继续审理并作出裁判，诉讼至此便告终结。第二审程序就是上一级法院审理当事人不服一审裁判提起上诉的案件所适用的审判程序。第二审程序是由当事人的上诉引起的，所以又称上诉审程序；我国实行两审终审，第二审程序又是终审程序。

第二审程序不是当事人进行诉讼必经的程序。如果当事人在第一审程序中达成了调解协议，或者在第一审法院作出裁判后未在上诉期内提起上诉，第一审法院的裁判发生法律效力，第二审程序就不会发生，诉讼到此归于终结。

第二审程序是民事诉讼法规定的一种独立的审判程序，它与其他审判程序既密切相关，又存在着差异，与其他审判程序一起构成了总的民事审判程序框架，共同服务于案件的审理，实现民事诉讼的各项功能。

第二审程序的设立具有重要意义，它能吸收当事人不满、纠正第一审可能存在的错误、促进法律适用的统一以及巩固司法体系的合法性等。

二、第二审程序的特点

第二审程序是民事诉讼法规定的一种独立的审判程序，它具有下述特点：

1. 是为适应审理上诉案件的需要而建立的程序。第一审法院适用第一审程序对民事案件进行审理并作出裁判。司法实践中，当事人不服一审裁判，要求撤销或者改变一审法院的裁判的，就需要通过一定的程序和途径来解决，为此而设立的程序就是第二审程序。同时，任何一审法院作出的裁判都不可能是完全正确的，因此需要通过一定的程序和方式来保证一审案件审判的质量，第二审程序便应运而生。

2. 以当事人的上诉权和上级法院的审判监督权为基础。上诉权是当事人申请上一级法院对案件继续进行审判的请求权，也是当事人不服一审法院裁判的上告权。当事人上诉的目的，一是要求上诉审法院继续解决与对方当事人之间的民事权益之争，以维护自己的合法权益；二是希望上诉审法院通过对案件的审理，撤销或者变更一审法院的裁判。没有当事人的上诉权，就无从发生第二审程序。同时，第二审程序的开始，还依赖于上级法院对下级法院的审判监督权。这种监督权，体现在上级法院可以对下级法院的裁判进行审查，对下级法院错误的裁判依法撤销或变更。

3. 为实现上诉审法院的职能而建立。上诉审法院的职能，就是对上诉案件的审判职能。其表现有三：一是保障当事人及其他诉讼参与人充分行使法律赋予他们的在上诉审中的诉讼权利，进一步保护当事人的合法权益；二是保证上诉审法院对一审法院行使审判监督权；三是通过上诉审程序，完成对诉讼案件的审判程序，终结诉讼。第二审程序正是为实现这些职能而设立的审判程序。同时，这些职能的特殊性也使得第二审程序不同于第一审程序和再审程序。

三、第二审程序与第一审程序的关系

第二审程序与第一审程序一样，同属于诉讼案件的审判程序。但是，二者既有联系又有区别。

（一）第二审程序与第一审程序的联系

二者的联系主要体现为：对于经普通程序或简易程序审理的民事案件（小额诉讼案件除外，下同），当事人不服提起上诉的，上诉审法院即适用第二审程序对案件进行审理。因此，第一审程序是第二审程序的前提和基础，第二审程序是第一审程序的继续和发展。同时，第二审法院审理上诉案件，首先适用第二审程序的有关规定，第二审程序没有规定的，要适用第一审普通程序的有关规定。

（二）第二审程序与第一审程序的区别

1. 程序的引起原因不同。第一审程序的发生基于当事人的起诉权；第二审程序的发生基于当事人的上诉权。

2. 任务不同。第一审程序的任务是通过认定案件事实和适用法律，确定当事人之间的民事权利义务关系状态，解决民事纠纷；第二审程序的任务除了解决当事人之间的民事纠纷，还要对第一审法院的审判活动进行监督。

3. 适用的法院不同。第一审程序作为民事案件的初审程序，除简易程序只

适用于基层法院外，我国的四级法院根据级别管辖规定审理第一审民事案件时均可以适用；第二审程序则是民事案件的终审程序，只有中级以上的法院审理上诉案件时才可以适用。

4. 审判组织不同。第一审法院适用第一审程序审理民事案件的组织形式有两种，即合议制和独任制。实行合议制的，合议庭可以由审判员组成，也可以由审判员和陪审员共同组成。第二审法院适用第二审程序审理上诉案件一般采取合议制，并且合议庭必须由审判员组成，陪审员不参加二审的合议庭。

5. 审理的对象不同。第一审程序审理的对象是当事人双方所争议的民事权利义务关系，包括事实认定和法律适用；第二审程序是以一审裁判为基点，对当事人上诉请求的有关事实和适用的法律进行审理和裁判。

6. 审理方式不同。适用第一审程序审理民事诉讼案件，如果要对案件作出判决，法院必须采取开庭审理的方式；适用第二审程序审理民事上诉案件，以开庭审理为原则、以不开庭审理为例外。

7. 裁判的效力不同。法院适用第一审程序作出的裁判，在上诉期间，是未发生法律效力的裁判；法院适用第二审程序作出的裁判，是发生法律效力的裁判。

第二节　上诉的提起与受理

一、上诉的提起

上诉，是指当事人不服地方各级法院作出的尚未生效的一审裁判，在法定期间内，请求上一级法院对其上诉请求进行审理并撤销或者变更一审裁判的诉讼行为。

上诉权是当事人的一项重要的诉讼权利。但当事人提起上诉必须具备一定的条件，并遵守一定的程序。

（一）提起上诉的条件

提起上诉的条件是指提起上诉必须具备的要件。根据我国现行法律的规定，上诉应当具备以下四个条件：

1. 上诉对象合法。提起上诉，必须针对依法可以上诉的裁判，即法律赋予当事人上诉权的裁判。根据《民事诉讼法》的有关规定，地方各级法院适用普通程序和简易程序对案件审理后作出的一审判决，二审法院发回重审后的判决，按照第一审程序对案件再审作出的判决，都是可以上诉的判决。同时，不予受理的裁定、对管辖权有异议的裁定以及驳回起诉的裁定，都是可以上诉的裁定。除此之外，按特别程序审理后作出的裁判，第二审法院的终审裁判以及最高人民法院的一审裁判，都是不能上诉的裁判，当事人不能对它们提起上诉。

2. 上诉人和被上诉人适格。提起上诉，首先必须有上诉人和被上诉人，并且上诉人和被上诉人必须适格。

上诉人是享有上诉权的人，被上诉人是上诉人的对方当事人。法院适用第一审程序对案件进行审理后作出的裁判，双方当事人不服的，都可以提起上诉。因此，上诉人和被上诉人既可能是一审的原告，也可能是一审的被告。如果一审中的双方当事人都向上诉审法院提出上诉，根据《民诉法解释》第315条的规定，都列为上诉人。

共同诉讼中上诉人和被上诉人的情况各不相同。在必要共同诉讼中，基于他们诉讼行为的统一性和一致性，只要其中一个人上诉，并经其他共同诉讼人同意，他们就成为共同上诉人；其中一人被上诉的，其他共同诉讼人亦应被视为被上诉人。但是，在有的必要共同诉讼实践中，必要共同诉讼人无法就上诉问题形成统一的意见，因此，《民诉法解释》第317条规定："必要共同诉讼人的一人或者部分人提起上诉的，按下列情形分别处理：（一）上诉仅对与对方当事人之间权利义务分担有意见，不涉及其他共同诉讼人利益的，对方当事人为被上诉人，未上诉的同一方当事人依原审诉讼地位列明；（二）上诉仅对共同诉讼人之间权利义务分担有意见，不涉及对方当事人利益的，未上诉的同一方当事人为被上诉人，对方当事人依原审诉讼地位列明；（三）上诉对双方当事人之间以及共同诉讼人之间权利义务承担有意见的，未提起上诉的其他当事人均为被上诉人。"而在普通共同诉讼中，每个人都有权单独上诉，成为独立的上诉人。当然，普通共同诉讼中的每个人也可以因对方当事人上诉而成为被上诉人。

诉讼代表人不服一审裁判，有权提起上诉而成为上诉人的代表人，或者因对方当事人上诉而成为被上诉人的代表人。

有独立请求权的第三人有权以本诉讼的双方或者一方当事人为被上诉人提起上诉，成为上诉人，也可以成为本诉讼的双方或者一方当事人的被上诉人。无独立请求权的第三人是否可以成为上诉人和被上诉人，要根据具体情况确定。在法院判令无独立请求权的第三人承担实体义务的情况下，无独立请求权的第三人有权提起上诉，而成为上诉人。无独立请求权的第三人也可以因参加之诉中对方当事人提起上诉而成为被上诉人。

应该注意的是，上诉人和实施上诉行为的人是两个不同的概念。在上诉人自己亲自提起上诉的情况下，上诉人和实施上诉行为的人是同一的。但是，上诉人基于不同的原因，有的由其法定代理人提起上诉，有的由其授权的委托代理人实施上诉行为。在此情况下，上诉人与实施上诉行为的人不是同一的。不过，只要符合法律规定，这些人实施的上诉行为，与上诉人自己提起的上诉有同等的法律意义。

3. 在法定期间提起上诉。上诉期间又称上诉期，是法律规定可以上诉的期限。由于判决和裁定解决的问题不同，民事诉讼法对判决和裁定的上诉期间作了不同的规定：不服判决的上诉期间为 15 日；不服裁定的上诉期间为 10 日，从裁判送达之次日起计算。当事人双方在不同的日期接收裁判的，从各自的起算日开始计算。任何一方的上诉期未满，裁判都是在上诉期内，这时，裁判处于一种不确定状态，但当事人只有在自己的上诉期未届满时才可以提起上诉。只有当双方当事人的上诉期都届满后，双方均未提起上诉的，裁判才发生法律效力。

共同诉讼人上诉期的计算，因共同诉讼的种类不同而不同。必要共同诉讼中共同诉讼人的上诉期应以最后一个收到裁判的共同诉讼人的上诉期来计算。普通共同诉讼人的上诉期则各自计算。

4. 递交上诉状。第一审法院作出裁判后，当事人不服提起上诉的，必须递交上诉状。上诉状是当事人表示不服第一审法院的裁判，请求第二审法院变更原审裁判的根据，是一种重要的诉讼文书，同时也是上诉法院受理上诉案件的根据。上诉状与起诉状不同，除表明双方当事人对实体权利义务在认识上或主张上存在差异外，还表明提起上诉的一方当事人对第一审法院的裁判有异议。它不仅要求上级法院确认自己的权利，而且要求改变或者撤销原审法院的裁判，通过变更裁判，来维护自己的合法权益。《民诉法解释》第 318 条规定，当事人未在法定上诉期间递交上诉状的，视为未提起上诉。

当事人提交的上诉状，应写明以下内容：（1）双方当事人的基本情况。当事人是法人或者其他组织的，还应写明法人或其他组织的全称、法定代表人或者主要负责人的姓名和职务。（2）原审法院的名称、案件的编号和案由。（3）上诉的请求和理由，这是上诉状的核心内容。上诉的请求是上诉人提起上诉所要达到的目的；上诉的理由是上诉人提起上诉的根据，是上诉人向上诉审法院提出的对一审法院在认定事实和适用法律方面的异议的全面陈述。上诉的请求和理由也是上诉审法院审理上诉案件的基点，它决定了二审法院对案件的审理范围。

（二）提起上诉的程序

当事人不服一审法院的裁判，提起上诉的，原则上应向原审法院提交上诉状。上诉虽然向原审法院的上级法院提出，但上诉状原则上应向原审法院提交。这是因为：（1）有利于原审法院了解案件的进展情况。原审法院是对案件审理的初审法院，由于当事人是否上诉关系到诉讼是就此结束还是由上一级法院继续进行的问题，因此原审法院有权了解自己审理后的案件的进展和结果情况。（2）当事人向原审法院提出上诉比较方便，原审法院进行审查、掌握情况以及向对方当事人送达上诉状副本等也比较方便。（3）当事人提起上诉必须符合法定的条件，而是否符合条件，原审法院最清楚。对于条件欠缺的，原审法院可责令其限期补正。

上诉状并不是必须通过原审法院提出。有的当事人对通过原审法院提起上诉存在疑虑或顾虑，为打消当事人的顾虑，我国《民事诉讼法》在把通过原审法院提起上诉作为原则的同时，也允许当事人直接向第二审法院提起上诉。不论向哪个法院提出上诉，最终都要由第二审法院依第二审程序进行审理，上诉途径并不会影响终审裁判。当事人直接向第二审法院提出上诉状的，第二审法院也应在5日内将上诉状移交原审法院。这样做，不是人为地使程序烦琐，而是因为原审法院有权了解、审查和掌握当事人提起上诉的情况。同时，送达上诉状副本及答辩状副本等工作还需要原审法院去做。

不论当事人向原审法院提起上诉还是直接向第二审法院提起上诉，都应按对方当事人或者诉讼代表人的人数提出上诉状副本。这样规定，主要是为了保障被上诉人充分行使答辩权，以便其及时提出答辩状，同时也为第二审诉讼做好准备。

二、上诉的受理

当事人提起上诉的，不论向原审法院递交上诉状还是直接向第二审法院递交上诉状，只要符合法定的上诉条件，法院均应受理，并履行如下法定程序。

（一）诉讼文书的接收与送达

原审法院收到当事人的上诉状及副本后，应当在5日内将上诉状副本送达对方当事人。上诉状及副本，是指当事人向原审法院提交或者向第二审法院提交的声明上诉并说明上诉请求、事实和理由的法律文书及副本。对方当事人在收到上诉状副本后，可以在15日内提交答辩状。提交答辩状是当事人的一项诉讼权利，既可以行使，也可以放弃。但放弃提交答辩状的，并不影响其在审理过程中的口头答辩。被上诉人提交答辩状的，法院应当在收到答辩状之日起5日内将答辩状副本送达上诉人。被上诉人不提出答辩状的，不影响法院对案件的审理。

（二）诉讼案卷和证据的报送

原审法院收到上诉状和答辩状后，或者对方当事人在法定期限内未提交答辩状的，原审法院应当在5日内连同全部案卷和证据，报送第二审法院。至此，案件全部脱离第一审法院，由第二审法院对案件进行审理，产生第二审的诉讼法律关系。

三、上诉的撤回

上诉的撤回，是指上诉人依法提起上诉后，在第二审法院作出裁判前，要求撤回上诉的行为。

撤回上诉是与提起上诉相对应的诉讼权利。当事人有提起上诉的权利，也有撤回上诉的权利。当事人提起上诉时，必然提出上诉请求；而当事人撤回上诉，就是撤回自己提起的上诉请求。当事人提起上诉时，必须具备一定的事实和理由；而撤回上诉也应具备一定的事实和理由。提起上诉与撤回上诉，只要合法，都应引起相应的法律后果。两种制度的设立，都是为了保障当事人正确行使诉讼权利。

撤回上诉是当事人行使处分权的具体体现。当事人依法享有撤回上诉的权利，但是不能滥用，只有合法的撤回上诉才会被法院准许。《民诉法解释》第335条规定，当事人申请撤回上诉，法院经查认为一审法院的判决确有错误，或者当事人之间恶意串通损害国家利益、社会公共利益、他人合法权益的，都不应准许上诉人撤回上诉。司法实践中，上诉人申请撤回上诉的，法院会考虑被上诉人的意见，决定是否准许上诉人撤回上诉。

我国《民事诉讼法》规定，上诉人在整个上诉审的审理过程中都可以行使撤回上诉的权利。但第二审法院的判决一经宣告，上诉人即丧失其撤诉的权利。

第二审法院裁定准许或者不准许撤回上诉，可以用书面形式，也可以用口头形式。审判实践中，准许撤回上诉的，一般用书面裁定；而不准许撤回上诉的，大多采用口头裁定。第二审法院裁定上诉人不准撤回上诉的，第二审程序继续进行；裁定准许撤回上诉的，第二审程序即告终结，第一审法院的裁判发生法律效力。在通常意义上，上诉人撤回上诉的，撤回的只是上诉请求，表明其放弃了上诉权利，不再请求第二审法院改变或者撤销第一审法院的裁判，也意味着上诉人认可了第一审法院的裁判，第一审法院的裁判自然发生法律效力。

另外，根据《民诉法解释》第318条的规定，上诉人在法定上诉期间内递交了上诉状，但未在指定的期限内交纳上诉费的，按自动撤回上诉处理。

四、二审中撤回起诉和当事人达成和解的处理

《民诉法解释》第336条规定，在第二审程序中，原审原告申请撤回起诉，经其他当事人同意，且不损害国家利益、社会公共利益、他人合法权益的，法院可以准许。准许撤诉的，应当一并裁定撤销一审裁判。原审原告在第二审程序中撤回起诉后重复起诉的，法院不予受理。《民诉法解释》第337条规定，当事人在第二审程序中达成和解协议的，法院可以根据当事人的请求，对双方达成的和解协

拓展阅读

王先权与霍山县黄金矿业有限责任公司环境污染责任纠纷二审民事裁定书

议进行审查并制作调解书送达当事人；因和解而申请撤诉，经审查符合撤诉条件的，法院应予准许。

第三节　上诉案件的审理

第二审法院审理上诉案件，依照第二审程序进行。第二审程序没有规定的，适用一审普通程序的有关规定。

一、上诉案件的审理范围

《民事诉讼法》第 175 条规定："第二审人民法院应当对上诉请求的有关事实和适用法律进行审查。"据此，第二审法院对上诉案件的审理范围包括两个方面。

1. 上诉案件的审理范围原则上是当事人上诉请求的范围。我国对上诉案件的审理是续审，即第二审法院所要解决的是第一审法院已经审理但仍存在争议的问题以及上诉人认为一审裁判存在错误的问题，原则上以当事人的上诉请求为其审理范围。但是，《民诉法解释》第 321 条规定："第二审人民法院应当围绕当事人的上诉请求进行审理。当事人没有提出请求的，不予审理，但一审判决违反法律禁止性规定，或者损害国家利益、社会公共利益、他人合法权益的除外。"

2. 上诉案件审理的内容是与上诉请求有关的事实和法律问题。第二审法院的审理，既是事实审，又是法律审。但审理的事实和法律问题，是围绕着当事人的上诉请求进行的，即只审理与上诉请求有关的事实和法律问题。如果上诉人请求改变或撤销判决的全部，则第二审法院就应对第一审判决中认定的全部事实和适用法律进行审理；如果上诉人只请求改变或者撤销第一审判决的一部分，则第二审法院只围绕上诉请求的部分事实认定和适用法律进行审理即可。上诉请求的有关事实和适用法律，既包括上诉人提出的事实和法律问题，也包括上诉人未提出但与上诉请求有关的其他事实和法律问题。

1982 年《民事诉讼法（试行）》规定："第二审人民法院必须全面审查第一审人民法院认定的事实和适用的法律，不受上诉范围的限制。"现行《民事诉讼法》第 175 条规定："第二审人民法院应当对上诉请求的有关事实和适用法律进行审查。"之所以作此修改，本书认为，主要是基于以下理由：首先，第二审全面审查，而不受当事人上诉范围的限制，与不告不理原则是相违背的。其次，第二审全面审查，而不受当事人上诉范围的限制，违背了当事人对诉讼权利和实体权利的处分原则。最后，第二审程序与第一审程序不同，它不是一审程序的简单重复，如前所述，它所要解决的应是第一审程序已经审理但仍存在争议的问题以及上诉人认为一审裁判存在错误的问题。对于第一审程序已经解决的双方当事人已消除争议和分歧的问题，第二审法院不应该也不需要重复处理。否则，将浪费司法资源，加重第二审法院的负担，不利于及时解决争议、结束民事权利义务关系的不稳定状态。

二、上诉案件的审理方式

上诉案件审理方式的特殊性，主要体现在审判组织和是否开庭审理两个方面。

1. 第二审法院审理上诉案件，应当组成合议庭。第二审法院对上诉案件的审理，是在第一审法院审理的基础上进行的。它既要对当事人不服的第一审法院的事实认定和法律适用进行审理并作出裁判，解决当事人之间的纠纷，又要监督第一审法院的审判工作。为了慎重裁判，第二审法院审理上诉案件，必须组成合议庭，不能采用独任制；为了依法行使审判监督权，只能由审判员组成合议庭，陪审员不能参加第二审合议庭。

2. 第二审法院审理上诉案件，原则上应采取开庭审理的形式。这是因为：（1）上诉案件往往涉及事实问题，有的当事人还会提出新的证据。通过开庭审理，有助于对事实和证据进行审查与核实，保证案件的审判质量。（2）开庭审理是当事人进行陈述和辩论、充分表达自己意见的有效方式。（3）审判实践中，确有第一审裁判认定事实错误或不清的情况，需要通过开庭审理查明事实。《民诉法解释》第322条规定，开庭审理的上诉案件，第二审法院可以依照《民事诉讼法》第136条第4项规定进行审理前的准备。

如果第一审裁判认定的事实比较清楚，也无其他证据需在法庭上审查核实，同时，当事人之间对事实无争议，只是对第一审裁判适用法律有异议，或者一方当事人对实体权利义务的确定不服的，第二审法院就不需要开庭审理。《民事诉讼法》规定，经过阅卷、调查和询问当事人，对没有提出新的事实、证据或者理由，合议庭认为不需要开庭审理的，可以不开庭审理。理论上称第二审法院不开庭审理为径行判决。

应当注意的是，法律规定不开庭审理而径行判决，只是针对特殊情况的特殊规定，并非简化了程序。同时，径行判决也不同于书面审：径行判决同样要进行调查并询问当事人，核对案件事实；而书面审理则不开庭、不调查、不询问当事人和证人，只通过审阅案卷材料即直接作出裁判。

《民诉法解释》第331条规定："第二审人民法院对下列上诉案件，依照民事诉讼法第一百七十六条规定可以不开庭审理：（一）不服不予受理、管辖权异议和驳回起诉裁定的；（二）当事人提出的上诉请求明显不能成立的；（三）原判决、裁定认定事实清楚，但适用法律错误的；（四）原判决严重违反法定程序，需要发回重审的。"

三、上诉案件的审理地点

根据《民事诉讼法》的规定，第二审法院审理上诉案件，可以在本院进行，也可以到案件发生地或原审法院所在地进行。这是便利当事人进行诉讼、便利法院办案原则在第二程序中的体现。第一审法院一般距当事人住所地或诉讼标的所在地较近，而第二审法院为第一审法院的上一级法院，一般距案件发生地或当事人所在地较远。第二审法院到案件发生地或原审法院所在地进行办案，有助于查清案件事实真相，扩大办案效果，还可以加强对第一审法院审判工作的指导。因此，第二审法院可以根据案件的不同情况，确定开庭审理的地点。

四、当事人一审诉讼行为的拘束力

《民诉法解释》第 340 条规定，当事人在第一审程序中实施的诉讼行为，在第二审程序中对该当事人仍具有拘束力。当事人推翻其在第一审程序中实施的诉讼行为的，法院应当责令其说明理由。理由不成立的，不予支持。

五、上诉案件的调解

调解是民事诉讼法的一项基本原则，不论第一审法院还是第二审法院，都可以根据自愿与合法的原则，在事实清楚的基础上，分清是非，进行调解。因此，《民事诉讼法》规定，第二审法院审理上诉案件，可以进行调解。调解也是上诉案件的结案方式之一。

第二审程序中的调解与第一审程序中的调解有所不同。第一审程序中达成调解协议，一般情况下应制作调解书，但对调解和好的离婚案件、调解维持收养关系的案件、能够即时履行的案件及其他不需要制作调解书的案件，可以不制作调解书。而第二审程序中达成调解协议的，都应当制作调解书。同时，调解书应由审判员、书记员署名并加盖法院印章。

调解书送达后，原审法院的判决即视为撤销。视为撤销与撤销原判不同。撤销原判以原判有错误为前提，而视为撤销是在双方当事人自愿协商的基础上达成协议，是当事人行使处分权的结果。一审所作判决是法院行使审判权的结果，不能以当事人的调解协议撤销原判。因此，二审调解书中不写"撤销原判"字样。

基于两审终审的基本制度，对于第二审中某些比较特殊的情形，根据《民诉法解释》的规定，第二审法院可以通过调解来处理，一般不直接作出终审判决。

这些情形包括：（1）当事人在第一审中已经提出的诉讼请求，第一审法院未作审理、判决。如果第二审法院直接对这类被遗漏的诉讼请求作出裁判，将导致这类请求只经过一次审理就告终结，违背了两审终审制度。因此，第二审法院可以进行调解，调解不成的，发回重审。（2）必须参加诉讼的当事人（包括有独立请求权的第三人），在第一审中没有参加诉讼，第二审法院可以组织调解，调解不成的，发回重审。但发回重审的裁定不应直接追加当事人。（3）第一审判决不准离婚的案件，上诉后，第二审法院认为应当判决离婚的，可以就婚姻关系连同当事人共有财产的分割、未成年子女的抚养等问题一起进行调解，调解不成的，发回重审。双方当事人同意由第二审法院一并审理的，第二审法院可以一并裁判。（4）当事人在第二审增加独立的诉讼请求或提出反诉的，第二审法院可以就新增的诉讼请求或者反诉组织调解，调解不成的，告知当事人另行起诉。双方当事人同意由第二审法院一并审理的，第二审法院可以一并裁判。

六、上诉案件的裁判

（一）上诉案件的裁判方式

第二审法院对上诉案件进行审理后，应当根据上诉案件的不同情形，分别作出不同裁判。

1. 对第一审判决提起上诉的案件的裁判。

第一，判决驳回上诉，维持原判。第二审法院经过审理，认为原判决对上诉请求的有关事实认定清楚，适用法律正确的，判决驳回上诉，维持原判。此外，《民诉法解释》第 332 条规定，原判决、裁定认定事实或者适用法律虽有瑕疵，但裁判结果正确的，第二审法院可以在判决、裁定中纠正瑕疵后，依照《民事诉讼法》第 177 条第 1 款第 1 项规定予以维持。

第二，依法改判。第二审法院经过审理，认为原判决认定事实错误或者适用法律错误的，应当依法改判、撤销或者变更原判决。改判、撤销或者变更原判决都属于对实体问题的重新确定，因此应当用判决的方式作出。基于当事人上诉请求的不同，依法改判、变更或撤销原判决可能改变原判决的一部分内容，也可能改变原判决的全部内容。此外，第二审法院经过审理，认为原判决认定基本事实不清的，可以在查清事实后改判。

第三，裁定发回重审。发回重审有两种情形：（1）第二审法院经过审理，认为原判决认定基本事实不清的，裁定撤销原判决，发回原审法院重审。《民事诉讼法》第 177 条第 1 款第 3 项规定的基本事实，是指用以确定当事人主体资格、

拓展阅读

赵新凤与李飞兰、陈佳悦共有物分割纠纷二审民事裁定书

案件性质、民事权利义务等对原判决、裁定的结果有实质性影响的事实。（2）原判决遗漏当事人或者违法缺席判决等严重违反法定程序的，裁定撤销原判决，发回原审法院重审。严重违反法定程序，是指违反程序可能影响案件正确判决。根据《民诉法解释》第323条的规定，下列情形可以认定为严重违反法定程序：一是审判组织的组成不合法的；二是应当回避的审判人员未回避的；三是无诉讼行为能力人未经法定代理人代为诉讼的；四是违法剥夺当事人辩论权利的。

发回原审法院重审的案件，仍应按第一审程序审理，但只可适用普通程序审理，不能适用简易程序。重审后作出的裁判为第一审裁判，当事人不服的仍可上诉。但是，当事人对重审裁判提起上诉的，第二审法院不得再次发回重审，只能根据审理的情况维持原判或直接改判。

第四，裁定驳回起诉。第二审法院在审理上诉案件过程中，发现依法不应由法院受理的，可以直接裁定撤销原裁判，驳回起诉。

2. 对第一审裁定提起上诉的案件的裁定。当事人对不予受理的裁定、对管辖权有异议的裁定、驳回起诉的裁定，可以依法上诉。二审法院对不服一审法院裁定的上诉案件的处理，一律使用裁定。原裁定认定事实清楚、证据充分、适用法律正确的，裁定驳回上诉，维持原裁定；原裁定认定事实不清、证据不足、适用法律错误的，裁定撤销原裁定，作出正确的裁定。

《民诉法解释》第329条规定，法院依照第二审程序审理案件，认为第一审法院受理案件违反专属管辖规定的，应当裁定撤销原裁判并移送有管辖权的法院。

《民诉法解释》第330条规定，第二审法院查明第一审法院作出的不予受理裁定有错误的，应当在撤销原裁定的同时，指令第一审法院立案受理；查明第一审法院作出的驳回起诉裁定有错误的，应当在撤销原裁定的同时，指令第一审法院审理。

（二）第二审裁判的宣判

《民诉法解释》第338条规定，第二审法院可以自行宣判，也可以委托原审法院或者当事人所在地法院代行宣判。

（三）第二审裁判的法律效力

我国实行两审终审制，第二审法院的裁判为终审裁判，其法律效力主要体现在以下三个方面：

1. 不得对裁判再行上诉。第二审裁判是对当事人之间实体权利义务的最终确认，一经送达当事人，即发生法律效力，当事人不得再行上诉。如果当事人认为第二审裁判有错误，只能按照审判监督程序向法院申请再审。

2. 不得就同一诉讼标的，以同一事实和理由重新起诉。第二审裁判为终审裁判，双方当事人争议的实体权利义务关系就此最终确认，因此，当事人不得就同一诉讼标的，以同一事实和理由重新起诉。但是，判决不准离婚、调解和好的离婚案件，判决维持收养关系的案件，调解维持收养关系的案件除外。

3. 给付判决具有强制执行力。第二审裁判有给付内容，义务人拒不履行义务的，对方当事人有权向法院申请强制执行，法院也可以视情况依职权采取强制执行措施，以保证法律文书的实现，维护国家法律的严肃性，保护当事人的合法权益。

七、上诉案件的审理期限

根据《民事诉讼法》的规定，第二审法院审理不服判决的上诉案件，应当在第二审法院立案之日起 3 个月内审结。有特殊情况需要延长的，报请本院院长批准。由院长根据案件的具体情况，在保证案件审判质量的原则下，予以审批。第二审法院审理不服裁定的上诉案件，应当在第二审法院立案之日起 30 日内作出终审裁定。有特殊情况需要延长审限的，由本院院长批准。

第二审程序中规定审理期限的目的在于督促法院提高审判效率，缩短办案周期，更好地保护当事人的合法权益。

【复习要点】

（一）基本概念

上诉　第二审程序　上诉的提起　上诉案件的裁判

（二）思考题

1. 上诉应当符合哪些条件？
2. 第二审程序与第一审程序有哪些区别？
3. 上诉案件的审理范围有哪些？
4. 第二审法院对上诉案件的处理方式有哪些？
5. 如何认识第二审程序的职能？
6. 第二审程序中的调解有何特点？

（三）案例分析

甲与乙签订古董花瓶买卖合同，合同中约定甲将古董花瓶一只售卖于乙，乙一次性付清 20 万元对价。甲将古董花瓶售卖于乙后，乙无力清偿对价。随后，甲发现乙与丙曾签订借款合同，乙将 25 万元借于丙用来购买生产设备，该笔借款已届清偿期，至今乙仍怠于行使对丙的 25 万元债权。甲遂对丙提起诉讼，要求丙对其清偿 20 万元对价，法院依职权追加乙为第三人。一审判决甲胜诉，丙应向甲给付 20 万元。一审判决作出后，乙、丙均提起上诉，乙请求法院判令丙向其支付剩余 5 万元债务，丙则请求法院判令甲对乙的债权不成立。在二审答辩期间，甲提出丙还应替乙应偿还 20 万元债权的利息 2 万元，丙则为了证明甲对乙的债权不成立，在二审中提交甲未将古董花瓶实际售卖于乙的相关证据。二审法院经过审理发现，本案不应当由一审法院管辖，且一审法院对于甲是否实际将花瓶售卖于乙的事实认定不清。

结合上述案情，请回答下列问题：

（1）本案谁是上诉人？谁是被上诉人？

（2）甲在二审中提出丙还应替乙偿还 2 万元利息的主张是否构成反诉？二审法院应如何处理这一主张？

（3）二审法院可否不开庭审理本案？

（4）二审法院审理后发现本案不属于一审法院管辖以及一审法院对于甲是否实际将花瓶售卖于乙的事实认定不清，对此，其应当如何处理？

（5）若当事人在二审中达成和解协议并据此申请撤诉，此后一方当事人拒绝履行和解协议的，对方当事人应当如何向法院寻求救济？

▶ 自测习题及参考答案

请扫描二维码，进行随堂测试。

第十五章　再审程序

再审程序是纠正法院错误生效裁判的一种补救程序，它既不是法院审理民事案件的必经程序，又不同于第一审程序和第二审程序。再审程序是当事人合法权益的特殊救济程序，其启动主体具有多元性，但相对于起诉和上诉，再审程序的启动条件更加严格。

第一节　再审程序概述

一、再审程序的概念

再审程序，是指法院基于一定的事由，对判决、裁定或者调解书已经发生法律效力的案件再一次进行审理并作出裁判所适用的审判程序。

我国《民事诉讼法》将再审程序的内容规定在"审判监督程序"一章，人们经常将审判监督程序等同于再审程序。但从理论上看，二者还是存在一定区别的，再审程序概念的外延较审判监督程序更为宽泛。审判监督程序是具有审判监督权的机关，发现已经生效的判决、裁定、调解书确有错误，以抗诉、检察建议或者决定的形式提出对案件进行再审的程序。再审程序则是指判决、裁定、调解书生效之后，基于法定事由，法院对案件再次进行审理所适用的审判程序。适用再审程序审理的案件，不仅包括法院和检察院基于审判监督权提出的再审案件，还包括当事人、案外人基于诉权申请再审的案件。

再审程序是审判程序之一，但不是每一案件必经的程序。"再审"按字面意思可理解为对已经终审审结的案件再次进行审理。再审的目的是对已经发生法律效力的裁判、调解书中存在的错误予以纠正，以保证案件审理的公正性和合法性。因此，再审程序不是案件审理的通常程序，而是一个具有事后补救性质的纠错程序。

再审程序在我国民事诉讼法律体系中具有悠久的历史和十分重要的地位，重在依法纠错、维护裁判权威。1954年的《人民法院组织法》将审判监督程序作为一种纠错机制纳入法院工作流程。1982年的《民事诉讼法（试行）》建立审判监督程序，规定只有法院才有再审启动权，当事人只有通过向法院申诉才有可能获得再审。1991年的《民事诉讼法》将审判监督程序作为独立的一章加以规定，充实了再审程序的内容，规范了再审程序的启动方式，为构建我国现行再审程序基本体系奠定了基础。2007年修正的《民事诉讼法》将再审程序作为主要的修订对象，将再审程序划分为再审申请审查程序与再审审理程序两个阶段，并重构了当事人申请再审的审查启动程序。2012 年修正的《民事诉讼法》继续推动再审程序的改革，强化了检察机关对民事诉讼的监督职能，同时平衡了再审程序纠错职能与纠纷终局解决之间的关系。

二、再审程序的特点

与第一审程序、第二审程序相比，再审程序的特点主要体现为：

1. 从程序发生的原因看，再审程序的发生，是因为已经生效的法院裁判、调解书确有错误；第一审程序的发生，是因为当事人提出了解决纠纷的请求；第二审程序的发生，是因为当事人不服一审未生效的裁判而提出上诉。

2. 从启动程序的主体看，启动再审程序的主体是法院或检察院，申请启动再审程序的主体可以是当事人和特定的案外人；第一审程序和第二审程序的启动主体都是与案件有直接利害关系的当事人。

3. 从提起程序的时间看，当事人申请再审一般应当在判决、裁定、调解书生效后的 6 个月内提出，检察院和法院提起审判监督程序不受时间限制；当事人提起第一审诉讼程序，法律上并无时间限制；上诉要在上诉期内提出。

4. 从程序的审级看，再审不是一个独立的审级，适用再审程序审理的案件，可能适用第一审程序，也可能适用第二审程序。适用第一审程序的，就属于第一审；适用第二审程序的，就属于第二审。

5. 从案件的审理法院看，审理再审案件的法院，有可能是作出原生效裁判或调解书的法院，也有可能是作出原生效裁判或调解书的法院的上一级法院或与作出原生效裁判或调解书的法院同级的另一法院。审理一审案件的法院只能是案件的受理法院，审理上诉案件的法院只能是第一审法院的上一级法院。

6. 从所作裁判的效力看，法院通过再审程序所作的裁判，可能是非立即生效的第一审裁判，也可能是立即生效的终审裁判；除小额诉讼案件外，第一审判决均是非立即生效的判决，可以上诉的裁定也是非立即生效的裁定；第二审裁判则都是立即生效的终审裁判。

三、再审程序的意义

再审程序的意义主要在于对已经生效的判决、裁定、调解书中存在的错误予以纠正，从而保证法院判决、裁定和调解书的公正和合法，保护当事人的合法权益，维护国家法律的统一和尊严。再审程序的设立，使当事人在裁判或者调解书生效之后，有可能再一次进行诉讼，生效裁判、调解书所确定的民事权利义务关系有可能因案件的再一次审理而发生变化。法院通过再审程序审理再审案件，使得裁判、调解书能够更加客观公正，国家司法和法律的权威能更充分地体现。

第二节　再审的提起

根据我国《民事诉讼法》的有关规定，再审可以由当事人或者案外人申请、法院决定、人民检察院监督引起。

一、当事人申请再审

当事人是民事诉讼的主体，是法院生效裁判的承担者，法院作出的裁判是否合法，与其有直接的法律上的利害关系。因此，为了保护当事人的合法权益，我国《民事诉讼法》赋予了当事人再审申请权。

当事人的再审申请并不必然引起再审程序的发生。但当事人申请再审符合法定条件的，法院应当对案件进行再审。

（一）当事人申请再审的法定条件

1. 申请再审的主体应当是诉讼当事人。提出再审申请的人只能是诉讼当事人，包括原告、被告、有独立请求权的第三人、判令其承担义务的无独立请求权的第三人；针对第二审提出再审申请的，应当是上诉人或被上诉人。当事人是无民事行为能力人、限制民事行为能力人的，其法定代理人可以代为提出再审申请。

民事权利义务发生继受后，继受的当事人能否申请再审，需要分别处理：根据《民诉法解释》第373条的规定，因当事人死亡或者终止发生权利义务承担的，相关承继人可以取得再审申请权；但是，当事人将裁判文书或调解书中的债权转让后，受让人不得再提出再审申请。

但是，在执行过程中，案外人对执行标的提出书面异议被法院驳回，案外人对裁定不服，认为原判决、裁定错误的，依照《民事诉讼法》的规定，可以申请再审。这属于申请再审的例外。

2. 当事人申请再审的对象应当是适用通常诉讼程序审理且已生效的判决、裁定、调解书。对于适用特别程序、督促程序、公示催告程序、破产程序审理的案件以及适用审判监督程序审理后维持原判的案件，当事人不得申请再审。

对已经发生法律效力的解除婚姻关系的判决书、调解书，不得申请再审。这是因为判决离婚的案件，当事人享有复婚或再婚的自由，进行再审没有必要也不合理。但当事人就离婚案件中的财产分割问题申请再审，如涉及判决中已分割的财产，法院应当裁定再审；如涉及判决中未作处理的夫妻共同财产，应当告知当事人另行起诉。

对已生效调解书，只有当事人提出证据证明调解违反自愿原则或调解协议的内容违反法律的，才可以申请再审；对已生效裁定，当事人只可对不予受理、驳回起诉的裁定申请再审，不包括其他裁定。

3. 申请人应当在法定期限内提出再审申请。《民事诉讼法》第 212 条规定，当事人申请再审，应当在判决、裁定发生法律效力后 6 个月内提出。该 6 个月的再审申请期间不适用中止、中断和延长的规定。根据《民诉法解释》第 382 条的规定，当事人对已经发生法律效力的调解书申请再审，同样需要在调解书发生法律效力后 6 个月内提出。需要注意的是，如果当事人以有新的证据足以推翻原判决、裁定，原判决、裁定认定事实的主要证据是伪造的，据以作出原判决、裁定的法律文书被撤销或者变更，或者原审审判人员在审理该案件时有贪污受贿、徇私舞弊、枉法裁判行为等为由申请再审的，再审申请期间从知道或应当知道相关事项之日起计算。

（二）当事人申请再审的法定事由

当事人对判决、裁定申请再审的理由与对调解书申请再审的理由有所不同。

1. 判决、裁定的再审申请事由。根据《民事诉讼法》和《民诉法解释》的规定，生效判决、裁定的再审申请事由包括 13 项：（1）有新的证据，足以推翻原判决、裁定的。（2）原判决、裁定认定的基本事实缺乏证据证明的。所谓基本事实，即对原判决、裁定的结果有实质影响，用以确定当事人主体资格、案件性质、具体权利义务等主要内容所依据的事实。（3）原判决、裁定认定事实的主要证据是伪造的。（4）原判决、裁定认定事实的主要证据未经质证的。但当事人在原审中拒绝发表质证意见的除外。（5）对审理案件需要的主要证据，即法院认定案件基本事实所必需的证据，当事人基于客观原因不能自行收集，书面申请法院调查收集，法院未调查收集的。（6）原判决、裁定适用法律确有错误的。适用法律错误，具体是指：适用的法律与案件性质明显不符的；确定民事责任明显违背当事人约定或者法律规定的；适用已经失效或者尚未施行的法律的；违反法律溯及力规定的；违反法律适用规则的；明显违背立法原意的。（7）审判组织的组成不合法或者依法应当回避的审判人员没有回避的。（8）无诉讼行为能力人未经法定代理人代为诉讼，或者应当参加诉讼的当事人，因不能归责于本人或者其诉讼代理人的事由，未参加诉讼的。（9）违反法律规定，剥夺当事人辩论权利的。具体是指：不允许当事人发表辩论意见的；应当开庭审理而未开庭审理的；违反法律规定送达起诉状副本或者上诉状副本，致使当事人无法行使辩论权利的；其他违法剥夺当事人辩论权利的情形。（10）未经传票传唤，缺席判决的。（11）原判决、裁定遗漏或者超出诉讼请求的，但当事人未对一审判决、裁定遗漏或者超出诉讼请求提起上诉的除外。（12）据以作出原判决、裁定的法律文书被撤销或者变更的。(13) 审判人员在审理该案件时有贪污受贿、徇私舞弊、枉法裁判行为,且该行为已经相关刑事法律文书或纪律处分决定确认的。

其中,上述第(1)—(5)项属于证据问题导致原裁判文书在认定事实上有错误。第(6)项属于原裁判文书在法律适用上有错误。第(7)—(12)项属于法院违反法定程序,违背民事诉讼基本原则,导致当事人的诉讼权利未能得到有效行使,可能导致裁判不公的情况。第(13)项属于法院的审判人员存在不法行为,根据《民诉法解释》的规定,此种不法行为只有经相关刑事法律文书或者纪律处分决定确认后才能作为再审的事由。

2. 调解书的再审申请事由。对于生效的调解书,当事人必须提出证据证明调解违反自愿原则或调解协议的内容违反法律,才可以申请再审。

(三) 当事人申请再审的程序与方式

根据《民事诉讼法》和《民诉法解释》的规定,当事人申请再审,原则上应当向原审法院的上一级法院提出申请。当事人一方人数众多或者当事人双方为公民的案件,也可以向原审法院申请再审;当事人分别向原审法院和上一级法院申请再审且不能协商一致的,由原审法院受理。

申请再审时,当事人应当提交再审申请书,已经发生法律效力的判决书、裁定书、调解书,身份证明及相关证据材料,并按对方当事人人数提供申请书副本。

(四) 法院对当事人再审申请的审查与处理

法院接到当事人的再审申请后,要进行审查,确定是否受理再审申请。

1. 法院不予受理再审申请。为了维护司法的权威性和终局性,当事人已经行使过再审申请权后再次申请再审的,法院不予受理,不再审查再审的事由。具体情形有三:(1) 再审申请被驳回后再次提出申请;(2) 对再审判决、裁定提出申请;(3) 在检察院对当事人的申请作出不予提出再审检察建议或者抗诉决定后又提出再审申请。

2. 法院对再审申请的审查。当事人的再审申请符合条件的,法院应当受理。受理之后,法院应当组成合议庭,对前述当事人的申请条件进行审查。审查时应注意以下事项:(1) 对当事人的询问。法院可以根据审查案件的需要决定是否询问当事人。新的证据可能推翻原判决、裁定的,法院应当询问当事人。(2) 对其他当事人也申请再审的处理。审查再审申请期间,被申请人及原审其他当事人依法提出再审申请的,法院应当将其列为再审申请人,对其再审事由一并审查,审查期限重新计算。经审查,其中一方再审申请人主张的再审事由成立的,应当裁定再审。各方再审申请人主张的再审事由均不成立的，一并裁定驳回再审申请。（3）对申请委托鉴定、勘验的处理。审查再审申请期间，再审申请人申请法院委托鉴定、勘验的，法院不予准许。（4）对撤回再审申请的处理。审查再审申请期间，再审申请人撤回再审申请的，是否准许，由法院裁定。再审申请人经传票传唤，无正当理由拒不接受询问的，可以按撤回再审申请处理。法院准许撤回再审申请或者按撤回再审申请处理后，再审申请人再次申请再审的，原则上不予受理，但有《民事诉讼法》第 207 条第 1 项、第 3 项、第 12 项、第 13 项规定情形，自知道或者应当知道之日起 6 个月内提出的除外。（5）裁定终结审查。审查再审申请期间，有下列情形之一的，裁定终结审查：再审申请人死亡或者终止，无权利义务承继者或者权利义务承继者声明放弃再审申请的；在给付之诉中，负有给付义务的被申请人死亡或者终止，无可供执行的财产，也没有应当承担义务的人的；当事人达成和解协议且已履行完毕的，但当事人在和解协议中声明不放弃申请再审权利的除外；他人未经授权以当事人名义申请再审的；原审或者上一级法院已经裁定再审的。（6）再审审查的期限。法院应自收到再审申请书之日起 3 个月内审查完毕。因特殊情况无法在 3 个月内审查完毕，需要延长审查期的，须由本院院长批准。

　　3. 再审申请被驳回的救济方式。当事人的再审申请被法院驳回或法院逾期未对再审申请作出裁定的，当事人可以向检察院申请再审检察建议或者抗诉，以寻求救济。人民检察院对当事人的申请，应当在 3 个月内进行审查，作出提出或者不予提出再审检察建议或者抗诉的决定。

　　《民事诉讼法》所作的上述规定，厘清了当事人向法院申请再审和向检察院申请抗诉之间的关系：当事人向法院申请再审，是向检察院申请抗诉的前置程序。检察机关作为法律监督机关，一般不应直接接受当事人的抗诉申请，只有在当事人无法从法院获得救济的情况下，才能对当事人的抗诉或检察建议申请进行审查。此外，抗诉或检察建议申请作为一种救济机制，还必须考虑保护裁判终局性。因此，当事人向检察院申请再审检察建议或者抗诉，以一次为限。

二、案外人申请再审

　　除了当事人，没有参加诉讼的案外人在法定条件下也可以申请再审。申请再审的案外人应具备以下法定条件：（1）案外人是必须共同进行诉讼的当事人，因不能归责于本人或者其诉讼代理人的事由未参加诉讼的，可以自知道或者应当知道之日起 6 个月内申请再审。（2）案外人对原判决、裁定、调解书确定的执行标的物主张权利被驳回，且无法提起新的诉讼解决争议的，也可以自执行异议裁定送达之日起 6 个月内向作出原判决、裁定、调解书的法院申请再审。

案外人申请再审的案件，需要根据案外人的诉讼地位确定再审程序：（1）如果案外人为原审裁判遗漏的应当参加诉讼的必要共同诉讼人，则在按第一审程序再审时，应追加其为当事人，作出新的判决；在按第二审程序再审时，经调解不能达成协议的，应撤销原判，发回重审，重审时应追加案外人为当事人。（2）如果案外人并非必要共同诉讼人，只是对原审的诉讼标的物主张独立的实体权利，则再审时仅审理其对原判决提出异议部分的合法性，并根据审理情况作出撤销原判决相关判项或者驳回再审请求的判决。撤销原判决相关判项的，应当告知案外人以及原审当事人可以提起新的诉讼解决相关争议。

案外人申请再审和第三人撤销之诉都是为没有参加诉讼但受裁判影响的案外人提供的救济途径，从而实现司法的正确和公正。然而，司法还应当追求终局性，因此，案外人只能采取一种途径寻求救济，而不得通过多途径寻求救济。

三、法院依职权决定再审

（一）法院依职权决定再审的概念

法院依职权决定再审是基于法院的审判监督权，即法院发现已经发生法律效力的判决、裁定、调解书确有错误的，有权决定对案件再行审理。审判监督权作为"权力"，其行使必然是"自上而下"的，而绝不能是"自下而上"的，故只能由上级法院对下级法院行使审判监督权。此外，原审法院也可以进行自我审判监督，对本院审理的生效裁判和调解书依职权决定再审。

（二）法院依职权决定再审的条件

根据《民事诉讼法》的规定，各级法院对本院已经发生法律效力的判决、裁定、调解书可以依职权决定再审，上级法院对下级法院已经发生法律效力的判决、裁定、调解书也可以决定再审。无论以哪一种方式决定再审，其条件均为法院发现已经发生法律效力的判决、裁定、调解书确有错误。

（三）法院依职权决定再审的程序

原审法院发现本院作出的裁判文书或调解书确有错误，认为需要再审的，应当提交审判委员会讨论决定。

最高人民法院和上级法院对下级法院已经发生法律效力的判决、裁定、调解书，发现确有错误的，有权提审或者指令下级法院再审。法院决定再审的同时，应当作出裁定，中止原裁判、调解书的执行。

四、检察监督引起再审

（一）检察监督引起再审概述

检察监督引起再审，是指检察院认为发生效力的判决、裁定、调解书存在法定再审事由，通过抗诉或检察建议的方式，启动再审程序。《民事诉讼法》第14条规定："人民检察院有权对民事诉讼实行法律监督。"检察院通过监督引起再审的情形，就是这一基本原则的具体体现。

1. 检察监督的方式。检察监督引起再审有两种不同的方式。根据《民事诉讼法》的规定，最高人民检察院对各级法院已经发生法律效力的判决、裁定，上级检察院对下级法院已经发生法律效力的判决、裁定，发现符合法定情形的，或者法院的调解书损害国家利益、社会公共利益的，应当按照审判监督程序提起抗诉。地方各级检察院对同级法院已经发生法律效力的判决、裁定，发现符合法定情形的，或者法院的调解书损害国家利益、社会公共利益的，可以向同级法院提出再审检察建议，并报上级检察院备案，也可以提请上级检察院向同级法院提出抗诉。因此，检察院可以通过抗诉的方式提起再审，也可以通过检察建议的方式提示法院启动再审。

2. 检察监督的对象。2012年修正前的《民事诉讼法》规定检察院检察监督的对象只限于法院作出的生效裁判，包括各类允许再审的判决书和裁定书。2012年修正《民事诉讼法》时对上述内容进行了修改，规定调解书存在损害国家利益、社会公共利益的情形的，检察院同样可以通过抗诉或检察建议启动再审程序。调解书系根据双方当事人调解协议的内容制作，原本是当事人私权处分的结果，不属于检察监督的范围，但由于检察院在民事诉讼中还可以作为社会公共利益的代表，在涉及国家利益和社会公共利益的案件中享有公益诉权，因此，对损害国家利益和社会公共利益的调解书，检察院有权提起抗诉或者检察建议。

3. 检察监督的启动。检察院可以通过下列途径了解民事案件的信息：（1）当事人向检察院申请监督；（2）当事人以外的自然人、法人和非法人组织向检察院控告、举报；（3）检察院依职权发现。

当事人向检察院申请检察监督与向法院申请再审，都是当事人寻求纠错的合法路径，但根据《民事诉讼法》的规定，检察监督具有最终性。因此，只有在下列情形下，当事人向检察院申请检察监督的，检察院才能受理：（1）法院驳回再审申请的；（2）法院逾期未对再审申请作出裁定的；（3）再审判决、裁定有明显错误的。此外，对于当事人主动放弃上诉权、复议权等正当司法救济机会的案件，检察院不再受理其检察监督的申请。检察院对当事人的申请应当在3个月内进行审查，作出提出或者不予提出检察建议或者抗诉的决定。作出不予提出决定的，当事人不得再次向检察院申请检察建议或者抗诉。

（二）检察院抗诉引起再审

检察院抗诉，是指检察院对已经发生法律效力的判决、裁定、调解书，发现确有错误的，依法提请法院对案件再次审理的诉讼行为。

抗诉是检察院对民事诉讼活动行使法律监督权的主要方式。检察院提出抗诉，必须符合法定的条件和程序。

1. 检察院抗诉的法定情形。对于生效的裁判，检察院抗诉的法定情形与当事人申请再审的法定情形完全一致。而对于生效的调解书，检察院抗诉的法定情形是该调解书损害了国家利益、社会公共利益。

2. 检察院提出抗诉的程序。我国《民事诉讼法》规定，最高人民检察院可以依法对各级法院的生效裁判提出抗诉；上级检察院可以依法对下级法院的生效裁判提出抗诉。此外，地方各级检察院对同级法院已经生效的裁判，发现具有应当抗诉的情形的，并无直接的抗诉权，只能向同级法院提出检察建议，或者提请上级检察院依照审判监督程序提出抗诉。

检察院决定对法院的判决、裁定、调解书提出抗诉的，应当制作抗诉书，即抗诉应当以书面的形式提出。

基于抗诉的需要，检察院可以查阅法院的诉讼卷宗，并可以向当事人或者案外人调查核实有关情况，以确保抗诉书的准确性和合法性。

3. 检察院抗诉的结果。检察院提起抗诉的案件，在符合《民事诉讼法》第215条第1款规定的情形和《民诉法解释》第415条规定的条件时，接受抗诉的法院应当在30日内作出再审裁定。

（三）检察院检察建议引起再审

1. 再审检察建议的概念与意义。再审检察建议是2012年《民事诉讼法》修正后的规定。它是指检察院对一些民事申诉案件，不采取抗诉方式启动再审程序，而是向法院提出再审检察建议，由法院自行依职权启动再审程序对案件重新审理。

再审检察建议权是抗诉权的有益补充：首先，检察建议由同级检察院对同级法院提出，减少了提请抗诉等程序限制，使检察监督权可以更为方便地行使；其次，它并不必然导致法院启动再审，因而有利于协调检法关系，将检察机关外部监督形式转化为法院内部监督形式，形成检法关系的良性互动。

2. 再审检察建议的提出。根据相关司法解释的规定，提出再审检察建议的应当具备下列条件：（1）具有符合《民事诉讼监督规则》第81条、第84条、第85条规定的事由；（2）制作《再审检察建议书》，在决定提出再审检察建议之日起15日内将《再审检察建议书》连同案件卷宗移送同级法院，并制作决定提出再审检察建议的《通知书》，发送当事人；（3）检察院提出再审检察建议，应当经本院检察委员会决定，并将《再审检察建议书》报上一级检察院备案。

3. 法院对再审检察建议的处理。根据《民诉法解释》第414条规定，地方各级检察院依当事人的申请对生效判决、裁定向同级法院提出再审检察建议，符合下列条件的应当受理：（1）已提交再审检察建议书和原审当事人申请书及相关证据材料；（2）建议再审的对象为依照法律规定可以进行再审的判决、裁定；（3）再审检察建议书列明该判决、裁定存在法定错误的情形；（4）符合《民事诉讼法》第 216 条第 1 款第 1 项和第 2 项规定情形；（5）再审检察建议经本院检察委员会决定。

法院收到再审检察建议后，应当组成合议庭，在 3 个月内进行审查，经审查，决定不予再审的，可以建议检察院予以补正或者撤回；不予补正或者撤回的，可以函告检察院不予受理。发现原判决、裁定、调解书确有错误，需要再审的，由院长报审判委员会讨论决定再审，并通知当事人。

第三节 再审案件的审理与裁判

一、再审案件的管辖权和审判组织

（一）再审案件的管辖权

再审案件的管辖权包含以下几种情况：法院基于审判监督权自行提起再审案件的管辖权归属裁定再审的法院；检察院抗诉启动再审程序案件的管辖权归属受理抗诉并裁定再审的法院；当事人申请再审案件的管辖权归属审查再审申请并裁定再审的法院。

（二）再审案件管辖权的转移

根据《民事诉讼法》和相关司法解释的规定，再审案件的管辖权可以转移。为了平衡配置司法资源，当拥有再审案件管辖权的法院是原审法院的上级法院时，可以根据案件的复杂程度和影响大小，从便利当事人行使诉讼权利和便利法院审理的角度出发，依法将案件指令给原审法院再审，或者指定与原审同级的其他法院再审。此种指令再审和指定再审制度，即为再审案件管辖权的向下转移。下级法院接到上级法院的再审裁定后，应根据裁定内容进行再审，并将再审结果上报给上级法院。应当注意的是，如果是原审法院启动的再审，则不允许原审法院将案件移交到下级法院审理，因为下级法院无权审理上级法院已经作出生效判决的案件，下级法院也无权改变上级法院作出的生效裁判或调解书。

《民事诉讼法》和相关司法解释对再审案件管辖权的转移作出了如下明确规定：

1. 在检察院抗诉的情形下，唯有抗诉的事实和理由符合《民事诉讼法》第207 条第 1—5 项规定，即原审裁判系因为证据问题而导致事实认定错误时，上级法院方可转移再审案件的管辖权，将案件交给下一级法院再审。但是，如果该下一级法院已经再审过该案，则上级法院不能将案件交给该法院再审。

2. 在当事人或案外人申请再审的情形下，唯有最高人民法院和高级法院可以转移再审案件的管辖权，将案件指令再审或指定再审，中级法院无权将案件指定或指令给基层法院再审。

3. 在法院依职权启动再审的情形下，上级法院均有权转移再审案件的管辖权，将案件指令再审或指定再审，不受再审事由或法院层级的限制。

4. 在下列情形下，上级法院不得指令原审法院再审审理案件：（1）原审法院对该案无管辖权的；（2）审判人员在审理该案件时有贪污受贿、徇私舞弊、枉法裁判行为的；（3）原判决、裁定系经原审法院审判委员会讨论作出的；（4）其他不宜指令原审法院再审的。

（三）再审案件的审判组织

根据《民事诉讼法》的规定，法院按照再审程序审理案件，应当组成合议庭开庭审理，听取当事人和检察院的意见。这是基于如下几点考虑：

1. 再审案件不能采用独任制，而应当组成合议庭进行开庭审理。之所以如此要求，是因为再审是一个纠错的程序，需要有一个相对更为严格的审判组织进行审判工作并对案件作出裁判。

2. 如果再审系由原审法院审理，原审判人员不参加新组成的合议庭，必须另行组成合议庭。这主要是为了防止审判人员对案件有成见而先入为主，影响案件的公正审判。

3. 再审案件以开庭审理为原则，只有在适用二审程序审理再审案件，双方当事人已经通过其他方式充分表达意见且书面同意不开庭时，法院才可以对该案件进行书面审理。

4. 对于检察院提起抗诉案件的再审，审理法院必须通知提起抗诉的检察院，由检察院派员出席法庭，以便检察院对再审进行有效的监督。

二、再审案件的审理范围

再审案件的审理范围受再审请求范围或抗诉支持当事人请求的范围的限制。当事人超出原审范围，增加、变更诉讼请求的，不属于再审审理范围，法院不予受理，但涉及国家利益、社会公共利益，或者当事人在原审诉讼中已经依法要求增加、变更诉讼请求，原审未予审理且客观上不能形成其他诉讼的除外。《民诉法解释》第403条规定："人民法院审理再审案件应当围绕再审请求进行。当事人的再审请求超出原审诉讼请求的，不予审理；符合另案诉讼条件的，告知当事人可以另行起诉。被申请人及原审其他当事人在庭审辩论结束前提出的再审请求，符合民事诉讼法第二百一十二条规定的，人民法院应当一并审理。人民法院经再审，发现已经发生法律效力的判决、裁定损害国家利益、社会公共利益、他人合法权益的，应当一并审理。"再审的审理范围原则上不能超出原审范围，因为再审程序的纠错功能决定了其不具备解决新纠纷的能力，在再审审理过程中，原审裁判尚未被撤销，如果扩大审理范围，就可能破坏正确裁判的既有效力。

三、再审案件的审理

(一) 再审案件的审理程序

法院审理再审案件，并无独立的审理程序，发生法律效力的判决、裁定是由第一审法院作出的，按照第一审程序审理，所作的判决、裁定，当事人可以上诉；发生法律效力的判决、裁定是由第二审法院作出的，按照第二审程序审理，所作的判决、裁定是发生法律效力的判决、裁定；上级法院按照审判监督程序提审的，按照第二审程序审理，所作的判决、裁定是发生法律效力的判决、裁定。这些规定表明，不管启动再审程序的主体是谁，再审程序一旦启动，再审案件即需按第一审程序或第二审程序审理。

(二) 再审案件的审理方式

法院审理再审案件应当组成合议庭开庭审理，但按照第二审程序审理，有特殊情况或者双方当事人已经通过其他方式充分表达意见且书面同意不开庭审理的除外。

(三) 再审案件的开庭审理

法院开庭审理抗诉的再审案件，应当在开庭 3 日前通知检察院、当事人和其他诉讼参与人。同级检察院或者提出抗诉的检察院应当派员出庭。开庭审理再审案件，应当按照下列情形分别进行：(1) 因当事人申请裁定再审的，先由再审申请人陈述再审请求及理由，后由被申请人答辩、其他原审当事人发表意见。(2) 因检察院抗诉裁定再审的，先由抗诉机关宣读抗诉书，再由申请抗诉的当事人陈述，后由被申请人答辩、其他原审当事人发表意见。(3) 法院依职权裁定再审，有申诉人的，先由申诉人陈述再审请求及理由，后由被申诉人答辩、其他原审当事人发表意见。(4) 法院依职权裁定再审，没有申诉人的，先由原审原告或者原审上诉人陈述，后由原审其他当事人发表意见。对于上述第 (1) — (3) 项规定的情形，当事人在开庭审理时，应明确再审请求。

四、再审案件的裁判与调解

(一) 对民事裁判案件的再审

对原审法院以裁判的方式审结的案件，再审法院经过再审审理后，可以依法作出裁判文书，对原审裁判内容的正确与否作出判定。由于再审程序的目的是纠正确有错误的生效法律文书，因此再审审理后的裁判文书应当对原生效的裁定书或判决书的效力作出回应，确认是否撤销原生效裁判。法院再审审理民事案件后，按下列情形予以处理：

1. 原判决、裁定认定事实清楚、适用法律正确的，应用判决、裁定的方式予以维持。

2. 原判决、裁定在认定事实、适用法律、阐述理由方面虽有瑕疵，但裁判结果正确的，法院应在再审判决、裁定中纠正上述瑕疵后予以维持。

3. 原判决、裁定认定事实、适用法律错误，导致裁判结果错误的，再审法院应当依法改判、撤销或者变更原裁判。

4. 在再审中发现案件一审起诉就不符合受理条件或不符合起诉条件的，应当裁定撤销原审各判决，驳回起诉。

就原生效判决所涉及的案件，如果双方当事人在再审中达成调解协议，法院在确认其不违背自愿和合法原则后，应当制作调解书。由于调解书根据当事人的调解协议制作而成，故调解书经各方当事人签收生效后，原判决视为被撤销。

（二）对民事调解案件的再审

对原审法院以调解方式审结的案件，再审法院经过再审审理后，如果认为原调解协议违背自愿合法原则，可以作出新的裁判，消除纠纷；也可以再次调解，重新达成合法有效的调解协议，并据此作出调解书。

《民诉法解释》第407条规定，法院对调解书裁定再审后，认为当事人提出的调解违反自愿原则的事由不成立，且调解书的内容不违反法律强制性规定的，法院裁定驳回再审申请；检察院抗诉或者再审检察建议所主张的损害国家利益、社会公共利益的理由不成立的，法院裁定终结再审程序。在上述情况下，法院裁定中止执行的调解书需要继续执行的，自动恢复执行。

《民诉法解释》第410条规定，再审案件开庭审理时部分当事人到庭并达成调解协议，其他当事人未作出书面表示的，法院应当在判决中对该事实作出表述；调解协议内容不违反法律规定，且不损害其他当事人合法权益的，可以在判决主文中予以确认。

（三）裁定终结再审程序

拓展阅读

牡丹江市宏阁建筑安装有限责任公司诉牡丹江市华隆房地产开发有限责任公司、张继增建设工程施工合同纠纷案

在再审案件审理过程中，遇到案件无法继续审理或继续审理无实际意义时，法院应当裁定终结再审程序。终结再审程序的情形包括：（1）再审申请人在再审期间撤回再审请求，且获得法院准许；（2）再审申请人经传票传唤，无正当理由拒不到庭，或者未经法庭许可中途退庭的，按撤回再审请求处理；（3）检察院撤回

抗诉；（4）符合《民诉法解释》第 400 条第 1—4 项规定情形。

因检察院提出抗诉裁定再审的案件，申请抗诉的当事人有上述规定的情形，且不损害国家利益、社会公共利益或者他人合法权益的，法院应当裁定终结再审程序。

再审程序终结后，法院裁定中止执行的原生效判决自动恢复执行。

五、再审案件特殊情况的处理

（一）再审审理期间执行程序的中止

按照再审程序决定再审的案件，应裁定中止原判决的执行。裁定由院长署名，加盖法院印章。但是，对于追索赡养费、扶养费、抚养费、抚恤金、医疗费用、劳动报酬等案件，由于案件的执行标的往往构成当事人的基本生活来源，即便法院作出再审裁定，也可以不中止执行。

（二）再审案件的诉讼费用

对于法院依职权提起的再审案件和检察院抗诉的再审案件，当事人无需交纳诉讼费用。当事人申请再审一般也不用交纳诉讼费用，但根据《诉讼费用交纳办法》第 9 条规定，下列两种情形除外：（1）当事人有新的证据，足以推翻原判决、裁定，向法院申请再审，法院经审查决定再审的案件；（2）当事人对法院第一审判决或者裁定未提出上诉，第一审判决、裁定或者调解书发生法律效力后又申请再审，法院经审查决定再审的案件。第一种情况是因为申请再审的一方当事人没有及时提出关键证据而启动再审，法院没有任何过错，因而应当由再审申请人预交诉讼费用；第二种情况针对实践当中屡屡发生的"绕过二审打再审"的不合理现象，为了抑制当事人逃避交纳上诉费的动机，提高常规程序的利用效率，规定在这种情况下，再审申请人也须预交诉讼费用。

此外，当事人提交新的证据致使再审改判，因再审申请人或者申请检察监督当事人的过错未能在原审程序中及时举证，被申请人等当事人请求补偿其增加的交通、住宿、就餐、误工等必要费用的，法院应予支持。

（三）再审程序中撤诉的处理

再审中检察院撤回抗诉有两种情形：（1）检察院撤回抗诉的，法院应当准予。（2）在再审过程中，申请抗诉的当事人经传票传唤，无正当理由拒不到庭的，或者未经法庭许可中途退庭的，在不损害国家利益、社会公共利益或第三人利益的条件下，法院应当裁定终结再审程序。因抗诉撤回而终结再审程序时，应同时恢复对原判决的执行。

当事人在再审审理中撤回起诉，是指按照第一审程序审理再审案件时，一审原告申请撤回起诉。针对此种情形，《民诉法解释》第 408 条规定："一审原告在再审审理程序中申请撤回起诉，经其他当事人同意，且不损害国家利益、社会公共利益、他人合法权益的，人民法院可以准许。裁定准许撤诉的，应当一并撤销原判决。一审原告在再审审理程序中撤回起诉后重复起诉的，人民法院不予受理。"

（四）对小额诉讼案件的再审

对小额诉讼案件的判决、裁定，当事人向原审法院申请再审的，法院应当受理。申请再审事由成立的，应当裁定再审，并组成合议庭进行审理。作出的再审判决、裁定，当事人不得上诉。当事人以不应按小额诉讼案件审理为由向原审法院申请再审的，法院应当受理。理由成立的，应当裁定再审，组成合议庭审理。对于作出的再审判决、裁定，当事人可以上诉。

（五）再审案件的审结期限

再审案件的审结期限与其适用的审理程序相适应，即适用一审程序审理的，遵循一审案件的审理期限；适用二审程序审理的，遵循二审案件的审理期限。

（六）再审案件的宣判

再审案件适用一审程序审理的，无论是否公开审理，一律公开宣判。

再审案件适用二审程序审理的，可以由再审法院自行宣判，也可以委托原审法院或者当事人所在地法院代行宣判。

【复习要点】

（一）基本概念

再审　再审程序　民事检察建议　民事抗诉

（二）思考题

1. 当事人申请再审应当符合哪些条件？

2. 如何认识再审的审理范围？

3. 再审案件的审理与一审、二审案件的审理有何不同？

4. 如何认识再审程序的性质？

5. 简述再审案件中的管辖权转移。

6. 再审案件审理的特殊情形主要有哪些？

7. 当事人申请抗诉应当符合什么要求？

（三）案例分析

住所地位于北京市朝阳区的 A 和 B 与住所地位于北京市西城区的 C 于 2020 年 12 月 31 日签订房屋租赁合同，约定将 A 和 B 共同所有的位于北京市海淀区的一间房屋出租给 C，C 承租房屋后用该房屋经营餐厅，租期 3 年。2021 年 5 月 27

日，顾客 D 在该餐厅用餐，因饮酒过量而跑至顾客 E 正在用餐的餐桌，逼迫 E 与其喝酒并辱骂 E，引得 E 与其吵架。D 乘 E 没注意，用打火机点燃了 E 搁置于椅背上的衣服，引燃了餐馆，致使该房屋被大面积烧毁。房屋被烧毁后，A 就房屋赔偿事宜与 C 协商未果，遂依据与 C 签订的房屋租赁合同向北京市西城区法院提起诉讼，要求 C 尽快修缮房屋并承担因房屋毁损给自身造成的经济损失 50 万元。北京市西城区法院经过审理作出判决，支持了 A 要求 C 承担 50 万元经济损失的诉讼请求，但未对 A 要求 C 修缮房屋的诉讼请求作出回应。一审法院作出判决后，A 与 C 均未上诉。在一审判决生效后，B 才知道诉讼的发生，且欲以原审违反了专属管辖为由申请再审。在再审法院审查 B 的再审申请过程中，A 亦向法院提出再审申请，理由是原审法院存在漏判情形。

根据上述案情，回答下列问题：

（1）B 作为原审的案外人，其是否有资格申请再审？倘若 B 有资格申请再审，其申请再审的理由是什么？

（2）对于一审法院的漏判错误应当如何救济？

（3）A 的再审申请应当向哪个法院提出？

（4）若在判决生效后，A 将生效判决确认的其对 C 享有的 50 万元债权依法转让给 F，F 能否以原生效裁判存在法律适用错误为由申请再审？

（5）假设判决生效后，A 申请强制执行，在执行过程中 C 申请再审且成功启动再审，此时执行程序如何处理？

► 自测习题及参考答案

请扫描二维码，进行随堂测试。

第十六章 特 别 程 序

特别程序是法院审理特殊类型案件适用的程序，是相对于通常诉讼程序而言的一种审判程序。适用特别程序审理的案件，除选民资格案件外，都是非讼案件，即非民事权益争议案件。适用特别程序审理的各类案件都有各自的特点与独立性。《民事诉讼法》第十五章规定的选民资格案件、宣告失踪和宣告死亡案件、认定公民无民事行为能力和限制民事行为能力案件、认定财产无主案件、确认调解协议案件、实现担保物权案件，均适用特别程序审理。

第一节 特别程序概述

一、特别程序的概念

特别程序，是指法院审理特殊类型案件适用的特殊审判程序。它是民事审判程序的重要组成部分。

特别程序是相对于通常诉讼程序而言的一种独立、特殊的审判程序。特别程序的独立性表现为：适用特别程序审理的案件，均不能适用普通程序和简易程序进行审判；适用普通程序和简易程序审理的案件，均不能适用特别程序审理。而在通常诉讼程序中，适用简易程序审理案件时，发现案情复杂的，可以转为普通程序审理；适用第二审程序审理上诉案件时，第二审程序中没有规定的，可以适用普通程序的规定。特别程序的特殊性表现为：适用特别程序审理的案件，既不存在民事权益争议，也没有地位平等和相对立的双方当事人，各类型案件的性质不同，在审理原则、制度和程序上均有各自不同的特点。适用普通诉讼程序审理的案件，不仅都属于民事权益争议案件，性质相同，而且都存在地位平等的双方当事人，在审理制度和程序上有共同之处。

二、特别程序的特点

1. 各类型案件的审判程序独立。适用特别程序审理的案件，各种特殊类型案件都有自己特定的审判程序，相互之间既没有联系，各自独立，也不能转换适用。

2. 不存在民事权益争议。适用特别程序审理的案件不是民事权益争议案件，该种程序的任务只是对某种权利或者某种法律事实是否存在加以认定和判决，并不解决当事人之间的民事纠纷。

3. 没有利害关系相对立的双方当事人。适用特别程序审理的案件，除选民资格案件外，只有申请人一方当事人，没有对应的另一方当事人。因此，诉讼中不存在诉的合并、反诉、法庭辩论等制度，也不适用法院调解原则。

4. 审判组织简单。适用特别程序审理的案件，除选民资格案件或者重大疑难的非讼案件由审判员组成合议庭进行审理外，其他案件均由审判员一人独任审理。

5. 实行一审终审制。适用特别程序审理的案件，实行一审终审，法院作出的判决一经送达即发生法律效力，当事人不得提起上诉。

6. 审限较短。适用特别程序审理的案件，审结期限为30日，即案件应当在立案之日起30日内或者公告期届满后30日内审结；有特殊情况需要延长期限的，经本法院院长批准，可以延长30日。但选民资格案件必须在选举日前审结。

7. 免交案件受理费。适用特别程序审理的案件，申请人或起诉人免交案件受理费，只需交纳实际支出的费用，如公告、鉴定等所需要的费用。

8. 纠错程序特殊。适用特别程序审理的案件，在判决发生法律效力后，出现了新事实、新情况，原审法院根据有关人员的申请，经查证属实后，可以直接作出新判决，撤销原判决，无需经过审判监督程序加以纠正。

三、特别程序的适用范围

特别程序的适用范围涉及两个问题：一是适用的法院，二是适用的案件。

（一）特别程序只适用于基层法院

特别程序是一种独立、特殊的审判程序，适用特别程序审理的案件均实行一审终审制。我国《民事诉讼法》规定适用特别程序审理的案件均由基层法院审理和裁判。因此，特别程序只能由基层法院适用，中级以上的法院不可能适用特别程序。

（二）特别程序只适用于特殊类型的案件

适用特别程序审理的案件分为两类：一类是选民资格案件。选民资格案件虽有诉讼案件的性质，但争议的并不是民事权益，故不是民事诉讼案件。另一类是非讼案件。这类案件没有对立的双方当事人，不存在民事权益之争。当事人只是就某种权利或法律事实存在与否，请求法院加以确认。非讼案件包括宣告公民失踪案件、宣告公民死亡案件、认定公民无民事行为能力或限制民事行为能力案件、认定财产无主案件、确认调解协议案件和实现担保物权案件。

第二节　选民资格案件的审判程序

一、选民资格案件的概念

选民资格案件，是指公民对于选举委员会公布的选民资格名单有异议，向选举委员会申诉后，不服选举委员会作出的决定而向法院提起诉讼的案件。

选民名单直接关系到每一个公民的选举权和被选举权。选举权和被选举权是我国宪法赋予公民依法享有的一项基本政治权利，也是公民参与国家事务的前提条件。为此，我国《全国人民代表大会和地方各级人民代表大会选举法》第 29 条规定："对于公布的选民名单有不同意见的，可以在选民名单公布之日起五日内向选举委员会提出申诉。选举委员会对申诉意见，应在三日内作出处理决定。申诉人如果对处理决定不服，可以在选举日的五日以前向人民法院起诉，人民法院应在选举日以前作出判决。人民法院的判决为最后决定。"法院通过审理选民资格案件，既可以保护公民依法享有的选举权和被选举权，又可以排除没有选举权和被选举权的人参加选举，从而使国家的选举工作能够顺利进行。

二、选民资格案件的审判程序

（一）起诉

1. 起诉人。起诉人既可以是与案件有直接利害关系的选民本人，也可以是其他公民，但不能是法人或者其他组织。

2. 前置程序。起诉人在向法院起诉之前，必须先向选举委员会提出申诉，只有在对选举委员会作出的处理决定不服的，才能诉至法院。

3. 起诉时间。起诉人必须在选举日的 5 日之前向法院起诉。

（二）管辖法院

选民资格案件由选区所在地的基层法院管辖。这样规定便于法院查明事实，方便公民和选举委员会的代表参加诉讼活动。

（三）审判组织

选民资格案件涉及公民的基本政治权利，处理起来应当特别慎重。法院在审理选民资格案件时，不仅要采取合议制的审判组织形式，而且合议庭的组成人员必须是审判员，陪审员不得参加选民资格案件的合议庭。

（四）开庭审理

法院在审理选民资格案件时，在开庭之前必须及时通知起诉人、选举委员会的代表和有关公民参加。另外，法院对选民资格案件必须在选举日之前审结。否则，如果案件的审结日晚于选举日，就没有任何意义。

（五）判决

法院的判决书应当在选举日前送达选举委员会和起诉人，并通知有关公民。判决书一经送达，立即生效，不得上诉。

第三节　宣告失踪和宣告死亡案件的审判程序

一、宣告失踪和宣告死亡案件概述

宣告失踪案件，是指自然人离开自己的住所地下落不明达到一定期限后，仍无音信，法院根据利害关系人的申请，判决宣告该自然人为失踪人的案件。

在日常生活与工作中，自然人失踪的情形时有发生。自然人突然去向不明，一旦失踪，会使与该自然人之间存在的法律关系、财产关系及人身关系等处于不稳定状态，不仅失踪人的财产因长期无人管理遭到损害，对民事法律关系的发展也极为不利。因此，法院通过适用特别程序判决宣告下落不明的自然人为失踪人，并为其指定财产代管人，从而保护失踪人及与失踪人有利害关系的第三人的权益。

宣告死亡案件，是指自然人离开最后居住地后下落不明达到法定期限，法院根据利害关系人的申请，依法判决宣告该自然人死亡的案件。

宣告自然人死亡，是法律上的一种推定死亡，与自然人自然死亡产生相同的法律后果。自然人被宣告死亡后，其民事权利能力自然终止，并且与其相关的民事法律关系也自然终结。可见，法律设立宣告自然人死亡制度，对维护正常的社会秩序和生活秩序，消除自然人长期失踪后所造成的有关民事法律关系和人身关系不稳定状态，都有十分重要的作用。

二、申请宣告自然人失踪的条件

根据《民法典》第 40 条和《民事诉讼法》的规定，申请宣告自然人失踪，必须具备以下三个条件：

1. 自然人下落不明满 2 年。所谓下落不明，是指自然人离开最后居住地后，既不知去向，又没有任何音信，无法寻找。另外，自然人下落不明的时间，必须持续满 2 年，不能间断。战争期间下落不明的，时间从战争结束或者有关机关确定的下落不明之日起计算。

2. 由利害关系人向法院提出申请。利害关系人，是指与下落不明的自然人之间存在人身关系或者民事权利义务关系的人，包括被申请人的配偶、父母、子女、兄弟姐妹、祖父母、外祖父母、孙子女、外孙子女，以及其他与被申请人有民事权利义务关系的人，如合伙人、债权人等。除上述利害关系人外，其他任何人都不可以申请宣告自然人失踪，法院也不能依职权宣告某自然人为失踪人。此外，对于有多个利害关系人提出申请的，法院应当将他们列为共同申请人。

3. 申请宣告自然人失踪，必须采取书面形式，不允许以口头形式提出。另外，应在申请书中写明失踪的事实、时间和请求，并附有公安机关或者其他有关机关关于该自然人下落不明的书面证明，即该自然人离开最后居住地后下落不明且音信完全消失的时间已满 2 年的事实。

三、宣告失踪案件的审判程序

（一）管辖

根据《民事诉讼法》第 190 条的规定，宣告自然人失踪案件，由下落不明人住所地的基层法院管辖。

（二）清理被申请人的财产，指定财产管理人

法院受理宣告失踪案件后，可以根据申请人的申请，清理被申请人的财产，指定诉讼期间的财产管理人或者采取财产保全措施。

（三）发布寻找失踪人的公告

法院受理宣告失踪案件后，应当发出寻找下落不明人的公告，公告期为 3 个月。《民诉法解释》第 345 条规定，寻找下落不明人的公告应当记载以下内容：（1）被申请人应当在规定期间内向受理法院申报其具体地址及其联系方式。否则，被申请人将被宣告失踪、宣告死亡。（2）凡知悉被申请人生存现状的人，应当在公告期间内将其所知情况向受理法院报告。

（四）判决

公告期届满后，如果被申请人仍下落不明，法院应作出宣告该自然人为失踪人的判决；如果在公告期间，被申请人出现或者查明其下落的，法院应当作出驳回申请的判决。

法院作出的宣告自然人失踪判决，产生以下法律后果：

1. 为失踪人指定财产代管人。根据《民法典》第 42 条规定，财产代管人应在失踪人的配偶、父母、成年子女或者其他愿意担任财产代管人的人中指定。如果没有上述规定的人，或者上述规定的人无能力代管，或者代管有争议，由法院根据有利于保护失踪人财产的原则，指定自然人或者有关组织为失踪人的财产代

管人。

《民诉法解释》第 342 条规定，失踪人的财产代管人经法院指定后，代管人申请变更代管的，比照特别程序的有关规定审理。申请理由成立的，裁定撤销申请人的代管人身份，同时另行指定财产代管人；申请理由不成立的，裁定驳回申请。《民法典》第 44 条规定，财产代管人不履行代管职责、侵害失踪人财产权益或者丧失代管能力的，失踪人的利害关系人可以向法院申请变更财产代管人。财产代管人有正当理由的，可以向法院申请变更财产代管人。法院变更财产代管人的，变更后的财产代管人有权请求原财产代管人及时移交有关财产并报告财产代管情况。

失踪人的其他利害关系人申请变更代管的，法院应当告知其以原指定的代管人为被告起诉，并按普通程序审理。

2. 以失踪人的财产清偿失踪人的债务。失踪人的财产代管人经法院指定后，应履行管理和保护失踪人的财产，清偿失踪人在失踪前所欠的税款、债务和其他费用（主要包括赡养费、扶养费、抚养费和因代管财产所需的管理费等必要的费用）的职责。失踪人的财产代管人拒绝支付上述费用的，权利人和债权人可以起诉该财产代管人。另外，失踪人的财产代管人可以作为原告向失踪人的债务人要求偿还债务。

（五）被宣告失踪的自然人重新出现的处理

宣告失踪的判决一经送达利害关系人，即发生法律效力，利害关系人不得提起上诉。判决生效后，如果被判决宣告失踪的自然人重新出现，或者已确知下落，法院根据本人或利害关系人的申请，查证属实后，应作出新判决，撤销原判决。《民法典》第 45 条第 2 款规定，失踪人重新出现，有权请求财产代管人及时移交有关财产并报告财产代管情况。

（六）申请人撤回宣告失踪申请的处理

《民诉法解释》第 346 条规定，法院受理宣告失踪、宣告死亡案件后，作出判决前，申请人撤回申请的，法院应当裁定终结诉讼，但其他符合法律规定的利害关系人加入程序要求继续审理的除外。

四、宣告死亡案件的审判程序

（一）宣告死亡案件与宣告失踪案件审判程序的区别

宣告死亡案件与宣告失踪案件在程序结构上基本相似。但是，二者在适用的条件、适用的具体程序以及所产生的法律后果上均有区别。具体言之，宣告自然人死亡与宣告自然人失踪的不同之处包括：

1. 自然人下落不明的时间不同。申请宣告自然人死亡，要求被申请人下落不明的时间满 4 年，或者因意外事件下落不明满 2 年，或者因意外事件下落不明，经有关机关证明该自然人不可能生存的。而申请宣告自然人失踪，要求被申请人下落不明的时间满 2 年。

2. 公告期限不同。法院受理宣告自然人死亡案件后，发出寻找下落不明人的公告期间为 1 年；因意外事件下落不明，经有关机关证明该自然人不可能生存的，公告期间为 3 个月。而宣告自然人失踪案件的公告期间为 3 个月。

3. 法律后果不同。宣告自然人死亡的判决送达后，法律后果主要有两个：一是原有的婚姻关系自然消灭；二是被宣告死亡人的财产可依法发生继承。而宣告自然人失踪的判决送达后，其主要法律后果是法院为失踪人的财产指定财产代管人，被宣告失踪人的婚姻关系仍然存在，其民事权利能力并不丧失。

应当指出的是，宣告死亡与宣告失踪是两个不同的、独立的案件。立法之所以把它们规定在一起，是因为它们有着诸多的共同性，但这既不意味着它们是融合在一起的，也不是说它们是同一个案件的两个相继出现的阶段。宣告死亡与宣告失踪在符合法定条件的情形下，被同时提供给有关利害关系人进行选择。符合宣告死亡的条件的，利害关系人既可以申请法院宣告有关自然人死亡，也可以申请法院宣告有关自然人失踪，究竟作何选择，由利害关系人视具体情形和实际需要自由决定。根据《民法典》第 47 条规定，有的利害关系人申请宣告死亡，有的利害关系人申请宣告失踪，符合宣告死亡条件的，法院应当宣告死亡。在宣告死亡之前，不是非要经过宣告失踪的程序，宣告失踪并不是宣告死亡的必经程序。

《民事诉讼法》第 193 条规定："被宣告失踪、宣告死亡的公民重新出现，经本人或者利害关系人申请，人民法院应当作出新判决，撤销原判决。"这条规定表明，宣告失踪、宣告死亡案件是从广义上加以规定的，包含了撤销失踪宣告和死亡宣告的案件，宣告和撤销构成了法院解决这两类案件的相应程序的两个阶段。这里所出现的前后两个阶段，是同一案件内部的适时分化，而不是两个案件单元，不需要利害关系人的双重程序启动机制。

（二）宣告死亡案件判决的撤销

《民事诉讼法》第 193 条规定，被宣告死亡的人如果重新出现，法院依本人或利害关系人的申请，作出新判决，撤销原判决。撤销判决的效力溯及宣告死亡之时，与自始未受死亡宣告相同。故在原则上，因宣告死亡而消灭的身份关系自行恢复，因继承或基于其他原因取得财产的应负返还责任。但要注意保护善意第三人的利益，主要表现在：

1. 关于婚姻关系的恢复。死亡宣告判决被法院撤销时，其配偶尚未再婚的，夫妻关系从撤销死亡宣告判决之日起自行恢复。但以下情况下，夫妻关系不得自行恢复：（1）生存配偶再婚且再婚关系依然存在的；（2）生存配偶再婚后又离婚的；（3）生存配偶再婚后其再婚配偶死亡的；（4）生存配偶向婚姻登记机关书面声明不愿恢复的。

2. 关于收养关系的解除。被宣告死亡的人在被宣告死亡期间，其子女被他人依法收养，死亡宣告判决被撤销后，被宣告死亡的人不得仅以未经本人同意而主张收养关系无效，但收养人和被收养人同意的除外。

3. 关于财产的转让。《民法典》第53条规定："被撤销死亡宣告的人有权请求依照本法第六编取得其财产的民事主体返还财产；无法返还的，应当给予适当补偿。利害关系人隐瞒真实情况，致使他人被宣告死亡而取得其财产的，除应当返还财产外，还应当对由此造成的损失承担赔偿责任。"如果原物已被第三人合法取得，第三人可不予返还。占有人返还原物时，为管理财产所支付的费用，可以请求补偿。

第四节 认定公民（自然人）无民事行为能力和限制民事行为能力案件的审判程序

一、认定公民（自然人）无民事行为能力、限制民事行为能力案件的概念

认定公民（自然人）无民事行为能力、限制民事行为能力案件，是指法院根据利害关系人的申请，按照法定程序，对不能辨认或不能完全辨认自己行为的成年人，判决宣告为无民事行为能力人或限制民事行为能力人的案件。

公民（自然人）的民事行为能力，是公民（自然人）通过自己的行为行使民事权利、履行民事义务的资格。根据《民法典》的规定，18周岁以上的公民（自然人）为成年人，不满18周岁的公民（自然人）为未成年人；成年人为完全民事行为能力人的，可以独立实施民事法律行为。16周岁以上的未成年人，以自己的劳动收入为主要生活来源的，视为完全民事行为能力人。8周岁以上的未成年人为限制民事行为能力人，实施民事法律行为时由其法定代理人代理或者经其法定代理人同意、追认，但是可以独立实施纯获利益的民事法律行为或者与其年龄、智力相适应的民事法律行为。不满8周岁的未成年人为无民事行为能力人，由其法定代理人代理实施民事法律行为。在现实生活中，有些年满18周岁的公民（自然人），虽然依法具有完全民事行为能力，但因患有精神疾病等不能辨认或者不能完全辨认自己的行为，无法独立进行民事活动。为维护这些不能辨认或者不能完全辨认自己行为的成年公民（自然人）的合法权益以及相关人的

人身、财产权益，通过法定程序由法院以判决的形式认定其为无民事行为能力人或者限制民事行为能力人是十分必要的，也有利于维护正常的民事流转秩序。

二、认定公民（自然人）无民事行为能力、限制民事行为能力案件的审判程序

（一）申请

申请认定公民（自然人）无民事行为能力或限制民事行为能力，由申请人向法院提出书面申请。申请人包括两类：一是该公民（自然人）的利害关系人，即与被请求认定为无民事行为能力或者限制民事行为能力的公民（自然人）有法律上的权利义务关系的人。二是有关组织，包括居民委员会、村民委员会、学校、医疗机构、妇女联合会、残疾人联合会、依法设立的老年人组织、民政部门等。

（二）管辖

根据《民事诉讼法》第 194 条规定，这类案件应当由被申请认定无民事行为能力或限制民事行为能力公民（自然人）住所地基层法院管辖。立法规定有利于保护申请人的合法权益，便于法院收集有关证据，对案件作出正确处理。

（三）医学鉴定及调查

《民事诉讼法》第 195 条规定，法院受理申请后，必要时应当对被请求认定为无民事行为能力或限制民事行为能力的公民（自然人）进行鉴定；申请人已提供鉴定结论的，应当对鉴定结论进行审查。在一般情况下，法院对于精神病人无民事行为能力或限制民事行为能力的认定，应当根据司法精神病学鉴定结论进行。但是，对被申请人的精神状况进行鉴定并非法院审理此类案件的必经程序。根据被申请人的具体情况，法院如果认为参照周围群众的普遍反映，凭借一般的生活经验，不进行医学鉴定便可对其精神状况作出认定的，在对有关证据作出适当调查之后，就可作出认定该被申请人为无民事行为能力或限制民事行为能力人的判决。

（四）确定或指定诉讼代理人

《民事诉讼法》第 196 条及《民诉法解释》第 350 条规定，法院审理认定公民（自然人）无民事行为能力或者限制民事行为能力的案件，应由被申请人的近亲属为其诉讼代理人。但是，申请人不得同时成为诉讼代理人。如果近亲属互相推诿或者争作诉讼代理人，则由法院从中指定一人为诉讼代理人。该公民（自然人）健康状况许可的，还应询问本人的意见。被申请人没有近亲属的，法院可以指定经被申请人住所地的居民委员会、村民委员会或者民政部门同意，且愿意担任代理人的个人或者组织为代理人。没有上述代理人的，由被申请人住所地的居民委员会、村民委员会或者民政部门担任代理人。代理人可以是一人，也可以

是同一顺序中的两人。

（五）作出判决

法院通过对案件的审理，应当根据具体情况作出不同判决：如果认为申请有事实根据，则作出认定该公民（自然人）为无民事行为能力或者限制民事行为能力人的判决；反之，如果法院认为申请无事实根据，则应作出驳回申请的判决。

三、指定监护人

指定监护是在法院认定公民（自然人）为无民事行为能力或者限制民事行为能力人的判决作出之后的另外一个诉讼程序。前者既非后者的一个阶段或者组成部分，也不是在后者结束之后必须产生的程序。监护人是否要法院指定，在实体上取决于有无指定监护人的必要，在程序上取决于有无申请人提出申请。如果没有人提出申请，法院不得依职权启动指定监护人程序。依据申请，法院认为有必要为无民事行为能力人或者限制民事行为能力人指定监护人的，可以按下列顺序指定监护人：（1）配偶；（2）父母；（3）成年子女；（4）其他近亲属；（5）其他愿意担任监护人的个人或者组织，但是须经被监护人住所地的居民委员会、村民委员会或者民政部门同意。没有上述监护人的，监护人由民政部门担任，也可以由具备履行监护职责条件的被监护人住所地的居民委员会、村民委员会担任。

另外，《民诉法解释》第 349 条规定，如果被指定的监护人不服指定，应在接到指定通知之日起 30 日内向法院提出异议。法院经审理，认为指定并无不当的，裁定驳回异议；认为指定不当的，判决撤销指定，同时另行指定监护人。判决书应当送达异议人、原指定单位及判决指定的监护人。

四、撤销原判决

法院作出认定公民（自然人）为无民事行为能力或限制民事行为能力人的判决后，经过一段时间，如果被认定为无民事行为能力或限制民事行为能力的公民（自然人）在身体、精神健康状况上发生了变化，以致原认定所依赖的原因已经消除的，法院应当在当事人的申请下，作出新判决，撤销原判决，恢复该公民（自然人）相应的民事行为能力。

有权申请撤销认定公民（自然人）无民事行为能力或限制民事行为能力判决的主体，既可以是被认定为无民事行为能力或限制民事行为能力的公民（自然人）本人，也可以是被认定为无民事行为能力或限制民事行为能力人的监护人。该申请的提出意味着新的非讼程序的开始。法院受理申请后，应当就有关事实进行调查。为此，法院可以要求有关部门进行鉴定，有关当事人提交鉴定结论或者其他证明材料的，法院需要予以审查，并在必要时询问该公民（自然人）本人，以查明该公民（自然人）无民事行为能力或限制民事行为能力的原因是否已经消除。法院经过审查认为申请有理由的，则作出判决撤销无民事行为能力或限制民事行为能力的认定。此项判决不仅关系该公民（自然人）本人，而且与社会公共生活相关，故应送达申请人和本人，并发布公告。

第五节　认定财产无主案件的审判程序

一、认定财产无主案件的概念

认定财产无主案件，是指法院根据申请人的申请，通过一定法律程序，对某项权利主体不明或失去权利主体的财产进行认定，判决宣布其为无主财产，并收归国家或集体所有的案件。

在一般情况下，财产都有权利主体，通常由所有人依法占有、使用、收益和处分。但在特殊情况下也可能发生财产没有权利主体或者权利主体不明的情况。例如，财产所有人死亡，既无法定继承人，又无遗嘱继承人，该财产就成为没有权利主体的财产。没有权利主体或者权利主体不明，财产就处于无人管理的状态，不仅不利于维护财产的安全，还可能引起矛盾与纠纷，引发其他社会问题。通过一定的程序将失去权利主体或者权利主体不明的财产认定为无主财产，并将其收归国家或集体所有，不仅可以结束财产长期无人管理、无人保护的不稳定状态，做到物尽其用，而且有利于防止个别单位或公民非法占有、损害财产，还有利于稳定社会经济秩序、避免纠纷，预防社会问题。

二、认定财产无主的条件

请求认定的无主财产，必须满足以下条件：首先，必须是有形财产，不能是无形财产或者精神财富。其次，财产的权利主体不明或者已不存在。常见的情形有：（1）财产的所有人已不存在或者无法确定。（2）所有人不明的埋藏物和隐藏物。（3）拾得的遗失物、漂流物、失散的饲养动物，无人认领者。（4）经公安机关招领满一定期限无人认领的遗失物、赃款、赃物。（5）无人继承的财产。最后，财产失去权利主体或者权利主体不明的状态须持续满法定期间。

三、认定财产无主案件的申请、管辖和裁判

（一）申请

认定财产无主，由有关的自然人、法人或者非法人组织提出申请。有关的自然

人，是指对无主财产的情况比较清楚，知道或者首先发现该无主财产的自然人；有关的法人或者非法人组织，是指请求认定的无主财产在其管辖范围内的机关、团体、企业事业单位和基层组织。另外，申请必须以书面形式向法院提出，在申请书中写明该项无主财产的种类、数量、所在地以及要求认定财产无主的根据。

（二）管辖

认定财产无主案件，由财产所在地的基层法院管辖。这样规定便于法院了解财产的历史情况并查明事实、寻找财产原所有人，有利于对财产是否无主作出正确的判决。

（三）公告与裁判

法院受理认定财产无主申请后，经审查核实，认为财产有主，申请不成立的，判决驳回申请，终结审理。一时找不到财产所有人，不能马上确定是否有财产所有人的，发出财产认领公告。公告期间为 1 年。在公告期间，法院根据财产的具体情况，或者指定专人看管，或者委托有关单位代管；能够提存的，也可以提存法院保管。公告期间有人对财产提出请求的，法院应当裁定终结特别程序，告知申请人另行起诉，适用普通程序进行审理。

法院发出财产认领公告的目的，是为财产原所有人提供认领的机会，使作出的认定财产无主判决有可靠的根据。公告期间届满后仍无人认领的，法院判决认定该财产为无主财产，收归国家或者集体所有。

法院作出的认定财产无主判决、驳回申请判决和终结特别程序裁定，为终审判决和裁定，一经送达立即生效，不得提起上诉。

四、判决的撤销

法院认定财产无主，仅是对财产无主的一种推定，有可能与实际情况不符。在判决生效后，原财产所有人或者继承人出现，并在《民法典》规定的诉讼时效期间内，对财产提出诉讼请求的，法院审查属实后，应当作出新判决，撤销原判决。

认定财产无主的判决被撤销后，根据原判决取得无主财产的国家或集体应当将该财产返还给财产所有人。原财产尚存在的，返还原财产；原财产不存在的，按照原财产的数量、质量和实际价值，予以补偿。

第六节 确认调解协议案件的审理程序

一、确认调解协议案件概述

确认调解协议案件，又称司法确认案件，是指法院根据双方当事人的共同申请，依法对经调解组织调解达成的调解协议进行审查并确认其法律效力的案件。从性质上说，确认调解协议程序属于非讼程序。

确认调解协议程序是 2012 年修正《民事诉讼法》时增设的一种非讼程序。我国《人民调解法》规定，经人民调解委员会调解达成协议的，双方当事人可以共同向法院申请司法确认；经法院确认有效而一方当事人不履行该调解协议的，另一方当事人可以向法院申请强制执行。《民事诉讼法》增设确认调解协议程序，为落实《人民调解法》的上述规定提供了程序法上的依据。这一程序的增设，对于建立与完善多元化纠纷解决机制，充分发挥人民调解制度在化解矛盾中的优势，实现诉讼与非诉讼纠纷解决机制的有机衔接、相互协调和相互支持，具有十分重要的意义。2021 年修正《民事诉讼法》时，删除了原有的"依照人民调解法等法律"这一条件限制，扩大了确认调解协议案件程序的适用范围，规定经依法设立的调解组织调解达成的调解协议，均可以申请司法确认。

二、适用范围与管辖法院

（一）适用范围

根据《民事诉讼法》第 201 条的规定，能够申请司法确认的调解协议，既包括按照《人民调解法》产生的人民调解协议，也包括经依法设立的调解组织调解达成的调解协议。因此，可以申请司法确认的调解协议，不限于人民调解协议，其范围是开放的。判断调解协议能否申请司法确认，只有一个标准，即调解组织是依法设立的。

（二）管辖法院

根据《民事诉讼法》第 201 条和有关司法解释的规定，确认调解协议案件的管辖，分为两种情形：（1）法院邀请调解组织开展先行调解的，由作出邀请的法院管辖；（2）调解组织自行开展调解的，向当事人住所地、标的物所在地、调解组织所在地的基层法院提出；调解协议所涉纠纷应当由中级法院管辖的，向相应的中级法院提出。调解组织自行开展调解，两个以上法院都有管辖权的，双方当事人可以共同向其中一个有管辖权的法院提出申请；双方当事人共同向两个以上有管辖权的法院提出申请的，由最先立案的法院管辖。

三、确认调解协议案件的申请、受理和裁定

（一）申请

1. 申请的主体。确认调解协议程序根据当事人的申请启动，法院不得依职权主动启动，人民调解委员会等调解组织也不得依职权将相关调解协议移送给法院进行司法确认。对于调解协议司法确认程序的启动方式，立法上之所以采用申

请启动主义而不采用职权启动主义，根本的原因在于尊重当事人的程序选择权：是否启动该程序从而赋予人民调解协议强制执行力，取决于当事人是否有此愿望。当事人的意思自治赋予此程序必要的正当性和应有的法律效果。

根据《民事诉讼法》第201条和有关司法解释的规定，申请司法确认调解协议的主体只能是为调解协议所规范、约束的双方当事人，包括：双方当事人共同向法院提出申请；由双方当事人的代理人共同向法院提出申请。仅有一方当事人对调解协议向法院申请司法确认的，法院应征求另一方当事人的意见，另一方当事人表示同意的，也视为共同申请。

2. 申请的形式。根据《民诉法解释》第353条的规定，当事人申请司法确认调解协议的形式较为灵活，既可以采用书面形式，也可以采用口头形式，由当事人自由选择。这一规定与《民事诉讼法》第123条规定的"可以口头起诉"有所不同，没有"书写确有困难"的要求。目的是鼓励当事人选择非诉的调解方式解决纠纷，体现司法确认程序的便民原则。当事人口头申请的，法院应当记入笔录，并由当事人签名、按指印或者盖章。

3. 申请的期限。双方当事人应当在调解协议生效之日起30日内共同向法院提出确认申请。如果逾期提出申请，法院不予受理。

4. 提交的材料。当事人申请司法确认调解协议时，应当向法院提交下列材料：（1）调解协议；（2）调解组织主持调解的证明；（3）与调解协议相关的财产权利证明；（4）双方当事人的身份、住所、联系方式等基本信息。

委托代理人代为申请的，还应提交由委托人签名或者盖章的授权委托书。

（二）审查与受理

法院在收到当事人提出的司法确认申请后，首先指定一名审判人员对调解协议和相关材料进行审查，并通知双方当事人同时到场进行核实。主要从以下三个方面进行审查：（1）自愿性审查。主要审查：申请司法确认的调解协议是否在双方当事人真实意愿的基础上形成；调解组织在调解时，是否存在强迫调解、欺诈调解等影响当事人自愿的因素。（2）合法性审查。主要审查：申请司法确认的调解协议是否存在违反法律强制规范的情节和因素；是否有损害国家利益、社会公共利益和案外第三人合法权益的内容。（3）可执行性审查。只有具有给付之诉性质的调解协议才能申请司法确认，而其他不具有给付性质的确认之诉或形成之诉的案件，不属于司法确认的范围，法院不得予以司法确认。

经审查，法院认为当事人的陈述或者提供的证明材料不充分、不完备或者有疑义的，可以要求当事人限期补充陈述或者补充证明材料。必要时，法院可以向调解组织核实有关情况。当事人无正当理由未在限期内补充陈述、补充证明材料或者拒不接受询问的，法院可以按撤回申请处理。

法院收到司法确认申请后，应当在 3 日内决定是否受理。法院决定受理的，应当及时向当事人送达受理通知书。双方当事人同时到法院申请司法确认的，法院可以当即受理并作出是否确认的决定。有下列情形之一的，法院裁定不予受理：（1）不属于法院受理范围的；（2）不属于收到申请的法院管辖的；（3）申请确认婚姻关系、亲子关系、收养关系等身份关系无效、有效或者解除的；（4）涉及适用其他特别程序、公示催告程序、破产程序审理的；（5）调解协议内容涉及物权、知识产权确权的。

拓 展 阅 读

刘××司法确认—审民事裁定书

（三）裁定

审查结束后，法院应当自受理司法确认申请之日起 15 日内对调解协议作出是否确认的裁定。因特殊情况需要延长的，经本院院长批准，可以延长 10 日。

经审查，认为当事人的申请符合法律规定的，法院作出裁定，确认调解协议有效。如果一方当事人拒绝履行经司法确认的调解协议，另一方当事人可以依据确认裁定向法院申请强制执行。

有下列情形之一的，法院不予确认调解协议的效力，并裁定驳回申请：（1）违反法律强制性规定的；（2）损害国家利益、社会公共利益、他人合法权益的；（3）违背公序良俗的；（4）违反自愿原则的；（5）内容不明确的；（6）其他不能进行司法确认的情形。

在确认调解协议的裁定作出之前，当事人撤回申请的，法院可以裁定准许。

四、救济途径

司法确认申请被裁定驳回后，双方当事人可以通过人民调解的方式变更原调解协议或者达成新的调解协议，重新申请司法确认，也可以向法院起诉。

对法院作出的确认调解协议的裁定有异议的，当事人应当自收到裁定之日起 15 日内提出，利害关系人应当自知道或者应当知道其民事权益受到侵害之日起 6 个月内提出。法院经审查，认为异议成立或者部分成立的，应作出新的裁定；认为异议不成立的，应裁定驳回。

第七节　实现担保物权案件的审理程序

一、实现担保物权案件的概念

实现担保物权案件，是指债务人不履行到期债务的，担保物权人及其他有权请求实现担保物权的人依据《民法典》等法律，申请法院对担保标的物进行拍卖、变卖等，使担保债权得到优先受偿的案件。

担保物权是以支配特定财产的交换价值为内容，以确保债权实现为目的而设立的物权，包括抵押权、质权、留置权。这一制度对保障与规范市场经济秩序具有十分重要的作用。在 2012 年修正《民事诉讼法》之前，根据相关实体法的规定，实现担保物权的程序既有非讼程序，又有诉讼程序。通过诉讼程序实现担保物权，不仅程序复杂、成本高，而且时间较长，不利于债权人权益的保障，浪费司法资源。为此，在借鉴他国及地区的立法经验基础上，为使我国的实现担保物权制度得到完善，2012 年修正《民事诉讼法》时在"特别程序"中增设规定了"实现担保物权案件"。

二、实现担保物权案件的申请、受理和裁定

（一）申请

1. 申请人的范围。根据《民事诉讼法》第 203 条及司法解释的规定，担保物权人（包括抵押权人、质权人、留置权人）、其他有权请求实现担保物权的人（包括抵押人、出质人、财产被留置的债务人或者所有权人等）可以向法院提出实现担保物权的申请。

2. 申请的要求。申请人向法院提出实现担保物权申请时，应当提交下列材料：（1）申请书。申请书应当记明申请人、被申请人的姓名或者名称、联系方式等基本信息，具体的请求和事实、理由；（2）证明担保物权存在的材料，包括主合同、担保合同、抵押登记证明或者他项权利证书，以及质权的权利凭证或者质权出质登记证明等；（3）证明实现担保物权条件成就的材料；（4）担保财产现状的说明；（5）法院认为需要提交的其他材料。

3. 向有管辖权的基层法院提出申请。根据《民事诉讼法》第 203 条的规定，实现担保物权，申请人应当向担保财产所在地或者担保物权登记地的基层法院提出申请。立法之所以规定由基层法院管辖，是因为实现担保物权案件属于非讼案件，适用程序相对简单，有利于当事人提出申请。

为方便当事人向法院提出实现担保物权的申请，《民诉法解释》第 360 条、第 361 条对管辖法院又作出进一步规定：（1）实现票据、仓单、提单等有权利凭证的权利质权案件，可以由权利凭证持有人住所地法院管辖；无权利凭证的权利质权，由出质登记地法院管辖。（2）实现担保物权案件属于海事法院等专门法院

拓展阅读

实现担保物权的特别程序是否适用管辖权异议？

管辖的，由专门法院管辖。

另外，根据《民诉法解释》第362条"同一债权的担保物有多个且所在地不同，申请人分别向有管辖权的人民法院申请实现担保物权的，人民法院应当依法受理"之规定，为方便当事人申请，实现担保物权案件不适用《民事诉讼法》第36条关于由先立案的法院管辖的规定。

（二）受理与审查

1. 受理。法院受理实现担保物权的申请后，应当在5日内向被申请人送达申请书副本、异议权利告知书等文书。被申请人有异议的，应当在收到法院通知后的5日内向法院提出，同时说明理由并提供相应的证据材料；被申请人没有提出异议的，表明其认可申请人的申请。

2. 审查。法院受理实现担保物权案件后，一般由1名审判员负责审查；如果案情重大、复杂，或者担保财产标的额超过基层法院管辖的范围，应当组成合议庭进行审查。

由于实现担保物权案件属于非讼案件，不开庭审理，为减少当事人的诉累，使担保物权人能够尽快实现债权，法院在审查实现担保物权案件时，可以询问申请人、被申请人、利害关系人，必要时可以依职权调查相关事实。

法院受理实现担保物权案件后，主要从形式上审查主合同的效力、期限、履行情况，担保物权是否有效设立、担保财产的范围、被担保的债权范围、被担保的债权是否已届清偿期等担保物权实现的条件，以及是否损害他人合法权益。

在审查时，如果被申请人或者利害关系人提出异议，法院应当一并审查。

（三）裁定

法院对实现担保物权案件审查后，根据下列情形作出裁定：（1）当事人对实现担保物权无实质性争议且实现担保物权条件成就的，裁定准许拍卖、变卖担保财产；（2）当事人对实现担保物权有部分实质性争议的，可以就无争议部分裁定准许拍卖、变卖担保财产；（3）当事人对实现担保物权有实质性争议的，裁定驳回申请，并告知申请人向法院提起诉讼。

法院作出拍卖、变卖担保财产的裁定，一经送达，立即生效，不允许上诉。当事人可以依据该裁定向法院申请执行。

三、救济途径

法院裁定驳回实现担保物权的申请后，当事人可以向法院起诉。

对法院作出拍卖、变卖担保财产的裁定有异议的，当事人应当自收到裁定之日起15日内提出；利害关系人应当自知道或者应当知道其民事权益受到侵害之日起6个月内提出。法院经审查，认为异议成立或者部分成立的，作出新的裁

定；认为异议不成立的，裁定驳回。

【复习要点】

（一）基本概念

特别程序　非讼程序　选民资格案件　宣告失踪和宣告死亡案件
认定财产无主案件　确认调解协议案件　实现担保物权案件

（二）思考题

1. "特别程序"这个名称很特别，它究竟"特"在哪里？

2. 有人认为"特别程序等于非讼程序"，这个观点对不对？为什么？

3. 为什么当事人双方必须"手拉手"才能向法院提出司法确认的申请？

4. 我们通常所说的"打官司"仅指诉讼案件还是也包括非讼案件？诉讼案件与非讼案件有哪些区别？

5. 有人提出"诉讼案件非讼化审理、非讼案件诉讼化处理"，并认为"诉讼法理和非讼法理可以交错适用"，请用你学过的诉讼法知识点评这一观点。

▶ 自测习题及参考答案

请扫描二维码，进行随堂测试。

第十七章 督 促 程 序

督促程序是一种快速解决债权债务纠纷的非讼程序，仅适用于给付金钱、有价证券的案件。法院向债务人发出的支付令，如债务人在法定期间内既未履行义务又未提出异议，即发生强制执行的法律效力。支付令失效后，经债权人同意，案件可转入诉讼程序。督促程序具有成本低、效率高、节省司法资源等优势，有利于迅速实现债权人的权利。

第一节 督促程序的概念和特点

一、督促程序的概念

督促程序，又称支付令程序，是指法院根据债权人的申请，向债务人发出支付令，催促债务人限期履行给付金钱或者有价证券的义务，债务人在法定期间未提出异议又不履行义务时，支付令发生强制执行效力的一种特别程序。

在现实生活中，债权债务纠纷种类多、数量广，其中许多债权债务纠纷的法律关系明确，当事人之间不存在争议。如果这些纠纷都通过诉讼程序解决，既浪费司法资源，又使当事人花费许多不必要的费用、时间和精力。如果适用督促程序处理这些案件，不仅成本低、效率高，而且有利于申请人及时实现自己的债权。

二、督促程序的特点

与诉讼程序相比较，督促程序具有五个方面的特点。

（一）适用范围特定

督促程序只适用于请求给付金钱和有价证券的案件，并以债权人与债务人之间没有其他债务纠纷和支付令能够送达债务人为适用条件。适用诉讼程序审理的民事案件，不仅没有适用条件的限制，也没有案件类型的约束。

（二）审查过程简捷

法院受理支付令申请后，由1名审判员负责对案件进行形式审查，即仅就债权人提供的事实、证据进行书面审查，无需传唤债务人，更不需开庭审理。支付令发出后，只要债务人不提出异议，即发生法律效力。

（三）程序适用可选择

债权人要求债务人给付金钱或者有价证券时，既可以选择督促程序，又可以向法院提起诉讼，选择普通诉讼程序解决。也就是说，督促程序并不是处理这类案件的必经程序或者唯一程序。是否适用督促程序，由债权人自由选择。

（四）与诉讼程序衔接

支付令失效后，法院经债权人同意，可以将案件转入诉讼程序审理。如果债权人不同意，应当自收到终结督促程序裁定之日起 7 日内向受理申请的法院表明不同意提起诉讼，否则，视为同意向受理申请的法院起诉。

《民事诉讼法》第 136 条第 1 项规定，法院对于当事人没有争议的案件，认为符合督促程序规定条件的，可转入督促程序。

（五）程序终结附期限

法院向债务人发出支付令后，如果债务人在法定期限内不提出异议，支付令则发生强制执行的效力，督促程序即告终结；如果债务人在法定期限内提出支付令异议，经法院审查，异议成立的，裁定终结督促程序，支付令自行失效。因此，督促程序的终结都是附期限的。

第二节　支付令的申请与受理

一、支付令的申请

（一）申请支付令的条件

根据《民事诉讼法》第 221 条和《民诉法解释》第 427 条的规定，债权人申请支付令，应当符合下列条件：（1）请求给付的是金钱或有价证券，其中，有价证券包括汇票、本票、支票、股票、债券、国库券、可转让的存款单等；（2）请求给付的金钱或者有价证券已到期并且数额确定，并写明了请求所根据的事实、证据；（3）债权人没有对待给付义务；（4）债务人在我国境内且未下落不明；（5）支付令能够送达债务人；（6）收到申请书的法院有管辖权；（7）债权人未向法院申请诉前保全。

（二）申请支付令的形式

债权人申请支付令，应当向法院提交书面申请书，并附债权文书。在申请书中应当写明下列事项：（1）债权人和债务人的基本情况，包括自然人的姓名、性别、年龄、民族、职业、工作单位和住所地，法人或非法组织的名称、住所地和法定代表人或主要负责人的姓名、职务等；（2）请求给付金钱或者有价证券的数量、种类及所依据的事实和证据；（3）债权人与债务人之间不存在其他债权债务纠纷；（4）要求发出支付令的陈述，即表明申请的目的及请求发出支付令的意思表示。

（三）管辖法院

债权人申请支付令，应当向债务人住所地的基层法院提出，不受争议金额的限制。两个以上法院都有管辖权的，债权人可以向其中一个法院申请支付令。债权人向两个以上有管辖权的法院申请支付令的，由最先立案的法院管辖。

二、支付令的受理

法院收到支付令申请后，由 1 名审判员进行形式审查。经审查，认为符合条件的，应当在 5 日内通知债权人已受理；认为申请书不符合要求的，可以通知债权人限期补正，自收到补正材料之日起 5 日内通知债权人是否受理。

根据《民诉法解释》的规定，法院经审查，发现有下列情形之一，不符合受理条件的，应当自受理之日起 15 日内裁定驳回申请：（1）申请人不具备当事人资格；（2）给付金钱或者有价证券的证明文件没有约定逾期给付利息或者违约金、赔偿金，债权人坚持要求给付利息或者违约金、赔偿金；（3）要求给付的金钱或者有价证券属于违法所得；（4）要求给付的金钱或者有价证券尚未到期或者数额不确定。

对驳回债权人支付令申请的裁定，债权人不得上诉或申请复议，但可以就该债权债务纠纷向法院提起诉讼。

第三节　支付令的发出和效力

一、支付令的发出

支付令，是法院根据债权人的申请，督促债务人履行义务或提出书面异议的命令，是一种司法文书，也是督促程序的核心内容。

法院应当在受理申请之日起 15 日内向债务人发出支付令。支付令应当载明以下事项：（1）债权人、债务人姓名或名称等基本情况；（2）债务人应当给付的金钱、有价证券的种类、数量；（3）清偿债务或者提出异议的期限；（4）债务人在法定期间不提出异议的法律后果。另外，支付令由审判员、书记员署名，加盖法院印章。

根据《民诉法解释》第 429 条的规定，法院向债务人本人送达支付令时，债务人拒绝接收的，可以留置送达。这一规定表明两层含义：一是支付令必须向债务人本人送达，不得向债务人的同住成年家属送达。二是债务人在送达时如果拒绝接收，但其已了解并清楚支付令的内容及作用，如有意见，可以选择救济途径，即在法定期间提出支付令异议。因此，法院向债务人本人送达支付令时，采用留置送达的方式，不会损害债务人的合法权益。

二、支付令的效力

支付令一经送达债务人，立即生效。债务人自收到支付令之日起 15 日内清偿债务，或者向法院提出支付令异议。如果债务人在法定期限内既不提出异议，又不清偿债务，支付令即发生执行的效力，债权人可以向法院申请执行。

《民诉法解释》第 434 条规定，对设有担保的债务的主债务人发出的支付令，对担保人没有拘束力。

三、支付令的失效

支付令的法定失效情形包括：（1）债务人在法定期间提出支付令异议，经审查异议成立的，支付令失效；（2）在法院发出支付令后，债权人就同一债权债务关系又提起诉讼的，支付令自行失效；（3）法院发出支付令之日起 30 日内无法送达债务人的，支付令自行失效；（4）在债务人收到支付令前，申请人撤回申请的，支付令自行失效；（5）债权人就担保关系单独提起诉讼的，支付令自法院受理案件之日起失效。

四、支付令的撤销

为纠正确有错误且已经发生法律效力的支付令，以依法维护当事人的合法权益，体现司法公正，根据《民诉法解释》第 441 条的规定，发出支付令的基层法院院长发现生效的支付令确有错误，认为需要撤销的，提交本院审判委员会讨论决定后，裁定撤销支付令，驳回债权人的申请。

第四节　支付令异议与督促程序终结

一、支付令异议

支付令异议，是指债务人在收到支付令后，向法院申明不服支付令确定的给付义务的诉讼行为。它是债务人维护自己合法权益的一种法律手段。由于支付令的发出，依据的是债权人一方提出的主张及证据，没有经过债务人的答辩，因此，未经开庭审理而向债务人发出的支付令，有可能与事实不符，会损害债务人的合法权益。为依法保护债务人的利益，法律赋予债务人以异议的方式对支付令提出自己意见的权利，以保证督促程序的公正性。

（一）提出支付令异议的条件

债务人提出支付令异议，必须符合以下条件：（1）在法定期限内提出。债务人必须自收到支付令之日起 15 日内提出异议。超过这一法定期限，法院可以裁定驳回其异议。（2）以书面方式提出。债务人口头提出的支付令异议无效，必须以书面方式提出。（3）针对支付令载明的债权债务关系提出。债务人提出的支付令异议，必须针对债权人请求偿还的债务，而不是偿还能力、清偿期限或清偿方式等事项。（4）向发出支付令的法院提出。债务人的支付令异议，必须向发出支付令的法院提出，向其他法院提出的，不影响支付令的效力。

（二）法院对支付令异议的审查与处理

1. 审查。法院收到支付令异议后，主要从形式上进行审查，不进行实体审查。法院应从两个方面审查支付令异议是否成立：一是审查债务人是否在法定期间内提出；二是审查债务人是否以书面方式提出。只要债务人提出的支付令异议满足这两个条件，支付令异议就成立。

2. 对支付令异议的处理：（1）经审查，债务人提出的支付令异议符合法定条件，异议成立的，法院裁定终结督促程序，支付令自动失效；（2）经审查，债务人提出的支付令异议符合《民诉法解释》第 435 条规定的情形，法院认定异议成立的，裁定终结督促程序，支付令自动失效；（3）经审查，法院认为债务人提出的支付令异议不符合法定条件，异议不成立的，裁定驳回；（4）债务人对债务本身没有异议，只是提出缺乏清偿能力、延缓债务清偿期限、变更债务清偿方式等异议的，不影响支付令的效力，异议不成立，法院裁定驳回；（5）在法院作出终结督促程序或者驳回异议裁定前，债务人请求撤回异议的，应当裁定准许，但债务人对撤回异议又反悔的，法院不予支持。

（三）支付令异议成立的法律后果

法院经审查，认为债务人提出的支付令异议成立的，产生下列法律后果：

1. 终结督促程序。债务人提出的支付令异议成立，说明债权人与债务人之间债权债务关系仍存在争议，需要通过诉讼程序解决，不能适用督促程序处理。据此，法院应裁定终结督促程序。

2. 支付令自动失效。在法院作出终结督促程序裁定后，所发出的支付令丧失强制执行的法律效力。

3. 案件转入诉讼程序。为及时、有效地解决当事人之间的纠纷，在法院终结督促程序的裁定作出后，经债权人同意，案件可直接转入诉讼程序进行审理，当事人不必再另行起诉。

二、督促程序终结

督促程序终结，是指由于发生了法定的情形或者基于某种特殊原因，督促程序结束。根据《民事诉讼法》和《民诉法解释》的有关规定，督促程序终结有以下三种情形：

1. 自然终结。自然终结是督促程序的正常终结，是指债务人在收到支付令之后，既没有提出异议，又履行了债务，从而使督促程序终结。

2. 裁定终结的法定情形。法院依据法律规定的条件，裁定终结督促程序的情形包括：（1）不予受理裁定。法院经审查，认为债权人的支付令申请不符合《民诉法解释》第427条规定的受理条件的，裁定不予受理，终结督促程序。（2）裁定驳回申请。法院受理债权人的支付令申请后，经审查，发现具有《民诉法解释》第428条规定的情形的，在受理之日起15日裁定驳回申请，终结督促程序。（3）裁定异议成立。债务人对支付令提出异议后，经审查，法院认为异议符合《民诉法解释》第435条规定的情形的，异议成立，裁定终结督促程序。

3. 其他裁定终结督促程序的情形：（1）法院受理支付令申请后，债权人就同一债权债务关系又提起诉讼的；（2）法院发出支付令之日起30日内无法送达债务人的；（3）债务人收到支付令前，债权人撤回申请的。

【复习要点】

（一）基本概念

督促程序　有价证券　支付令　支付令异议　支付令失效

（二）思考题

1. 督促程序有哪些特点？它与简易程序有何异同？

2. 申请支付令应当具备哪些条件？

3. 支付令异议成立的条件有哪些？

4. 督促程序在什么情况下终结？

5. 督促程序为什么会出现"睡眠化"适用困境？

6. 在构建多元化纠纷解决机制的今天，特别程序和督促程序能够给我们带来什么启示？

▶ 自测习题及参考答案

请扫描二维码，进行随堂测试。

第十八章　公示催告程序

公示催告程序是一种特殊的审判程序，仅适用于可以背书转让的票据因被盗、遗失或者灭失所发生的非讼案件。公示催告的目的是以公告方式通知利害关系人在公告期间内申报权利，以确定丧失票据的合法权利人，并对其在丧失票据后给予的一种权利救济。公示催告程序分为公示催告和除权判决两个阶段。

第一节　公示催告程序概述

一、公示催告程序的概念与特点

（一）公示催告程序的概念

公示催告程序，是指法院依据申请人的申请，将申请的票据以公示的方式，催告不明的利害关系人在公告期间内申报权利，如逾期无人申报，则作出除权判决，宣告票据失权的一种非讼程序。

公示催告程序是一种特殊的非讼程序，也是申请人依法保护自己合法权益的一种手段。在社会经济领域，票据是一种不可或缺的支付工具和信贷工具，并且使用广泛，流通频繁。一旦基于遗失、灭失、被盗等原因丧失可以背书转让的票据，最后的合法持票人就无法主张票据上的权利，甚至非法取得票据的人，有可能冒用、侵占票据所有人的财产。据此，最后的合法持票人在丧失票据后，向法院提出申请，通过公示催告的方式主张票据上的权利，请求司法救济，不仅使自己的合法权益能够得到及时、有效的保护，对维护正常的经济秩序也具有十分重要的意义。

（二）公示催告程序的特点

与诉讼程序相比较，公示催告程序主要有以下几个特点：

1. 申请人的限定性。公示催告程序的申请人只能是丧失票据的最后持有人，其他与丧失票据有关系的人，都不能向法院提出公示催告申请。另外，被催告申报权利的利害关系人，具有不特定性。

2. 适用范围的有限性。公示催告程序仅适用于可以背书转让的票据在丧失后向法院申请公示催告的案件以及其他法定事项。

3. 案件的非讼性。适用公示催告程序审理的案件，只有申请人，没有被申请人，也不存在民事权益争议。

4. 审理方式的特殊性。公示催告案件审理方式的特殊性表现为两个方面：一是以公示催告的方式确定利害关系人是否存在，只进行书面审查；二是公告期届满无人申报权利的，法院不直接作出判决，而必须由申请人向法院提出申请后，才可以作出除权判决。

5. 审理组织的特殊性。公示催告案件分为两个阶段进行审理：第一阶段，在法院对申请人的公示催告申请进行审查并发布公告期间，由一名审判员独任审理。第二阶段，法院根据当事人的申请作出除权判决时，由合议庭审理。

二、公示催告程序的适用范围

根据《民事诉讼法》第 225 条的规定，公示催告程序的适用范围包括两类。

（一）按照规定可以背书转让的票据

票据是一种以无条件支付一定金额为基本效力的有价证券，是由出票人签发并由出票人或委托他人支付一定数额金钱的凭证，包括汇票、本票和支票三种。背书转让，是指票据持有人以转让票据上的权利为目的，在票据背面或者粘单上记载有关事项并签章，将票据交付他人的一种票据行为。根据我国《票据法》的规定，汇票、本票和支票，除出票人在票据上记载"不得转让"的字样外，均可以背书转让。因此，只有可以背书转让的票据才能成为适用公示催告程序审理的对象。

（二）依照法律规定可以申请公示催告的其他事项

其他事项，是指除了可以背书转让的票据以外，其他可以适用公示催告程序审理的票据和有价证券，如提单、仓单和股票等。

第二节 公示催告案件的审理程序

一、公示催告的申请

公示催告程序依申请人的申请而开始。申请公示催告，应当符合下列条件：

1. 申请公示催告的主体，必须是票据持有人。票据持有人，是指票据被盗、遗失或者灭失前的最后的持有人。

2. 申请公示催告的对象，必须是可以背书转让的票据或者依照法律规定可以申请公示催告的其他事项。

3. 申请公示催告的事由，必须是可以背书转让的票据被盗、遗失或灭失。

4. 申请公示催告，申请人应以书面形式向法院提出公示催告申请。申请书中写明票面金额、发票人、持票人、背书人等票据主要内容和申请的理由、事实。

5. 管辖法院。申请人应向票据支付地的基层法院提出公示催告申请。

二、公示催告申请的撤回

申请人提出公示催告申请后，又要求撤回的，应当准许。根据《民诉法解释》第 453 条规定，公示催告申请人撤回申请，应在公示催告前提出；公示催告期间申请撤回的，法院可以径行裁定终结公示催告程序。

三、审查与受理

法院收到公示催告的申请后，由 1 名审判员进行审查。在审查时，法院结合票据存根、丧失票据的复印件、出票人关于签发票据的证明、申请人合法取得票据的证明、银行挂失止付通知书、报案证明等证据，决定是否受理。

经审查，法院认为不符合受理条件的，应当在 7 日内裁定驳回申请；认为符合受理条件的，应通知申请人予以受理，并通知支付人停止支付。

四、发出停止支付通知

停止支付通知，义称止付通知，是法院在决定受理公示催告申请的同时，向对丧失的票据负有支付义务的人发出的停止支付的诉讼文书。停止支付通知具有法律上的强制效力，支付人必须执行。《民诉法解释》第 454 条规定，法院通知支付人停止支付，应当符合财产保全的规定。支付人收到停止支付通知后拒不止付的，除可依照《民事诉讼法》第 114 条、第 117 条规定采取强制措施外，还可判令支付人承担付款义务。

五、发布公告

公告是指法院在决定受理公示催告申请后，向社会发出的催告利害关系人申报权利的告示，是公示催告程序的必经阶段。法院应在决定受理后 3 日内发布公告，在公告中写明以下内容：（1）公示催告申请人的姓名或名称；（2）票据的种类、号码、票面金额、出票人、背书人、持票人、付款期限等事项以及其他可以申请公示催告的权利凭证的种类、号码、权利范围、权利人、义务人、行权日期等事项；（3）申报权利的期间；（4）在公示催告期间转让票据等权利凭证以及利害关系人不申报的法律后果。

公告应当在有关报纸或者其他媒体上刊登，并于同日公布于法院公告栏内。法院所在地有证券交易所的，还应当同日在该交易所公布。公告期间不得少于 60

日，且公示催告期间届满日不得早于票据付款日后 15 日。

六、利害关系人申报权利

申报权利，是指利害关系人在指定期间内向法院主张票据权利的行为，也是利害关系人维护自己合法权益的一种手段。申报权利应符合以下条件：（1）申报权利的主体是公示催告事项的利害关系人，也就是票据的实际占有人；（2）利害关系人应当在公示催告期间向法院申报权利；（3）利害关系人申报权利要向受理公示催告案件的法院提出；（4）利害关系人申报权利时，应当提交票据，供法院审查。

法院在利害关系人申报权利后，要进行形式审查，即通知利害关系人向法院出示票据，并通知申请人在指定的期间查看该票据。申请人申请公示催告的票据与利害关系人出示的票据不一致的，法院应当裁定驳回利害关系人的申报；如果票据一致，法院应当裁定终结公示催告程序，并通知申请人和支付人。终结公示催告程序的裁定书，由审判员、书记员署名，加盖法院印章。这一裁定是终局裁定，不得上诉或申请再审。申请人可以向票据支付地基层法院另行起诉。

另外，根据《民诉法解释》第 448 条的规定，在申报期届满后、判决作出之前，利害关系人申报权利的，法院也应当裁定终结公示催告程序。

第三节　除权判决与公示催告程序终结

一、除权判决的概念与作出

除权判决，是指在公示催告期间无人申报权利，或者申报被驳回，法院依申请人的申请作出的宣告票据无效的判决。作出除权判决是公示催告程序的最后阶段，也是公示催告程序发挥其特有作用的必经程序。

《民事诉讼法》第 229 条规定，法院作出除权判决，应当具备以下条件：（1）在申报权利的期间无人申报，或者申报被驳回；（2）申请人在公示催告期间届满之日起 1 个月内申请法院作出除权判决。

只有同时具备上述两个条件，法院才可以作出除权判决。法院作出除权判决后，应当进行公告，并通知支付人。除权判决自公告之日起生效，当事人对此不得上诉或者申请再审。

二、除权判决的效力

除权判决具有以下效力：（1）申请公示催告的票据失效，不再具有票据上的权利。（2）除权判决生效后，申请人可以依据除权判决要求支付人支付票据上记载的金钱数额，支付人不得拒绝支付；支付人拒绝支付的，申请人可以向法院起诉，符合起诉条件的，法院应当受理。（3）终结公示催告程序。

三、公示催告程序终结与救济途径

（一）公示催告程序终结

公示催告程序终结，是指发生法定的情形或者在法院作出除权判决后，结束公示催告程序。根据《民事诉讼法》和《民诉法解释》的有关规定，公示催告程序终结有以下几种情形：

1. 自然终结。这也是正常终结，是指法院在受理公示催告申请并发布公告之后，在申报权利期间无人申报，法院依当事人的申请作出判决，从而终结公示催告程序。

2. 驳回申请终结。经审查，法院认为公示催告申请不符合受理条件，裁定驳回申请，终结公示催告程序。

3. 撤回申请终结。申请人在公示催告期间撤回申请的，法院裁定终结公示催告程序。

4. 申报权利终结。在申报权利期间，或者申报权利期间届满后、判决作出之前，利害关系人申报权利的，法院裁定终结公示催告程序。

5. 未申请判决终结。在申报权利期间无人申报或者申报被驳回，申请人未在1个月内申请作出除权判决的，法院裁定终结公示催告程序。

法院依照《民事诉讼法》第228条规定终结公示催告程序后，公示催告申请人或者申报人向法院提起诉讼，因票据权利纠纷提起的，由票据支付地或者被告住所地法院管辖；因非票据权利纠纷提起的，由被告住所地法院管辖。

（二）救济途径

在公示催告期间，利害关系人因正当理由未能向法院申报权利，在法院作出除权判决后，又不能上诉或者申请再审的，其合法权益必然会受到损害。为此，为了纠正除权判决的错误和依法维护利害关系人的合法权利，《民事诉讼法》第230条和相关司法解释均规定，利害关系人可以自知道或者应当知道判决公告之日起1年内，向作出判决的法院起诉。

利害关系人起诉请求法院撤销除权判决的，应将申请人列为被告。利害关系人仅诉请确认其为合法持票人，经审理，法院认定其请求成立的，应当在裁判文书中写明。确认利害关系人为票据权利人的判决作出后，除权判决即被撤销。

但是，《民诉法解释》第458条规定，利害关系人因正当理由未能向法院申报权利，必须符合下列情形之一：（1）因发生意外事件或者不可抗力致使利害关系人无法知道公告事实；（2）利害关系人因被限制人身自由而无法知道公告事实，或者虽然知道公告事实，但无法自己或者委托他人代为申报权利；（3）不属于法定申请公示催告情形；（4）未予公告或者未按法定方式公告；（5）其他导致利害关系人在判决作出前未能向法院申报权利的客观事由。

【复习要点】

（一）基本概念

公示催告程序　票据　公告期间　申报权利　除权判决

（二）思考题

1. 公示催告程序有哪些特点？

2. 申请公示催告应当具备哪些条件？

3. 公示催告程序在哪些情形下可以终结？

4. 除权判决的效力有哪些？

5. 利害关系人如何对自己的权利进行救济？

6. 公示催告程序与我们日常生活中的"挂失"或"声明作废"有何异同？

7. 有人建议我国制定"非诉讼程序法"，你如何看待这一观点？请谈谈理由。

8. 1991年颁行《民事诉讼法》时，曾在《民事诉讼法（试行）》的基础上增加规定了"企业法人破产还债程序"。2007年修改《民事诉讼法》时，又将"企业法人破产还债程序"分离出去，将之合并规定在2006年制定的《企业破产法》之中。从程序法理的视角来看，其原因是什么？

▶ 自测习题及参考答案

请扫描二维码，进行随堂测试。

第四编 执行程序

第十九章　民事执行程序总论

民事执行是民事审判的后续与保障，与民事审判既有联系又有重大区别。调整法院、当事人和其他参与人在执行过程中的各种活动以及因此形成的各种社会关系的规范的总和，就是民事执行法。通过民事执行，生效法律文书确定的民事权利得以实现、民事义务得以履行，当事人之间的民事纠纷得以彻底解决。民事执行是解决民事纠纷、维护法律权威不可或缺的制度设计。

第一节　民事执行概述

一、民事执行的概念

民事执行，又称民事强制执行，是指执行机构依照法定程序，运用国家强制力，强制被执行人履行生效法律文书确定的义务，以实现申请执行人合法权益的一种活动。

法律文书确定的给付内容有两种实现方式：一种是义务人自觉履行义务；另一种是法院通过行使公权力强制义务人履行义务。后一种就是民事执行。由此可见，民事执行虽非实现生效法律文书确定内容的必经程序，却是实现生效法律文书确定内容不可或缺的制度设计。

民事执行可分为不同的类型。根据目的不同，可分为终局执行和保全执行。根据内容不同，可分为实现金钱债权的执行和实现非金钱债权的执行。其中，实现非金钱债权的执行又可进一步分为实现物的交付请求权的执行和实现行为请求权的执行。根据手段不同，可分为直接执行、间接执行与替代执行。根据执行标的的性质不同，可分为对行为执行和对财产执行。根据是否包含涉外因素，可分为国内执行与涉外执行。

民事执行机构强制被执行人履行义务并解决相关争议所适用的法定程序，就是民事执行程序。调整和规范民事执行程序的法律，就是民事执行法。我国目前尚未实现民事执行程序单独立法，而是将相关内容规定在《民事诉讼法》之中。为了满足实践的需要，我国最高人民法院颁布了一系列规范民事执行程序的司法解释，它们也是我国民事执行法的重要组成部分。可见，我国目前只有广义的民事执行法。从实践的需要来看，我国应当实行民事执行单独立法。十八届四中全会《决定》提出"切实解决执行难，制定强制执行法"，这是继 1999 年《中共中央关于转发〈中共最高人民法院党组关于解决人民法院"执行难"问题的报告〉的通知》提出"加快执行立法"之后，中共中央再次明确提出单独制定民事强制执行法的指导意见。在党的文件中明确提出制定单独民事强制执行法的建议，一方面体现了执政党对于民事执行工作的重视，另一方面也说明执行难问题确实到了非解决不可的地步。

二、民事执行程序与民事审判程序的关系

民事执行程序与民事审判程序既有明显的区别，又有密切的联系。

（一）民事执行程序与民事审判程序的区别

1. 权力基础不同。民事执行程序以国家赋予的民事执行权为基础；民事审判程序以国家赋予的民事审判权为基础。

2. 任务不同。法院适用民事执行程序的任务是强制被执行人履行义务，实现生效法律文书确定的权利；法院适用民事审判程序的任务是查明案件事实，确认当事人之间的民事权利义务关系。

3. 价值取向不同。民事执行程序的价值取向是效益优先；民事审判程序的价值取向则是公正优先。

4. 程序类型不同。民事执行程序是单一类型的程序制度；民事审判程序由多种类型程序制度构成。

（二）民事执行程序与民事审判程序的联系

1. 二者都属于民事程序法的范畴，在保护当事人的合法权益、维护社会秩序和经济秩序稳定的过程中，可以相互交叉适用。

2. 在通过诉讼解决民事纠纷过程中，二者存在前后相继的关系：民事审判程序是民事执行程序的前提与基础；民事执行程序是民事审判程序的继续和保障。

3. 二者存在大量通用的制度与规则。民事执行程序中的许多制度和规则来源于民事审判程序，而且两种程序中存在大量通用的制度和规则。例如，执行程序中的回避、合议以及执行异议的审查等，适用的分别就是民事审判程序中的回避制度、合议制度以及民事审判开庭或询问的程序规则。

三、民事执行的基本原则

民事执行的基本原则，是指在民事执行活动的整个过程、各个阶段都起指导作用的行为规则。它体现了我国民事执行的性质、指导思想和民事执行工作的总的要求。认真贯彻民事执行的基本原则，对完成执行工作任务和保护当事人的合法权益，均有重要意义。

（一）依法执行原则

依法执行原则，是指民事执行必须严格按照法律规定的程序和方式进行，每一个环节都必须符合法律的规定。这是因为民事执行是一项关系到当事人的实体权益、政策性强且影响面大的工作。依法执行原则的要求包括：（1）民事执行必须以生效的法律文书为依据；（2）民事执行必须严格依法定的方式启动；（3）民事执行必须严格依法定的程序进行和结束，不得逾越任何法定的步骤、阶段或者过程，没有法定的原因不得中止或者结束执行；（4）民事执行必须严格依法适用执行措施，不得采取法律和司法解释没有规定的措施强制被执行人履行义务。

（二）执行标的有限原则

执行标的，即执行对象。执行标的有限原则，是指民事执行标的应当仅限于被执行人的财产和行为，被执行人的人身不能作为执行标的；对被执行人的财产进行执行时，也受一定的限制。具体包括：（1）执行标的由执行依据确定；（2）执行标的限于被执行人的财产与行为；（3）法律规定豁免的财产不得作为执行标的；（4）不得以羁押人身的方式迫使或者替代被执行人履行义务。

（三）全面保护当事人合法权益原则

全面保护当事人合法权益原则，是指在执行中既要保护申请执行人的合法权益，使其权利得以实现，也要保护被执行人的合法权益，尽量减少执行工作对其带来的不利影响，更不能使其因执行而无法生存，还要公平地对待不同类型、不同地域的执行当事人，平等地保护其合法权益。全面保护当事人合法权益原则是法律面前人人平等原则在执行程序中的体现与要求，也是维护法律权威的重要保障。

（四）强制执行与说服教育相结合原则

强制执行与说服教育相结合原则，是指执行机构应当以强制执行为后盾，尽量通过说理和教育促使被执行人自觉履行其义务，以降低执行成本，提高执行效益。

强制是民事执行的特点，离开了强制，生效法律文书就很难得到实现。因此，法院对于拒绝履行其义务的被执行人，应当坚决、果断、及时地采取强制执行措施，迫使其履行义务，以体现和维护国家法律的严肃性与权威性。但是，强调执行的强制性，并不意味着执行机构可以简单地完全依赖强制执行措施。否则，不仅难以收到良好的执行效果，有时还会造成当事人的对立情绪，给执行工作带来不利，甚至事与愿违。这是因为在实践中，被执行人拒绝履行其义务的情形比较复杂，原因较多。例如，有的被执行人因生活困难，无力履行其义务；有的被执行人的法治观念淡薄；有的生效法律文书确有错误；等等。为此，在执行的过程中，执行机构和执行人员在采取强制措施之前，应了解被执行人拒绝履行义务的原因，尽量做好被执行人的说服教育工作，促使其自觉履行义务。通过做思想工作，被执行人无正当理由仍拒绝履行其义务的，可以对其采取相应的执行措施，强迫被执行人履行义务。

在执行活动中，强制执行与说服教育是互为补充、相辅相成的。强制执行是说服教育的有力后盾，说服教育是强制执行的有效辅助手段。

（五）执行效益原则

执行效益原则，是指民事执行工作应当尽量降低执行成本，争取以最小的代价取得最大执行成果。具体内容包括：（1）坚持执行机构只对执行依据进行形式审查，不审查实质内容，使执行工作及时开展；（2）迅速、及时、连续地采取相应的执行措施，非依法律规定不得停止执行；（3）坚持对被执行人的财产按现金、动产、其他财产权利、不动产的顺序执行的原则，尽量减少执行工作中各项费用的支出、降低执行成本；（4）控制执行行为对当事人的生产经营活动及日常生活可能产生的不必要的损失和影响，降低执行的间接成本。

第二节　民事执行主体

一、执行机构

（一）执行机构的概念

执行机构，也称民事执行机构，是指依法行使民事执行权，专门负责实施强制执行行为并使申请执行人的合法权益得以实现的职能组织。没有执行机构，各项执行工作就没有组织者和指挥者，执行活动也就无法进行。

执行机构具有法定性和专门性。首先，执行机构是国家根据权力的配置，以立法形式设立的。因此，执行机构具有法定性。其次，执行机构是国家根据需要设立的专门从事执行工作的机构，其职能与其他国家机关的职能有明显区别。根据我国民事诉讼法的规定，只有在法院内设置的执行机构，才享有民事执行权，其他任何机关、组织和自然人个人都不享有。所以，执行机构具有专门性。

我国的执行机构是在法院内设置的执行局。各项执行工作由执行局负责完成，但执行局应以法院的名义对外开展执行工作。受理执行案件的法院通常称为执行法院。

（二）执行机构的职责

1. 基层法院执行机构的职责。根据《民事诉讼法》和《执行规定》等司法解释的规定，基层法院执行机构的职责主要是执行命令、执行实施和执行裁判。

执行命令就是对申请和移送执行的材料进行审查，责令被执行人、协助执行人及其他有关人员履行法定义务；执行实施就是采取强制性的执行措施迫使被执行人履行其义务；执行裁判则是对执行工作中发生的争议和纠纷进行裁断与判定。

2. 上级法院执行机构的职责。根据《执行规定》第 8 条规定，中级以上法院的执行机构，除了对其管辖的执行案件具有执行命令、执行实施和执行裁判的职责外，还负有对下级法院执行机构的执行工作进行监督、指导、协调的职责。根据《最高人民法院关于高级人民法院统一管理执行工作若干问题的规定》第 1 条规定，高级法院对本辖区执行工作的整体部署、执行案件的监督和协调、执行力量的调度以及执行装备的使用等实行统一管理。因此，上级法院具有执行内部监督、执行指导、执行协调的职责和对本辖区执行工作统一管理的职责。

（三）执行机构的人员构成

我国现行的执行机构由法官、执行员、书记员、司法警察等构成。其中，执行员是履行民事执行职责的法官，书记员是记录执行过程的专门人员。理论上普遍认为，我国执行机构应当由三种身份的人员构成：（1）履行执行命令、执行裁判、执行内部监督、执行指导、执行协调职责的执行法官；（2）履行执行实施职责的执行官；（3）履行记录职责的书记员。

二、执行当事人

（一）执行当事人的概念

执行当事人，是指在执行程序中以自己的名义主张权利、履行义务并受执行机构的执行行为拘束的自然人、法人或者非法人组织。在执行过程中，执行当事人往往体现为实体权利义务关系处于对立状态的双方，其中一方享有实体权利，另一方应当履行实体义务。执行当事人的行为能够引起执行程序的发生、变更和消灭。

（二）执行当事人的权利和义务

1. 执行当事人享有如下权利：

（1）执行请求权，也称申请执行权，是指请求执行机构通过行使执行权强制义务人履行义务的权利。法律文书生效后，权利人申请执行、暂缓执行后申请继续执行和执行中止后申请恢复执行等，都是执行请求权的具体形态。执行请求权主要由权利人享有，但在特定情形下被执行人也可享有。例如，执行和解后申请恢复对原法律文书的执行的，被执行人享有执行请求权。

（2）执行抗辩权，是指对抗、辩驳对方的执行请求或者抗辩意见，反对执行机构的执行行为的权利。执行抗辩权是与执行请求权相对抗的权利，因此，在执行程序中，享有执行抗辩权的主体除了被执行人外，还包括申请执行人、第三人。它是维护执行当事人、第三人合法权益的重要方式。

（3）程序参与权，是指知悉执行活动相关信息、参与执行事项的权利。它是执行当事人均享有的程序权利。例如，知悉执行程序的进展以及执行财产评估、变价、分配情况，参与执行财产的控制、评估和变价程序，等等。程序参与权是确保执行活动能够公正开展与进行的保障。

（4）执行救济请求权，是指对执行机构违法、不当的执行行为提出异议并要求采取补救措施，以及认为其他当事人的行为侵害其合法权益而要求执行机构依法予以保护的权利。执行救济请求权是维护执行当事人、第三人合法权益的重要权利，它主要在以下两种情形下发挥作用：一是执行机构违法或者不当的执行行为侵害了执行当事人、第三人的合法权益；二是执行当事人、第三人的申请或者抗辩行为侵害了执行当事人、第三人的合法权益。前者主要体现为提出异议、申请复议的权利，后者主要体现为提起执行异议之诉或者许可执行之诉的权利。

2. 执行当事人应承担下列义务：

（1）履行生效法律文书确定的义务。生效法律文书可以作为执行的根据，是因为它具有给付金钱、物品，或者为一定行为、不为一定行为的内容。因此，根据生效法律文书负有履行义务一方执行当事人，应当在执行中自觉履行其义务。否则，将承担不利后果。

（2）依法行使权利并遵守执行秩序的义务。这是指执行当事人必须按照法律规定行使自己的权利，服从执行人员的指挥，维护正常的执行秩序。例如，执行当事人应当按照法律规定的程序、方式、期间行使权利，不得滥用权利；不得擅自采取执行措施，更不得以暴力或者其他方式妨害、对抗执行行为，或者擅自扣留财产，隐匿、转移、变卖、毁损已经被执行机构查封的财产。

（3）承担执行费用的义务。这是指执行当事人应当依法承担执行机构在执行工作中产生的各项费用，主要包括申请执行，资产评估、变价，替代履行等产生的费用。

（三）执行当事人的变更或者追加

执行当事人原则上应当是生效法律文书确定的权利人和义务人。但是，基于债的可移转性以及生效法律文书效力的扩张性等实体上和程序上的原因，生效法律文书确定的权利人和义务人之外的主体，也可能进入执行程序，成为执行当事人。这就是执行当事人的变更或者追加。

1. 申请执行人的变更或者追加。生效法律文书确定的债权依法由他人继受后，继受人向执行机构申请执行或者申请变更、追加为申请执行人的，经审查许可，该继受人就可被变更、追加为申请执行人。一般来说，申请执行人的变更或者追加是在权利内容不变但权利主体发生变更的情况下形成的。《变更、追加执行当事人规定》第 2—9 条规定了申请执行人变更或者追加的几种情形。主要包括：作为申请执行人的自然人死亡、被宣告死亡或者被宣告失踪，离婚时生效法律文书确定的权利全部或者部分分割给其配偶，法人或者非法人组织终止、合并、分立，法人或者非法人组织清算或者破产时生效法律文书确定的权利依法分配给第三人，机关法人被撤销，申请执行人将生效法律文书确定的债权依法转让给第三人等。

2. 被执行人的变更或者追加。基于法定原因，生效法律文书确定的被执行人之外的主体进入执行程序，代替生效法律文书确定的被执行人或者与其共同履行生效法律文书确定的义务，就会导致被执行人的变更或者追加。其中，据以执行的生效法律文书确定的被执行人完全退出执行程序，其他自然人、法人或者非法人组织代替原被执行人履行义务的，称为被执行人的变更；据

以执行的生效法律文书确定的被执行人不退出执行程序，新的主体加入执行程序，与原被执行人共同履行生效法律文书确定的债务的，称为被执行人的追加。

《变更、追加执行当事人规定》第 10—25 条规定了被执行人变更或者追加的具体情形。根据规定，变更或者追加被执行人主要涉及自然人死亡、被宣告死亡或者被宣告失踪，法人或者非法人组织因合并而终止，法人或者非法人组织分立，个人独资企业、合伙企业、法人分支机构以及前三者之外的非法人组织不能清偿生效法律文书确定的债务，股东、出资人或依《公司法》规定对该出资承担连带责任的发起人未缴纳、未足额缴纳或者抽逃出资或者未依法履行出资义务即转让股权，一人有限责任公司的财产不足以清偿生效法律文书确定的债务，未经清算即办理公司注销登记导致无法进行清算，股东、出资人或者主管部门无偿接受法人或者其他组织的财产，第三人在法人或者非法人组织未经依法清算即办理注销登记时书面承诺对被执行人的债务承担清偿责任，第三人向执行法院书面承诺自愿代被执行人履行生效法律文书确定的债务，第三人根据无偿调拨、划转财产的行政命令取得被执行人的财产等情形。

3. 执行当事人变更或者追加的程序。根据《变更、追加执行当事人规定》的规定，申请人申请变更、追加执行当事人的，应当向执行法院提交书面申请及相关证据材料。除事实清楚、权利义务关系明确、争议不大的案件外，执行法院应当组成合议庭审查并公开听证。经审查，理由成立的，裁定变更、追加；理由不成立的，裁定驳回。执行法院应当自收到书面申请之日起 60 日内作出裁定。有特殊情况需要延长的，由本院院长批准。

执行法院审查变更、追加被执行人申请期间，申请人申请对被申请人的财产

采取查封、扣押、冻结措施的，执行法院应当参照诉讼财产保全的规定办理。申请执行人在申请变更、追加第三人前，向执行法院申请查封、扣押、冻结该第三人财产的，执行法院应当参照诉前财产保全的规定办理。

4. 执行当事人变更或者追加的救济。被申请人、申请人或其他执行当事人对执行法院作出的变更、追加裁定或驳回申请裁定不服的，可以自裁定书送达之日起 10 日内向上一级人民法院申请复议，但依据规定应当提起诉讼的除外。上一级人民法院对复议申请应当组成合议庭审查，并自收到申请之日起 60 日内作出复议裁定。有特殊情况需要延长的，由本院院长批准。被裁定变更、追加的被申请人申请复议的，复议期间，人民法院不得对其争议范围内的财产进行处分。申请人请求人民法院继续执行并提供相应担保的，人民法院可以准许。

被申请人或申请人对执行法院依据《变更、追加执行当事人规定》第 14 条第 2 款、第 17—21 条规定作出的变更、追加裁定或驳回申请裁定不服的，可以自裁定书送达之日起 15 日内，向执行法院提起执行异议之诉。被申请人提起执行异议之诉的，以申请人为被告。申请人提起执行异议之诉的，以被申请人为被告。

被申请人提起的执行异议之诉，人民法院经审理，按照下列情形分别处理：（1）理由成立的，判决不得变更、追加被申请人为被执行人或者判决变更责任范围；（2）理由不成立的，判决驳回诉讼请求。诉讼期间，人民法院不得对被申请人争议范围内的财产进行处分。申请人请求人民法院继续执行并提供相应担保的，人民法院可以准许。

申请人提起的执行异议之诉，人民法院经审理，按照下列情形分别处理：（1）理由成立的，判决变更、追加被申请人为被执行人并承担相应责任或者判决变更责任范围；（2）理由不成立的，判决驳回诉讼请求。

三、其他执行主体

除了执行机构和执行当事人之外，执行主体还包括检察院、执行第三人、协助执行人。但是，与执行机构、执行当事人不同的是，检察院、执行第三人、协助执行人等民事执行主体并不一定出现在每一个执行案件中。

（一）检察院

根据民事诉讼法的规定，检察院有权对民事执行活动实行法律监督。因此，检察院是民事执行的主体。

在执行程序中，检察院的基本职能是行使民事执行检察监督权，对执行机构及其人员执行行为的合法性与合理性进行外部监督，督促执行机构纠正违法和失当的执行行为。但是，对于检察院开展执行检察监督的具体方式、内容、程序以及效力等，现行法律尚未作出明确具体的规定。

检察院对执行机构执行行为的监督，不同于上级法院对下级法院执行行为的监督。民事执行检察监督的基础是法律配置的法律监督权，是一种外部监督；上级法院对下级法院执行监督的基础是民事执行权的层级节制，是一种内部监督。外部监督与内部监督相结合，有利于确保民事执行的合法性与合理性，从而实现民事执行维护司法权威的基本功能。

（二）执行第三人

执行第三人，是指在执行程序中，与执行标的或者执行内容有法律上的利害关系的执行当事人之外的自然人、法人或者非法人组织。执行第三人参加执行程序并享有权利、承担义务的原因可能各不相同，但归纳起来不外乎两类：第一类是与执行标的存在利害关系，如对执行标的主张所有权或者优先权，参加对执行标的的竞买或者买受执行标的，等等；第二类是与执行内容存在利害关系，如在执行中被强制履行义务，为法人的其他分支机构承担责任，为被执行人履行义务提供担保，等等。

因与执行标的或者执行内容存在法律上的利害关系而以自己的名义参加执行程序，并在执行程序中享有权利和承担义务，所以，执行第三人是民事执行的主体，而且与执行当事人享有的权利和承担的义务有类似之处。例如，执行第三人同样享有执行抗辩权、程序参与权、执行救济请求权等程序权利，并承担遵守执行秩序、容忍执行行为等程序义务。但是，由于不是执行依据确定的权利人或者义务人，执行第三人在执行程序中的法律地位及其享有的程序权利、承担的程序义务与执行当事人存在明显的区别。我国现行法律规范没有提出"执行第三人"的称谓，从理论上看，《民事诉讼法》第232条和第234条分别规定的利害关系人和案外人、《民诉法解释》第468条和第499条分别规定的第三人和次债务人等，都是执行第三人。但需要说明，参与执行的评估人、拍卖人、见证人等不属于执行第三人的范畴。

（三）协助执行人

协助执行人是根据执行机构的通知，采取协助执行措施的自然人、法人或者非法人组织。由于受到某些客观因素的限制，执行机构的执行措施并非在任何情况下都能直接作用于执行标的或者直接产生预期的结果。因此，在某些情况下，为了达成执行目的，执行机构需要有关单位或者个人予以协助，使其执行措施能够直接作用于执行标的或者产生预期的执行结果。受执行机构通知采取协助执行措施的单位或者个人，就是协助执行人。在协助执行过程中，协助执行人必然与民事执行机关、执行当事人等形成民事执行法上的权利义务关系，因此，协助执行人是民事执行的主体。

协助执行措施直接作用于执行标的或者直接产生执行结果，协助执行人其实就是执行机构的"延长臂"。因此，按照执行机构的通知采取协助执行措施，是协助执行人的基本职责。同时，不同协助执行人的协助执行职责可能各不相同。例如，房地产登记部门的协助执行职责通常是办理房地产查封、变更登记；车辆登记部门的协助执行职责通常是办理车辆的查封、变更登记；银行等金融机构的协助执行职责通常是提供被执行人存款账户的查询信息，并办理有关款项的冻结、划拨手续；等等。

第三节　执　行　依　据

一、执行依据的概念

执行依据，又称执行根据或执行名义，是指由法定机关或机构依法作出的记载一定的民事实体权利和义务，权利人可据以请求执行的生效法律文书。

从形式上看，执行依据是一种书面法律文件；从内容上看，执行依据记载的是权利人享有的实体权利、义务人应当履行的实体义务的具体内容；从功能上看，执行依据是确定执行标的和执行内容的基本依据。

民事执行必须具有执行依据。缺乏执行依据，当事人不得请求执行，执行机构更不得启动执行程序和采取执行措施。执行依据在民事执行法律制度中的地位由此可见一斑。

在我国，执行依据通常是指法院的判决书、裁决书和调解书；仲裁机构的裁决书和调解书；公证机构作出具有强制执行效力的公证债权文书等生效法律文书。在国外，执行依据多称执行名义，且通常由生效裁判文书与执行命令文书（执行令状）结合而成。如在德国，执行名义是指判决正本与执行条款的结合体；在日本，执行名义是指生效法律文书正本与执行签证的结合体。

二、执行依据的构成要件

执行依据是一种法律文书，但不是一般的法律文书。法律文书要成为执行依据，必须具备一定的条件，这些条件就是执行依据的构成要件。一般认为，执行依据的构成要件分为形式要件和实质要件两个方面。其中，执行依据的形式要件就是法律文书成为执行依据在形式上必须具备的条件；实质要件则是法律文书成为执行依据在内容上必须具备的条件。

从形式上看，法律文书要成为执行依据，必须具备下列三个条件：（1）必须是公文书；（2）必须有明确的权利义务主体，即权利人和义务人；（3）必须具有明确的给付内容，如在判决书中要求继续履行合同，应当具有明确的继续履行合同的内容。

从内容上看，法律文书要成为执行依据，必须具备下列四个条件：（1）法律文书已经生效；（2）法律文书确定的给付内容具有可执行性；（3）法律文书确定的给付内容属于民事执行的事项范围；（4）义务人履行义务的条件已经成就。

为了确保执行权有序、高效地运行，防止执行权被不必要地耗费，实践中执行机构通常应当首先审查执行依据是否符合形式要件，确定符合形式要件后，再审查是否符合实质要件。

三、执行依据的种类

依据不同的标准，执行依据可分为多种类型。例如，以法律文书的制作机关为标准，执行依据可分为法院制作的执行依据、仲裁机构制作的执行依据、公证机构制作的执行依据、其他机关制作的执行依据等；以法律文书的内容为标准，执行依据可分为给付金钱的执行依据、交付财物的执行依据、行为给付的执行依据等；以法律文书是否具有终局效力为标准，执行依据可分为终局的执行依据和暂定的执行依据；以法律文书的功能为标准，执行依据可分为满足执行的执行依据和保全执行的执行依据；等等。

根据规定，实践中的执行依据主要有法院裁判文书、仲裁裁决和仲裁调解书、公证债权文书三种。其中，法院裁判文书包括民事判决书和刑事判决书、裁定书中的财产部分、保全裁定书、先予执行裁定书、承认和执行外国法院判决或者仲裁机构仲裁裁决的裁定书、人民调解协议司法确认裁定书、实现担保物权案件裁定书、民事调解书和刑事附带民事调解书、支付令、对妨害民事诉讼行为作出的罚款决定书。

此外，我国《行政强制法》第53条规定，当事人在法定期限内不申请行政复议或者提起行政诉讼，又不履行行政决定的，没有行政强制执行权的行政机关可以自期限届满之日起3个月内，依法申请法院强制执行。在这种情况下，行政决定书也就成为执行依据。

第四节 执 行 标 的

一、执行标的的概念

执行标的，是指在执行程序中，执行机构的执行行为指向的、用于满足权利人实体权利请求的客体。

　　根据我国《民事诉讼法》的规定，执行标的既可以是财产，也可以是行为，但是人身不能成为执行标的。例如，在离婚案件中，法院判决孩子由女方抚养，男方却拒绝将孩子交付给女方。在执行程序中，执行机构强制把孩子交付给女方抚养的，执行标的就是男方交付孩子的行为，而不是子女的人身。

　　执行标的不同于诉讼标的。执行标的是一个具体的客观存在，是实现权利人权利请求的对象；而诉讼标的是一个抽象的概念，与实体法律关系存在密不可分的关系。

二、执行标的的特征

（一）范围有限性

　　执行标的作为实现申请执行人合法权益的客体，必须与申请执行人请求实现的权利的性质相一致，并属于被执行人所有或支配。同时，执行时还要保留被执行人及其所扶养家属的基本生活费用和必要的财产。因此，执行标的的范围是有限的。

（二）确定性

　　执行标的在据以执行的法律文书发生法律效力时就已经确定，在具体实施执行的过程中，非依法定程序不得变更执行标的。重视执行标的的确定性，是防止滥用执行权、维护执行当事人合法权益的重要保障。

（三）非抗辩性

　　非抗辩性，是指生效法律文书确定的执行对象，无需当事人再举证予以证明，也不需要双方当事人再进行言词辩论予以确定，而由执行机构依职权调查和判断。

三、执行标的的类型

（一）财产

　　财产，是指由具有经济价值的权利构成的集合体，是可用金钱衡量的物质利益。财产可以是有体物，也可以是无体物。在执行活动中，执行的对象大多数是财产，被执行人按照生效法律文书确定的财产种类、数量等将财产交付给申请执行人。因此，财产是执行标的的最基本类型。

　　作为执行标的的财产，必须同时具备两个条件：一是适于强制执行，不适于强制执行的财产不能作为执行标的；二是归被执行人所有或者受被执行人支配。

　　在实践中，被执行人现有的财产、将来可以取得的财产、恶意处分的财产，都可以成为执行标的。下列财产不得成为民事执行标的：（1）法律禁止转让的财产，如土地所有权、武器、弹药、毒品等；（2）性质上不适于强制执行的财产，如专属于被执行人所有或者与被执行人身份不可分割的财产、强制执行有违公序良俗的财产等；（3）执行豁免的财产，如《查封规定》第 3 条规定的 8 类财产等。

（二）行为

行为，是指作为或者不作为的法律事实。行为是民事主体承担民事责任的方式之一，因此行为也可以成为执行标的。作为执行标的的行为，既可能是积极的作为，也可能是消极的不作为。对于不同类型的行为，启动民事执行的条件和采取的执行措施有所不同。例如，作为执行标的的行为可以由他人替代完成的，执行机构往往委托他人替代完成，并责令被执行人承担因此产生的费用。被执行人拒绝支付的，执行机构可以强制执行。此时，对行为的执行就变成了对财产的执行。

第五节　执　行　过　程

一、执行管辖

执行管辖，是指各级法院之间，以及同一级不同地域法院之间受理执行案件的分工和权限。

虽然执行管辖与民事诉讼管辖的目的相同，都是解决当事人之间的纠纷，但它们之间仍存在区别：执行管辖解决执行案件由哪一个法院负责执行的问题，而民事诉讼管辖解决案件由哪一个法院审理的问题。因此，正确确定执行案件的管辖，不仅有利于当事人申请执行，也有利于生效法律文书付诸执行，以便及时完成执行工作。

（一）法定管辖

根据《民事诉讼法》的规定，法定管辖的原则是：（1）执行依据是由法院作出的生效裁判和调解书的，执行案件由第一审法院或者与第一审法院同级别的被执行财产所在地法院管辖；（2）执行依据是其他机构作出的生效法律文书的，执行案件由被执行人住所地或者被执行财产所在地法院管辖。另外，根据《执行程序适用解释》的规定，申请人向被执行的财产所在地法院申请执行的，应当提供该法院辖区有可供执行的财产的证明材料；该解释还规定，对法院采取保全措施的案件，申请人向采取保全措施的法院以外的其他有管辖权的法院申请执行的，采取保全措施的法院应当将保全的财产交执行法院处理。

（二）裁定管辖

裁定管辖，是指法院以裁定的方式确定执行案件管辖法院的一种方式。它是根据执行案件的具体情况对管辖法院进行的必要调整。裁定管辖是法定管辖的必要补充，必须依法作出。裁定管辖主要有两种。

1. 指定管辖，是指对于法院之间发生管辖权争议的执行案件，或者认为应当由其他法院执行的案件，上级法院以裁定的方式指定执行案件由某法院负责执行的管辖制度。指定管辖主要适用于三种情况：（1）执行案件发生管辖权的争议；（2）便于高级法院对本辖区执行工作的统一管理；（3）便于对执行活动进行监督。

2. 提级执行，是指上级法院以裁定的方式，将下级法院管辖的执行案件提到本法院执行的一种管辖制度。指定管辖是在同级法院之间调整执行案件的管辖权，提级执行则是在上下级法院之间调整执行案件的管辖权。根据现行法律的规定，执行案件的管辖权只能向上调整而不能向下调整。提级执行主要用于解决消极执行、克服地方保护主义干扰以及解决疑难、重大和复杂案件的执行困难问题。

（三）管辖权异议

管辖权异议，是指当事人向法院提出的、认为受理执行案件的法院没有管辖权的意见。法院对执行案件享有管辖权是实施执行行为的前提。如果法院对执行案件不享有管辖权，当事人可以提出执行管辖权异议，这是当事人享有的一项程序权利。

根据《执行程序适用解释》的规定，当事人对管辖权有异议的，应当自收到执行通知书之日起 10 日内提出。

根据《执行程序适用解释》的规定，对于当事人提出的执行管辖权异议，法院应当进行审查。异议成立的，法院应当裁定撤销执行案件，并告知当事人向有管辖权的法院申请执行；异议不成立的，裁定驳回。当事人对裁定不服的，可以向作出裁定法院的上一级法院申请复议。在审查管辖权异议和复议期间，不停止执行。根据《最高人民法院关于执行案件立案、结案若干问题的意见》（以下简称《执行立案结案意见》）第 18 条的规定，当事人管辖权异议成立的，案件有两种处理方式：一是将案件移送有管辖权的法院，原受理法院撤销案件；二是告知申请执行人撤回执行申请，原受理法院撤销案件。

二、执行程序的启动

（一）启动方式

1. 申请执行。义务人拒绝履行生效法律文书确定的给付义务的，权利人有权向法院提出申请，请求启动执行程序，采取执行措施强制义务人履行义务，这就是申请执行。申请执行是执行程序启动的基本方式。

根据《民事诉讼法》的规定，当事人申请执行的期限为2年，从法律文书规定的履行期间的最后一日起计算；法律文书规定分期履行的，从最后一期履行期限届满之日起计算；法律文书未规定履行期间的，从法律文书生效之日起计算。申请执行期间的中止、中断，适用法律有关诉讼时效中止、中断的规定。

根据《执行规定》第18条的规定，申请执行人申请执行，应当提交下列文件和证件：（1）申请执行书；（2）生效法律文书副本；（3）申请执行人的身份证明；（4）继承人或者权利承受人申请执行的，应当提交继承或者承受权利的证明文件；（5）其他应当提交的文件或者证件。

根据《民诉法解释》的规定，因撤销执行申请而终结执行后，当事人在申请执行时效期间内再次申请执行的，法院应当受理。

2. 移送执行。义务人拒绝履行生效法律文书确定的义务的，法院的审判机构可直接将执行案件移交给执行机构，从而启动执行程序，即移送执行。移送执行是启动执行程序的一种补充方式，只适用于某些特殊类型的执行案件。

根据《执行规定》的规定，移送执行适用于以下三类执行案件：（1）具有给付赡养费、扶养费、抚养费内容的执行案件；（2）民事制裁决定书的执行案件；（3）刑事附带民事判决、裁定、调解书的执行案件。

审判机构将案件移送执行时，应当填写移交执行书，连同本案全部诉讼材料移送执行机构。对于审判机构移送执行的案件，执行机构应当立案执行。

根据《最高人民法院关于刑事裁判涉财产部分执行的若干规定》的规定，由法院执行机构负责执行的刑事裁判涉财产部分，由刑事审判部门移送立案部门审查立案。法院立案部门经审查，认为属于移送范围且移送材料齐全的，应当在7日内立案，并移送执行机构。

（二）对执行申请的审查

对于符合形式要件的执行申请，执行机构应当进行审查并决定是否立案执行。根据《执行规定》的规定，主要审查下列事项：（1）申请或者移送执行的法律文书是否已经生效。（2）申请执行人是否为生效法律文书确定的权利人或者其继承人、权利承受人。（3）申请执行的法律文书是否具有给付内容，执行标的和被执行人是否明确。（4）义务人是否在生效法律文书确定的期限内未履行义务。（5）是否属于本法院管辖。

对于符合条件的执行申请，法院应当在7日内予以立案；对于不符合条件的申请，应当在7日内裁定不予受理。例如，《公证债权文书执行规定》第5条规定，公证债权文书有下列情形之一的，裁定不予受理，已经受理的裁定驳回申请：（1）债权文书属于不得经公证赋予强制执行效力的文书；（2）公证债权文书未载明债务人接受强制执行的承诺；（3）公证证词载明的权利义务主体或者给付内容不明确；（4）债权人未提交执行证书；（5）其他不符合受理条件的情形。第6条规定，公证债权文书赋予强制执行效力的范围同时包含主债务和担保债务的，法院应当依法予以执行；仅包含主债务的，对担保债务部分的执行申请不予受理；仅包含担保债务的，对主债务部分的执行申请不予受理。又如，根据《最高人民法院关于仲裁机构"先予仲裁"裁决或者调解书立案、执行等法律适用问题的批复》的规定，网络借贷合同当事人申请执行仲裁机构在纠纷发生前作出的仲裁裁决书或者调解书的，法院应当裁定不予受理；已经受理的，裁定驳回执行申请。

《民诉法解释》第481条规定，申请执行人超过申请执行时效期间申请强制执行的，法院应予受理。被执行人对申请执行时效期间提出异议，法院经审查异议成立的，裁定不予执行。被执行人履行全部或者部分义务后，又以不知道申请执行时效期间届满为由请求执行回转的，不予支持。

除前述可以驳回执行申请的情形外，《仲裁执行规定》还规定了以下几种可以裁定驳回申请的情形：（1）仲裁裁决或者仲裁调解书执行内容具有下列情形之一导致无法执行的：权利义务主体不明确；金钱给付具体数额不明确或者计算方法不明确导致无法计算出具体数额；交付的特定物不明确或者无法确定；行为履行的标准、对象、范围不明确。（2）仲裁裁决或者仲裁调解书仅确定继续履行合同，但对继续履行的权利义务，以及履行的方式、期限等具体内容规定不明确，导致无法执行的。（3）对仲裁裁决主文或者仲裁调解书中的文字、计算错误以及仲裁庭已经认定但在裁决主文中遗漏的事项，可以补正或说明，法院书面告知仲裁庭补正或说明，或者向仲裁机构调阅仲裁案卷查明，仲裁庭不补正也不说明，且法院调阅仲裁案卷后执行内容仍然不明确具体，导致无法执行的。

（三）向被执行人发出执行通知书

经审查，执行机关认为申请人的执行申请或者审判机构移送执行的法律文书符合条件而决定执行的，应当向被执行人发出执行通知书。向被执行人发出执行通知书的目的在于敦促被执行人自觉履行义务。因此，执行通知书应当包含责令被执行人履行生效法律文书确定的义务并告知其法律后果等内容。法院在向被执行人发出执行通知书的同时，可以立即采取强制执行措施。

三、查找被执行人财产信息

查找被执行人的财产信息，是财产执行中最重要的一环。被执行人的财产信息主要包括：被执行人所有的财产或财产权利的总量及其构成情况；被执行人所有的财产所在的地点或者登记机关；被执行人所有的财产是否设定优先权、是否已经被其他法院采取执行措施等；强制执行被执行人所有的财产可能存在的障碍因素；等等。根据《民事诉讼法》和《执行规定》的规定，查找被执行人财产信息的方法有三种：责令被执行人申报、执行机构依职权调查和申请执行人提供。

（一）责令被执行人申报

执行标的的确定性和非抗辩性决定了申报财产状况是被执行人的一项基本义务。首先，被执行人报告财产状况的适用条件，是被执行人未按执行通知履行法律文书确定的义务，即被执行人收到执行通知后，仍未履行生效法律文书确定的义务。其次，被执行人报告财产状况的范围，从时间维度来看是其当前以及收到执行通知之日前1年的财产状况；从内容维度来看，既包括财产的现有情况，又包括财产的变动情况。最后，被执行人拒绝报告、虚假报告财产状况，或者隐匿财产、会计账簿等资料的，应当承担妨害执行的法律责任，即执行机构根据其情节轻重对被执行人或者其法定代表人、有关单位的主要负责人或者直接责任人采取罚款、拘留等强制措施；构成犯罪的，依法追究刑事责任，还应责令被执行人交出隐匿的财产、会计账簿等资料。

（二）执行机构依职权调查

执行程序的强制性以及执行标的的法律特征，决定了执行机构不但有权调查被执行人的财产状况，而且依职权调查应当成为查明被执行人财产信息的主要方式。根据《民诉法解释》的规定，掌握被执行人财产信息的单位和个人必须按照协助执行通知书办理调查事项。为了确保顺利查明被执行人的财产信息，执行机构有权传唤或者拘传被执行人、被执行人的法定代表人、负责人或者实际控制人；被执行人拒绝按照执行机构的要求提供其有关财产信息的证据材料，或者隐匿财产、会计账簿等资料的，执行机构可以依法进行搜查；在搜查时，可责令被执行人开启可能存放隐匿的财物或者有关证据材料的处所、箱柜，拒不配合的，可以强制开启。执行机构对调查所需的材料可以进行复制、抄录或拍照，但应当依法保密。

（三）申请执行人提供

申请执行人提供被执行人的财产状况或者线索，是查明被执行人财产信息的重要方法。当然，申请执行人确实不了解被执行人财产状况也没有掌握被执行人财产线索的，执行机构不得以申请执行人没有提供被执行人财产状况或者线索为由拒绝受理案件或者拒绝执行。

四、执行实施

执行机构向被执行人发出执行通知书之后，可以依法采取相应的执行措施，强制被执行人履行义务，直到生效法律文书确定的内容全面实现。执行机构采取执行措施强制被执行人履行义务的活动及其过程，称为执行实施。作为一种活动，执行实施体现为执行机构采取查封、扣押、冻结、拍卖、变卖、交付或者其他强制被执行人履行义务的措施；作为一种过程，执行实施体现为对被执行人的财产进行掌控、变价和交付或者对其行为强制实施等。在执行中，执行实施的各个阶段是连续、不间断的前后相继和环环相扣。关于执行实施的具体内容，将在"民事执行程序分论"一章进行详细分析。

五、执行阻却

通常情况下，执行程序一旦启动，执行机构应当连续、不间断地采取执行措施，强制被执行人履行义务，直到申请执行人的权利全面实现。但是，在特殊情况下，执行机构也可能暂时停止采取执行措施，从而形成执行程序的停止状态。执行机构根据法律的规定，暂时停止采取执行措施而形成的执行程序的停止状态，理论上称为执行阻却。根据我国现行法律和司法解释的规定，执行阻却有暂缓执行、执行和解和中止执行三种表现形式。

（一）暂缓执行

暂缓执行，也称延缓执行，是指在执行程序中，经执行当事人达成合意或者执行机构依职权决定，暂时停止采取执行措施，从而使执行程序进入停止状态的一种制度。根据现行法律和司法解释的规定，暂缓执行的原因包括达成执行担保的合意、满足执行或者审判监督程序的需要。

执行担保，是指在执行程序中，为担保被执行人履行生效法律文书确定的全部或者部分义务，由被执行人或者他人向执行机构提供的担保。申请执行人同意被执行人或者他人提供执行担保，执行机构进而决定暂缓执行的制度，称为执行担保制度。根据《民事诉讼法》和《执行担保规定》，执行担保的成立必须具备以下条件：（1）被执行人提出申请。（2）被执行人或者他人向执行机构提供担保。至于担保的方式，既可以由被执行人或者他人提供财产担保，也可以由他人提供保证。被执行人或者他人提供执行担保的，应当向执行机构提交担保书，并将担保书副本送交申请执行人。被执行人或者他人提供财产担保，可以依照《民法典》的规定办理登记等担保物权公示手续；已经办理公示手续的，申请执行人可以依法主张优先受偿权。（3）申请执行人同意。申请执行人同意被执行人或者他人提供执行担保的，应当向执行机构出具书面同意意见，也可以由执行人员将其同意的内容记入笔录，并由申请执行人签名或者盖章。（4）执行机构决定。对于担保符合条件且经申请执行人同意的，执行机构可以决定暂缓执行并确定暂缓执行的期间。除担保书另有约定外，执行机构决定暂缓执行的，可以暂缓全部执行措施的实施；执行机构决定的暂缓执行期间应与担保书约定一致，但最长不得超过 1 年。

暂缓执行期间届满后被执行人仍不履行义务，或者暂缓执行期间担保人有转移、隐藏、变卖、毁损担保财产等行为的，执行机构可以依申请执行人的申请恢复执行，并直接裁定执行担保财产或者保证人的财产，但执行担保财产或者保证人的财产应当以担保人应当履行义务部分的财产为限。被执行人有便于执行的现金、银行存款的，应当优先执行该现金、银行存款。根据《执行担保规定》，执行担保财产或者保证人的财产时，不得将担保人变更、追加为被执行人。

除了申请执行人与被执行人达成执行担保的合意外，为了满足执行或者审判监督程序的需要，执行机构或者审判机关也可以决定暂缓执行。关于此种暂缓执行的适用情形与程序，详见《执行规定》《最高人民法院关于正确适用暂缓执行措施若干问题的规定》等司法解释的规定。

（二）执行和解

在执行程序中，经自愿、平等协商，执行当事人就变更执行依据确定的义务履行主体、履行标的、期限、地点和方式等达成协议，从而结束执行程序的活动，称为执行和解。执行当事人达成的以结束执行程序为目的的协议，称为执行和解协议。根据《执行和解规定》，执行和解协议一般采用书面形式；达成和解协议后，执行机构可以裁定中止执行。中止执行后，申请执行人申请解除查封、扣押、冻结的，执行机构可以准许。和解协议履行完毕的，执行机构作结案处理。申请执行人因被执行人迟延履行、瑕疵履行遭受损害的，可以向执行法院另行提起诉讼。

根据《民事诉讼法》和《执行和解规定》，被执行人一方不履行执行和解协议的，申请执行人可以申请恢复执行原生效法律文书，也可以就履行执行和解协议向执行法院提起诉讼。申请执行人申请恢复执行，执行机构经审查，认为理由成立的，裁定恢复执行。但有下列情形之一的，裁定不予恢复执行：（1）执行和解协议履行完毕的；（2）执行和解协议约定的履行期限尚未届满或者履行条件尚未成就的，但符合《民法典》第 578 条规定情形的除外；（3）被执行人一方正在按照执行和解协议履行义务的；（4）其他不符合恢复执行条件的。

当事人申请恢复执行应当符合申请执行期间的规定。当事人申请恢复执行的期限，应当自和解协议约定的履行期限的最后一日起重新计算；当事人约定分期履行的，应当自约定的最后一期的履行期限的最后一日起重新计算。恢复执行后，对申请执行人就履行和解协议提起的诉讼，人民法院不予受理；执行和解协议已经履行的部分应当依法扣除；执行和解协议约定担保条款，且担保人向执行机构承诺在被执行人不履行执行和解协议时自愿接受直接强制执行的，执行机构可以依申请执行人申请及担保条款的约定，直接裁定执行担保财产或者保证人的财产。

申请执行人就履行执行和解协议提起诉讼的，执行法院受理后，可以裁定终结原生效法律文书的执行，执行中的查封、扣押、冻结措施自动转为诉讼中的保全措施。

当事人、利害关系人认为执行和解协议无效或者应予撤销的，可以向执行法院提起诉讼。执行和解协议被确认无效或者撤销的，申请执行人可以据此申请恢复执行。被执行人以执行和解协议无效或者应予撤销为由提起诉讼的，不影响申请执行人申请恢复执行。

（三）中止执行

中止执行，是指执行程序启动后，由于出现法定的事由，执行机构裁定中断执行程序的一种执行制度。一旦裁定中止执行，执行机构就应当停止实施执行行为，停止采取执行措施，但是已经实施的执行行为和已经采取的执行措施的效力予以维持。由此可见，中止执行导致执行程序处于维持现状的暂停状态，故它是执行阻却的原因之一。

根据《民事诉讼法》《民诉法解释》以及《执行规定》等的规定，中止执行的事由包括：（1）申请人表示可以延期执行；（2）案外人对执行标的提出确有理由的异议；（3）作为一方当事人的公民死亡，需要等待继承人继承权利或者承担义务；（4）作为一方当事人的法人或者非法人组织终止，尚未确定权利义务承受人；（5）案件已经按照审判监督程序决定再审；（6）法院已经受理以被执行人为债务人的破产申请；（7）被执行人确无财产可供执行；（8）执行的标的物是其他法院或仲裁机构正在审理的案件争议标的物，需要等待该案件审理完毕确定权属；（9）一方当事人申请执行仲裁裁决，另一方当事人申请撤销仲裁裁决；（10）仲裁裁决的被执行人请求不予执行，并提供适当担保。

中止执行的事由消灭后，执行机构应当以中止执行前的执行程序和执行措施为基础恢复执行，确保实现申请执行人的合法权益。中止执行的情形消失后，执行机构既可根据申请人的申请恢复执行，也可依职权恢复执行，恢复执行应当书面通知当事人。

六、执行结束

执行结束，实践中一般称为执行结案。从时间上看，执行结束意味着执行程序发展到最后阶段，即达到程序的终点；从表现上看，执行结束表现为执行机构不再采取执行措施；从效果上看，执行结束标志着执行程序的彻底停止，既不再向前发展，也不可能重新开始。从理论上看，执行结束的方式包括执行完毕、终结执行、不予执行以及执行和解协议履行完毕、执行撤销等几种。《执行规定》

第 64 条规定，执行结案的方式为：（1）执行完毕；（2）终结本次执行程序；（3）终结执行；（4）销案；（5）不予执行；（6）驳回申请。

（一）执行完毕

执行完毕，是指当执行依据确定的内容全部实现时，执行机构依法裁定结束执行程序的一种执行法律制度。执行依据确定的内容全部实现，也就意味着申请执行人的权利全面实现。在这种情况下，执行工作的任务已经完成，执行程序没有继续发展的必要，执行机构应当裁定结束执行程序。由于已全面实现生效法律文书确定的内容，因此执行完毕是结束执行程序的最主要的方式。

具有下列情形之一的，执行机构应当裁定执行完毕：（1）在实现金钱债权的执行中，申请人的金钱债权全部获得清偿的。（2）在实现物的交付请求权的执行中，动产或不动产被分别取交或点交于申请人，并完成必要的产权变更手续的。（3）在实现作为请求权的执行中，被执行人已作出特定的行为，或者已由他人代为完成特定行为，并已由被执行人负担因此而发生的费用的。（4）在实现意思表示请求权的执行中，被执行人已作出或者拟制作出某种意思表示的。（5）在实现不作为请求权的执行中，被执行人没有作出某种禁止的行为，或者已容忍申请人作出某种行为的。

（二）终结本次执行程序

2015 年《民诉法解释》增加了一种执行结案方式，称为终结本次执行程序。终结本次执行程序是指在申请执行人的债权没有全部实现的情况下，因没有发现被执行人有可供执行的财产而结束执行程序的一种执行结案方式。有关终结本次执行程序的规则总和，称为终结本次执行制度。现行《民诉法解释》第 517 条规定，经过财产调查未发现可供执行的财产，在申请执行人签字确认或者执行法院组成合议庭审查核实并经院长批准后，可以裁定终结本次执行程序。终结本次执行程序后，申请执行人发现被执行人有可供执行的财产的，可以再次申请执行。再次申请执行不受申请执行时效期间的限制。

终结本次执行程序具有以下特征：（1）在申请执行人的债权没有全部实现的情况下结束执行程序；（2）执行机构作结案处理；（3）申请执行人发现被执行人有可供执行的财产的，可以再次申请执行，且不受申请执行时效期间的限制。

为了防止滥用终结本次执行程序，2016 年 10 月 29 日最高人民法院印发《关于严格规范终结本次执行程序的规定（试行）》。该规定第 1 条规定，执行机构裁定终结本次执行程序，应当同时符合下列条件：（1）已向被执行人发出执行通知、责令被执行人报告财产。（2）已向被执行人发出限制消费令，并将符合条件的被执行人纳入失信被执行人名单。（3）已穷尽财产调查措施，未发现被执行人有可供执行的财产或者发现的财产不能处置。（4）自执行案件立案之日起已超过 3 个月。（5）被执行人下落不明的，已依法予以查找；被执行人或者其他人妨害执行的，已依法采取罚款、拘留等强制措施，构成犯罪的，已依法启动刑事责任追究程序。

根据上述规定，裁定终结本次执行程序前，执行机构应当将案件执行情况、采取的财产调查措施、被执行人的财产情况、终结本次执行程序的依据及法律后果等信息告知申请执行人，并听取其对裁定终结本次执行程序的意见。终结本次执行程序应当制作裁定书并依法在互联网上公开，当事人、利害关系人认为终结本次执行程序违反法律规定的，可以提出执行异议，执行机构应当依照《民事诉讼法》第 232 条的规定进行审查。裁定终结本次执行程序后，被执行人应当继续履行生效法律文书确定的义务，被执行人自动履行完毕的，当事人应当及时告知执行机构，申请执行人发现被执行人有可供执行财产的，可以向执行机构申请恢复执行，申请恢复执行不受申请执行时效期间的限制，执行机构核查属实的，应当恢复执行；终结本次执行程序后的 5 年内，执行机构应当每 6 个月通过网络执行查控系统查询一次被执行人的财产，并将查询结果告知申请执行人，符合恢复执行条件的，执行机构应当及时恢复执行。

（三）终结执行

在执行程序中，由于出现特殊事由，在生效法律文书确定的内容尚未全面实现的情况下，执行机构裁定结束执行程序的制度，称为终结执行。与执行完毕不同，终结执行是在申请执行人的权利没有全部实现、被执行人没有全面履行义务的情况下结束执行程序。因此，终结执行是结束执行程序的特殊方式。与中止执行不同，终结执行是执行程序的最终结束，此后不可能再恢复执行，而中止执行是执行程序的暂时停止，待中止执行的原因消除后应当恢复执行。

从理论上看，终结执行的原因包括两个方面：一是申请执行人的权利已经不可能实现。例如，作为被执行人的自然人死亡，无遗产可供执行，又无义务承担人的；作为被执行人的自然人因生活困难无力偿还借款，无收入来源，又丧失劳动能力的。二是权利人的权利已经没有必要实现。例如，追索赡养费、扶养费、抚养费案件的权利人死亡的；申请人撤销执行申请或者据以执行的法律文书被撤销的。当权利人的权利已经没有可能或者没有必要实现时，及时结束执行程序，既有利于节省执行资源，又有利于尽快实现权利安定社会安定。

根据《民事诉讼法》的规定，具有下列情形之一的，执行机构应当裁定终结执行：（1）申请人撤销申请的；（2）据以执行的法律文书被撤销的；（3）作为被执行人的自然人死亡，无遗产可供执行，又无义务承担人的；（4）追索赡养费、扶养费、抚养费案件的权利人死亡的；（5）作为被执行人的自然人因生活困难无力偿还借款，无收入来源，又丧失劳动能力的；（6）执行机构认为应当终结执行的其他情形。

（四）执行撤销

所谓执行撤销，是指在民事执行程序中，由于特殊的情况或原因，执行机构全部或部分解除已经实施的执行措施，使被执行人的权利全部或部分回到执行程序启动之前的状态的一种制度。执行撤销之后，被撤销的执行措施不再恢复，因此，执行撤销是执行结束的一种方式。

执行撤销有全部撤销与部分撤销之分。全部撤销的，所有的执行措施都应解除，导致整个执行程序结束；部分撤销的，被撤销的执行措施予以解除，导致部分执行程序结束。

尽管现行法律和司法解释并没有使用"执行撤销"这一概念，但一些规定中事实上存在执行撤销或者相当于执行撤销的内容。例如，《民事诉讼法》第104条第3款规定："申请人在人民法院采取保全措施后三十日内不依法提起诉讼或者申请仲裁的，人民法院应当解除保全。"第107条规定："财产纠纷案件，被申请人提供担保的，人民法院应当裁定解除保全。"这里的"解除保全"其实就是一种执行撤销。原《执行规定》第73条（现已删除）规定："执行标的物不属生效法律文书指定交付的特定物，经审查认为案外人的异议成立的，报经院长批准，停止对该标的物的执行。已经采取的执行措施应当裁定立即解除或撤销，并将该标的物交还案外人。"此处使用了"撤销"一词。此外，《民事诉讼法》第264条其实暗含了执行撤销的内容，该条规定中的"申请人撤销申请的"和"据以执行的法律文书被撤销的"其实就是执行撤销的事由。由此可见，执行撤销应当是民事执行程序结束的方式之一。《执行程序适用解释》第2条第2款规定："立案后发现其他有管辖权的人民法院已经立案的，应当撤销案件；已经采取执行措施的，应当将控制的财产交先立案的执行法院处理。"第3条第2款规定："人民法院对当事人提出的异议，应当审查。异议成立的，应当撤销执行案件，并告知当事人向有管辖权的人民法院申请执行；异议不成立的，裁定驳回。……"《执行立案结案意见》第18条规定，执行实施案件立案后，有下列情形之一的，可以"销案"方式结案：（1）被执行人提出管辖异议，经审查异议成立，将案件移送有管辖权的法院或申请执行人撤回申请的；（2）发现其他有管辖权的法院已经立案在先的；（3）受托法院报经高级人民法院同意退回委托的。"销案"的实质是执行撤销，而且是全部撤销。

执行案件一旦撤销，执行程序就结束，执行法院不得再采取执行措施。但是，对于已经采取的执行措施的处理，因撤销的原因不同而不同。其中，根据《执行程序适用解释》第2条、第3条和《执行立案结案意见》第18条的规定，立案后发现其他有管辖权的法院已经立案，或者因当事人提出管辖权异议而移送有管辖权的法院，已经采取执行措施的，应当将控制的财产交先立案或者受移送的法院处理。

（五）不予执行

不予执行，是指法院依当事人申请或依职权，裁定不予执行据以申请执行的仲裁裁决书、公证债权文书及其他法律文书的执行制度。法院不予执行据以申请执行的法律文书，执行程序必然结束。因此，不予执行也是结束执行程序的一种方式。

不予执行公证债权文书的事由是公证债权文书确有错误。根据《民诉法解释》第478条的规定，具有下列情形之一的，可以认定为公证债权文书确有错误：（1）公证债权文书属于不得赋予强制执行效力的债权文书。（2）存在被执行人一方未亲自或者未委托代理人到场公证等严重违反法律规定的行为。（3）公证债权文书的内容与事实不符或者违反法律强制性规定。（4）公证债权文书未载明被执行人不履行义务或者不完全履行义务时同意接受强制执行。（5）法院认定执行该公证债权文书违背社会公共利益。

公证债权文书被裁定不予执行后，当事人、公证事项的利害关系人可以就债权争议提起诉讼。

不予执行仲裁裁决的事由则根据仲裁裁决是国内仲裁裁决还是涉外仲裁裁决而有所不同。国内仲裁裁决具有下列情形之一的，法院应当裁定不予执行：（1）当事人在合同中没有订有仲裁条款或者事后没有达成书面仲裁协议。（2）裁决的事项不属于仲裁协议的范围或者仲裁机构无权仲裁。（3）仲裁庭的组成或者仲裁的程序违反法定程序。（4）裁决所依据的证据是伪造的。（5）对方当事人向仲裁机构隐瞒了足以影响公正裁决的证据。（6）仲裁员在仲裁该案时有贪污受贿、徇私舞弊、枉法裁判行为。

我国涉外仲裁机构作出的仲裁裁决具有下列情形之一的，法院应当裁定不予执行：（1）当事人在合同中没有订立仲裁条款或者事后没有达成书面仲裁协议。（2）被申请人没有得到指定仲裁员或者进行仲裁程序的通知，或者基于其他不属于被申请人的原因未能陈述意见。（3）仲裁庭的组成或者仲裁的程序与仲裁规则不符。（4）裁决的事项不属于仲裁协议的范围或者仲裁机构无权仲裁。

不管是国内仲裁机构还是涉外仲裁机构作出的仲裁裁决，法院认定执行该裁决违背社会公共利益的，裁定不予执行。仲裁机构裁决的事项，部分具有上述情形的，法院应当裁定对该部分不予执行，应当不予执行部分与其他部分不可分的，法院应当裁定不予执行仲裁裁决。法院裁定不予执行仲裁裁决后，当事人对该裁定提出执行异议或者复议的，法院不予受理。当事人可以就该民事纠纷重新达成书面仲裁协议申请仲裁，也可以向法院起诉。

（六）驳回申请

当事人的执行申请不符合法定条件的，执行机构应当裁定驳回申请。执行申请一旦被驳回，执行程序就应当结束。2020 年修正的《执行规定》将驳回申请规定为执行结案方式之一。但是，值得注意的是，《执行规定》只规定了不予受理执行申请应当具备的条件，而没有规定驳回申请应当满足的条件，执行机构无法依据《执行规定》的规定裁定驳回申请。《公证债权文书执行规定》第 5 条和《仲裁裁决执行规定》第 3、4 条分别规定了债权人依公证债权文书和仲裁裁决申请执行时驳回申请的事由，但现行法律和司法解释没有关于债权人依法院裁判和决定书申请时驳回申请的规定。因此，根据现行法律规范，只有涉及公证债权文书执行和仲裁裁决执行的案件，才可能以驳回申请的方式实现执行结案。

（七）执行和解协议履行完毕

执行当事人达成执行和解协议并已经履行完毕的，执行机构不能继续采取执行行为，申请人也不能再要求执行机构继续执行，执行程序应当彻底结束。因此，执行和解协议履行完毕也是执行结束的方式之一。但是，2020 年修正的《执行规定》删除了原有的"执行和解协议履行完毕"这一结案方式。《执行立案结案意见》第 15 条规定当事人达成执行和解协议且执行和解协议履行完毕的，可以"执行完毕"方式结案。但是，从理论上看，执行和解协议履行完毕与执行完毕还是有区别的。

七、执行回转

（一）执行回转的概念

执行回转，是指在执行过程中或结束后，由于据以执行的法律文书被依法撤销或者变更，执行机构根据当事人的申请或者依职权采取执行措施，强制取得财产的当事人返还财产的一种执行制度。

据以执行的生效法律文书被依法撤销或者变更的，当事人丧失了依该法律文书取得财产的根据，因此应当返还财产。拒绝返还的，执行机构应当采取执行措施迫使其返还财产。执行回转是执行制度中维护当事人的合法权益、确保法律的权威与尊严的一项必不可少的、具有补救功能的法律制度。

（二）执行回转的条件

1. 具有否定原执行依据的新的生效法律文书。执行回转的基本前提是原据以执行的生效法律文书被撤销或者变更，且由有权机关作出了明确否定原生效法律文书的新法律文书。因此，只有原生效法律文书被撤销或者变更且有新的生效法律文书，才有可能发生执行回转。

2. 原执行程序已经结束或者部分结束。只有原执行程序已经结束或者部分结束，且执行机构已经将执行所得交付当事人，才有必要执行回转。如果执行程序尚未结束，执行的财产尚未交付给当事人，可由执行机构裁定撤销执行，并解除对财产的查封、扣押、冻结，或者将财产发还当事人，无需执行回转。

3. 取得财产的当事人拒绝返还财产。原执行依据被依法撤销或者变更后，已经取得的财产因构成不当得利而应当返还。只有当事人拒绝返还时，执行机构才有必要采取执行措施强制其返还。

（三）执行回转的事由

在司法实践中，发生执行回转的原因主要有以下几种：

1. 法院制作的先予执行裁定书，在执行完毕后，又被本院的生效判决或二审法院的终审判决撤销。

2. 法院制作的判决书、裁定书、调解书生效并执行完毕后，又被本院或上级法院依审判监督程序撤销。

3. 其他机关制作的法律文书，如仲裁裁决、公证债权文书、行政处理决定书、行政处罚决定书等，依法已经执行完毕，又被有关仲裁机构、公证机构、行政机关或者其上级机关依法撤销。

具有上述情形之一的，执行机构应当责令取得财产的当事人返还财产，拒绝返还的，强制执行。

（四）执行回转的程序

法院制作的生效法律文书被依法撤销后，已经执行完毕的，执行机构应当依职权作出裁定，责令当事人返还已经取得的财产；其他机构制作的生效法律文书被依法撤销后，已经执行完毕的，执行机构不能主动裁定执行回转，但当事人提出申请的，执行机构应当执行回转。

执行回转，应当重新立案，并适用通常执行程序的有关规定予以强制执行。执行回转时，已执行的标的物系特定物的，应当强制当事人退还原物；不能退还原物的，可以折价抵偿。

第六节　执行救济

一、执行救济的概念和体系

执行救济，是指在执行程序中，执行当事人或第三人因自己的合法权益受到或者可能受到侵害，依法向有关机关提出采取保护和补救措施的请求，有关机关依法矫正或者改正已经发生或者业已造成损害的不当执行行为的法律制度。执行救济是维护执行当事人和利害关系人合法权益、维护执行权威、缓解对抗情绪从而减少执行阻力的重要制度。

在理论上，根据救济的方式和内容不同，一般将执行救济分为程序性执行救济和实体性执行救济两种类型。我国现行法律和司法解释则将执行救济具体化为执行异议、执行复议和执行异议之诉三种类型。

二、执行异议

执行异议，是指当事人、利害关系人对执行行为声明不服或者对执行标的主张权利，要求纠正违法的执行行为或者停止对执行标的执行的意见。执行异议可分为当事人、利害关系人异议，案外人异议，以及分配方案异议三种形式。

（一）当事人、利害关系人异议

当事人、利害关系人异议，是指当事人、利害关系人认为执行机构及其执行人员的执行行为违反法律规定而要求予以纠正的行为。

当事人，即生效法律文书确定的权利人和义务人，以及被法院裁定变更或者追加为申请执行人或者被执行人的自然人、法人或者非法人组织；利害关系人，即法律上的权益受到执行行为直接影响的执行当事人之外的自然人、法人或者非法人组织如对债权执行中的次债务人、执行标的物的优先权人、执行标的物的竞买人等。《办理执行异议和复议案件规定》第 5 条列举了 5 种利害关系人提出执行异议的事由。

除对终结执行措施提出异议外，当事人、利害关系人应当在执行程序终结之前提出执行异议。对于当事人、利害关系人异议，执行机构应当自收到书面异议申请之日起 15 日内审查并作出裁定。理由成立的，裁定撤销或者纠正错误的执行行为；理由不成立的，裁定驳回异议。当事人、利害关系人对裁定不服的，可以自裁定送达之日起 10 日内向上一级法院申请复议，从而引起执行复议程序。执行异议审查期间不停止执行。当事人、利害关系人提供充分、有效的担保，请求停止相应处分措施的，法院可以准许；申请执行人提供充分、有效的担保，请求继续执行的，应当继续执行。

（二）案外人异议

案外人异议，是指执行当事人之外的主体，对执行标的主张所有权或者其他足以阻止执行标的转让、交付的实体权利，在执行程序终结前，要求停止对该执行标的进行执行的行为。

提出案外人异议的主体只能是案外人，包括自然人、法人或者非法人组织。但并不是所有的案外人都能提起执行异议，只有对执行标的主张实体权利的人才能提起。主张实体权利，是指案外人认为自己对执行标的享有足以阻止执行的民事权利，不同意该标的作为执行对象。对执行标的享有足以阻止执行的实体权利，通常体现为所有权或者其他足以阻止该标的的转让、交付的租赁权、抵押权等。

案外人应当在执行程序终结前提出执行异议；执行标的由当事人受让的，应当在执行程序终结前提出执行异议。执行程序已经终结的，案外人不能再提起执行异议，但可通过其他途径维护自己的合法权益。

案外人提出执行异议时，应当提供相关的证据，如房屋产权证书及其登记证明，财产被查封、扣押、冻结前已经生效的确权判决、仲裁裁决等。但在执行中，当事人通过仲裁程序将执行机构已经查封、扣押、冻结的财产进行确权或者分割给案外人的，不影响执行机构对该财产的执行。案外人不服的，可以提出执行异议，由执行机构对其是否具有足以排除对财产执行的事实与理由进行审查。

对案外人提出的执行异议，执行机构应当自收到书面异议申请之日起 15 日内审查。经审查，认为案外人对执行标的不具有足以排除强制执行的事实与理由的，裁定驳回其异议；认为案外人对执行标的具有足以排除强制执行的事实与理由的，裁定中止执行。驳回案外人异议的裁定自送达之日起 15 日内，无论案外人是否向法院起诉，执行机构均不得对执行标的进行处分。

案外人、当事人对裁定驳回其异议不服并认为原判决、裁定错误的，可依照审判监督程序申请再审；与原判决、裁定无关的，可以自裁定送达之日起 15 日内向法院提起诉讼。执行机构裁定中止对执行标的的执行，申请执行人没有在法律规定的期间内提起许可执行之诉的，执行机构应当在起诉期限届满之日起 7 日内解除对执行标的的执行措施。

在审查案外人异议期间，执行机构不得对执行标的进行处分，但可以采取查封、扣押、冻结等执行措施。如果案外人提供了充分、有效的担保，请求解除对执行标的的查封、扣押、冻结的，执行机构可以准许；申请执行人提供充分、有效的担保请求继续执行的，应当继续执行。因案外人提供担保解除查封、扣押、冻结有错误，致使执行标的无法执行的，执行机构可以直接执行担保的财产；申请执行人提供担保请求继续执行有错误，并给对方当事人造成损失的，应当予以赔偿。

（三）分配方案异议

分配方案异议，是指在实现金钱债权的执行中，申请执行人、被执行人、优先受偿人等对执行机构制作的财产分配方案提出不同意见并要求纠正的行为。多个申请执行人对同一被执行人申请执行或者对执行财产申请参与分配，或者对执行标的享有优先受偿权的债权人主张优先受偿的，执行机构应当根据各申请执行人、优先受偿人的债权数额制作财产分配表或者方案，并送达各申请执行人、优先受偿人和被执行人。申请执行人、优先受偿人或者被执行人对该分配表或者分配方案有异议的，可以向执行机构提出异议并要求纠正。

申请执行人、优先受偿人或者被执行人对分配方案有异议的，应当自收到分配方案之日起 15 日内向执行机构提出书面异议。对于当事人提出的分配方案异议，执行机构不需要进行实质的审查，将异议情况通知未提出异议的申请执行人、优先受偿人和被执行人即可，然后根据未提出异议的申请执行人、优先受偿人和被执行人是否提出反对意见，决定执行程序是否继续：未提出异议的申请执行人、优先受偿人、被执行人收到通知之日起 15 日内未提出反对意见的，执行机构依异议人的意见对分配方案审查修正后进行分配；提出反对意见的，应当通知异议人。异议人可以自收到通知之日起 15 日内，以提出反对意见的申请执行人、优先受偿人、被执行人为被告，向执行法院提起诉讼；异议人逾期未提起诉讼的，执行机构依原分配方案分配。诉讼期间进行分配的，执行机构应当将与争议债权数额相应的款项予以提存。

三、执行复议

在执行程序中，当事人、利害关系人对执行机构就其异议作出的裁定不服，向上一级执行机构提出对其异议进行再次审查和裁判的行为，称为执行复议。执行复议由两种程序构成：一是当事人、利害关系人申请复议的程序；二是上一级执行机构对复议申请进行审查和裁判的程序。

根据《办理执行异议和复议案件规定》等司法解释的规定，上一级执行机构应当组成合议庭对复议申请进行审查，在收到复议申请之日起 30 日内审查完毕并作出裁定。有特殊情况需要延长的，经本院院长批准，可以延长，延长的期限不得超过 30 日。当事人、利害关系人的复议申请理由成立的，上一级执行机构裁定指令执行法院纠正违法的执行行为，或者指令执行法院重新审查；理由不成立的，裁定驳回复议申请。

复议审查期间，不停止执行。被执行人、利害关系人提供充分、有效的担保，请求停止执行的，法院应当准许；申请执行人提供充分、有效的担保，请求继续执行的，应当继续执行。

四、执行异议之诉

当事人、案外人不服执行机构作出的异议裁定，向法院提出的就其与对方当事人之间的实体权利义务关系进行审判的请求，称为执行异议之诉。执行异议之诉包括案外人异议之诉、许可执行异议之诉、分配方案异议之诉和债务人异议之诉四种类型。

（一）案外人异议之诉

案外人异议之诉，是指在执行程序中，案外人为维护自己的合法权益，向执行法院提出的对有关执行标的实体法律关系进行审理与裁判，以纠正执行错误的请求。

根据《民事诉讼法》第 234 条的规定，案外人提起异议之诉应当符合三个条件：（1）在主体上，只能由案外人提起。（2）在内容上，必须以不服执行机构对案外人异议所作裁定为前提，且与作为执行依据的判决、裁定无关。（3）在时间上，必须在执行机构对案外人异议作出的裁定送达之日起 15 日内提起。《民诉法解释》将上述第 2 个条件进一步细化为两个条件：（1）案外人的执行异议申请已经被执行机构裁定驳回；（2）有明确的排除对执行标的的执行的诉讼请求，且诉讼请求与原判决、裁定无关。

法院审理案外人异议之诉的目的，是解决案外人与执行当事人之间因执行标的产生的实体权利义务纠纷。因此，案外人异议之诉必须以案外人和执行当事人为诉讼主体。具体来说，案外人异议之诉的原告是案外人，被告应当是申请执行人。被执行人反对案外人对执行标的的所主张的实体权利的，申请执行人和被执行人为共同被告。

法院适用普通程序对案外人异议之诉进行审理和裁判。经审理，认为案外人提起异议之诉的理由不成立的，法院判决驳回其诉讼请求；认为案外人提起异议之诉的理由成立的，法院判决不得对执行标的的进行执行。案外人在提起异议之诉时，同时提出确认其权利的诉讼请求的，法院可以在判决中一并作出裁判。法院判决支持案外人的诉讼请求，即判决不得对执行标的的进行执行的，执行异议裁定失效。

当事人对裁判不服的，依法享有上诉权，即可以向上一级法院提起上诉。

在案外人异议之诉的诉讼期间，执行机构不得对执行标的的进行处分。申请执行人请求继续执行并提供相应担保的，执行机构可以准许。案外人请求停止执行，请求解除查封、扣押、冻结，或者申请执行人请求继续执行有错误，给对方当事人造成损失的，应当予以赔偿。

（二）许可执行之诉

许可执行之诉，是指申请执行人向执行法院提出的、就其与对方当事人之间因执行标的产生的实体权利义务关系争议进行审理和裁判，判决对执行标的的继续执行的请求。《民诉法解释》将其称为申请执行人提起的执行异议之诉。

根据《民事诉讼法》《民诉法解释》以及《执行程序适用解释》等规定，提起许可执行之诉应当具备下列条件：（1）起诉的一方应当为申请执行人，即债权人。（2）起诉的时间应当在中止执行的裁定送达之日起 15 日内。（3）起诉的对方应当是案外人或者案外人和被执行人。具体来说，请求对执行标的许可执行的，应当以案外人为被告；被执行人反对申请执行人请求的，应当以案外人和被执行人为共同被告。（4）执行机构已经依案外人的执行异议裁定中止执行。（5）有明确对执行标的继续执行的诉讼请求，且诉讼请求与原判决、裁定无关。

许可执行之诉由执行法院适用普通程序进行审理和裁判。经审理，执行法院认为申请执行人提出的理由成立，即认定案外人对执行标的的既没有所有权，也没有足以阻止执行标的物转让、交付的其他实体权利的，应当根据申请执行人的诉讼请求作出裁判，准许并继续对执行标的的执行。执行法院认为申请执行人的诉讼理由不成立的，应当判决驳回申请执行人的诉讼请求。

执行法院判决支持申请执行人的诉讼请求，并继续对执行标的的执行的，执行异议裁定失效，执行机构可以根据申请执行人的申请或者依职权恢复执行；执行法院判决驳回申请执行人诉讼请求的，案外人可以请求执行法院裁定解除已经采取的执行措施。

（三）分配方案异议之诉

分配方案异议之诉，也称分配表异议之诉，是指提出分配方案异议的申请执行人、优先受偿人或者被执行人，因不同意未提出异议的申请执行人、优先受偿人或者被执行人的反对意见，向法院提出的修改分配方案的请求。它是在实现金钱债权的执行程序中，多个申请执行人对同一被执行人申请执行或者对同一执行财产申请参与分配，或者优先受偿人主张优先受偿而适用的一种实体救济制度。

根据《执行程序适用解释》的规定并结合法理，提起分配方案异议之诉，应当具备下列条件：（1）原告是提出分配方案异议的申请执行人、优先受偿人或者被执行人；（2）被告是对分配方案异议提出反对意见的申请执行人、优先受偿人或者被执行人；（3）在收到未提出异议的申请执行人、优先受偿人或者被执行人提出的反对意见通知之日起15日内提起；（4）向执行法院提起。

分配方案异议之诉由执行法院适用普通程序进行审理和裁判。经过审理，认定分配方案异议理由成立的，应当判决支持提起诉讼的申请执行人、优先受偿人或者被执行人的诉讼请求，判决主文应当明确如何对分配方案进行修改；认定分配方案异议理由不成立的，应当判决驳回诉讼请求。当事人对该判决不服的，可以依法上诉。在分配方案异议之诉的诉讼期间实施分配的，执行机构应当将与争议债权数额相应的款项予以提存，以维护提起分配方案异议之诉的申请执行人、优先受偿人或者被执行人的合法权益。

（四）债务人异议之诉

债务人异议之诉，也称债务人执行异议之诉，是指在民事执行程序中，被执行人与申请执行人因对生效法律文书执行力的有无及其范围大小、执行条件是否具备、申请执行人是否具有执行请求权等事项产生争议而形成的诉讼。我国《民事诉讼法》没有规定债务人异议之诉制度，但是《变更追加当事人规定》第 32 条规定，被申请人对执行法院依该规定第 14 条第 2 款、第 17 条至第 21 条规定作出的变更、追加裁定不服的，可以自裁定书送达之日起 15 日内，向执行法院提起执行异议之诉。这一诉讼其实就是债务人异议之诉的一种类型，或者说是依据债务人异议之诉的原理设计的一种实体执行救济制度。该债务人异议之诉的原告是被申请人，被告是申请执行人。根据《变更追加当事人规定》第 33 条的规定，被申请人提起的执行异议之诉，法院经审理，认定被申请人异议理由成立的，判决不得变更、追加被申请人为被执行人或者判决变更责任范围；认定被申请人异议理由不成立的，判决驳回诉讼请求。《变更追加当事人规定》已经打开了我国债务人异议之诉制度的口子，未来的民事执行单独立法应当确立完善的债务人异议之诉制度。

【复习要点】

（一）基本概念

民事执行　执行主体　执行依据　执行标的　执行阻却　执行担保
执行和解　中止执行　终结执行　执行救济

（二）思考题

1. 民事执行程序与民事审判程序有哪些区别？

2. 有人认为，民事执行的实质是"兑现债权人的债权"。如何评价这种观点？

3. 试从"努力让人民群众在每一个司法案件中都能感受到公平正义"的角度，分析切实解决执行难问题的意义。

4. 如何理解党的十八届四中全会《决定》提出的"切实解决执行难……依法保障胜诉当事人及时实现权益"与全面依法治国之间的关系？

5. 如何看待我国民事执行单独立法？

▶ 自测习题及参考答案

请扫描二维码，进行随堂测试。

第二十章　民事执行程序分论

为维护国家法律的尊严与权威，最终解决当事人之间的纠纷，法院强制被执行人履行义务所采取的执行措施具有法定性、多样性、单向性和强制性等特征。执行措施的适用，不仅关系到当事人的切身利益，也是生效法律文书内容得以实现的根本保障。根据执行内容和标的不同，法院所采取的执行措施也不尽相同。

第一节　执行措施概述

一、执行措施的概念和特征

执行措施，是指执行机构依据法律的规定，在执行中强制被执行人履行义务，以实现申请执行人合法权益的方法和手段。执行措施的适用，是国家强制力在执行活动中的具体体现，不仅法律性很强，而且影响较大。

执行措施具有以下特征：（1）法定性。执行措施只能由法律作出规定。执行机构在强制执行时，必须视执行案件的具体情况采用法律规定的执行措施。法律没有规定的，不得作为执行措施加以采用。（2）多样性。执行案件纷繁复杂，执行内容和标的多种多样，只有多种多样的执行措施才能适应实践的需要。因此，执行机构在执行工作中采取的执行措施具有多样性。（3）单向性。执行机构强制被执行人履行义务是一种职权行为，不以被执行人同意为条件。因此，执行措施具有单向性。（4）强制性。执行机构在执行工作中采取的执行措施，是以国家强制力为后盾的方法与手段，当事人没有选择权，因而它具有强制性。

二、执行措施的分类

根据不同的标准，执行措施可以分为不同的种类。

（一）对财产的执行措施和对行为的执行措施

根据执行标的不同，执行措施可以分为对财产的执行措施和对行为的执行措施。对财产的执行措施，是指执行标的为财产的执行手段与方法。它又可进一步分为实现金钱债权的执行措施和实现非金钱债权的执行措施。实现金钱债权的执行措施，是指执行机构为实现申请执行人的金钱债权而采取的方法和手段。例如，划拨被执行人的银行存款，将其金钱交付给申请执行人。在被执行人无金钱可供执行时，通过拍卖或变卖等方法，将其动产、不动产及财产权利变换为金钱后，交付给申请执行人。实现非金钱债权的执行措施，是指执行机构为实现申请执行人的非金钱债权而采取的方法和手段。例如，执行机构强制被执行人将齐白石的一幅字画交付给申请执行人，或者将其非法占有的房产交付给申请执行人等。对行为的执行措施，是指执行机构为实现申请执行人的行为请求权而对被执行人的行为采取的方法和手段。例如，执行机构强制被执行人拆除非法建筑或者公开向申请执行人赔礼道歉等。

（二）直接执行措施和间接执行措施

根据执行机构的执行行为是否直接作用于执行标的，可以将执行措施分为直接执行措施和间接执行措施。直接执行措施，是指直接对执行标的所采取的执行行为。例如，执行机构将被执行人的财产查封后，直接交付给申请执行人等。间接执行措施，是指不直接对执行标的采取执行行为，而是通过对被执行人施加压力，迫使其主动履行义务的方法和手段。例如，被执行人拒绝履行生效法律文书规定的赔礼道歉的义务，执行机构决定被执行人每逾期一日赔礼道歉，就得向申请执行人支付迟延履行金人民币若干元，就属于间接执行措施。直接执行措施的执行标的一般是财产，间接执行措施的执行标的一般是行为。

（三）实现权利的执行措施与保障权利实现的执行措施

根据执行机构采取执行措施的目的不同，可以将执行措施分为实现权利的执行措施和保障权利实现的执行措施两类。实现权利的执行措施，是指以直接实现权利为目的的执行措施。例如，执行机构把被执行人的存款划拨到法院的执行案款账户，要求房屋登记机关协助将原登记在被执行人名下的房产变更登记为拍定人所有等。保障权利实现的执行措施，是指执行机构为了实现申请执行人的权利而采取的具有保障功能的执行措施。例如，查询被执行人的存款、对其住所或人身进行搜查、限制消费等执行措施。

第二节　实现金钱债权的执行

一、查封、扣押与冻结

实现金钱债权的执行，其执行标的是被执行人的存款、债券、股票、基金、收入、不动产、债权等财产。执行财产的，执行机构首先要限制甚至禁止被执行人对其财产的转移或者处分。故此类执行措施称为财产控制措施或者控制性执行措施。

（一）查封、扣押与冻结的概念及其方法

查封，是指执行机构对被执行人的有关财产就地封存，禁止被执行人转移和处分的执行措施。查封主要适用于不动产或者体积较大且难以移动的动产。

查封一般就地进行，在查封的财产上加贴封条，不便加贴封条的，应当张贴公告。对有产权证照的动产或不动产的查封，应当向有关机关发出协助执行通知书，要求其不得办理查封财产的转移过户手续。同时，可以责令被执行人将有关财产的产权证照交执行机构保管。被查封的财产，可以指令由被执行人负责保管。如果由被执行人继续使用被查封的财产，对其价值无重大影响的，可允许继续使用。因被执行人保管或使用的过错所造成的损失，由被执行人承担。被执行人拒绝保管和继续使用的，执行机构可以委托他人保管，保管费用由被执行人承担。

扣押，是指执行机构将被执行人的财产运送至有关场所加以扣留，不准被执行人占有、使用和处分的执行措施。扣押一般适用于体积较小，或者虽然体积较大但易于移动的财产。扣押有时也适用于船舶、航空器等特殊财产。扣押的方法一般是将财产移动至指定的地点加以妥善保管，同时禁止被执行人继续使用。对于被扣押的财产，执行机构可以自行保管，也可以委托其他单位或个人保管。在扣押中所产生的财产保管等费用，应由被执行人承担，对于扣押的财产，保管人不得使用。

冻结，是指执行机构向有关单位发出协助执行通知书，要求其不得办理被执行人转移或者处分财产手续的执行措施。冻结是限制或者禁止被执行人对其财产行使权利的执行措施，一般适用于财产性权利，如被执行人的存款、债券、股票、基金份额、股权、股息、红利、土地使用权等。冻结的方法是执行机构向有关单位发出协助执行通知书，有关单位根据协助执行通知书的要求，不得为被执行人办理转移或者处分财产的手续。

此外，根据法律的规定，执行机构执行被执行人的收入时，采取的措施称为扣留。扣留属于控制性的执行措施，其实施方法与冻结相同。本书之所以没有把扣留作为执行措施单独写出，原因在于查封、扣押、冻结、扣留等措施的性质基本相同，只是具体的实施方法有所不同而已。从理论上看，这些执行措施可以统一称为查封。

（二）查封、扣押、冻结财产的范围

1. 查封、扣押、冻结的财产应当是被执行人所有的财产。根据有关司法解释的规定，查封、扣押、冻结的财产，除应当是被执行人所有的财产外，被执行人对他人的到期债权，以及对他人享有抵押权、质押权或留置权的财产，执行机构也可以采取查封、扣押、冻结措施，但必须保证上述有财产担保申请执行人的优先受偿权。查封、扣押、冻结的财产由担保物权人占有的，一般应当指定该担保物权人负责保管；由执行机构保管的，质押权、留置权不因转移占有而消灭。执行机构查封、扣押被执行人设定最高额抵押权的抵押物，应当通知抵押权人。

抵押权人的债权数额自收到执行机构通知时起不再增加。执行机构虽然没有通知抵押权人，但有证据证明抵押权人知道查封、扣押事实的，受抵押担保的债权数额从抵押权人知道查封、扣押的事实时起不再增加。

2. 在生效法律文书确定的范围内查封、扣押、冻结财产。执行机构采取执行措施时，其查封、扣押、冻结被执行人的财产价值，不得超过生效法律文书确定的范围，即被执行人应当给付财产数额的范围。但查封、扣押、冻结的财产无法分割的除外。

3. 不应当查封、扣押、冻结的财产的范围。根据《查封规定》，下列财产不得查封、扣押、冻结：（1）被执行人及其所扶养家属生活所必需的衣服、家具、炊具、餐具及其他家庭生活必需的物品。（2）被执行人及其所扶养家属所必需的生活费用。当地有最低生活保障标准的，必需的生活费用依照该标准确定。（3）被执行人及其所扶养家属完成义务教育所必需的物品。（4）未公开的发明或者未发表的著作。（5）被执行人及其所扶养家属用于身体缺陷所必需的辅助工具、医疗物品。（6）被执行人所得的勋章及其他荣誉表彰的物品。（7）根据我国《缔结条约程序法》，以我国、我国政府或者我国政府部门的名义同外国、国际组织缔结的条约、协定和其他具有条约、协定性质的文件中规定免于查封、扣押、冻结的财产。（8）法律或者司法解释规定的其他不得查封、扣押、冻结的财产。

（三）查封、扣押、冻结财产的程序

查封、扣押、冻结被执行人的财产，必须严格依照法定程序进行。根据《查封规定》，这些程序主要包括：

1. 执行机构作出裁定并送达双方当事人。

2. 被执行人是自然人的，通知被执行人或者其成年家属到场；被执行人是法人或非法人组织的，通知其法定代表人或主要负责人到场。拒不到场的，不影响执行。被执行人是自然人的，其所在单位或财产所在地基层组织应当派人参加，协助做好执行工作。

3. 执行机构对查封、扣押、冻结财产的过程，应当记入笔录。笔录载明下列内容：执行措施开始及完成的时间；财产的所在地、种类、数量；财产的保管人；其他应当记明的事项。执行人员及保管人应当在笔录上签名。有《民事诉讼法》第252条规定的到场人员的，到场人员也应当在笔录上签名。

4. 执行机构对查封、扣押的财产，要造具清单，由在场人员签名或盖章。财产清单副本应交被执行人或者其成年家属，正本由执行人员附卷存档。

（四）查封、扣押、冻结财产的期限

根据《民诉法解释》的规定，冻结被执行人的银行存款，期限不得超过1

年；查封、扣押被执行人的动产，期限不得超过 2 年；查封被执行人的不动产或冻结其他财产权的，期限不得超过 3 年。申请执行人申请延长期限的，执行机构应当在查封、扣押、冻结财产的期限届满前，办理续行查封、扣押、冻结财产的手续。续行时间不得超过上述规定的期限。执行机构也可以依职权办理续行查封、扣押、冻结财产的手续。查封、扣押、冻结财产的期限届满，执行机构未办理延期手续的，查封、扣押、冻结财产的效力消灭。

（五）轮候查封、扣押、冻结财产

轮候查封、扣押、冻结财产，是指被执行人的财产已经被执行机构查封、扣押、冻结的，其他执行机构以通知或者办理查封、扣押、冻结登记的方式办理轮候手续，当前一顺序的查封、扣押、冻结的执行措施解除时，已通知或者已登记的次顺位的查封、扣押、冻结立即生效。

根据《查封规定》的规定，前顺位的查封、扣押、冻结的执行措施解除的，登记在先的轮候查封、扣押、冻结的裁定自动生效。其他执行机构对已登记的财产进行轮候查封、扣押、冻结的，应当通知有关登记机关协助进行轮候登记。先前对财产已进行查封、扣押、冻结的执行机构，应当允许其他执行机构查阅有关文书和记录。其他执行机构对没有登记的财产进行轮候查封、扣押、冻结的，应当制作笔录，由执行人员及被执行人签字，或者书面通知已采取查封、扣押、冻结措施的执行机构。

二、拍卖、变卖与以物抵债

在实现金钱债权执行的案件中，被执行人在其财产被采取控制性执行措施后仍未履行义务的，执行机构应当依法对已经采取控制性执行措施的财产实施变价处理，即拍卖、变卖或者以物抵债。

（一）拍卖、变卖、以物抵债的概念

拍卖，是指以公开竞价的方式，将查封、扣押、冻结的财产或者财产权利转让给最高应价者的执行措施。民事执行程序中的拍卖不同于商事拍卖，实践中通常以司法拍卖或者执行拍卖指称民事执行程序中的拍卖。

变卖，是指以定价的方式，将查封、扣押、冻结的财产或者财产权利转让给买受人的执行措施。

以物抵债，是指被执行人的财产经拍卖和变卖无法成交的，经申请执行人同意，执行机构裁定将该财产以拍卖底价或者变卖定价折价归申请执行人所有，并视被执行人履行该折价范围内的义务的执行措施。

在实现金钱债权的执行案件中，申请执行人请求实现的是金钱债权。执行机构查封、扣押、冻结被执行人的财产不是金钱的，必须将这些财产变成现金，以满足申请执行人的请求。拍卖、变卖是执行程序中除存款、收入等之外其他财产的变现方式；以物抵债是在被执行人的财产无法变现时所采取的一种变价的变通方式。

（二）拍卖的实施

1. 拍卖主体。根据《民事诉讼法》第 254 条和《民诉法解释》第 486 条的规定，执行机构在执行中需要拍卖被执行人的财产的，可以由执行机构自行组织拍卖，也可以交由具有资质的拍卖机构拍卖。交拍卖机构拍卖的，执行机构应当对拍卖活动进行监督。应当说，执行机构自行拍卖被执行人的财产，既与执行拍卖的性质相符合，也有利于维护当事人的合法权益。

2. 拍卖的程序。根据我国现行法律和司法解释的规定，在司法实践中，执行拍卖一般要经过确定财产处置参考价、发出拍卖公告与通知、实施拍卖等几个主要环节。

第一，确定财产处置参考价。在拍卖被执行人财产前，应当确定该财产的处置参考价，以维护被执行人的合法权益。《确定财产处置参考价规定》具体规定了民事执行中确定财产处置参考价的期间、方式、程序、救济等内容：（1）法院查封、扣押、冻结财产后，应当在 30 日内启动对需要拍卖、变卖的财产的确定财产处置参考价程序。法院确定参考价前，应当查明财产的权属、权利负担、占有使用、欠缴税费、质量瑕疵等事项。（2）法院确定财产处置参考价，可以采取当事人议价、定向询价、网络询价、委托评估等方式。依上述顺位在先的方式无法确定财产处置参考价的，再依次适用顺位在后的方式。（3）法院收到定向询价、网络询价、委托评估、说明补正等报告后，应当在 3 日内发送给当事人及利害关系人。当事人、利害关系人认为网络询价报告或者评估报告存在财产基本信息错误、超出财产范围或者遗漏财产、评估机构或者评估人员不具备相应评估资质、评估程序严重违法的情形之一的，可以在收到报告后 5 日内提出书面异议。对当事人、利害关系人依据上述规定提出的书面异议，法院应当参照《民事诉讼法》第 232 条的规定处理。（4）当事人、利害关系人对评估报告未提出异议、所提异议被驳回或者评估机构已作出补正的，法院应当以评估结果或者补正结果为参考价；当事人、利害关系人对评估报告提出的异议成立的，法院应当以评估机构作出的补正结果或者重新作出的评估结果为参考价。专业技术评审对评估报告未作出否定结论的，法院应当以该评估结果为参考价。（5）司法网络询价平台、评估机构应当确定网络询价或者委托评估结果的有效期，有效期最长不得超过 1 年。当事人议价的，可以自行协商确定议价结果的有效期，但不得超过前述规定的期限；定向询价结果的有效期，参照前述规定确定。法院在议价、询价、评估结果有效期内发布一拍拍卖公告或者直接进入变卖程序，拍卖、变卖时未超过有效期 6 个月的，无需重新确定参考价，但法律、行政法规、司法解释另有规定的除外。（6）法院应当在参考价确定后 10 日内启动财产变价程序。拍卖的，参照参考价确定起拍价；直接变卖的，参照参考价确定变卖价。

第二，发出拍卖公告与通知。拍卖动产的，应当在拍卖 7 日前发布公告；拍卖不动产或者其他财产权的，应当在拍卖 15 日前发布公告。拍卖公告的范围及媒体由当事人双方协商确定；协商不成的，由执行机构确定。拍卖的财产具有专业属性的，应当同时在专业刊物上进行公告。当事人申请在其他新闻媒体上进行公告或者要求扩大公告范围的，应当准许。该部分的公告费用由当事人自行承担。执行机构应当在拍卖 5 日前以书面或者其他能够确认收悉的适当方式，通知当事人和已知的担保物权人、优先购买权人或者其他优先权人于拍卖日到场参加竞买。优先购买权人经通知未到场或者到场未跟价竞买的，视为放弃优先购买权。

第三，实施拍卖。拍卖期日到来，执行机构或者拍卖机构应当对被执行人的财产进行拍卖。关于拍卖的方式、场所、程序等，现行法律没有作出明确规定。在实践中，通过互联网拍卖平台、以网络电子竞价方式进行拍卖已经成为一种趋势。《网络司法拍卖规定》第 2 条规定，人民法院以拍卖方式处置财产的，应当采取网络司法拍卖方式，但法律、行政法规和司法解释规定必须通过其他途径处置，或者不宜采取网络拍卖方式处置的除外。尽管司法解释为网络司法拍卖以外的传统司法拍卖留下了口子，但是实践中已极少运用。一般认为，实行网络司法拍卖的，应当适用《网络司法拍卖规定》的规定；实行传统司法拍卖的，应当适用《拍卖变卖财产规定》的规定。还应当明确的是，作为执行措施的拍卖，其性质与商事拍卖存在根本区别，故不应当适用《拍卖法》的规定。

第四，拍卖标的所有权的转移。对被执行人的财产拍卖成交后，执行机构应当制作拍卖成交裁定。标的物所有权自拍卖成交裁定送达买受人时转移。执行机构裁定拍卖成交后，除有依法不能移交的情形外，应当于裁定送达后 15 日内，将拍卖的财产移交买受人。被执行人或者第三人占有拍卖财产，应当移交而拒不移交的，强制执行。

3. 拍卖特殊情况的处理。

第一，无人竞买或者最高应价低于保留价的处理。实行网络司法拍卖的，根据《网络司法拍卖规定》的规定，网络司法拍卖竞价期间无人出价的，应当在 30 日内在同一网络司法拍卖平台再次拍卖。拍卖动产的应当在拍卖 7 日前公告，拍卖不动产及其他财产权的应当在拍卖 15 日前公告。再次拍卖时起拍价降价幅度不得超过前次起拍价的 20%。再次拍卖流拍的，可以依法在同一网络司法拍卖平台变卖。实行传统司法拍卖的，根据《拍卖变卖财产规定》，对被执行人的财产进行拍卖时，无人竞买或者竞买人的最高应价低于保留价，到场的申请执行人及其他执行债权人不申请以该次拍卖所定的保留价抵债的，应当在 60 日内再次拍卖。对于第二次拍卖仍流拍的动产，执行机构可依法将其作价交申请执行人或者其他执行债权人抵债；申请执行人或者其他执行债权人拒绝接受或者依法不能交付其抵债的，执行机构应当对被执行人的财产解除查封、扣押措施，并退还给被执行人。对于第二次拍卖仍流拍的不动产或者其他财产权，执行机构可依法将其作价交申请执行人或者其他执行债权人抵债。申请执行人和其他执行债权人拒绝接受或者依法不能交付其抵债的，应当在 60 日内进行第三次拍卖。第三次拍卖流拍且申请执行人或者其他执行债权人拒绝接受或者依法不能接受该不动产或者其他财产权抵债的，执行机构应当于第三次拍卖终结之日起 7 日内发出变卖公告。自公告之日起 60 日内，没有买受人愿意以第三次拍卖的保留价买受该财产，且申请执行人和其他执行债权人仍不表示接受该财产抵债的，应当解除查封、冻结措施，将该财产退还被执行人，但对该财产可以采取其他执行措施的除外。

第二，买受人逾期未支付价款的处理。被执行人的财产拍卖成交后，买受人逾期未支付价款的，执行机构可以裁定重新拍卖。重新拍卖时，原买受人不得参加竞买。实行网络司法拍卖的，原拍定人交纳的保证金不予退还，依次用于支付拍卖产生的费用损失、弥补重新拍卖价款低于原拍卖价款的差价、冲抵本案被执行人的债务以及与拍卖财产相关的债务。实行传统司法拍卖的，重新拍卖的价款低于原拍卖价款造成的差价、费用损失及原拍卖中的佣金，由原买受人承担，可以直接从其预交的保证金中扣除。扣除后保证金有剩余的，应当退还原买受人；保证金数额不足的，可以责令原买受人补交；拒不补交的，强制执行。

第三，拍卖停止与撤回。在拍卖的过程中，遇有依法应当暂缓执行或者中止执行的情形的，应当决定暂缓执行或者裁定中止执行，并及时通知当事人。拍卖多项财产时，其中部分财产卖得的价款足以清偿债务和支付被执行人应当负担的费用的，对剩余的财产应当停止拍卖，但被执行人同意全部拍卖的除外。拍卖的多项财产在使用上不可分，或者分别拍卖可能严重减损其价值的，应当合并拍卖。被执行人在拍卖日之前向执行机构交付足额金钱清偿债务，要求停止拍卖的，执行机构应当准许，但被执行人应当负担因拍卖支出的必要费用。在拍卖开始前，有下列情形之一的，执行机构应当撤回拍卖：据以执行的生效法律文书被撤销的；申请执行人撤回执行申请的；被执行人全部履行了法律文书确定的金钱债务的；当事人达成了执行和解协议，不需要拍卖财产的；案外人对拍卖财产提出确有理由的异议的；拍卖机构与竞买人恶意串通的；其他应当撤回拍卖委托的情形。

第四，拍卖物优先权的处理。拍卖财产原有的担保物权及其他优先受偿权因拍卖而消灭，拍卖所得价款，应当优先清偿担保物权人及其他优先受偿权人的债权，但当事人另有约定的除外。拍卖财产上原有的租赁权及其他用益物权，不因拍卖而消灭，但该权利继续存在于拍卖财产上，对在先的担保物权或者其他优先受偿权的实现有影响的，执行机构应当依法将其除去后再进行拍卖。

第五，司法拍卖的撤销。《办理执行异议和复议案件规定》和《网络司法拍卖规定》都规定了撤销司法拍卖制度。综合上述两个司法解释的规定，当事人、利害关系人有权申请撤销司法拍卖的事由包括：（1）竞买人之间、竞买人与拍卖机构、竞买人与网络司法拍卖服务提供者之间恶意串通，损害当事人或者其他竞买人利益的；（2）买受人不具备法律、行政法规和司法解释规定的竞买资格的；（3）违法限制竞买人参加竞买或者对享有同等权利的竞买人规定不同竞买条件的；（4）未按照法律、司法解释的规定对拍卖标的物进行公告的；（5）由于拍卖财产的文字说明、视频或者照片展示以及瑕疵说明严重失实，致使买受人产生重大误解，购买目的无法实现的，但拍卖时的技术水平不能发现或者已经就相关瑕疵以及责任承担予以公示说明的除外；（6）由于系统故障、病毒入侵、黑客攻击、数据错误等原因致使拍卖结果错误，严重损害当事人或者其他竞买人利益的；（7）其他严重违反司法拍卖程序且损害当事人或者竞买人利益的情形。

（三）变卖的特别规定

查封、扣押、冻结的财产不适于拍卖，或者当事人双方同意不进行拍卖的，执行机构可以委托有关单位变卖或者自行变卖。在实践中，通过网络司法拍卖无人竞买而没有成交的，也可以通过同一网络司法拍卖平台对查封、扣押、冻结的财产进行变卖。根据《拍卖变卖财产规定》，金银及其制品、当地市场有公开交易价格的动产、易腐烂变质的物品、季节性商品、保管困难或者保管费用过高的物品，执行机构可以决定变卖。当事人双方及有关权利人对变卖财产的价格有约定的，按照其约定价格变卖；无约定价格但有市场价的，变卖价格不得低于市场价；无市场价但价值较大、价格不易确定的，应当委托评估机构进行评估，并按照评估价格进行变卖。按照评估价格变卖不成的，可以降低价格变卖，但最低的变卖价不得低于评估价的1/2。变卖的财产无人应买的，可依法将该财产交申请执行人或者其他执行债权人抵债；申请执行人和其他执行债权人拒绝接受或者依法不能交付其抵债的，执行机构应当解除查封、扣押，并将该财产退还被执行人。

（四）以物抵债的实施

在执行活动中，以物抵债分为两种情形：一是不经拍卖、变卖程序的以物抵债；二是无法拍卖或者变卖时的以物抵债。

经申请执行人和被执行人同意，且不损害其他债权人合法权益和社会公共利益的，执行机构可以不经拍卖、变卖，直接将被执行人的财产作价交申请执行人抵偿债务。对剩余债务，被执行人应当继续清偿。

被执行人的财产无法拍卖或者变卖的，经申请执行人同意，且不损害其他债权人合法权益和社会公共利益的，执行机构可以将该项财产作价后交付申请执行人抵偿债务。无法拍卖，通常是指拍卖时无人竞买或者竞买人的最高应价低于保留价。无法变卖，是指变卖时无人购买。

有两个以上申请执行人申请以财产抵债的，由法定受偿顺位在先的申请执行人优先承受；受偿顺位相同的，以抽签方式决定承受人。承受人应受清偿的债权额低于抵债财产的价额的，执行机构应当责令其在指定的期间内补交差额。承受人逾期未补交差价而使抵债的目的难以实现的，执行机构可以裁定重新拍卖。无法拍卖或者变卖时的以物抵债，既可以在第一次拍卖没有成交时进行，也可以在第二次、第三次拍卖不能成交或者无法变卖时进行。

以物抵债的财产所有权，自执行机构作出的抵债裁定送达承受人时起转移。执行机构裁定以物抵债后，除依法不能移交的情形外，应当于裁定送达后 15 日内，将财产移交承受人。被执行人或者第三人占有财产应当移交而拒不移交的，强制执行。

（五）对被执行人居住房屋执行的特别规定

对于被执行人本人及其所扶养家属维持生活必需的房屋（通常简称被执行人唯一住房），申请执行人按照当地廉租住房保障面积的标准，为被执行人及其所扶养家属提供居住房屋，或者同意参照当地房屋租赁市场平均租金标准，从房屋的变价款中扣除 5—8 年的租金，或者对被执行人有扶养义务的人名下有其他能够维持生活必需的居住房屋，或者执行依据生效后，被执行人为逃避债务转让其名下其他房屋的，执行机构可以依法查封并裁定拍卖、变卖或者抵债。裁定拍卖、变卖或者抵债后，应当给予被执行人 6 个月的搬迁宽限期。宽限期届满后，被执行人仍不搬迁的，可以强制执行。

三、对到期债权的执行

（一）对到期债权执行的概念

在实现金钱债权的执行案件中，被执行人对第三人享有到期债权的，执行机构可以裁定冻结债权，并通知该第三人向申请执行人履行。第三人履行该债务后，对被执行人的债务消灭。这一过程称为对到期债权的执行，也称为代位执行。

（二）对到期债权执行的程序

1. 作出冻结债权的裁定。对到期债权的执行，首先应冻结债权，禁止次债务人向被执行人履行债务。根据《民诉法解释》第499条的规定，执行机构对于被执行人对他人的到期债权，可以作出冻结债权的裁定。该裁定就是第三人向申请执行人履行债务，以及当第三人拒绝履行时，执行机构对其实施强制执行的依据。

2. 通知第三人向申请执行人履行债务。执行机构作出冻结到期债权裁定的同时，应当通知第三人向申请执行人履行债务，该通知称为履行债务通知。根据有关司法解释的规定，履行债务通知应当包含以下内容：（1）第三人对履行债务没有异议的，应在收到履行通知后的15日内，直接向申请执行人履行其对被执行人所负的债务，不得向被执行人清偿。（2）第三人对履行债务有异议的，应当在收到履行通知后的15日内向执行机构提出。（3）第三人违背上述义务的法律后果。收到履行债务通知后，第三人仍然向被执行人履行债务的，其履行行为无效，应当在履行的财产范围内对申请执行人承担连带清偿责任。执行机构还可依妨害执行的有关规定，对其实施制裁。同时，执行机构向第三人发出履行债务通知后，被执行人处分该债权的行为无效。执行机构还可依妨害执行的有关规定，对其实施制裁。

3. 处理第三人和利害关系人异议。第三人对其与被执行人之间的债权债务关系有异议的，应当在履行债务通知书规定的期间内向执行机构提出。异议原则上应采取书面形式，以口头形式提出异议的，应由执行人员记入笔录，并由异议人签名或盖章。对于第三人提出的异议，执行机构不进行实质审查，只要符合法定的形式要求，就应当立即终止对该到期债权的执行。但是，第三人对债权债务关系没有异议，仅表示自己没有履行能力的，异议不成立。对生效法律文书确定的到期债权，第三人予以否认的，执行机构不予支持。第三人部分否认其债务的，应当履行没有异议部分的债务；拒绝履行的，执行机构可强制执行其未提出异议的部分债务。申请执行人请求对异议部分强制执行的，执行机构不予支持。根据《民诉法解释》的规定，利害关系人对到期债权有异议的，执行机构应当按照《民事诉讼法》第234条的规定处理。即在对到期债权执行过程中，利害关系人提出异议的，执行机构应当将其视为案外人异议进行处理。

4. 采取执行措施。对于执行机构的履行债务通知，第三人没有提出异议或者提出的意见不属于异议，又不履行债务的，执行机构可以采取执行措施，在第三人应当向被执行人履行的债务的范围内，对第三人的财产实施查封、变价，并交付给申请执行人。查封、变价和交付的具体方法与对动产、不动产、其他财产性权利的执行方式相同。

（三）对到期债权执行的效力

第三人向申请执行人履行债务后，在实体法上其对被执行人的债务因履行而消灭，被执行人不得再依原来的债权债务关系向该第三人主张权利。第三人对被执行人的债务超过被执行人对申请执行人的债务的，第三人代位清偿后，应当继续向被执行人履行尚未履行的债务。

对于申请执行人来说，其债权因执行到期债权而受到清偿，视为被执行人对其债权的清偿。因此，对到期债权执行完毕，申请执行人的债权已经清偿，申请执行人不得再以原来的债权债务关系向被执行人主张权利。但是，债权尚未完全受清偿的，申请执行人可就尚未受清偿的部分，继续要求被执行人清偿。

四、参与分配

（一）参与分配的概念

参与分配，是指在实现金钱债权的执行案件中，被执行人的全部或者主要财产已经被执行机构查封、扣押或者冻结，在该财产或者该财产变价所得金额交付申请执行人之前，该被执行人的其他债权人请求就该财产或者该财产变价所得金额受偿，以实现各自的金钱请求权，执行机构将执行所得金额在全体申请执行人之间进行分配。它是解决金钱债权执行竞合的一种方法。

（二）申请参与分配的条件

根据《民诉法解释》第 506 条的规定，申请参与分配应当具备下列条件：（1）被执行人是自然人或者非法人组织；（2）申请参与分配的债权人已经取得执行依据且发现被执行人的财产不能清偿所有债权，或者尚未取得执行依据但对查封、扣押、冻结的财产享有优先权、担保物权而主张优先受偿权；（3）正在执行的和申请参与分配的债权都是金钱债权。

（三）参与分配的程序

1. 提出申请。对被执行人已经取得金钱债权执行依据的其他债权人，或者对查封、扣押、冻结的财产有优先权、担保物权的债权人，可以向执行机构提交参与分配申请书，要求就该财产变价所得进行分配或者主张优先受偿权。申请执行的执行机构与主持分配的执行机构不一致的，收到参与分配申请书的执行机构应当将其转交主持分配的执行机构并说明执行情况。参与分配申请书应当写明参与分配和被执行人不能清偿所有债权的事实、理由，并附执行依据。参与分配申请应当在执行程序开始后、被执行人的财产执行终结前提出。逾期提出参与分配申请，对查封、扣押、冻结的财产有优先权、担保物权的，其优先受偿权消灭；不享有优先受偿权，被执行人的财产有剩余的，只能在剩余财产中进行分配；被执行人的财产没有剩余的，不得参与分配。

2. 制作财产分配表。执行机构应当对参与分配的申请进行审查。对不符合前述条件的，执行机构裁定驳回申请；符合前述条件的，执行机构应当制作财产分配方案（分配表），并送达各申请执行人、优先受偿人和被执行人。财产分配顺序是财产分配方案的重要内容。在参与分配的执行中，执行所得价款扣除执行费用并清偿应当优先受偿的债权后，对于普通债权，原则上按照其占全部申请参与分配债权数额的比例受偿。清偿后的剩余债务，被执行人应当继续清偿。申请执行人发现被执行人有其他财产的，可以随时请求执行机构执行。

3. 受理和审查分配方案异议。申请执行人、优先受偿人或者被执行人对分配方案有异议的，应当自收到分配方案之日起 15 日内向主持分配的执行机构提出书面异议。收到分配方案异议后，执行机构应当通知未提出异议的申请执行人、优先受偿人或者被执行人。未提出异议的申请执行人、优先受偿人或者被执行人收到通知之日起 15 日内未提出反对意见的，执行机构应当依异议人的意见修正分配方案；提出反对意见的，应当通知异议人。异议人可以自收到通知之日起 15 日内，以提出反对意见的申请执行人、优先受偿人或者被执行人为被告，向执行法院提起诉讼。

4. 实施分配。各申请执行人、优先受偿人或者被执行人对分配方案没有提出异议，或者异议人收到未提出异议的申请执行人、优先受偿人或者被执行人提出反对意见的通知后，逾期未提起诉讼的，执行机构应当依原分配方案确定的数额，及时将执行所得的财产交付给各申请执行人和优先受偿人，以实现申请执行人和优先受偿人的权利。异议人收到未提出异议的申请执行人、优先受偿人或者被执行人提出反对意见的通知后提起诉讼，执行机构在诉讼期间进行分配的，应当将与争议债权数额相应的款项予以提存。

实施分配既可以集中进行，即将申请执行人、优先受偿人和被执行人召集在一起，优先支付优先受偿的债权后，将申请执行人应得分配金额交付申请执行人；也可以分别进行，即无需将申请执行人、优先受偿人和被执行人召集到一起，而是将申请执行人、优先受偿人应得分配金额分别交付各申请执行人、优先受偿人。

五、执行程序与破产程序的衔接

在执行实践中，被执行人不履行生效法律文书确定的义务，并非都是主观上不愿履行，有的是客观上不能履行。被执行人不能履行生效法律文书确定的义务，其实就是不能清偿到期债务。此种被执行人为企业法人且其资产不足以清偿全部债务或者明显缺乏清偿能力的，就达到了我国《企业破产法》规定的破产界限。此时，从两种程序的功能定位来看，破产程序应当吸收执行程序。但是，一方面，根据我国《企业破产法》的规定与法理，只有债权人或者债务人提出申请，达到破产界限的债务人才能通过破产程序清理债务；另一方面，被执行人若达到破产界限而不进行破产清算，执行程序就无法正常结束。为了解决因被执行人达到破产界限但当事人均不申请破产而造成的久拖不结问题，同时兼顾现行法律的规定和法理，《民诉法解释》创设了执行转破产程序制度，从而实现了执行程序与破产程序的衔接。

（一）执行程序与破产程序衔接的条件与方式

在执行程序中，将执行案件转入破产程序，对被执行人进行债务清理，必须同时具备两个条件：（1）被执行人达到破产界限，即作为被执行人的企业法人不能清偿到期债务，并且资产不足以清偿全部债务或者明显缺乏清偿能力；（2）经申请执行人之一或者被执行人同意。

执行程序与破产程序衔接的方式是，执行机构裁定中止对被执行人的执行，将执行案件相关材料移送被执行人住所地的法院。

与通常破产程序不同的是，首先，执行程序与破产程序衔接不需要申请执行人或者被执行人提出申请，只需申请执行人之一或者被执行人同意即可；其次，执行程序与破产程序衔接不需要申请执行人或者被执行人向有管辖权的法院提出申请，而是由执行机构将执行案件相关材料移送到对破产案件有管辖权的法院，即被执行人住所地法院。

（二）对执行案件相关材料的处理

对于执行机构转来的执行案件相关材料，被执行人住所地法院应当进行审查，并作出是否受理以被执行人为债务人的破产案件的裁定。审查的内容主要是本院是否具有管辖权和被执行人是否达到破产界限。收到执行案件相关材料的法院，应当自收到执行案件相关材料之日起 30 日内，将是否受理破产案件的裁定告知执行法院。不予受理的，应当将执行案件相关材料退回执行法院。

（三）破产程序对执行程序的影响

根据被执行人住所地法院受理或者不予受理以被执行人为债务人的破产案件，执行程序将向不同的方向发展，即：（1）被执行人住所地法院裁定受理破产案件的，执行法院应当解除对被执行人财产的保全措施；被执行人住所地法院裁定宣告被执行人破产的，执行法院应当裁定终结对该被执行人的执行。（2）被执行人住所地法院裁定不受理破产案件的，执行法院应当恢复执行。

（四）对不同意移送或者不受理破产案件的处理

当事人不同意移送破产案件或者被执行人住所地法院不受理破产案件的，执行机构就执行变价所得财产，在扣除执行费用并清偿优先受偿的债权后，对于普通债权，按照财产保全和执行中查封、扣押、冻结财产的先后顺序清偿。

第三节　实现物的交付请求权的执行

一、实现物的交付请求权执行与实现金钱债权执行的区别

（一）给付内容和执行标的不同

实现物的交付请求权执行实现的是物权，其给付内容和执行标的原则上只能是物，包括特定物和种类物。只有执行标的为种类物且被执行人拒绝交付的情况下才能转化为金钱给付的执行，并以其他财产为执行标的。实现金钱债权执行实现的是金钱给付请求权，其最终给付的内容只能是金钱，执行标的既包括物，也包括财产性权利。

（二）措施不同

实现物的交付请求权执行，强制交付的是物，通常情况下只有查封、扣押、交付等执行措施，不必有拍卖、变卖等变价措施。只有在转化为金钱给付的特殊情况下，才有必要实施变价措施。实现金钱债权执行，强制交付的是金钱，除了查封、扣押、冻结、交付等执行措施外，拍卖、变卖等变价类执行措施必不可少。

（三）程序不同

实现物的交付请求权执行，不必将执行标的进行变价。实现金钱债权的执行，必须将执行标的进行变价。因此，该两种执行程序的内容和复杂程度明显不同。相对而言，实现金钱债权执行的执行程序的内容更为复杂与烦琐。

二、实现物的交付请求权执行的执行措施

实现物的交付请求权的执行内容和标的，决定了其执行措施只包括控制性执行措施和交付性执行措施两类。

（一）查封与扣押

实现物的交付请求权执行的标的是特定物或者种类物。其控制性执行措施包括查封与扣押两种。同时，实现物的交付请求权中查封、扣押的实施方法、范围和程序等，与实现金钱债权执行中查封、扣押的实施方法、范围和程序等基本相同，此不赘述。

（二）交付

在实现物的交付请求权执行中，查封、扣押财产的目的是将生效法律文书确定的特定物转移给申请执行人占有。强制转移占有的执行措施，称为交付。一般

来说，实现物的交付请求权执行的交付，分为当面交付和转交两种。

当面交付，是指执行机构传唤双方当事人同时到场，在执行人员的主持下，被执行人将法律文书确定交付的物交给申请执行人占有。转交则是被执行人先将法律文书确定交付的物交给执行人员或者第三人，再由执行人员或者第三人交给申请执行人占有。

法律文书确定交付的物依法需要办理产权证照转移手续或者进行变更登记的，执行机构应当向有关部门或者机构发出协助执行通知书，通知其办理产权证照的转移手续或者进行变更登记。接到通知的部门或者机构应当按照协助执行通知书的要求依法办理。

三、实现物的交付请求权执行与实现金钱债权执行竞合的解决

实现物的交付请求权执行的标的与实现金钱债权执行的标的发生重合的，就会形成各申请执行人之间的权利冲突。理论上称为实现物的交付请求权执行与实现金钱债权执行的竞合。它是各种执行竞合形态中权利冲突最为激烈的一种。合理解决这种执行竞合，是顺利执行的重要保障。

在理论上和其他法域的立法中，解决实现物的交付请求权执行与实现金钱债权执行竞合的方法有两种：一种是依申请先后决定受偿。即实现物的交付请求权执行的申请在先的，按照实现物的交付请求权执行方法执行，即将标的物强制交付申请执行人；实现金钱债权执行的申请在先的，按照实现金钱债权执行的方法执行，即对标的物进行变价，将变价所得交付申请执行人。另一种是按照物权优先的原则处理。即无论申请先后，根据物权优先于债权的原理，应满足实现物的交付请求权执行的申请执行人的权利，将标的物强制交付申请执行人，而不能将该标的物进行变价以满足实现金钱债权执行的申请执行人的权利。

根据有关司法解释的规定，对于实现物的交付请求权执行与实现金钱债权执行的竞合，我国实行物权优先原则，即优先满足实现物的交付请求权执行的申请执行人的请求。

第四节　实现行为请求权的执行

一、实现行为请求权执行与实现物的交付请求权执行的区别

（一）标的不同

实现行为请求权执行的标的是行为，包括作为与不作为；实现物的交付请求权执行的标的是物，包括财产和票证。

（二）措施不同

实现行为请求权执行一般只能采取间接执行措施，只有转化为实现金钱债权执行时，才采取查封、扣押、冻结、拍卖、变卖、交付等直接执行措施。实现物的交付请求权执行则一般采取直接执行措施，但通常只采取查封、扣押、交付等执行措施，只有在特殊情况下转化为实现金钱债权执行时，才采取拍卖、变卖等直接执行措施。

（三）程序不同

实现行为请求权执行分为可替代完成行为的执行和不可替代完成行为的执行、积极作为的执行和消极不作为的执行，不同类型执行的程序均有所不同；实现物的交付请求权执行的程序相对简单一些。

二、实现行为请求权执行的措施

（一）迁出房屋或者退出土地的执行措施

迁出房屋或者退出土地的执行，是指执行机构强制被执行人搬迁或者处理在房屋内或者土地上的财产，将腾空后的房屋或者处理完财产设施后的土地交付申请执行人的一种对行为的执行制度。房屋买卖纠纷、土地使用权纠纷等案件的法律文书生效后，就可能涉及迁出房屋或者退出土地执行的问题。根据现行法律和司法解释的规定，迁出房屋或者退出土地的执行，一般要采取下列执行措施：

1. 发出执行公告。被执行人拒绝履行生效法律文书确定的迁出房屋或者退出土地的义务的，应当由法院院长签发限期迁出房屋或者退出土地的公告，责令被执行人在指定期间内履行。

2. 通知有关人员到场。实施强制迁出房屋或者退出土地的执行措施时，被执行人是自然人的，应当通知被执行人或者其成年家属到场；被执行人是法人或者非法人组织的，应当通知其法定代表人或者主要负责人到场。拒不到场的，不影响执行。被执行人是自然人的，其工作单位或者房屋、土地所在地基层组织应派员参加。

3. 采取强制搬迁措施。经说服教育，被执行人仍然拒绝履行义务的，执行机构应当清点在房屋内或者土地上的财产并登记造册，然后指定人员送往指定的地点，交给被执行人或者其成年家属；被执行人拒绝签收的，可以指定有关单位或者个人保管。搬迁和保管财产所发生的费用，由被执行人负担；被执行人拒绝支付的，按照实现金钱债权执行的程序强制执行。

4. 交付。房屋清空或者土地清理后，执行机构应当及时交付申请执行人，结束执行程序。

书记员应当对迁出房屋或者退出土地的执行过程制作笔录，执行人员、执行当事人、在场人员应当签名或者盖章。

（二）对其他作为的执行措施

被执行人应当履行其他作为义务而不履行，该行为可由他人替代完成的，执行机构可以选定代履行人；法律、行政法规对履行该行为义务有资格限制的，应当从有资格的人中选定。必要时，可以通过招标的方式确定代履行人。申请执行人可以在符合条件的人中推荐代履行人，也可以申请自己代为履行，是否准许，由执行机构决定。因代履行发生的费用，由执行机构根据案件的具体情况确定具体数额，并由被执行人在指定期限内预先支付。被执行人未预先支付的，执行机构可以对该费用强制执行。代履行结束后，被执行人可以查阅、复制费用清单以及主要凭证。

被执行人拒绝履行不可由他人替代完成的行为义务的，可以对被执行人采取间接强制执行措施，如罚款、拘留等，强制其履行义务；情节严重构成犯罪的，依法追究刑事责任。被执行人在执行机构确定的履行期间内仍不履行的，执行机构可以再次对其采取上述措施。

（三）对不作为的执行措施

被执行人拒绝履行生效法律文书确定的不作为义务的，执行机构应当采取执行措施消除其作为产生的法律后果。消除作为后果的，可分别适用对可替代行为的执行措施和对不可替代行为的执行措施。

第五节　执行威慑机制

执行威慑机制，是指在民事执行中使被执行人感到压力和不安，最终促成其自动履行义务的措施与制度。根据我国现行法律的规定，民事执行威慑机制包括限制被执行人高消费及有关消费（以下简称"限制消费"）、限制出境、在征信系统记录和通过媒体公布不履行义务信息等内容。

一、限制消费

（一）限制消费的概念

限制消费，是指在执行程序中，执行机构依法限制甚至禁止尚未全面履行生效法律文书确定的给付义务的被执行人，以自己的财产进行某些种类的消费行为，从而促使该被执行人履行义务的一种执行制度。根据《限制高消费及有关消费规定》第 1 条的规定，限制消费是指限制被执行人高消费及非生活或者经营必需的有关消费，因此限制消费在实践中也被称为限制高消费及相关消费。限制被执行人消费，并不能直接实现申请执行人的债权，而是通过限制或者禁止被执行人实施某些种类的消费行为，使被执行人产生"不便感"，促使被执行人为摆脱此种"不便感"而履行生效法律文书确定的义务，最终实现申请执行人的债权。因此，限制消费是一种执行威慑机制。

（二）限制消费的范围

根据《限制高消费及有关消费规定》第3条的规定，限制消费的范围包括：（1）乘坐交通工具时，选择飞机、列车软卧、轮船二等以上舱位；（2）在星级以上宾馆、酒店、夜总会、高尔夫球场等场所进行高消费；（3）购买不动产或者新建、扩建、高档装修房屋；（4）租赁高档写字楼、宾馆、公寓等场所办公；（5）购买非经营必需车辆；（6）旅游、度假；（7）子女就读高收费私立学校；（8）支付高额保费购买保险理财产品；（9）乘坐G字头动车组列车全部座位、其他动车组列车一等以上座位等其他非生活和工作必需的消费行为。

被执行人为自然人的，被采取限制消费措施后，该自然人不得实施上述行为。被执行人为单位的，被采取限制消费措施后，被执行人及其法定代表人、主要负责人、影响债务履行的直接责任人员、实际控制人不得实施上述行为；因私消费以个人财产实施上述行为的，可以向执行法院提出申请，执行法院审查属实的，应予准许。

（三）限制消费的实施程序

限制消费一般由申请执行人提出书面申请，经执行机构审查决定，必要时执行机构可以依职权决定。执行机构决定限制消费的，应当向被执行人发出限制消费令。限制消费令由法院院长签发。限制消费令应当载明限制消费的期间、项目、法律后果等内容。根据案件需要和被执行人的情况，执行机构可以向有义务协助调查、执行的单位送达协助执行通知书，也可以在相关媒体上进行公告。限制消费令的公告费用由被执行人负担；申请执行人申请在媒体公告的，应当垫付公告费用。

在限制消费期间，被限制消费的被执行人因生活或者经营必需而进行禁止的消费活动的，应当向执行机构提出申请，获批准后方可进行。被执行人提供确实有效的担保或者经申请执行人同意的，法院可以解除限制消费令。被执行人履行完毕生效法律文书确定的义务的，执行机构应当在发布限制消费令通知或者公告的范围内，及时以通知或者公告的方式解除限制消费令。

为了便于限制消费措施的实施，最高人民法院执行信息系统的有关信息已经实现与民航、铁路、旅游等票务信息系统连接，被限制消费人员的身份信息可以实时、自动被民航、铁路、旅游等票务信息系统识别。限制乘坐飞机、列车软卧、G字头动车组列车全部座位、其他动车组列车一等以上座位、旅游等消费行为，已经实现自动化和常态化。

（四）违反限制消费令的后果

有关人员违反限制消费令进行消费，经查证属实的，可以依照《民事诉讼法》第114条的规定，予以罚款、拘留；构成犯罪的，追究其刑事责任。有关单位在收到执行机构协助执行通知书后，仍允许被限制消费的人进行被限制的消费的，执行机构可以依照《民事诉讼法》第117条的规定，追究其法律责任。

二、限制出境

（一）限制出境的概念

限制出境，是指通过国家边防机关的协助，限制尚未履行义务的被执行人离开中华人民共和国领域，或者从内地前往香港、澳门特别行政区或者台湾地区的执行制度。

（二）限制出境的适用对象

被执行人是自然人的，可以限制被执行人本人出境；被执行人是无民事行为能力人或者限制民事行为能力人的，可以对其法定代理人适用限制出境；被执行人是法人或者非法人组织的，可以限制被执行人的法定代表人、主要负责人或者影响债务履行的直接责任人员、实际控制人出境。

（三）限制出境的实施程序

限制被执行人出境，应当由申请执行人向执行机构提出申请，必要时执行机构也可以依职权决定。执行机构决定限制被执行人出境的，应当向有关机关发出协助执行通知书，通知有关单位协助采取措施，确保被执行人不得离开中华人民共和国领域或者从内地前往香港、澳门特别行政区或者台湾地区。

（四）限制出境的解除

限制出境期间，被执行人全部履行义务的，执行机构应当及时解除限制出境措施；被执行人提供充分、有效的担保或者经申请执行人同意的，可以解除限制出境措施。

三、在征信系统记录和通过媒体公布不履行义务信息

在征信系统记录不履行义务信息，是指在被执行人的个人或者单位的信用记录中，载明其有拒绝履行或者没有全面履行义务的事实，使其个人或者单位信用受到影响的一种执行制度。通过媒体公布不履行义务的信息，也称为公布被执行人名单，是指将被执行人的姓名或者名称、没有履行债务的数额等信息通过公开

发行的报纸、杂志或者网络、电视等媒介公布，促使其履行义务的一种执行制度。

在征信系统记录或者通过媒体公布不履行义务信息，就是利用社会信用系统的惩戒功能，促使被执行人履行义务。根据有关司法解释的规定，执行机构可以依职权或者依申请执行人申请，公布被执行人不履行义务的信息。媒体公布发生的有关费用，由被执行人负担；申请执行人申请在媒体公布的，应当垫付有关费用。

为了落实在征信系统记录和通过媒体公布不履行义务制度，最高人民法院创设了失信被执行人名单制度。根据《最高人民法院关于公布失信被执行人名单信息的若干规定》的规定，被执行人不履行生效法律文书确定的义务的，执行机构除对被执行人予以处罚外，还可以根据情节将其纳入失信被执行人名单，将被执行人不履行或者不完全履行义务的信息向其所在单位、征信机构以及其他相关机构通报。

【复习要点】

（一）基本概念

执行措施　查封　扣押　冻结　拍卖　变卖　执行威慑机制　轮候查封　重新拍卖　网络司法拍卖

（二）思考题

1. 执行措施与执行威慑措施有何区别？适用执行威慑措施应当注意哪些问题？

2. 如何看待某些法院在不动产拍卖公告中"法院不负责腾空"的声明？

3. 因被执行人没有履行赔礼道歉的义务，执行法院便将该判决书刊登在某晚报上。如何看待执行法院的这一执行行为？

4. 执行拍卖与商业拍卖有何不同？

5. 轮候查封的程序与效力有何特点？

▶ 自测习题及参考答案

请扫描二维码，进行随堂测试。

第五编 | 涉外民事诉讼程序

第二十一章　涉外民事诉讼程序的特别规定

涉外民事诉讼程序的特别规定是我国民事诉讼法律体系的重要组成部分。涉外民事诉讼的主体、内容、客体等与一般民事诉讼有所区别，法院审理涉外民事诉讼案件适用的程序也有所不同。维护国家主权和我国当事人的合法权益是涉外民事诉讼程序的重要特点。法院审理涉外民事诉讼案件，涉外民事诉讼程序有特别规定的，适用特别规定；没有特别规定的，适用普通程序的规定。

第一节　涉外民事诉讼程序概述

一、涉外民事诉讼的概念

涉外民事诉讼，也称具有涉外因素的民事诉讼，是指法院在当事人及其他诉讼参与人的参加下，对涉外民事案件进行审理并作出裁判的一种活动。在国际私法上，具有涉外因素的民事诉讼，被称为国际民事诉讼。

一般来说，民事诉讼的涉外因素主要表现在三个方面：

1. 诉讼主体具有涉外因素。例如，当事人一方或者双方是外国人、无国籍人、外国企业或者组织。

2. 诉讼内容具有涉外因素。例如，引起当事人之间民事关系的发生、变更或者消灭的法律事实发生在我国境外。

3. 诉讼客体具有涉外因素。例如，当事人要求继承的遗产在外国领域。

根据《民诉法解释》第520条的规定，有下列情形之一的，法院可以认定为涉外民事案件：（1）当事人一方或者双方是外国人、无国籍人、外国企业或者组织的；（2）当事人一方或者双方的经常居住地在我国领域外的；（3）标的物在我国领域外的；（4）产生、变更或者消灭民事关系的法律事实发生在我国领域外的；（5）可以认定为涉外民事案件的其他情形。

凡是涉外民事案件，法院必须适用涉外民事诉讼程序的特别规定进行审判。

二、涉外民事诉讼程序的概念和特点

涉外民事诉讼程序，是指法院受理、审判和执行涉外民事案件时所适用的法定程序。

由于涉外民事案件与一般民事案件在诉讼主体、诉讼内容和诉讼客体等方面有所区别，法院在审理涉外民事案件时，不仅要优先适用涉外民事诉讼程序的特

别规定，还要适用或参照我国缔结、参加的国际条约的有关规定。同时，在没有特别规定的情形下，还要适用我国民事诉讼法的相关规定。

与一般民事诉讼程序相比，涉外民事诉讼程序具有以下特点：

1. 涉及维护国家主权。法院在审理涉外民事案件时，往往与维护国家主权密切相关。例如，外籍当事人应当使用我国通用的语言、文字进行诉讼，外籍当事人必须委托中国律师代理诉讼等，都与维护我国国家主权密切相关。

2. 涉及外国法律或者国际条约的适用。在涉外民事诉讼中，当事人有权选择适用外国实体法。当事人约定适用外国实体法的，法院就应当适用外国实体法对案件进行审理和裁判。同时，我国缔结或者参加的国际条约与我国法律有不同规定的，在涉外民事诉讼中应当优先适用该国际条约的规定。因此，涉外民事诉讼涉及国际条约的适用。

3. 涉及在国外完成诉讼行为。涉外民事诉讼的有些诉讼行为需在国外完成。例如，一方当事人的住所地在外国领域内，送达诉讼文书或者调查取证等，都需要在国外完成。此时就涉及司法协助的问题。

4. 某些具体的程序制度与国内民事诉讼不同。例如，根据《民诉法解释》第 528 条的规定，在涉外民事诉讼中，经调解达成协议，当事人要求发给判决书的，法院可以依据调解协议的内容制作判决书，送达当事人。又如，法院审理涉外民事案件时，期间往往更长且没有审限的规定。

第二节　涉外民事诉讼程序的原则

涉外民事诉讼程序的原则，是指根据我国民事诉讼法规定的基本原则，以及我国缔结或参加的国际条约，对涉外民事诉讼具有指导作用的行为准则。法院在审理涉外民事案件和当事人参加涉外诉讼活动时，除必须遵守涉外民事诉讼程序的原则外，还要遵守我国民事诉讼法的基本原则。

一、适用我国民事诉讼法原则

拓展阅读

论我国涉外民事
诉讼程序的完善

根据《民事诉讼法》第 266 条的规定，在我国领域内进行涉外民事诉讼，适用本编规定；本编没有规定的，适用本法其他有关规定。这一条明确规定了法院在审判涉外民事案件时，必须适用我国的民事诉讼法。这一原则在涉外民事诉讼中，不仅体现为对国家主权的维护，而且符合民事诉讼程序适用"法院地法"的国际惯例。

适用我国民事诉讼法原则主要体现在以下几个方面：

1. 外国人、无国籍人、外国企业或者组织在我国领域内进行民事诉讼，必须遵守我国的民事诉讼法。涉外民事案件，从当事人起诉到法院判决和执行，均受我国民事诉讼法的调整。

2. 凡专属于我国法院管辖的涉外民事案件，均由我国享有管辖权的法院进行审判，任何外国法院都无权管辖。

3. 外国法院的生效裁判和外国仲裁机构的裁决，都必须经过我国法院依法审查并予以承认，才能在我国领域内发生法律效力；具有执行内容的，按照我国民事诉讼法的规定执行。

二、同等和对等原则

根据《民事诉讼法》第 5 条第 1 款规定，同等原则，是指在我国法院起诉、应诉的外国人、无国籍人、外国企业和组织与我国当事人享有同等的诉讼权利义务。我国法院既不限制外国人、无国籍人、外国企业和组织的诉讼权利，也不增加其诉讼义务，这些主体与我国当事人享有同等的待遇。

同等原则是国家间基于平等互惠原则确立的，体现了当代民事诉讼立法的发展趋势。这 原则的适用不仅有利于及时、正确地解决涉外民事纠纷，对发展我国与世界其他国家之间的友好往来、经济合作等也十分有益。

《民事诉讼法》第 5 条第 2 款规定，外国法院对我国自然人、法人和非法人组织的民事诉讼权利加以限制的，我国法院对该国公民、企业和组织的民事诉讼权利，也采取相应的措施，加以限制，实行对等原则。在涉外民事诉讼中，实行对等原则既是维护我国自然人、法人和非法人组织合法权益的需要，也是维护国家司法主权的需要。

三、优先适用国际条约原则

根据《民事诉讼法》第 267 条的规定，我国缔结或者参加的国际条约同我国民事诉讼法有不同规定的，适用该国际条约的规定，但我国声明保留的条款除外。这就是优先适用国际条约原则，也称为信守国际条约原则。

国际条约是国际法主体间的约定，完全靠各成员的信守来实施。我国是一个独立自主的国家，是否参加或者缔结某个国际条约，取决于我国的意愿，不受外国的干涉。因此，凡是我国未参加的国际条约，对我国没有任何约束力；凡是我国已经缔结或者参加的国际条约，要遵照执行，我国法院在审理涉外民事案件时，应优先适用。但是，我国声明保留的条款除外。

四、司法豁免权原则

司法豁免权，是指免除司法管辖的权力。它是外交特权的一个重要组成部分，也是从国家主权派生的一个原则。

司法豁免权分为刑事司法豁免权与民事司法豁免权两种。刑事司法豁免权是完全的、绝对的，不受限制。例如，外交官的行为在驻在国构成犯罪后，驻在国的法院只能将其驱逐出境，而不能判处其徒刑。民事司法豁免权是不完全的，是有限制的。

根据《民事诉讼法》第 268 条的规定，对享有外交特权与豁免的外国人、外国组织或者国际组织提起的民事诉讼，应当依照我国有关法律和我国缔结或者参加的国际条约的规定办理。根据这一规定以及我国缔结和参加的国际条约的约定，享有司法豁免权的外交代表，在下列情形下不享有民事司法豁免权：（1）享有司法豁免权的外交代表被诉至我国法院，其派遣国政府明确表示放弃司法豁免权的；（2）享有司法豁免权的外交代表以私人身份参加遗产继承诉讼的；（3）享有司法豁免权的外交代表从事与外交职务无关的行为或者商业活动引起的民事诉讼；（4）享有司法豁免权的外交代表向我国法院提起民事诉讼引起反诉的；（5）享有司法豁免权的外交代表因自己的不动产与他人发生的诉讼；（6）享有司法豁免权的外交代表在未表明身份的情况下订立合同引起的纠纷，或者由于他们的车辆、船舶或航空器等交通工具造成事故而涉及损害赔偿的诉讼。

上述不享有司法豁免权的情形，不仅是各国普遍公认的，也是我国在参加《联合国特权和豁免公约》《联合国专门机构特权和豁免公约》《维也纳外交关系公约》和《维也纳领事关系公约》等国际公约后，法院在审判涉外民事案件时，按有关规定予以确认的。

五、使用中国通用语言文字原则

我国《民事诉讼法》第 269 条规定，法院审理涉外民事案件，应当使用我国通用的语言、文字。这一原则不仅是国际上通行的做法，也是维护我国主权与尊严的体现。

在涉外民事诉讼中，当事人向法院提交的书面材料是外文的，应当同时向法院提交中文翻译件。当事人对中文翻译件有异议的，应当共同委托翻译机构提供翻译文本；当事人对翻译机构的选择不能达成一致的，由法院确定。另外，当事人要求提供翻译的，可以提供，费用由当事人承担。

六、委托中国律师代理诉讼原则

律师制度作为一国司法制度的组成部分，只能在本国领域内适用，而不得延伸适用于其他国家的领域。因此，我国《民事诉讼法》第 270 条规定，外国人、无国籍人、外国企业和组织在我国法院起诉、应诉，需要委托律师代理诉讼的，必须委托我国的律师。也就是说，在涉外民事诉讼中，外国人、无国籍人、外国企业和组织在我国法院起诉、应诉，既可以由他们自己进行，也可以委托代理人进行。如果外国人、无国籍人、外国企业和组织在我国委托律师代理诉讼的，则必须委托我国的律师。对此，《民诉法解释》第 526 条又作出具体规定：涉外民事诉讼中的外籍当事人，可以委托本国人为诉讼代理人，也可以委托本国律师以非律师身份担任诉讼代理人；外国驻华使领馆官员，受本国公民的委托，可以以个人名义担任诉讼代理人，但在诉讼中不享有外交或者领事特权和豁免权。《民诉法解释》第 527 条还规定，涉外民事诉讼中，外国驻华使领馆授权其本馆官员，在作为当事人的本国国民不在我国领域内的情况下，可以以外交代表身份为其本国国民在我国聘请中国律师或中国公民代理民事诉讼。

此外，根据《民事诉讼法》第 271 条的规定，在我国领域内没有住所的外国人、无国籍人、外国企业和组织委托我国律师或者其他人代理诉讼，从我国领域外寄交或者托交的授权委托书，应当经所在国公证机关证明，并经我国驻该国使领馆认证，或者履行我国与该所在国订立的有关条约规定的证明手续后，才具有效力。对于该条文规定的办理公证、认证的手续，《民诉法解释》第 522 条作出了补充规定，即外国当事人所在国与我国没有建立外交关系的，可以经该国公证机关公证，经与我国有外交关系的第三国驻该国使领馆认证，再转由我国驻该第三国使领馆认证。此外，为了便利于涉外民事诉讼中的外国人、无国籍人、外国企业和组织签署授权委托书，根据《民诉法解释》第 523 条和第 524 条的规定，外国人、外国企业或者组织的代表人在法院法官的见证下签署授权委托书委托代理人进行民事诉讼的，法院应予认可。外国人、外国企业或者组织的代表人在我国境内签署授权委托书委托代理人进行民事诉讼，经我国公证机构公证的，法院应予认可。

第三节　涉外民事诉讼管辖

一、涉外民事诉讼管辖的概念

涉外民事诉讼管辖，是指我国法院审理涉外民事案件的分工与权限。涉外民事诉讼管辖与国内民事诉讼管辖的区别在于：国内民事诉讼管辖解决各级法院或同级法院之间受理第一审民事案件的分工和权限的问题；涉外民事诉讼管辖解决涉外民事案件应否由我国法院审理的问题。因涉外民事案件由不同国家的法院进行审理，裁判结果也会不同，因此，涉外民事诉讼管辖不仅涉及一国当事人的合法权益能否得到保护，还直接涉及维护国家主权的问题。于是，在确定涉外民事诉讼管辖问题上，各国都力争扩大本国的管辖权。例如，在法国，只要案件的当事人一方是法国人，法国的法院就有管辖权。为保护我国当事人的合法权益，维护国家的主权和尊严，我国在民事诉讼法中专章对涉外民事诉讼管辖作出规定，以便法院对涉外民事案件行使管辖权。

二、我国确定涉外民事诉讼管辖的原则

根据《民事诉讼法》和《民诉法解释》的相关规定，我国在确定涉外民事诉讼管辖时，遵循以下三项原则。

（一）维护国家主权的原则

根据《民事诉讼法》第273条的规定，我国法院对一定范围内的涉外民事案件行使专属管辖权。这是维护国家主权原则在涉外民事诉讼管辖中的重要体现。

（二）涉外民事案件与法院所在地有实际联系的原则

《民事诉讼法》第272条规定，因合同纠纷或者其他财产权益纠纷，对在我国领域内没有住所的被告提起的诉讼，如果该涉外民事诉讼与我国法院所在地存在一定实际联系，我国法院享有管辖权。

（三）尊重当事人选择原则

《民诉法解释》第529条规定，涉外民事案件的当事人可以协议选择法院管辖。只要当事人的协议选择符合《民事诉讼法》第35条和第272条的规定，且不违反级别管辖和专属管辖，我国法院就尊重当事人的选择。

三、涉外民事诉讼管辖的种类

（一）牵连管辖

牵连管辖，是根据涉外民事诉讼与法院所在地之间存在的实际联系确定的一种管辖制度。

拓展阅读

轩辉国际物流有限公司与智利南美轮船有限公司运输合同纠纷案二审民事裁定书

根据《民事诉讼法》第272条的规定，因合同纠纷或者其他财产权益纠纷，对在我国领域内没有住所的被告提起的诉讼，如果合同在我国领域内签订或者履行，或者诉讼标的物在我国领域内，或者被告在我国领域内有可供扣押的财产，或者被告在我国领域内设有代表机构，可以由合同签订地、合同履行地、诉讼标的物所在地、可供扣押财产所在地、侵权行为地或者代表机构住

所地的法院管辖。可见，牵连管辖具有以下几个特点：（1）仅适用于合同纠纷或者其他财产权益纠纷；（2）被告在我国领域内没有住所；（3）由与涉外民事案件有连接点的法院管辖。

（二）专属管辖

专属管辖，是指某些特定的涉外民事案件专属我国法院管辖，既不允许外国法院管辖，也不允许当事人协议选择外国法院管辖。

我国《民事诉讼法》第273条规定，因在我国履行的中外合资经营企业合同、中外合作经营企业合同、中外合作勘探开发自然资源合同发生纠纷提起的诉讼，由我国法院专属管辖。但是，《民诉法解释》第529条第2款规定，上述案件当事人协议选择仲裁解决的除外。

（三）协议管辖

协议管辖，是指当事人在纠纷发生之前或者纠纷发生之后，以书面形式协议选择管辖法院的一种制度。

在2012年修正《民事诉讼法》之前，有关协议管辖的内容规定在第四编涉外民事诉讼程序的特别规定中，2012年修正《民事诉讼法》后，将涉外协议管辖的内容前移至第34条[①]，与国内协议管辖相一致，即合同或者其他财产权益纠纷的当事人可以书面协议选择被告住所地、合同履行地、合同签订地、原告住所地、标的物所在地等与争议有实际联系的地点的法院管辖，但不得违反本法对级别管辖和专属管辖的规定。

对于涉外协议管辖，《民诉法解释》第529条规定："涉外合同或者其他财产权益纠纷的当事人，可以书面协议选择被告住所地、合同履行地、合同签订地、原告住所地、标的物所在地、侵权行为地等与争议有实际联系地点的外国法院管辖。根据民事诉讼法第三十四条和第二百七十三条规定，属于中华人民共和国法院专属管辖的案件，当事人不得协议选择外国法院管辖，但协议选择仲裁的除外。"

四、涉外民事诉讼管辖中的特殊情形与处理

（一）我国法院不方便行使管辖权的情形与处理

法院的司法管辖权是一国司法主权的重要组成部分。通常情况下，一国法院不会放弃对涉外民事案件的管辖权。在司法实践中，我国法院虽然对某些涉外民事案件享有管辖权，但法院在审理时因在认定事实和适用法律方面均存在一定的困难，如果由外国法院进行审理更加方便，在案件不涉及国家利益和我国自然

---

① 即2021年《民事诉讼法》第35条。

人、法人或者非法人组织利益的情况下，可以裁定不予受理。

根据《民诉法解释》第 530 条的规定，涉外民事案件符合下列情形的，法院可以裁定驳回原告的起诉，告知其向更方便的外国法院提起诉讼：（1）被告提出案件应由更方便外国法院管辖的请求，或者提出管辖异议；（2）当事人之间不存在选择我国法院管辖的协议；（3）案件不属于我国法院专属管辖；（4）案件不涉及我国国家、自然人、法人或者非法人组织的利益；（5）案件争议的主要事实不是发生在我国境内，且案件不适用我国法律，法院审理案件在认定事实和适用法律方面存在重大困难；（6）外国法院对案件享有管辖权，且审理该案件更加方便。

（二）涉外民事诉讼管辖中的重复诉讼与处理

在涉外民事诉讼中，由于管辖会涉及不同国家的司法主权和利益，特别是在没有签署双边或者多边国际条约的情况下，往往会导致同一涉外民事纠纷由两个国家的法院受理并作出不同判决，构成重复诉讼。在重复诉讼中存在平行诉讼与对抗诉讼两种不同的情形。平行诉讼又称一事两诉，是指同一涉外民事纠纷可由两个国家的法院管辖时，双方当事人分别向自己国家的法院起诉并受理；对抗诉讼，是指同一涉外民事纠纷，一方当事人在一国提起诉讼后，另一方当事人以不同的事实与理由又在他国法院起诉。例如，在国际货物买卖合同中，一方当事人在一国的法院提起给付之诉，请求给付货款，而另一方当事人在他国又提起确认之诉，请求确认该合同无效。

对于上述情形，根据司法实践并借鉴国外立法经验，《民诉法解释》第 531 条明确规定，我国法院和外国法院都有管辖权的案件，一方当事人向外国法院起诉，而另一方当事人向我国法院起诉的，我国法院可以受理。判决后，外国法院申请或者当事人请求我国法院承认和执行外国法院对本案作出的判决、裁定的，不予准许；但双方共同缔结或者参加的国际条约另有规定的除外。外国法院判决、裁定已经被我国法院承认，当事人就同一争议向我国法院起诉的，不予受理。

第四节 涉外民事诉讼的跨境网上立案、期间和送达

一、跨境网上立案

依据《最高人民法院关于为跨境诉讼当事人提供网上立案服务的若干规定》，跨境诉讼当事人包括外国人，我国香港特别行政区、澳门特别行政区（以下简称港澳特区）和台湾地区居民，经常居所地位于国外或者港澳台地区的我国

内地公民，以及在国外或者港澳台地区登记注册的企业和组织。

为跨境诉讼当事人提供网上立案服务的案件范围包括第一审民事、商事案件。法院通过中国移动微法院为跨境诉讼当事人提供网上立案服务。

通过身份验证的跨境诉讼当事人委托我国内地律师代理诉讼，可以向受诉法院申请线上视频见证。线上视频见证的过程将由系统自动保存。

跨境诉讼当事人申请网上立案应当在线提交以下材料：（1）起诉状；（2）当事人的身份证明及相应的公证、认证、转递、寄送核验等材料；（3）证据材料。上述材料应当使用我国通用文字或者有相应资质翻译公司翻译的译本。

受诉法院收到网上立案申请后，应当作出以下处理：（1）符合法律规定的，及时登记立案。（2）提交诉状和材料不符合要求的，应当一次性告知当事人在15日内补正。当事人难以在15日内补正材料的，可以向受诉法院申请延长补正期限至30日。当事人未在指定期限内按照要求补正，又未申请延长补正期限的，立案材料作退回处理。（3）不符合法律规定的，可在线退回材料并释明具体理由。（4）无法即时判定是否符合法律规定的，应当在7个工作日内决定是否立案。

跨境诉讼当事人提交的立案材料中包含以下内容的，受诉法院不予登记立案：（1）危害国家主权、领土完整和安全；（2）破坏国家统一、民族团结和宗教政策；（3）违反法律法规，泄露国家秘密，损害国家利益；（4）侮辱诽谤他人，进行人身攻击、谩骂、诋毁，经法院告知仍拒不修改；（5）所诉事项不属于人民法院管辖范围；（6）其他不符合法律规定的起诉。

二、涉外民事诉讼的期间

（一）涉外民事诉讼期间的特点

涉外民事诉讼期间与国内民事诉讼期间相比，具有自身的特点。由于有些涉外案件当事人居住在国外，诉讼文书的送达、委托手续的办理等事项都需要较长的时间。为了让境外的当事人了解我国的有关法律规定，便于进行诉讼，涉外民事诉讼期间较国内民事诉讼期间要长。

在涉外民事诉讼中，当事人在我国领域内有住所的，适用《民事诉讼法》第七章第一节关于期间的一般规定；当事人不在我国领域内居住的，适用《民事诉讼法》第四编第二十五章有关期间的特别规定。

（二）涉外民事诉讼期间的特别规定

1. 根据《民事诉讼法》第275条的规定，被告在我国境内没有住所的，应当在收到起诉状副本后30日内提出答辩状。被告申请延期的，是否准许，由法院决定。

2. 根据《民事诉讼法》第 276 条的规定，被上诉人在我国境内没有住所的，应当在收到上诉状副本后 30 日内提出答辩状。被上诉人不能在法定期限内提出答辩状，申请延期的，是否准许，由法院决定。

3. 根据《民事诉讼法》第 276 条的规定，在我国境内没有住所的当事人，不服第一审法院判决、裁定的，有权在判决书、裁定书送达之日起 30 日内提起上诉；当事人不能在 30 日内提出上诉而申请延期的，是否准许，由法院决定。

由此可见，与国内民事诉讼期间相比，涉外民事诉讼的答辩期间和上诉期间不仅要长，还可以申请延长。

（三）审理期间的特别规定

根据《民事诉讼法》第 277 条的规定，法院审理涉外民事案件的期间，不受本法第 152 条、第 183 条规定的限制。即不受国内民事诉讼一审和二审审理期限的限制。无论法院审理第一审涉外民事案件，还是审理第二审涉外民事案件，都没有审限的约束。可见，这一规定是针对涉外民事案件的特殊性作出的。

三、涉外民事诉讼的送达

根据《海牙送达公约》、我国缔结的双边司法协助条约、《民事诉讼法》第 274 条、《海事诉讼特别程序法》第七章、《最高人民法院关于涉外民事或商事案件司法文书送达问题若干规定》等规定，我国法院向在我国领域内无住所的当事人的送达的途径或方式主要有九种。

（一）依照国际条约规定的方式送达

我国在改革开放以后，为适应审判工作的发展需要，十分重视与外国的司法协助，并先后与法国、波兰、比利时、蒙古、意大利等几十个国家签订了司法协助条约（协定）。这些司法协助条约（协定）都明确规定，缔约双方通过各自指定的中央机关代为送达诉讼文书。我国指定的中央机关是司法部，由最高人民法院将诉讼文书交给司法部，然后由司法部转递给当事人所在国指定的中央机关送达。另外，受送达人所在国与我国缔结或者共同参加的国际条约对送达方式有规定的，依照国际条约规定的方式送达。

（二）通过外交途径送达

这是国际上公认的最正规的送达方式。但是，采用外交途径送达必须符合两个前提条件：一是受送达人所在国与我国尚未签订司法协助条约（协定），也没有共同参加有关国际条约；二是受送达人所在国与我国必须是建交国，有外交关系。自我国有关机关将诉讼文书转递受送达人所在国有关机关之日起满 6 个月，如果未能收到送达与否的证明文件，且根据各种情况不足以认定已经送达诉讼文书的，视为不能用外交途径送达。

（三）委托我国驻受送达人所在国的使领馆代为送达

由于这种送达方式涉及驻在国的法律和国家利益，适用时要符合三个条件：（1）受送达人具有我国国籍，但在我国境内又没有住所；（2）不得违反驻在国的法律规定；（3）不得采取强制措施。

（四）向有权接受送达的诉讼代理人送达

不论受送达人是谁，只要受送达人已经委托其诉讼代理人接受送达，法院均可向受送达人委托的诉讼代理人送达，由其诉讼代理人把诉讼文书转交给受送达人（可以留置送达）。诉讼代理人的签收日期，为送达日期。

（五）向代表机构或分支机构、业务代办人送达

这种送达方式主要适用于受送达人是外国企业或者经济组织，并与我国在经济贸易、海上运输等方面有业务往来的情形。如果受送达人在我国领域内设有代表机构或者有权接受送达的分支机构、业务代办人，法院可以向受送达人的代表机构或分支机构、业务代办人送达诉讼文书（可以留置送达）。

（六）向外国人或者外国企业、组织的法定代表人、主要负责人送达

根据《民诉法解释》第 533 条的规定，外国人或者外国企业、组织的代表人、主要负责人在我国领域内的，法院可以向该外国人或者外国企业、组织的代表人、主要负责人送达诉讼文书（可以留置送达）。外国企业、组织的主要负责人包括该企业、组织的董事、监事、高级管理人员等。

根据《海事诉讼特别程序法》第 80 条的规定，有关扣押船舶的法律文书也可以向当事船舶的船长送达。

（七）邮寄送达

邮寄送达简便易行，但适用的条件是当事人所在国的法律允许邮寄送达。目前大多数国家的法律都允许邮寄送达，只有少数几个国家认为邮寄送达是一种侵犯国家主权的行为，不允许该种送达方式。邮寄送达诉讼文书时，应当附有送达回证。受送达人未在送达回证上签收，但在邮件回执上签收的，视为送达，签收日期为送达日期。自邮寄之日起满 3 个月，如果未收到送达的证明文件，且根据各种情况不足以认定已经送达诉讼文书，视为不能用邮寄方式送达。

（八）电子送达

在当事人同意的情况下，法院可以采用传真、电子邮件等能够确认受送达人收悉的方式送达诉讼文书。这是一种更为简便易行的送达方式，适用的前提是必须得到当事人允许。

（九）公告送达

法院在不能用上述方式送达时，可以将诉讼文书的内容刊登在国外发行的报纸上，或者张贴在有关场所，公告送达。公告送达，自公告之日起满 3 个月，即

视为送达。对在我国领域内没有住所的当事人，经用公告方式送达诉讼文书后，公告期届满不应诉的，法院缺席判决后，仍应当将判决书公告送达。自公告送达判决书满 3 个月之日起，经过 30 日的上诉期，当事人没有上诉的，一审法院的判决即发生法律效力。一审法院采取公告方式送达诉讼文书的，二审时可径行采取公告方式向当事人送达诉讼文书。但二审法院能够采取公告方式之外的其他方式送达的除外。

在涉外民事诉讼中，除公告送达外，我国法院可以同时采取多种送达方式向受送达人送达诉讼文书，以最先实现送达的方式确定送达日期。

受送达人在送达诉讼文书时未履行签收手续，但有以下情形之一的，视为送达：（1）受送达人书面向我国法院提到了送达诉讼文书的内容；（2）受送达人已经按照送达诉讼文书的内容履行；（3）其他可以视为已经送达的情形。

【复习要点】

（一）基本概念

涉外民事诉讼　涉外民事诉讼程序　司法豁免权　不方便法院原则
涉外民事诉讼期间

（二）思考题

1. 分析适用我国民事诉讼法原则与优先适用国际条约原则之间的合理关系。

2. 涉外民事诉讼管辖原则与国内民事诉讼管辖原则有何不同？

3. 根据正当程序保障原理，分析现行涉外民事诉讼送达方式的不足及其完善方案。

▶ 自测习题及参考答案

请扫描二维码，进行随堂测试。

第二十二章 司法协助

司法协助是指根据缔结或者共同参加的国际条约，或者根据互惠原则，各国法院之间代为送达文书、调查取证以及承认与执行对方法院的判决、裁定和仲裁机构的裁决等。通过司法协助，既有利于法院处理涉外民事案件，又有利于维护当事人合法权益。根据协助的内容不同，司法协助分为一般司法协助和特殊司法协助两种类型。

第一节　司法协助概述

一、司法协助的概念

司法协助，是指不同国家的法院之间，根据本国缔结或者参加的国际条约或者按照互惠原则，互相协助代为实施一定诉讼行为的制度。

司法协助有狭义和广义之分。狭义的司法协助，也称为一般司法协助，仅限于不同国家的法院之间代为送达诉讼文书和代为调查取证，不包括承认与执行对方法院的判决、裁定和仲裁机构的裁决。对法院判决、裁定、仲裁裁决的承认和执行，属于当事人的私权，不是各国法院彼此之间可以自行委托的事项。广义的司法协助，又称为特殊的司法协助，不仅包括代为送达诉讼文书和代为调查取证，还包括相互承认和执行对方法院的判决、裁定和仲裁机构的裁决。我国立法对司法协助采用广义的概念。

司法协助是随各国经济、贸易、文化的频繁交往而逐步形成和发展起来的一种法律制度。20世纪以后，有关司法协助的国际条约不断增多。根据这些国际条约，接受外国法院的委托，实施司法协助的国家机构，不仅包括法院，也包括司法部等有关机关。

二、司法协助的依据

基于主权原则，国家有权排斥他国的司法行为，所以进行司法协助要有一定的依据。一般来说，司法协助的依据主要有：

1. 存在相关国际条约。我国法院与外国法院相互提供司法协助，依据之一是我国同外国缔结的国际条约或者共同参加的国际公约。例如，我国与许多国家签订了有关民事司法协助的双边条约，我国还加入了《关于向国外送达民事或商事司法文书和司法外文书公约》（1991年加入，简称《海牙送达公约》）、《关于从国外调取民事或商事证据的公约》（1997 年加入，简称《海牙取证公约》）、《承认及执行外国仲裁裁决公约》（1987 年加入，简称《纽约公约》）等国际公约。

2. 存在互惠关系。我国与外国之间不存在有关司法协助的国际条约的，可以根据国际惯例、按照互惠原则，与外国法院互相提供司法协助。

根据《民诉法解释》第 547 条的规定，与我国没有司法协助条约又无互惠关系的国家的法院，未通过外交途径，直接请求我国法院提供司法协助的，应予退回，并说明理由。

三、我国提供司法协助的条件

我国向外国提供司法协助，除了应当符合上述依据外，还应同时具备以下条件：

1. 委托司法协助的事项不得有损于我国的公共秩序。根据《民事诉讼法》第 283 条第 2 款的规定，公共秩序是指我国的主权、安全或者社会公共利益。更全面的解释是指我国法律的基本原则、国家核心利益和社会公共利益。《中国的和平发展》（2011 年）白皮书指出，中国的核心利益包括国家主权、国家安全、领土完整、国家统一、中国宪法确立的国家政治制度和社会大局稳定、经济社会可持续发展的基本保障。依据《最高人民法院关于适用〈中华人民共和国涉外民事关系法律适用法〉若干问题的解释（一）》第 8 条的规定，我国的社会公共利益包括涉及劳动者权益保护、食品或公共卫生安全、环境安全、外汇管制等金融安全、反垄断、反倾销等。

2. 提供必要的书面材料。外国法院请求我国法院提供司法协助，必须提交书面的请求材料并附必要的文件。这些材料和文件应当附具中文译本或者国际条约规定的其他文字文本。

3. 依照我国法律规定的程序提出请求。外国法院请求我国法院提供司法协助的，我国法院应根据我国法律规定的程序提供司法协助。外国法院请求采用特殊方式提供司法协助的，在不违反我国法律的前提下，也可以按照其请求进行。

第二节　一般司法协助

一、一般司法协助的概念

一般司法协助，也称普通司法协助，是指我国法院和外国法院之间按照国际条约或者互惠关系相互委托代为送达诉讼文书、调查取证和实施其他诉讼行为。

其他诉讼行为，通常指代为提供有关法律资料的行为。

代为送达诉讼文书，是指外国法院依据有关国际条约的规定和法律允许的送达方式，将诉讼文书送交给居住在本国的当事人或其他诉讼参与人的行为，具有严格的属地性。根据《最高人民法院关于涉外民事或商事案件司法文书送达问题若干规定》，向在我国领域内没有住所的受送达人送达的诉讼文书包括起诉状副本、上诉状副本、反诉状副本、答辩状副本、传票、判决书、调解书、裁定书、支付令、决定书、通知书、证明书、送达回证以及其他司法文书。

代为调查取证，包括代为询问当事人、证人和鉴定人，代为司法鉴定和司法勘验，以及代为收集书证和视听资料等。国外调查取证有直接取证和间接取证两种。前者，比如我国外交和领事人员在驻在国取证，当事人及其诉讼代理人到外国自行取证等。后者，则是委托证据所在国法院或者有关机关代为调查取证。

代为提供有关法律资料的行为，是指根据我国缔结或者参加的司法协助条约，缔约双方根据请求相互提供本国的法律情报、本国民事司法实践的情报以及其他法律情报。根据审判涉外案件的需要，对法律资料宜作广义理解。因为某个外国的法律规则并非孤立的，其与该国的法律文化以及法律解释和推理规则构成一个不可分割的整体。因此，此处的法律资料应当包括法律规则本身及其在民事司法方面的实践资料、准确理解适用该规则所必需的其他资料。

二、一般司法协助的途径

（一）国际条约途径

对于已经与我国签订司法协助协定的国家，或者与我国共同参加涉及司法协助内容的国际条约的国家，法院之间均应按照条约所规定的途径进行司法协助。例如，1988年2月8日生效的《中华人民共和国和法兰西共和国关于民事、商事司法协助的协定》第3条第1款规定："提供司法协助，除本协定另有规定外，应当通知缔约双方各自指定或建立的中央机关进行。"我国指定的中央机关是司法部。

（二）外交途径

两国尚未签订司法协助协定或双方均未参加有关国际条约，但已建立外交关系的，按互惠原则通过外交途径进行司法协助。

我国法院和外国法院通过外交途径相互提供司法协助，可参照最高人民法院于1986年8月14日发布的《关于我国法院和外国法院通过外交途径相互委托送达法律文书若干问题的通知》办理。

（三）本国使领馆途径

通过本国驻外使领馆代为完成一定的诉讼行为，也是司法协助的一种途径。

采用该种途径需注意以下问题：（1）由于这种司法协助途径需通过使领馆进行，因此，只能向驻在国的本国公民实施诉讼行为，不得向外国公民实施诉讼行为；（2）司法协助时，不得违反驻在国的法律，并且不得采取强制措施。为此，我国《民事诉讼法》第284条明确规定，外国驻我国的使领馆可以向我国领域内的该国公民送达文书和调查取证，但不得违反我国的法律，并不得采取强制措施。

除上述情况外，未经我国主管机关准许，任何外国机关或者个人不得在我国领域内送达文书、调查取证。

三、一般司法协助的程序

（一）《海牙送达公约》和《海牙取证公约》成员国之间的协助程序

公约成员国驻华使领馆转送该国法院或其他机关请求我国送达的民事或商事诉讼文书的，应直接送交我国司法部，由司法部转递给最高人民法院，再由最高人民法院交有关法院送达给当事人。公约成员国有权送达文书的主管机关或司法助理人员，请求我国送达民事和商事司法文书的，应直接送交我国司法部转递给最高人民法院，再由最高人民法院交有关法院送达给当事人。送达证明由有关法院交最高人民法院送司法部，再由司法部送交该国驻华使领馆或该国主管当局或司法助理人员。

我国法院欲请求公约成员国向该国公民或第三国公民或无国籍人送达民事、商事诉讼文书的，有关中级法院或专门法院应将请求书和所送司法文书送有关高级法院转交最高人民法院，由最高人民法院送司法部转送给该国指定的中央机关；必要时，也可由最高人民法院送我国驻该国使馆转送给该国指定的中央机关。

发自缔约一国的诉讼文书的送达，不应产生文书发往国提供服务所引起的税款或费用的支付或补偿。申请者应支付或补偿下列情况产生的费用：（1）有司法助理人员或依送达目的地国法律主管人员的参与；（2）特定送达方法的使用。

在成员国之间，公约成员国要求我国代为调查取证的，应将请求书依上述送达程序交我国司法部，由司法部转交给最高人民法院，再由最高人民法院送交有执行权的法院执行。我国法院请求公约成员国调查取证的，依上述送达程序将请求书及必要的文件送该国有责任接收请求的指定中央机关，再由其根据本国法律调查取证。

根据《海牙取证公约》第9条的规定，执行请求书的司法机关应适用其本国法规定的方式和程序。但是，该机关应采纳请求机关提出的采用特殊方式或程序的请求，除非其与执行国国内法相抵触或因其国内惯例和程序或存在实际困难而不可能执行。请求书的执行不产生任何性质的税费补偿。但是，执行国有权要求请求国支付鉴定人和译员的费用以及因采用请求国根据《海牙取证公约》第9条第2款要求的特殊方式或程序而产生的费用。

（二）订有司法协助条约的协助程序

我国与《海牙送达公约》《海牙取证公约》的成员国签订有双边司法协助条约的，按照双边司法协助条约办理。我国与非上述公约成员国签订有双边司法协助条约的，按双边司法协助条约办理。

外国法院请求我国司法协助时，应通过我国司法部递交请求书和有关文件，再由司法部将请求书和有关文件转交最高人民法院，经审查后送交有关高级法院指定的中级法院或专门法院办理；办理结果由承办法院交有关高级法院，由高级法院审核后报最高人民法院，并由其译成外文连同原文书一并送司法部，再由司法部转递给提出申请的外国法院。

我国法院委托外国法院予以司法协助的，亦应按司法协助协定提出请求文书和附件，经所属高级法院审核后报最高人民法院，最高人民法院审核后译成外文，连同中文的请求文书和所附文件一并转司法部，由司法部转递给缔约的外国一方。

关于域外取证，我国同法国、波兰、比利时等许多国家签订的司法协助协定都有规定，代为送达和代为取证在制度上是大体相同的。

（三）存在外交关系的司法协助程序

外国法院要求我国法院提供司法协助时，先由该国驻华使领馆将委托事项和有关文件交我国外交部领事司审查后转递给有关高级法院，再由该高级法院指定有关中级法院代为完成诉讼行为，完成结果连同原有关文件再按上述程序由外交部领事司转交给对方。

我国法院要求外国法院提供一般司法协助的，先将请求书及有关文件报经有关高级法院审查，再转由我国外交部领事司送交当事人所在国驻我国的外交机构，由其转交给该国的外交机关，然后按照该国法律规定的方式送达。

第三节 特殊司法协助

一、特殊司法协助的概念

特殊司法协助，是指我国法院与外国法院之间按照国际条约或者互惠关系，相互承认并执行对方法院作出的生效裁判和仲裁机构作出的仲裁裁决的司法活动。

一国法院作出的生效裁判，其效力只及于本国领域，在其他国家境内不能发生法律效力。但各国为保证本国法院作出的生效裁判的实现，使当事人的合法权益得到保护，彼此之间往往在一定条件下承认和执行对方法院的生效裁判。各国法律对如何承认并执行外国法院作出的生效裁判和仲裁机构作出的仲裁裁决，都作出了明确规定。

特殊司法协助包括两个方面的内容：（1）对外国法院的生效裁判和仲裁机构的裁决在我国的承认和执行；（2）我国法院的裁判和仲裁机构的裁决在境外的承认与执行。

二、对外国法院裁判和仲裁裁决的承认和执行

（一）对外国法院裁判的承认和执行

1. 承认和执行外国法院裁判的前提。根据我国缔结或者参加的国际条约以及民事诉讼法的规定，我国法院承认和执行外国法院裁判的前提是：当事人所在国或者请求法院所在国与我国订有司法协助协定或者存在共同缔结和参加的国际条约，或者存在互惠关系。对此，《民诉法解释》第542条规定，如果该法院所在国与我国没有缔结或者共同参加国际条约，也没有互惠关系的，裁定驳回申请，但当事人向我国法院申请承认外国法院作出的发生法律效力的离婚判决除外。

2. 承认和执行外国法院裁判的条件。根据我国缔结或者参加的国际条约以及《民事诉讼法》的规定，承认和执行外国法院裁判需具备以下条件：（1）请求承认和执行的外国法院裁判已生效；（2）制作该裁判的外国法院对该事项有管辖权；（3）外国法院裁判的制作程序合法；（4）外国法院裁判需要在我国得到承认和执行，即被执行人或者被执行的财产在我国领域内；（5）外国法院裁判不违反我国法律的基本原则或者国家主权、安全、社会公共利益。

3. 承认和执行外国法院裁判的程序。根据《民事诉讼法》的有关规定，承认和执行外国法院裁判需遵循下列程序：

（1）申请或者请求。根据《民事诉讼法》第288条的规定，外国法院作出的发生法律效力的裁判，需要在我国领域内得到承认和执行的，可以由当事人直接向我国有管辖权的中级法院，即被执行人住所地或者被执行财产所在地的中级法院申请承认和执行，也可以由外国法院依照该国与我国缔结或者参加的国际条约的规定，或者按照互惠原则，请求我国法院承认和执行。根据《民诉法解释》第541条的规定，申请人向法院申请承认和执行外国法院作出的发生法律效力的判决、裁定，应当提交申请书，并附外国法院作出的发生法律效力的判决、裁定正本或者经证明无误的副本以及中文译本。外国法院判决、裁定为缺席判决、裁定的，申请人应当同时提交该外国法院已经合法传唤的证明文件，但判决、裁定

已经对此予以明确说明的除外。我国缔结或者参加的国际条约对提交文件有规定的，按照规定办理。当事人申请承认和执行外国法院作出的发生法律效力的判决、裁定的期间，适用《民事诉讼法》第246条的规定。当事人仅申请承认而未同时申请执行的，申请执行的期间自法院对承认申请作出的裁定生效之日起重新计算。与我国没有司法协助条约又无互惠关系的国家的法院，未通过外交途径，直接请求法院提供司法协助的，法院应予退回，并说明理由。

（2）审查与处理。我国法院接到申请或者请求后，《民诉法解释》第546条规定，对于承认和执行外国法院作出的发生法律效力的判决、裁定的案件，法院应当组成合议庭进行审查。法院应当将申请书送达被申请人，被申请人可以陈述意见。合议庭依照我国缔结或者参加的国际条约，或者按照互惠原则进行审查。这种审查，只限于审查外国法院的裁判是否符合我国民事诉讼法规定的承认和执行外国法院裁判的条件，对该外国法院裁判中事实的认定和法律的适用问题则不予审查。经过审查，认为符合承认和执行条件的，裁定承认其效力；需要执行的，发出执行令。认为不符合条件的，将申请书或者请求书退回提出申请的当事人或者提出请求的外国法院。法院经审查作出的裁定，一经送达即发生法律效力。

另外，当事人仅申请承认而未同时申请执行的，我国法院仅对是否承认进行审查并作出裁定。

（二）对外国仲裁裁决的承认和执行

《民事诉讼法》第290条规定，国外仲裁机构的裁决，需要我国法院承认和执行的，应当由当事人直接向被执行人住所地或者其财产所在地的中级法院申请，法院应当依照我国缔结或者参加的国际条约，或者按照互惠原则办理。此外，根据《民诉法解释》第543条的规定，对临时仲裁庭在我国领域外作出的仲裁裁决，一方当事人向我国法院申请承认和执行的，法院应当依照《民事诉讼法》第290条的规定处理。《民诉法解释》之所以增加关于对临时仲裁裁决的承认和执行的规定，是因为我国已经加入了《纽约公约》，而该公约中的仲裁裁决，既包括仲裁机构作出的仲裁裁决，也包括临时仲裁庭作出的仲裁裁决。目前，美国、英国、法国、日本、韩国、瑞士等许多国家都建立了临时仲裁制度。尽管我国仲裁法尚未建立临时仲裁制度，但是，依据《纽约公约》的规定，我国负有承认和执行在他国作出的临时仲裁裁决的义务。由此可见，无论是国外仲裁机构作出的仲裁裁决，还是临时仲裁庭作出的仲裁裁决，当被执行人住所地或者其财产所在地在我国领域内，需要得到我国法院的承认和执行时，当事人均可以直接向我国有管辖权的中级法院提出申请。

对外国仲裁裁决的承认和执行，分为三种情况：

1. 承认和执行《纽约公约》缔约国作出的仲裁裁决。我国于1987年1月22

日申请加入《纽约公约》，该公约于 1987 年 4 月 22 日起对我国生效。我国在加入该公约时提出互惠保留和商事保留。为了妥善地执行《纽约公约》的规定，最高人民法院于 1987 年 4 月 10 日发出《关于执行我国加入的〈承认及执行外国仲裁裁决公约〉的通知》，主要内容如下：

（1）根据我国加入该公约所作的互惠保留声明，我国对在另一缔约国领土内作出的仲裁裁决的承认和执行适用该公约。该公约与我国民事诉讼法有不同规定的，按公约的规定办理。对于在非缔约国领土内作出的仲裁裁决，需要我国法院承认和执行的，应按我国同申请人所在国缔结的其他条约或者按互惠原则办理。

（2）根据我国加入该公约时所作的商事保留声明，我国仅对按照我国法律属于契约性和非契约性商事法律关系所引起的争议适用该公约。

（3）申请我国法院承认和执行在另一缔约国领土内作出的仲裁裁决的，由当事人直接向被执行人住所地或者其财产所在地中级法院提出申请。

（4）我国有管辖权的中级法院接到一方当事人的申请后，应对申请承认和执行的仲裁裁决进行审查，认为不具有该公约第 5 条第 1 项、第 2 项所列的情形的，应当裁定承认其效力，并依照我国《民事诉讼法》规定的程序执行；认为具有该公约第 5 条第 2 项所列情形之一的，或者根据被申请人提供的证据证明具有第 5 条第 1 项所列情形之一的，应当裁定驳回申请，拒绝承认和执行。

（5）申请我国法院承认和执行的仲裁裁决，仅限于 1958 年《纽约公约》对我国生效后，在另一缔约国领土内作出的仲裁裁决。

2. 承认和执行与我国有双边条约的国家作出的仲裁裁决。我国与一些国家订立的双边贸易、投资保护和司法协助的条约或协定规定了关于相互承认与执行对方国家的仲裁裁决的条文。对于在这些国家作出的仲裁裁决，可按双边条约的规定予以承认和执行。

3. 承认和执行与我国没有有关条约关系的其他国家作出的仲裁裁决。与我国没有有关条约关系的其他国家作出的仲裁裁决，需要在我国领域内得到承认与执行的，应当由当事人直接向被执行人住所地或者其财产所在地中级法院提出申请，我国法院按照互惠原则办理。

三、我国法院判决、裁定和仲裁裁决在外国的承认和执行

（一）我国法院判决、裁定在外国的承认和执行

根据《民事诉讼法》第 287 条第 1 款的规定，我国法院判决、裁定生效后，被执行人或者其财产不在我国领域内，当事人请求执行的，可以由当事人直接向有管辖权的外国法院申请承认和执行，也可以由我国法院依照我国缔结或参加的国际条约的规定，或者按照互惠原则，请求外国法院承认和执行。

我国法院的判决、裁定获得外国承认和执行的条件主要有：（1）我国与外国存在有关条约或者互惠关系。（2）须是确定或生效的判决、裁定。[①]（3）被执行人或者被执行财产在外国。（4）须由当事人申请或者我国法院请求有管辖权的外国法院承认和执行。（5）须具备我国与外国共同参加的相关条约及外国法律要求的其他条件。

有下列情形之一的，应当由当事人直接申请有管辖权的外国法院承认和执行：（1）我国与该外国既不存在司法协助的条约关系又无互惠关系的；（2）我国与该外国签订或参加的司法协助条约明确规定应由当事人申请的；（3）该外国法院将申请承认和执行法院裁决作为当事人诉权内容的。

外国法院接到申请或请求后，依照与我国签订或参加的国际条约，或者按照互惠原则进行审查。同意承认和执行的，按其本国法律程序进行。

（二）我国仲裁裁决在外国的承认和执行

根据《民事诉讼法》第287条第2款和《仲裁法》第72条的规定，请求外国法院承认和执行我国仲裁裁决应满足以下条件：（1）被执行人或者其财产不在我国领域内；（2）应当由当事人直接向有管辖权的外国法院申请承认和执行。

我国仲裁裁决在外国的承认和执行主要有如下三种情况：（1）我国仲裁裁决在《纽约公约》缔约国的承认和执行。当事人可根据该公约的规定，向有关缔约国法院或者其他执行机关申请承认和执行。缔约国法院接到申请后，应当按公约的规定给予承认和执行。（2）我国仲裁裁决在虽非《纽约公约》缔约国但同中国有双边条约或者协定的国家的承认和执行。在这种情况下，当事人根据双边条约或者协定，向该外国法院和执行机关申请承认和执行的，这些国家的有关机构应根据有关条约和协定予以承认和执行。（3）我国仲裁裁决在既非《纽约公约》缔约国又没有与中国签订条约或者协定的国家的承认和执行。在这种情况下，当事人可向这些国家或地区的有关机构要求协助承认和执行，也可向有管辖权的法院起诉，经法院作出判决后予以承认和执行。

【复习要点】

（一）基本概念

司法协助　一般司法协助　特殊司法协助

[①] 《民诉法解释》第548条规定，当事人在我国领域外使用我国法院的判决书、裁定书，要求我国法院证明其法律效力的，或者外国法院要求我国法院证明判决书、裁定书的法律效力的，作出判决、裁定的我国法院，可以本法院的名义出具证明。

（二）思考题

1. 比较分析一般司法协助各种具体途径的利弊？

2. 在国际司法协助中，如何正确处理维护国家主权与保护当事人权益之间的关系？

▶ 自测习题及参考答案

请扫描二维码，进行随堂测试。

阅 读 文 献

■ 马克思：《〈黑格尔法哲学批判〉导言》，《马克思恩格斯文集》第 1 卷，人民出版社 2009 年版。

■ 马克思、恩格斯：《德意志意识形态》，《马克思恩格斯文集》第 1 卷，人民出版社 2009 年版。

■ 马克思、恩格斯：《共产党宣言》，《马克思恩格斯文集》第 2 卷，人民出版社 2009 年版。

■ 恩格斯：《家庭、私有制和国家的起源》《路德维希·费尔巴哈和德国古典哲学的终结》，《马克思恩格斯文集》第 4 卷，人民出版社 2009 年版。

■ 习近平：《论坚持全面依法治国》，中央文献出版社 2020 年版。

■ 习近平：《在庆祝中国共产党成立 100 周年大会上的讲话（2021 年 7 月 1 日）》，人民出版社 2021 年版。

■《中共中央关于全面推进依法治国若干重大问题的决定》，人民出版社 2014 年版。

■《中共中央关于党的百年奋斗重大成就和历史经验的决议》，人民出版社 2021 年版。

■ 江伟主编：《民事诉讼法学原理》，中国人民大学出版社 1999 年版。

■ 杨荣馨主编：《民事诉讼原理》，法律出版社 2003 年版。

■ 张卫平：《转换的逻辑：民事诉讼体制转型分析》（修订版），法律出版社 2007 年版。

■ 全国人大常委会法制工作委员会民法室编：《民事诉讼法立法背景与观点全集》，法律出版社 2012 年版。

■ 张希坡：《马锡五与马锡五审判方式》，法律出版社 2013 年版。

■ 江伟主编：《民事诉讼法学》，北京大学出版社 2015 年版。

■ 张晋藩：《中国传统法律文化十二讲》，高等教育出版社 2018 年版。

■ 刘家兴、潘剑锋主编:《民事诉讼法学教程》,北京大学出版社 2018 年版。

■ 张卫平:《民事诉讼法》,法律出版社 2019 年版。

■ 宋朝武主编:《民事诉讼法学》,中国政法大学出版社 2021 年版。

后　记

　　《民事诉讼法学》是马克思主义理论研究和建设工程重点教材，是在教育部实施马克思主义理论研究和建设工程领导小组领导下组织编写的。在编写过程中，得到了教育部马克思主义理论研究和建设工程重点教材审议委员会的指导，得到了中宣部、中央党校、中央编译局、求是杂志社、中国社会科学院等有关部门和有关专家学者的支持。同时，广泛听取了高校教师和学生的意见建议。

　　本教材由首席专家宋朝武主持编写，汤维建、李浩任副主编。宋朝武撰写绪论、第一章、第二章，肖建国撰写第三章、第六章，邵明撰写第四章、第二十一章、第二十二章，李浩撰写第五章、第十章、第十三章，毕玉谦撰写第七章、第八章，廖中洪撰写第九章、第十二章，刘敏撰写第十一章，潘剑锋撰写第十四章、第十五章，汤维建撰写第十六章、第十七章、第十八章，谭秋桂撰写第十九章、第二十章。李龙、徐显明、田平安、齐树洁等参加了学科专家审议并提出了修改意见。顾海良、李龙、韩大元作了出版前的审读。

2016 年 11 月 16 日

第二版后记

定期修订马克思主义理论研究和建设工程重点教材是保证其编写质量的重要途径。党的十九大胜利召开后，为推动习近平新时代中国特色社会主义思想进教材、进课堂、进头脑，深入贯彻落实党的十九大和十九届二中、三中全会精神，教育部统一组织对已出版教材进行了全面修订。本书经国家教材委员会高校哲学社会科学（马工程）专家委员会审核通过。

宋朝武主持了本次教材修订工作，汤维建、李浩、肖建国、邵明、毕玉谦、廖中洪、刘敏、潘剑锋、谭秋桂参加了具体的修订工作。

2018 年 6 月

第三版后记

为深入贯彻习近平新时代中国特色社会主义思想特别是习近平法治思想，贯彻落实党的十九届五中、六中全会精神，充分体现最新颁布的相关法律法规，充分体现全面依法治国的最新实践，进一步增强教材的针对性，教育部组织对已出版的法学类教育部马工程重点教材进行了全面修订。本书修订版经国家教材委员会高校哲学社会科学（马工程）专家委员会审核通过。

宋朝武主持了本次教材修订工作，汤维建、李浩、肖建国、邵明、毕玉谦、廖中洪、刘敏、潘剑锋、谭秋桂参加了具体的修订工作。

2022 年 2 月

读者意见反馈

为收集对教材的意见建议,进一步完善教材编写并做好服务工作,读者可将对本教材的意见建议通过如下渠道反馈至我社。

咨询电话　400-810-0598

反馈邮箱　gjdzfwb@pub.hep.cn

通信地址　北京市朝阳区惠新东街4号富盛大厦1座
　　　　　高等教育出版社总编辑办公室

邮政编码　100029

防伪查询说明

用户购书后刮开封底防伪涂层,使用手机微信等软件扫描二维码,会跳转至防伪查询网页,获得所购图书详细信息。

防伪客服电话　(010)58582300